大连理工大学管理论丛

工商管理知识体系演进与研究前沿

侯剑华　朱方伟　著

本书受到国家自然科学基金项目“外部技术获取中隐性知识动态转化研究”（70871018）的资助

科学出版社
北京

内 容 简 介

本书研究了工商管理知识体系的演进及其研究前沿和热点问题。基于知识计量和引文分析理论，通过文献信息可视化和科学知识图谱方法，对工商管理主要分支学科的研究文献进行计量和可视化分析。利用CiteSpace工具绘制工商管理主要分支学科的文献共被引、关键词共现等知识图谱，揭示工商管理知识体系的动态知识结构及其在不同发展阶段的主题演化；梳理学科演进脉络；探讨学科创生和演进机理；探测学科研究前沿和热点方向，预测学科发展趋势。在比较中外工商管理研究差异的基础上，分析我国工商管理知识体系发展的缺失环节、薄弱环节和新学科的生长点，提出推进我国工商管理学科优化发展的策略和措施。

本书可供关注和从事工商管理、知识管理和文献计量等相关领域的学生和研究者参阅和学习。

图书在版编目(CIP)数据

工商管理知识体系演进与研究前沿 / 侯剑华，朱方伟著. —北京：科学出版社，2013

(大连理工大学管理论丛)

ISBN 978-7-03-039087-5

Ⅰ.①工… Ⅱ.①侯…②朱… Ⅲ.①工商行政管理－研究 Ⅳ.①F203.9

中国版本图书馆CIP数据核字(2013)第264284号

责任编辑：马　跃 / 责任校对：范杰锋
责任印制：赵　博 / 封面设计：无极书装

科学出版社 出版
北京东黄城根北街16号
邮政编码：100717
http://www.sciencep.com

三河市骏杰印刷有限公司印刷

科学出版社发行　各地新华书店经销

*

2014年3月第　一　版　开本：720×1000 1/16
2024年7月第六次印刷　印张：23
字数：450 000

定价：88.00 元

(如有印装质量问题，我社负责调换)

丛书编委会

总 序

编写一批能够反映大连理工大学管理学科科学研究成果的专著，是几年前的事情了。这是因为大连理工大学作为国内最早开展现代管理教育的高校，早在1980年就在国内率先开展了引进西方现代管理教育的工作，被学界誉为“中国现代管理教育的先驱，中国MBA教育的发祥地，中国管理案例教学法的先锋”。大连理工大学管理教育不仅在人才培养方面取得了丰硕的成果，在科学研究方面同样取得了令同行瞩目的成绩。例如，2010年时的管理学院，获得的科研经费达到2 000万元的水平，获得的国家级项目达到20多项，发表在国家自然科学基金委管理科学部的论文达到200篇以上，还有两位数的国际SCI、SSCI论文发表，在国内高校中处于领先地位。在第二轮教育部学科评估中，大连理工大学的管理科学与工程一级学科获得全国第三名的成绩；在第三轮教育部学科评估中，大连理工大学的工商管理一级学科获得全国第八名的成绩。但是，一个非常奇怪的现象是，2000年之前的管理学院公开出版的专著很少，几年下来往往只有屈指可数的几部，不仅与兄弟院校距离明显，而且与自身的实力明显不符。

是什么原因导致这一现象的发生呢？在更多的管理学家看来，论文才是科学研究成果最直接、最有显示度的工作，而且论文时效性更强、含金量也更高，因此出现了不重视专著也不重视获奖的现象。无疑，论文是重要的科学研究成果的载体，甚至是最主要的载体，但是，管理作为自然科学与社会科学的交叉成果，其成果的载体存在方式一定会呈现出多元化的特点，其自然科学部分更多的会以论文等成果形态出现，而社会科学部分则既可以以论文的形态呈现，也可以以专著、获奖、咨政建议等形态出现，并且同样会呈现出生机和活力。

2010年，大连理工大学决定组建管理与经济学部，将原管理学院、经济系合并。重组后的管理与经济学部以学科群的方式组建下属单位，设立了管理科学与工程学院、工商管理学院、经济学院以及MBA/EMBA教育中心。重组后的管理与经济学部的自然科学与社会科学交叉的属性更加明显，全面体现学部研究成果的重要载体形式——专著的出版变得必要和紧迫了。本套论丛就是在这个背景下产生的。

本套论丛的出版主要考虑了以下几个因素：第一是先进性。要将学部教师的最新科学研究成果反映在专著中，目的是更好地传播教师最新的科学研究成果，为推进管理与经济学科的学术繁荣做贡献。第二是广泛性。管理与经济学部下设的实体科研机构有 12 个，分布在与国际主流接轨的各个领域，所以专著的选题具有广泛性。第三是纳入学术成果考评之中。我们认为，既然学术专著是科研成果的展示，本身就具有很强的学术性，属于科学研究成果，有必要将其纳入科学研究成果的考评之中，而这本身也必然会调动广大教师的积极性。第四是选题的自由探索性。我们认为，管理与经济学科在中国得到了迅速的发展，各种具有中国情境的理论与现实问题众多，可以研究和解决的现实问题也非常多，在这个方面，重要的是发动科学家按照自由探索的精神，自己寻找选题，自己开展科学研究并进而形成科学研究的成果，这样的一种机制一定会使得广大教师遵循科学探索精神，撰写出一批对于推动中国经济社会发展起到积极促进作用的专著。

本套论丛的出版得到了科学出版社的大力支持和帮助。马跃社长作为论丛的负责人，在选题的确定和出版发行等方面给予了自始至终的关心，帮助学部解决出版过程中的困难和问题。特别感谢学部的同行在论丛出版过程中表现出的极大热情，没有大家的支持，这套论丛的出版不可能如此顺利。

大连理工大学管理与经济学部

2014 年 3 月

前　言

21 世纪初，信息科学和互联网技术的发展进入了新阶段。知识经济时代的到来使全球经济一体化的趋势逐渐增强，动态复杂多变的竞争环境使企业管理者不得不重新考虑企业的组织管理和发展战略问题。全球化的竞争战略和复杂多变的发展环境使企业管理实践正在发生着一系列前所未有的变革。无论是管理对象、管理理论与方法还是管理思想、理念，工商管理领域正在进行着一场彻底的革命。管理的对象已经从服务型企业管理转向知识型企业管理。管理理论和方法由传统的科学管理和定量化决策向复杂科学管理和模糊决策转变。转变管理思想和理念，变竞争为合作。塑造企业文化、树立企业品牌、以人为本、以智为本成为了企业管理的核心理念。在学术研究领域，以企业管理实践为导向的管理新理念、新方法不断涌现，并广泛传播，新的研究方向和研究热点不断出现，工商管理理论不断创新，在动态发展的过程中出现了多元化的发展趋势。

当今社会已经进入信息化时代，其本质特征是信息的数字化。随着计算机技术与互联网技术日新月异的发展，数字化信息已呈现出爆炸性增长的态势。面对这些纷繁复杂的海量数字信息资源，如何进行有效的信息发现和知识挖掘，发现其中信息的本质特征与规律，已经成为信息科学与知识计量学的研究重点之一。信息可视化技术就是在这一背景下新兴的一种研究手段，是近年来科学计量学、知识计量学、文献计量学等领域发展起来的一种重要研究方法，属于数学、信息科学、认知科学和计算机科学等诸学科交叉的研究领域。通过信息可视化技术和计算机程序，将大量的文献数据信息通过科学知识图谱的形式形象地展现出来，从而揭示科学知识体系发展演进的背景、动力和概貌，探测学科知识领域研究的前沿问题、热点问题及其发展的趋势。

本书在知识计量和引文分析理论的基础上，通过文献信息可视化和科学知识图谱方法，对工商管理主要分支学科的研究文献进行计量和可视化分析。文献数据主要来源于美国科学情报研究所(Institute for Scientific Information，ISI)的 Web of Science 网络检索平台[包括科学引文索引(science citation index，SCI)、社会科学引文索引(social science citation index，SSCI)、会议论文引文索引(conference proceedings citation index-science，CPCI-S)等数据库]和中国知识管理网(以下简称中国知网)的检索平台数据库。通过 CiteSpace 信息可视化软件工具绘制工商管理主要分支学科(或理论)的文献共被引、关键词共现等知识图谱，探测工商管理学知识体系演进和研究前沿、热点等问题，这对于我国工商管理学科的理论研究和企业管理实践都具有重要的学术价值和指导意义。

1. 工商管理学科在管理科学体系中具有重要的地位

工商管理学科是一门运用管理科学和工程技术，综合研究企业管理实践活动的交叉管理学科，具有很强的应用性。工商管理学科与管理科学同出一源，是管理科学门类中的带头学科。从学科创生的角度看是管理科学理论的主要“发源地”。从狭义上讲，管理科学发展演进的历史轨迹就是工商管理学科演进的轨迹。工商管理学科是在企业管理实践的基础上得以创生和发展的。在管理科学学科体系的演化过程中引导着管理科学发展演进的方向和主流。因此，研究工商管理学科的演进可以探悉管理科学演进的关键路径、发展的历史脉络以及演进的内、外部动力；而梳理工商管理学科体系是构建和完善管理科学学科体系的重要基础性工作。

2. 工商管理知识体系的迅速发展需要建立新的研究框架

进入 20 世纪 90 年代以后，世界经济环境发生了巨大的变化。面对全球化、信息化和科学技术的快速发展，工商管理学科的发展既处于这一环境变革当中，又是环境变革的产物。工商管理理论与方法的发展，更加呈现出多学科交叉性的特点。心理学、社会学、运筹学、计算机科学等学科的研究成果不断融入工商管理学科的研究之中。同时，工商管理学科的研究对象也日益丰富，智力资本、顾客价值、心理契约等概念也不断进入其研究视野。多学科的名词和概念不断被移植其中，并具有了特定含义，如感知、信任、承诺、忠诚、嵌入等。

科学技术尤其是信息技术的突破性进展和广泛应用，市场竞争的日趋激烈和全球化，使得工商管理学科在管理思想、方法和手段等诸多方面都取得了新的进展。其中，具有相当影响的主要包括：战略管理领域的核心能力理论、动态能力理论、战略联盟、知识管理、企业资源理论、嵌入理论、社会资本理论等；组织管理领域的学习型组织、危机管理、流程再造、虚拟企业等；人力资源管理领域的心理契约、EVA(economic value added，即经济增加值)法、平衡计分卡、职业生涯设计规划、人本管理、团队管理、员工持股计划、股票期权计划等；生产管理领域的供应链管理、企业资源计划、六西格玛管理、敏捷制造、精益生产、计算机集成制造、大规模定制、界面管理、标杆管理、清洁生产等；营销管理领域的顾客价值管理、客户关系管理、网络营销、绿色营销、关系营销、整合营销、服务营销、直复营销、渠道管理、顾客忠诚、顾客满意度、连锁经营等；企业文化领域的跨文化管理、企业形象设计等。应该说，这些理论、方法或者思想有些可以具体对应到相应的分支学科，属于这些分支学科的新进展，有些则难以仅仅归结为一个学科分支中，有的则可以认为属于创建了一个新的工商管理分支学科。实际上，这些理论或思想的创新和发展正逐渐改变着传统的工商管理学科教科书的内容，工商管理学科正悄悄地进行着一场革命。但是，可能与工商管理学科本身发展的特征有关，这些新进展是非常凌乱的、不系统的，这些新进展之间存在互相交叉、包含的现象。企业管理实践的发展需要对这些新进展进行全面系统的梳理、归类和评价，需要对众多分支学科进行合理布局和科学建设。而理清学科发展的历史脉络，弄清学科之间的关系，掌握学科的发展规律，构建学科研究框架和学科研究范式正是这一工作的重要基础。

3. 中国企业改革和管理实践需要工商管理学科的理论支撑

从中国目前企业改革和发展的实际情况看，现阶段中国企业管理正处于从传统计划经济体制转向现代市场经济体制的变革时期。中国的企业管理，面临着严峻的改革形势。这是目前中国企业管理的最基本特征。在市场经济条件下，企业作为国民经济体系的基础环节，其发展和管理水平直接影响到中国社会主义经济建设的成败。党的十七大报告中提出，要深化国有企业的公司制与股份制改革，健全现代企业制度，优化国有经济布局和结构，增强国有经济活力、控制力、影响力。推进集体企业改革，发展多种形式的集体经济、合作经济。推进公平准入，改善融资条件，破除体制障碍，促进个体、私营经济和中小企业发展。企业改革的推进离不开企业管理理论的指导，研究和探讨工商管理知识体系演进和前沿问题是开展有效企业管理实践的基础和前提。构造具有中国特色的工商管理知识体系，对促进中国工商管理学科发展，培养既具有现代科学管理知识、又适应中国企业发展实际需要的管理人才，促进中国工商管理整体水平的提高都具有重要意义，也是中国企业改革和发展的现实需要。

本书从整体上来看，采取定量研究与定性分析相结合的方法，以定量研究为主、定性分析相辅，将定量研究结果与定性分析的结论相比较，以验证结论的有效性。对可视化图谱进行定性分析，深入诠释定量研究结果。运用的具体方法是科学计量学方法、信息可视化分析与统计分析方法等。其中，科学计量学方法主要包括引文分析、共被引分析、聚类分析等，具体的技术手段包括使用CiteSpace可视化应用软件、SPSS统计分析软件等。

(1)引文分析(citation analysis)：引文分析是科学计量学的研究范畴，也是文献计量学研究内容的一个重要组成部分，创生于20世纪20年代。它是利用各种数学及统计学的方法和比较、归纳、抽象、概括等逻辑方法，对科学期刊、论文、作者等各种分析对象的引用和被引用现象进行分析，以便揭示其数量特征和内在规律的一种文献计量分析方法。文献的被引情况在一定程度上反映了文献的影响程度和质量的高低，通过引文分析，结合信息可视化技术，找出高被引文献，亦即学科领域发展的关键节点文献，可以探测学科演进的关键路径，揭示学科发展的背景，挖掘学科演进的动力。

(2)共被引分析(co-citation analysis)：共被引分析又被称为“同被引分析”，是反映两篇文献之间的关系的一种文献计量学方法。文献共被引概念于 1971 年和 1973 年分别由苏联情报学家依林娜·马沙科娃和美国情报学家亨利·斯莫提出。一般认为，两篇文章的共被引频次越高，表明文章间关系越密切，就意味着两文献(期刊)的学科背景越相似。而利用聚类分析、多维尺度分析等多元统计方法，借助信息可视化技术，将期刊、文献、作者等分析对象之间的复杂关系通过共被引网络简化为较少的若干聚类群之间的关系，并通过科学知识图谱形象地表达出来，可以研究学科演进的结构和特点。

(3)信息可视化(information visualization)：利用计算机可视化信息处理软件，通过直观的动态图像信息处理的方式，显示出专业领域中出现的交叉学科的复杂现象，从而获得详尽的科学前沿信息分析结果，了解和预测前沿科技研究动态，在复杂的科研信息中开辟新的未知领域等。

(4)聚类分析(cluster analysis)：聚类分析是对具有多项指标的数据进行分类的一种多元统计方法。用相似性尺度来衡量事物之间的亲疏程度，并以此来实现分类。根据层级聚类的原则，即相似性从大到小，依次将所有的研究对象进行聚类，使文献(期刊)间的亲疏关系得以明晰化。

(5)CiteSpace 可视化分析软件：CiteSpace 是基于 JAVA 程序语言编写的专门用于引文分析的信息可视化应用软件。由美国德雷克塞尔(Drexel)大学信息科学与技术学院的陈超美(Chaomei Chen)博士开发于 2004 年 9 月，软件通过对文献数据信息的相关分析处理，探测和分析学科研究前沿随着时间相关的变化趋势以及研究前沿与其知识基础之间的关系，发现不同研究前沿之间的内部联系。通过对学科领域的文献信息可视化，研究者能够直观地辨识出学科前沿的关键演化路径及学科领域的关键节点文献。

(6)文献研究与比较研究相结合：文献研究方法主要指搜集、鉴别、整理文献，通过对文献的研究形成对事实的科学认识的方法。对工商管理知识体系演进的研究，利用文献研究方法，结合历史法作为一条线索，从逻辑推理和前提假设入手，分析工商管理知识体系演进发展的知识结构和逻辑体系。通过比较研究的方法，对中国和西方工商管理学科研究的前沿和热点进行比较，分析二者之间的差异及出现这些差异的原因。对工商管理学科在不同情况下的研究前沿与热点进行比较研究，预测工商管理学科研究前沿与热点的发展趋势。

将信息可视化等新方法运用于对工商管理知识体系的研究前沿和研究热点的分析，整体上提高了分析过程的效率、范围和客观性。在文献共被引网络知识图谱和关键词共现网络知识图谱等的基础上，利用文献二次检索的方法，通过对高被引文献、突现文献及其施引文献聚类网络图谱的分析，总结工商管理知识体系的各主要分支学科(或理论)，包括决策理论、组织理论、战略管理理论、知识管理理论、生产与运营管理理论、供应链管理理论、会计学、市场营销学、技术创新管理等的演进和研究的前沿问题。

本书是在我的博士学位论文《工商管理学科演进与前沿热点的可视化分析》的基础上，进行了大量的扩展和补充完成的。其中的利弊得失，作者无须赘言。需要说明的是，对文献数据的处理是本书研究和写作的基础，但在文献数据的跨度年限上，各章节没有整齐划一。这一方面是由于各章写作和完成的时间不同，数据的截止时间不一致。另一方面部分章节是出于数据获取的限制，但这些对研究结论并没有实质性的影响。

感谢我的指导教师大连理工大学的王续琨教授和长江学者讲座教授、美国德雷克塞尔大学的陈超美博士，他们对我的指导、培养、关心和帮助才使我能顺利获得博士学位，完成这一研究成果。同时感谢党延忠教授、郭崇慧教授、王国红教授、朱庆华教授、潘安成副教授、杨光飞副教授、俞明南副教授、张令荣副教授、刘彦文副教授、孙秀峰副教授以及乔坤副教授为本书出版所提出的宝贵修改意见。还要感谢我所在的大连理工大学管理与经济学部 316 团队和我带领的大连大学课题组的各位成员，是大家共同的辛勤努力，才有本书的问世。在此书完成之际，我必须完整地交代一下为本书的写作和出版提供大力帮助的各位同志，他们是：大连理工大学的王鹏、孙秀霞、戴文博、于晶、宋昊阳、于路存、于淼，大连大学的都佳妮、王唯、朱晓清、范二宝。

此外，在本书的写作过程中，参考了大量国内外同行的相关研究成果，在此一并表示感谢！由于作者水平有限，不足之处，敬请指正！

目　录

第 1 章

工商管理知识体系概述

工商管理学是研究营利性组织经营活动规律以及企业管理的理论、方法与技术的学科，它是管理科学门类中最先发展起来的一个主干分支学科，是整个管理科学的主要发源地。工商管理学的出现是西方资本主义特定经济和社会环境下的产物，其 100 多年的创生和演进历史体现了资本主义经济环境下企业管理发展的总体趋势和方向。从 1911 年美国工程师弗雷德里克·温斯洛·泰勒(Frederick Winslow Taylor，1856—1915 年)出版的《科学管理原理》(*The Principles of Scientific Management*)一书至今，在现代工商管理学科近百年的发展历程中，新理论、新视角、新领域层出不穷，工商管理学科的发展呈现出异乎寻常的壮观知识图景。实践证明，工商管理知识体系是社会进步与企业管理实践需求的产物，它的每一个发展阶段都不是偶然的，都与特定的历史条件和社会背景密切相关。

1.1 工商管理学科的界定与研究意义

1.1.1 学科概念释义

1. 管理科学

管理科学是指研究人类社会各种管理活动的一个学科门类，是以众多管理活动为研究对象的管理学科的统称[1]。管理科学是自然科学与社会科学交叉融合的突破口和结合部，是横跨数学、自然科学、系统科学与哲学、社会科学、思维科学两大知识领域的综合性交叉科学领域。

广义管理科学的研究对象包括人类社会各个领域的管理活动，已经成为涉及人类社会一切领域的科学知识体系，其分支学科、边缘分支学科的总量达到数百门。而狭义管理科学的研究对象只是企业的生产管理活动。

2. 工商管理学科

工商管理学科是管理科学门类下的一个二级学科群组，是以微观营利性经济组织活动规律为研究对象的一类学科群，包括管理的基础理论与方法、组织的经营管理、组织行为理论以及战略管理等分支。中国工商管理学科的引入和研究起步较晚，20 世纪 80 年代初，中国期刊上出现对西方“工商管理学院”、“工商管理学校”的介绍，90 年代初才出现“工商管理学科”的概念。中国在 20 世纪 80 年代初开始使用的“企业管理学”名称，其研究内容同西方的工商管理学是大体相当的。本书所研究的工商管理学科涵盖了企业管理学的概念。

3. 工商管理学与公共管理学

工商管理学是所有涉及企业管理活动的各门学科的总和，是管理科学门类或广义管理科学之下的一个学科群组，与其对应的是公共管理学。二者是并行的两类管理学科，区分的标准就是所研究的活动对象是否是营利性组织。若是，则为工商管理；若不是，则为公共管理。尽管两者之间的研究方法和手段等可以相互借鉴，但毕竟不能抹杀二者的本质区别。从国务院学位委员会和国家教育委员会联合下发的《授予博士、硕士学位和培养研究生的学科、专业目录》中也可以看出这一点，学科目录将“管理学”作为第 12 个“学科门类”，下设：管理科学与工程；工商管理；农林经济管理；公共管理；图书馆、情报与档案管理五个一级学科、专业。在公共管理学科下设行政管理、社会医疗与卫生事业管理、教育经济与管理、社会保障、土地资源管理五个二级学科、专业。工商管理学科下设会计学、企业管理(含财务管理、市场营销、人力资源管理)、旅游管理、技术经济与管理等二级学科、专业。

此外，公共管理学研究的主要是社会公共部门的管理和服务。就中国的情况而言，公共管理更多的是指政府组织的内、外部行政管理，其面临的主要是社会问题。社会问题一旦成为公共管理问题，它就成为公共管理学科的研究起点。这种从问题出发，以制定与实施解决问题的方案为中心，并需要评价执行效果好坏的思路，与公共政策研究的基本思想是相同的。因此，可以说公共管理是一种政策管理。工商管理学研究的主要是企业的经营管理活动，探讨如何在企业经营过程中把各种资源协调配置好，来实现效益最大化。所以，工商管理学的研究客体主要是各种经济资源，追求效益是工商管理学科研究的逻辑起点。

1.1.2 工商管理知识体系的研究意义

1. 把握工商管理学科发展的内在逻辑， 有利于深化工商管理理论的研究

工商管理学科作为管理科学门类中的带头学科，在整个管理科学知识体系中占有重要地位，管理科学的大部分理论也均源于此。工商管理理论的演进研究，

不是描述或介绍众多的理论与学派，而是力求从“眼花缭乱”的理论丛林中发现其研究的主题及其发展的内在逻辑，分析工商管理学科发展的时代背景，探究推动工商管理学科发展的动力机制，寻找工商管理理论发展的主题与主线，理清工商管理理论的演进过程。同时有利于梳理工商管理学科体系，发现工商管理学科发展过程中的缺失环节和薄弱环节，并进一步完善工商管理知识体系，深化对工商管理理论的研究。

2. 构建科学合理的工商管理知识体系，有利于推动工商管理学科的发展

研究工商管理知识体系的演进及其学科体系对其自身的学科发展具有重要的启发和定向作用。从整体上认识和把握工商管理知识体系的发展规律和研究领域，为工商管理学科在其他学科领域中作用的发挥提供理论指导和技术支持，促使人们对工商管理学科的认识由感性上升到理性。从整体上认识和把握工商管理知识体系的发展规律和研究领域，认识工商管理知识体系发展的历史律动，发现学科体系中的缺失学科和新学科的生长点，准确把握工商管理学科发展的未来趋势。从学科的内容组成和相互关系入手来构建工商管理知识体系的学科内容体系，旨在从宏观角度和更高视野来认识和把握工商管理学科的发展和作用的发挥。本书将努力体现这门学科发展中历史与逻辑的统一和在交叉学科形成过程中不同研究内容的分野与互动。

3. 探测工商管理知识体系研究的前沿和热点，有利于推动管理科学的整体发展

对于工商企业等微观组织管理和发展规律的研究不可脱离其所处的宏观社会经济环境。同时，工商管理知识体系研究的前沿和热点问题也是管理科学整体发展的理论前沿和研究的焦点。一方面，这些组织管理活动的研究成果是人们更加深入地认识宏观社会经济系统发展规律的微观基础；同时，这些微观组织管理活动的创新性拓展往往会对宏观社会经济系统提出新的研究课题，从而丰富了宏观政策与管理学科的研究内容。另一方面，工商管理知识体系研究的前沿和热点问题也对管理科学的整体发展起到了重要的推动作用。工商管理研究活动能从实践需求驱动的角度出发，不断为更加偏向于管理基础理论、方法和技术的管理科学提供新的研究课题；反过来，管理科学的研究成果又为工商管理学科探索微观组织的管理规律提供更为有力的保障。

4. 研究工商管理知识体系演进和前沿问题，对中国企业管理实践有重要的现实意义

首先，研究工商管理学科的演进和体系划分是推动中国高校工商管理各专业合理规划的依据。科学地对工商管理学科进行划分，有利于规范高校工商管理学科的专业设置与课程安排，推动和规范中国高校的学科建设，促进学科发展。其次，分析工商管理学科研究的前沿和热点问题，有利于推动中国企业管理实践活

动的发展。企业的生存、发展以及企业的竞争需要管理理论的指导，梳理工商管理学科研究的前沿与热点问题，无疑对企业的发展、进步，提高竞争意识有重要的现实意义。最后，研究工商管理学科演进和研究的前沿与热点问题，有利于中国培养出专业的工商管理人才，以及国内外知名的工商管理专家。工商管理理论来源于管理实践，同时科学的理论指导能够促进人才在实践中的创新。进行工商管理学科和理论的研究有利于增强中国工商理论界在国际工商理论界中的竞争力，为中国学者深化对工商管理问题的研究提供重要的理论支撑。

1.2 工商管理知识体系的研究概况

1.2.1 工商管理学的创生与演进

工商管理学科创生于企业和企业的管理实践中。从经济发展的历史看，企业是在一定经济基础之上产生的。在自给自足的自然经济占统治地位的社会中，以家庭为单位从事的生产经营活动不能称之为企业，真正意义上的企业(有着现代工厂雏形的工业企业)在本质上，是与资本主义经济的产生相一致的[2]。卡尔·马克思(Karl Marx)认为，协作在历史上和逻辑上都是资本主义生产的起点，因而企业的起源是与协作制联系在一起的[3]。

如果说简单协作促成了企业的产生，那么社会分工的进一步细化以及在此基础上所产生的工厂制度便在客观上加速了企业管理活动的出现。真正的“企业管理”活动产生于15世纪的威尼斯兵工厂(当时世界最大几家工厂之一)。资本主义企业的雏形时期，生产还相当落后，资本的所有者既是生产者又是早期的“企业管理者”，同时他们还承担着传播技术和生产工艺的任务，管理和生产活动没有明显的界线，企业管理思想就在这一时期逐渐形成[4]。

在18～19世纪中期的美国，管理学理论的一些零散的思想首先出现在经济学领域的一些著作中。这些经济学家及其著作主要有：亚当·斯密(Adam Smith)及其《国民财富的性质和原因的研究》(*An Inquiry into the Nature and Causes of the Wealth of Nations*)(以下简称《国富论》)(1776年)；塞缪尔·纽曼(Samuel P. Newman)及其《政治经济学原理》(1835年)；约翰·斯图亚特·穆勒(John Stuart Mill)及其《政治经济学原理》(1848年)；艾尔弗雷德·马歇尔(Alfred Marshall)及其《工业经济学原理》(1892年)。从管理学的观点看，这些经济学家的论述还比较零碎、就事论事、缺乏系统化、理论化和概括。大体上说来，所涉及的管理问题，主要有四个方面：①关于工商关系。②关于分工的意义及其必然性。劳动的地域分工、劳动的组织分工、劳动的职业分工。③关于劳动效率与工资的关系。即所谓“劳动效率递减等级论”。④关于管理的职能。

工业革命对社会、经济、政治、文化等各方面都产生了重大的影响，组织规模的扩张和生存环境的变化也使人们的思想意识发生了重大转变，人们越来越认识到管理活动的重要性，管理活动开始出现。19 世纪末，美国南北战争结束，黑奴制被废除，开发西部，这为美国社会提供了大量的劳动力和广阔的市场。1862 年出现了一种新的筹资形式——有限责任联合股份公司(limited liability joint stock company)。与此同时，工业革命的种种结果由欧洲移民带到美洲大陆，使得美国的商品经济、劳动分配、工厂制度等得到了快速发展，从而使人们认识到需要有专业的管理人员和行政人员。19 世纪下半叶，《美国铁路杂志》的编辑亨利·普尔(Henry Pool)根据美国铁路系统存在的管理问题，提出应该通过明确的组织机构系统来进行管理，即设置一套组织分工系统、汇报通信系统，并制定严格的规章制度，以便使管理者能及时了解铁路运行情况，采取各种措施来避免事故发生。此外，他还提出在管理中要重视人的因素，要使组织协调，充满团结精神，要采取新的领导方式，以克服旧领导方式中墨守成规与单调刻板的毛病，等等。普尔作为一位先驱者为后来的“科学管理”、“行为科学”、“系统管理”等管理理论的形成打下了一定的基础，对早期管理思想做出了很大贡献。

在工业企业规模不断扩张的同时，工业生产中也出现了如效率、刺激、行政管理、教育等问题。高效的管理便成为解决这些问题，并能深入挖掘社会潜力和经济资源的一种重要手段，故其理所当然地受到工商界有识之士的普遍重视。人们对工商管理的理论研究愈来愈深入，其内容也愈来愈丰富，不断积累起来的研究成果逐渐汇聚成为一门独立的科学知识体系。这便是以工商企业的管理活动作为研究对象的工商管理学。以弗雷德里克·泰勒为主要代表的“科学管理”理论的出现，揭开了企业管理科学化进程的帷幕，成为工商管理学创生的主要标志。

以“管理学学科发展”为研究主题的科学共同体，大都遵循着历史与逻辑相统一的原则，根据社会发展的背景，归纳并描述管理学几大学派的演进。丹尼尔·雷恩(Daniel A. Wren)的《管理思想的演变》，应属管理思想史研究的经典著作。书中以历史年代为顺序，通过考察管理思想的背景、概念及其主要代表人物的影响，描述管理思想从最初非正式的时代直到当今的演变。概要地叙述了管理思想发展的各个重要时期，并分析了这个发展过程中的各种趋势和运动，以及环境力量对管理思想发展所产生的影响[5]。美国管理学家、管理过程学派的代表人物哈罗德·孔茨(Harold Koontz，1908—1984 年)曾先后于 1961 年和 1980 年两次论述管理理论丛林问题。斯图尔特·克雷纳(Stuart Crainer)根据历史年表的顺序详细描述了管理史上的重大事件，仔细回顾了每一次管理的创新，理解它是如何与过去及未来的情况相适应的，与前两位学者相比，他更注重于对管理实践和管理创新的描述[6]。时至世纪之交，豪特(K. Holt)根据历史年代，将各管理学派在百年内的发展进行了描述性梳理，并归纳出管理学发展的年代特征。W. 理查德·斯科特(W. Richard Scott)从哥伦比亚大学和芝加哥大学诞生的两大组织社会学学派发展的角度，在某种程度上对 20 世纪 50 年代以后有关组织理论的发展进行了回顾与分析[7]。

国内关于工商管理学科的研究起步较晚，20 世纪 80 年代，第一次在书面上出现了“工商管理学”的概念。在国内，一般认为企业管理学大体上相当于国外的工商管理学。20 世纪 60 年代，国内出版了第一批企业管理学教科书。1963 年，中国人民大学工业经济系李铁城编写出版的《工业企业管理纲要》及中国科学院工业经济研究所马洪等编写的《中国社会主义国营工业企业管理》等是中国最早的企业管理学的代表作。郭咸纲在《西方管理思想史》中以时间线、理论线和人性线为管理学发展的三大线索，全面系统地描述了西方管理思想发展演变的历程，尤其是对孔茨所提出的各管理学派及其代表人物进行了详细的分析[8]。张兰霞基于孔茨所提出的管理丛林的学派归类，对 20 世纪 80 年代以后的管理学发展趋势进行了描述性分析[9]。梁家强认为科学技术与管理是推动社会发展的两个轮子，两者相辅相成，缺一不可。并从科学技术与管理理论的产生与发展入手，论述了科学技术革命与管理理论的协同与耦合关系[10]。他们进行的管理学演进研究有三个共同点：一是都以时间为主线；二是都以主观概括、定性描述为主；三是大都基于孔茨的“管理学派”而展开分析。

2006 年，陈悦在其博士学位论文中，首次从科学计量的角度对管理科学的演进进行了研究。以经济社会发展和现实管理活动发展的历程为背景，以管理科学发生和发展的历程为主线，将美国科学情报研究所的 SSCI 数据库中所收录的管理类核心期刊所载文献作为数据基础，将 19 世纪末 20 世纪初至 20 世纪末 21 世纪初百余年的管理学史划分为三个大时间段，考察管理科学与其他相关学科的相互关系，分析管理学学科演进的历程、社会背景与影响因素，揭示管理科学学科演进的机制与模式[11]。

1.2.2 工商管理学的知识结构

工商管理作为一门学科，自 20 世纪中期以来，呈现出多极化的发展趋势，形成蔚为壮观的知识体系。工商管理学科已经不再是一个单一的学科概念，也不是一个理论学派的概念，而是一个学科体系。这个学科体系，包含数十门已经形成、正在形成或将要形成的分支学科(含边缘分支学科)。在现有的文献中，专门针对工商管理学科结构划分的研究不多。赵纯均结合国内外各方面的研究成果和实践，综合考虑国际上的一般发展规律和中国的具体情况，将工商管理学科体系分为四个子学科群，即职能管理领域(包括市场营销、会计、财务管理、运作管理、技术管理、人力资源管理和信息管理)、基础性领域(包括组织行为学和管理经济学）、综合性领域（即战略管理）和应用领域（包括项目管理、房地产管理、电子商务、医疗管理、国际工商管理、风险管理等）[12]。成思危提出了中国管理科学"三个基础、三个层次及三个领域"的学科结构，管理科学的三个基础是数学、经济学和心理学；管理科学的三个层次是基础管理、职能管理和战略管理；管理科学的三个领域是管理基础理论与方法、企业与事业单位管理以及宏观管理与政策研究[13]。经济学跟数学、心理学一样，是管理学的基础之一，并为管理学提供分析方法。中国学者乌家培曾经指出，"工业革命催生了经济学和管理学，信息革命促进了经济学和管理学的现代化，并使金融学从经济学中独立出来，而同经济学、管理学相并列，形成三足鼎立的局面"[14]。

工商管理作为一个专业的名称，目前也包含了众多复杂的分支领域。例如，美国哈佛大学商学院的工商管理硕士（MBA）专业目前开设政策、决策、计划、控制、财务、市场、生产运行、科技开发、组织结构、行为科学、数学方法、计算机技术等 100 多门课程。欧洲工商管理学院是近年来迅速崛起的国际著名商学院之一，开设以 MBA 为主的多种专业学科课程，如财政与银行、市场、组织与管理、技术与管理、谈判与决策科学等核心课程。在中国，工商管理专业教育设置了专科、独立本科、硕士、博士等各层次的专业结构，以独立本科教育专业为例，工商管理主要涵盖企业管理、人力资源管理、财务管理、会计学、旅游管理、信息管理与信息系统、电子商务、物流管理、技术经济与管理、市场营销等。国家自然科学基金委员会管理科学部划分了工商管理学科的研究领域包括战略管理、组织行为、企业文化、企业理论、人力资源管理、公司金融、财务管理、会计理论与方法、审计管理、市场营销、运作管理、生产管理、质量管理与质量工程、物流管理、服务科学与服务管理、企业技术管理与技术创新、技术经济、项目管理、创业管理、中小企业管理、企业信息管理与电子商务、非营利组织管理等分支学科与领域。

2003 年，王续琨在《交叉科学结构论》一书中指出："以企业管理活动为研究对象的企业管理学，现在呈现双极点分化态势，大体上已经形成两组分支学科。一组是依据企业的不同类型分化出来的工业企业管理学、农业企业管理学、商业企业管理学、金融企业管理学等；另一组是依据企业管理环节分化出来的企业战略管理学、企业生产管理学、企业劳动管理学、企业技术管理学等。"[1]

1.2.3　工商管理学的前沿理论

工商管理学科近年来呈现出多元化、快速发展的态势，管理理论不断创新，新理论、新观点和分支学科层出不穷，尤其体现在战略管理、组织行为与人力资源管理、经营管理和营销管理等方面。

1. 战略管理理论：以企业竞争优势为核心的理论创新

在战略管理方面，继竞争战略研究后，企业资源理论、核心能力与知识管理、智力资本(intellectual capital)等理论相继兴起。企业资源理论关注企业资源、持久竞争优势和企业绩效之间的关系。巴尼(J. B. Barney)认为企业资源可以被分成三类，即物质资本资源、人力资本(human capital)资源和组织资本资源。这些资源中对企业持久竞争优势，进而对竞争力起到促进作用的部分被定义为战略性资源，是持久竞争优势的来源[15]。扎克(M. H. Zack)认为，企业战略的主要内容是如何整合企业在特定行业中的独特战略资源，以及最大限度地提升优化配置这种战略资源的能力。企业战略资源和运用这种资源的能力方面的差异，就成为企业持久竞争优势的源泉[16]。

企业能力理论认为，企业能力是企业拥有的为实现组织目标所需的技能和知识。虽然广义的资源包括企业能力，但能力理论认为能力与资源不同，能力是以人为载体的，是配置、开发、保护、使用和整合资源的主体能力。在普拉哈拉德(C. K. Prahalad)和哈默尔(G. Hamel)看来，核心能力是组织中的积累性学识，特别是关于如何协调不同的生产技能和有机结合多种技术流的学识。只有在核心能力达到一定水平后，企业才能通过一系列组合和整合，形成自己不易被人模仿、替代和占有的独特战略资源，才能获得和保持持久的竞争优势[17]。

知识管理的研究内容主要涉及知识管理与企业战略研究、组织内和组织间知识管理活动研究、知识管理活动的阶段性研究、知识管理活动的影响因素研究、知识型组织的运作规律与管理模式研究、组织内显性知识(explicit knowledge)与隐性知识(tacit knowledge)的创造与转化、知识资源的量化研究等方面[18]。知识管理理论将企业视为知识的集合体，针对组织的适应性、组织的生存和竞争能力等方面进行广泛研究，对企业竞争优势的根源进行了有益探索。扎克认为组织的竞争优势来源于对组织知识的创造、配置和分享。伯特尔斯(T. Bertels)和查尔斯·萨维奇(Charles M. Savage)认为，随着知识经济时代的到来，竞争优势将来源于对知识的有效管理[19]。知识资源已经成为企业组织的重要战略资源，是增强企业竞争优势的主要源泉，知识管理与创新是企业战略管理理论及工商管理学科研究的前沿问题。

2. 组织理论：人力资源到人力资本管理

在复杂多变的竞争环境下，人力资源作为一种集中体现企业核心能力的稀缺资源，为企业获得和保持持续的竞争优势起到了决定性的作用。具体的人力资源管理活动、组织支持的提供以及员工对于组织(而非组织中的某些个体)的忠诚，都应从心理契约的建立、履行、更新等角度加以思考，提高员工的组织忠诚度[20]。卢梭(D. M. Rousseau)强调心理契约除了期望的性质以外，还有对义务的承诺和互惠，将心理契约定义为“个人对自己与组织间承诺的回报或相互义务的信念”[21]。

戴维·沃尔里奇(Dave Ulrich)在《人力资源教程》一书中认为，组织要想取得成功，要想在全球化的竞争中保持竞争优势，人力资源管理必须克服八个挑战：全球化；竞争力与人力资源的价值链；通过降低成本和加速增长来创造利润；以能力为本；广泛的变化；技术；吸引、留住和衡量有能力的优秀人才；改良并不是转型[22]。

在21世纪，人力资源管理经历着前所未有的来自全球一体化的力量，如信息网络化的力量、知识与创新的力量、顾客的力量、投资者的力量、组织的速度与变革的力量等各种力量的挑战和冲击。这些各个方面的因素正在改变已有人力资源管理的概念、分析框架，促进人力资源管理理论体系的形成与完善。

3. 经营管理理论：追求柔性的模式创新

20世纪90年代，市场竞争日益激烈，消费者的需求特征发生了明显的改变，仅仅依靠一个企业的资源已经无法实现快速响应市场需求的目的。随着网络技术的发展，涵盖企业内外所有资源的供应链管理(supply chain management，SCM)、企业资源计划(enterprise resource planning，ERP)、敏捷制造(agile manufacturing，AM)、大规模定制(mass customization，MC)等管理模式相继产生。

在满足高质量、低成本目标的前提下最大程度地提高企业的灵活性和速度，也就是生产管理模式应尽可能在保持大规模生产的高质量、高可靠性和低成本优势的同时，最大可能地提高企业生产制造的品种适应性、市场快速响应性，即“柔性”，实现成本更低、质量更高、品种更多、适应性更强的目的。这种发展趋势一方面是适应市场对制造业企业的交货期、适应性提出了更高要求的需要；另一方面也依赖于自动化技术的发展，特别是信息技术、计算机技术、系统技术的进步，具体包括计算机通信、数据管理技术、传感器技术、专家系统及其开发工具、仿真技术等。同时，包括学习型组织(learning organization)理论、业务流程重组(business process reengineering，BPR)理论等组织管理理论的创新，也为生产管理模式的创新奠定了组织基础。

4. 营销管理理论：网络营销手段与关系营销范式的兴起

20世纪90年代以后，市场营销理论被认为进入了分化和扩展时期，出现了大量的营销新概念，营销方法随着营销领域的深化和拓展，趋向多元化发展[23]。现代电子信息技术，为现代市场营销方法创新和发展提供了技术手段和基础，许多新的营销方法就是现代科学技术直接创造的，出现了诸多与电子技术、信息技术密切相关的市场营销方法，如网络营销、电子销售、客户关系管理(customer relationship management，CRM)、营销决策支持系统和虚拟市场等。

营销学中关系范式的出现，掀起了市场营销学界的一场革命，被称为“营销学研究范式的转变”。汪涛认为在关系范式下，对顾客的认识不是停留在一个个分散的点上，而是一个具有时间序列特征的顾客网络，并且顾客本身已经成为企业生产和发展的关键性要素，即顾客资产[24]。对顾客资产质量的分析是对顾客价值趋向定量化研究的探索。同时，综合考虑顾客价值的经济特征和情感特征，从顾客的盈利性和忠诚度两个维度来探讨顾客资产的质量，建立顾客资产质量的矩阵模型，将顾客资产划分为优质、时尚、低质和问题四种类型。营销管理理论是工商管理学科的重要分支学科，营销管理领域理念和相关研究方法的创新，是工商管理学科前沿研究的重要代表。

1.3 工商管理学的学科起点问题

一门科学学科的发展程度取决于社会对它的需求程度。同样，一门学科理论体系的完善程度也取决于其对社会需求的满足程度，同时也决定了该学科对社会的影响程度，即该学科的社会地位[25]。工商管理活动的需求与工商管理学前沿的交叉点是工商管理学新学科的生长点，它贯穿于工商管理学演进历程中，是工商管理学演进范式的核心。

任何一门科学的创生都由一个学科起点演化形成一定的理论体系，而理论体系的构建是学科专业化并走向成熟的标志。逻辑起点是一门科学学科发展的前提和基础，正如潘懋元先生所说的：“学科的科学理论体系，一般认为首先应当确定它的逻辑起点，从逻辑起点出发，借助逻辑手段，按照学科的内在规律，层层推导，逐步展开，构成严谨的逻辑系统。”[26]学科的起点除逻辑起点外还包括学科的研究起点，学科的逻辑起点与学科的理论体系同时存在、共同演化，而学科的研究起点先于学科的理论体系而产生，学科的逻辑起点和研究起点共同促成一门独立学科的形成与发展。

学科的研究起点与学科的逻辑起点有着不同的内涵。学科的研究起点是指学科研究的开端和学科演化的出发点，它是学科创立的一种标志，是一门学科研究方法和研究手段的开端。学科的逻辑起点指的是作为研究活动的最一般规律的理论体系的“内核”，是理论体系中最基本的矛盾。我国学者王大中认为，“学科的逻辑起点是学科建设的理论‘基因’，是孕育一门学科的内核，探讨逻辑起点实际上是在探寻及确定学科的理论‘基因’，这样的‘基因’在其学科体系中，无论隔多少‘代’，其内核都是一样的”[27]。工商管理学科的起点问题，首先涉及工商管理学科的研究起点，探索工商管理学科研究的开端及其学科演化的出发点，进而对工商管理学的学科逻辑起点问题进行研究探讨，解析工商管理学理论体系的“内核”，找出其理论体系中最基本的矛盾，是构建工商管理学科体系的前提和基础工作。

1.3.1　工商管理学的研究起点

目前，管理科学已经发展成为一个庞大的科学知识体系。其中，管理学是管理科学体系中最高层次的学科门类，下设管理科学与工程、工商管理与公共管理等一级学科，而工商管理又下设企业管理等二级学科。作为管理学的发源地，工商管理学应该具有与管理学相同的学科研究起点。近代对管理学的研究源于企业管理实践的需要，开创近代管理科学的泰勒和亨利·法约尔(Henry Fayol)等都是在对企业管理实践的基础上，把管理思想和经验总结上升为管理理论，工商管理学应该和管理学具有相同的研究起点。任何理论都不是凭空产生的，管理学的研究起点，也只能到现实的管理活动中去寻找，在大量的管理活动中去抽象、概括，只有这样才能使管理学的研究不脱离实际。

自从有人类社会以来就有管理活动，由于人类社会是在劳动过程中以种群进化方式产生的，只要存在一定共同劳动的人群，就必然会有分工、组织协调等与管理有关的行为。自从有了人群组织以来，人类便在共同劳动中产生了管理活动。管理是对组织的资源进行有效整合以达成既定目标与责任的动态创造性活动，组织是管理实践中最基本、最普遍的现实存在。因此，组织是管理学研究的历史起点，也是管理学的研究起点。

近代管理学的创立是以泰勒的"科学管理原理"的出现为标志的，泰勒在对前人管理思想和经验总结的基础上，通过对企业(工厂)组织如何提高效率进行深入研究，将如何提高组织效率作为研究对象，系统地提出了科学管理原理。虽然泰勒最初是在研究单个工人如何能达到自己的最高效率，进而推广至整个组织，以标准定额的形式规定生产提高效率，但为了提高工厂组织的整体效率，就必须将组织整体作为直接的研究对象，在泰勒之后的管理学研究学者中，都将组织作为管理学研究的对象和起点。1937 年，林德尔·厄威克(Lyndall F. Urwick)与卢瑟·古立克(Luther H. Gulick)的著作《管理科学论文集》问世，第一次正式提出"组织理论"概念，以后各种对组织的研究都归属到"组织理论"范畴，尤其是赫伯特·A. 西蒙(Herbert A. Simon)成为管理学研究的代表人物后，组织理论就成为了一切管理学研究的基础。

"组织"作为管理学的研究起点，包含着管理学中一切矛盾的胚芽，是开展管理学理论研究的前提和基础。组织是由人构成的，单个的人在组织中具有个体的特征、愿望，但同时作为组织中的一员而存在，又使它具有作为群体一员应有的规定性特征、角色期盼。当组织和个人的目的、发展方向一致时，个体的角色可以得到很好的统一，顺利实现管理目标，组织处于平衡状态；反之，则可以导致组织、个体特征的分裂，使组织系统偏离平衡状态。而两者的分裂是经常的，不平衡是绝对的，管理就是不断地解决这个矛盾，实现"不平衡—平衡—不平衡"的过程，并由此展现管理的发生、发展和变化的全部规律[28]。

1.3.2 工商管理学的逻辑起点

逻辑哲学认为，任何科学理论体系的建立都必须从经验材料开始，对研究对象的种种复杂现象进行抽象，从中提炼出能规定对象本质的基本范畴，并以此作为规定具体对象的理论前提，这种规定研究对象本质属性的最抽象范畴，就是该理论体系的逻辑起点。

工商管理学是整个管理科学的发源地，二者之间具有相同的学科逻辑起点。管理科学的逻辑起点是管理科学体系创生和演化的思维起点，它源于实践又高于实践，自从人类有了组织，就有管理活动，组织是管理学的研究起点，而管理的终极目标是提高组织的效能，效能体现了管理的本质特征和管理学的根本价值，在诸多管理科学学科中居于基础核心地位，效能是管理学的逻辑起点。

效能能够全面反映管理学研究对人类的根本价值所在，对人类的管理活动具有不可替代的实用性，追求管理效能最大化是管理科学得以成为一门学科并发展成完善的学科体系的根本动因，追求效能是管理科学的本质属性，贯穿整个管理科学体系的各个层次和子学科。管理学这门科学以此为基础进行不断建构和完善，并支撑其他各门管理科学众多概念的搭建。

追求效能最大化是管理活动在组织中得以存在的基本前提，也是组织中管理活动的终极目标。效能是管理科学中最简单、最普遍和最抽象的东西，是管理科学研究对象的最基本单位，追求更大效能体现了管理学研究价值的终极目标。一项研究之所以得以存在、发展，主要是因为它的研究活动、研究结果对人类“有用”，对人类活动“有益”。对于管理学研究而言不断地追求更高的管理效能，追求管理活动效能最大化是管理学研究的根本价值所在，是其得以存在并不断发展的前提。管理活动始于组织为实现自身的目标而追求的最高效能，其结果表现为组织通过各种管理手段实现组织效能的最大化，效能作为管理体系的逻辑起点，体现了起点与终点的辩证统一。作为终点的最高效能是起点的目的，作为起点的效能在终点实现，从起点的效能到终点的效能不是简单的回归，而是不断扩展的曲线，一个管理过程的起点同时又是另一个管理过程的终点。

效能体现了管理学学科逻辑的“源头”所在，管理学的其他各种概念都以此为基础，不断推行形成管理科学门类众多、枝繁叶茂的学科体系，支撑着整个管理学的逻辑推理大厦。同时，其他概念又能够从不同角度对效能进行阐释，以体现它们的“源流”关系。因此，效能是管理学其他概念的基础，是其他管理学科得以产生的根源和有力的逻辑支撑点，是管理学真正的逻辑起点。

1.4　学科知识体系可视化的实现

当今社会已经进入信息化时代，其本质特征是信息的数字化。随着计算机技术与互联网技术日新月异的发展，数字化信息已经呈现出爆炸性增长的态势。面对这些纷繁复杂的海量数字信息资源，如何进行有效的信息发现和知识挖掘，发现其中的信息本质特征与规律，已经成为信息情报学与科学计量学的研究重点之一。信息可视化技术就是在这一背景下新兴的研究领域。其中，对文献数据信息的可视化是指通过信息可视化技术和计算机程序，将大量的文献数据信息通过科学知识图谱的形式形象地展现出来，从而揭示科学知识领域发展演进的背景、动力和概貌，探测学科知识领域研究的前沿问题、热点问题及其发展的趋势。基于对文献信息的计量，实现了学科知识体系的可视化分析。

学科知识体系可视化主要基于科学计量学理论与引文分析理论，将信息可视化技术作为基本的分析方法。其中，CiteSpace 软件系统是近年来发展较快的用于文献数据处理，并进行信息可视化分析的实用软件工具。软件操作简单、处理数据信息能力强，是专门用于探测科学学科知识领域前沿演进与时态模式变化的应用软件，也是分析科学知识领域的前沿演进与探寻学科演进关键路径的专门化应用软件系统。

引文分析是科学计量学的研究范畴，也是文献计量学研究内容的一个重要组成部分，创生于20世纪20年代。邱均平在《文献计量学》一书中详细介绍了引文分析的概念和理论，认为引文分析是利用各种数学及统计学的方法和比较、归纳、抽象、概括等逻辑方法，对科学期刊、论文、著者等各种分析对象的引用和被引用现象进行分析，以便揭示其数量特征和内在规律的一种文献计量分析方法[29]。文献的被引情况在一定程度上反映了文献的影响程度和质量的高低，通过引文分析，结合信息可视化技术，找出高被引文献，亦即学科领域发展的关键节点文献，可以探测学科演进的关键路径，揭示学科发展的背景，挖掘学科演进的动力。

引文分析的基本技术手段就是共被引(共现)网络分析，一个网络可以以各种不同的方式随时改变，能够通过增加新的节点和新的连线或是去掉原有的节点和连线来改变拓扑结构，网络也可以改变其本身固有的节点和连线。大部分存在的网络演进有两种显示方式，即部分显示和整体显示。部分显示的目标主要强调在一系列时间图谱内，单一时间段的网络结构的变化；整体显示的目标是在一个整合的图谱内综合展示过渡性结构。局部显示的优点，包括操作方便灵活，这种方法常常提供附加的图示帮助观测者辨识两幅相邻图谱间的变化。全景图谱的目标在于刻画时间和空间上的变化，用这种方法研究者可以通过研究一个单独的图谱来探测网络演化趋势或者结构。这种方法可以将研究者的主观干扰减至最小，如

Pajek 的定时网络显示功能[30]。

可视化网络的手段在于网络随时间变化演进的可视化知识图谱的绘制。首先需要说明的几个问题是：提高网络的清晰度；强调相邻网络的过渡结构；辨识关键节点。

第一个问题是提高网络的清晰度，即要尽可能避免线的交叉。通常采用关键路径法(critical path method，CPM)和最小生成树修剪网络中的各种连线，进而减少交叉线的数量。共引网络通常有大量的连线，这些连线不加区别的显示是使网络凌乱的最主要原因。有两种方法能够减少显示的图谱中的连线数量，即基于阈值的方法和基于拓扑的方法。在基于阈值的方法中，去除一条连线仅仅决定于连线的权重是否超过了阈值。相对应的，在基于拓扑的方法中，连线的减少主要由固有的拓扑内部特性来决定。因此，这种方法对于保护确定的拓扑内部结构特性更可靠，但是其计算具有较高的复杂性。

第二个问题是强调相邻网络的过渡结构。能够辨识原网络中的哪一部分在新网络中是保持原状的，哪一部分在新网络中不再保持原状的，新网络中的哪一部分完全是新形成的。根据学科领域的性质，按照节点和连线的内部拓扑结构和外在属性，合并的网络可能是各种各样的，也可能是同种类型的。例如，一个学科领域的知识结构在某个重大的概念革命前后很可能从根本上是不同的，因为新的理论和证据将成为主导优势。一个学科领域的经典引文的共引网络很可能不同于新近发表文章的共引网络。

第三个问题是辨识关键节点。视觉上突出点包括标志点、关键点和中心点(图 1.1)。确认共引网络中潜在的重要文章，共引网络中一个节点的重要性可以很快通过节点的局部拓扑结构和外部属性来确认。标志点有特殊的属性值。例如，高被引文章倾向于提供一个重要标记，不管它和其他文章怎样共被引，标志点能够被特殊的可视化属性确认。中心点有相对大的中心度。通常认为，中心度高于 0.1 的节点是网络中的关键节点，关键节点是连接各个不同聚类的网络节点，它是由网络连线连接的两个网络的公共点或者是网络的间节点，关键节点在网络研究的方法中具有重要作用。

学科领域可视化可分为以下几个步骤(以 CiteSpace 为例)：

时间分段：被分析数据的整个时间段被分成等长的时间间隔。每个时间间隔最短为一年，最长为整个时间段。如果可获得合适的数据，甚至可以分成按月或者按周的更短的时间间隔。事实上，时间间隔是互斥的，但重叠的时间间隔的图谱分析，将成为一个有挑战性的、值得探究的课题。

阈值设置：阈值是 CiteSpace 采用的选择标准，在模型和可视化过程中各项的值必须大于阈值。引文和共引分析取自最高被引文献的典型样本，单一的不变的阈值就是一个粗略的抽样机制。默认状态下，引文和共被引频次是在每个时间

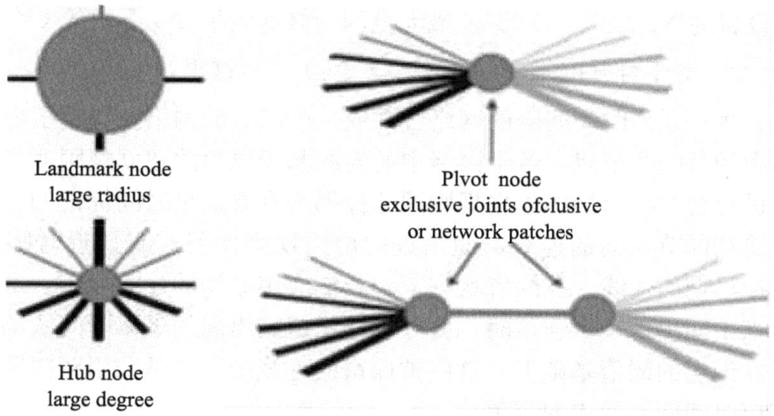

图 1.1　引文网络中三个典型的可视化节点

资料来源：Chen C. Searching for intellectual turning points: progressive knowledge domain visualization[J]. Proceedings of the National Academy of Sciences of the United States of America，2004，101(suppl 1)：5303～5310

间隔内计算出来的，和整个时间段不同。时间分段为阈值的设置提供了灵活性，使每个单一时间间隔的阈值设置更接近于引文和共引行为的特性。这种灵活性减少了将单一固定不变的阈值用于整个分析过程的不足。灵活的分段阈值设置能够更容易找到两个网络间的共同点。

CiteSpace 在给定时间间隔内的共引网络由三个阈值确定：引文数、共引度和共引率(C、CC、CCV)。在 CiteSpace 中，使用者需要为三个具体的时间间隔选择期望的阈值，即为分析数据的时间间隔的开始、中间和结尾段的阈值赋值。CiteSpace 为剩余的时间间隔利用插值算法自动分配插入阈值。

一般地，共引系数在各个时间分段中由 CiteSpace 软件计算出来。共引系数是按照余弦系数被标准化的：CCcosine(i，j)＝CC(i，j)/sqrt[C(i)，C(j)]，其中，CC(i，j)是文献 i 和 j 的共引频次，C(i)和 C(j)是它们各自的引文数。使用者也可以为共引系数具体指定选择的阈值，默认值是 0.15。

模型：在引文分析中，文献的引文不是平均出现的，有些文章得到了比平均引文数更多的引文，有些则少于平均引文数，甚至有些根本就没有引文。引文数量受多种潜在因素的影响。根据优势积累原理，高被引的文章很可能获得比现实中不经常被引的文章更多的引文。探测学科领域知识拐点(turning point)，主要是找出具有快速增长的引文的文献节点。

修剪：有效的修剪可以减少图谱中交叉连线的同时可提高可视化网络的清晰度。CiteSpace 支持两种通常的网络修剪算法，即关键路径法和最小生成树法，既可以修剪单个网络也可以修剪合并网络。用关键路径法修剪个体网络，参数 q

和 r 分别设置为 N_{k-1} 和 ∞，以保证最大范围的修剪效果。N_k 是在第 k 个时间段内的网络的大小。对于合并网络，q 参数是$(\sum N_k)-1$，这里，$k=1,2,3,\cdots\cdots$

合并：将一系列时间间隔的网络合并成一个综合的网络，包含了出现在每个单个网络中的每一个节点。各个网络中的连线基于原始的建立规则或者最近的增强规则而进行合并。原始的建立规则即选择那些有着最早时间标记的连线并删掉其后的连接相同节点间的连线，而最近的增强规则保留具有最近时间标记的连线，而删掉早期的连线。在缺省状态下，我们应用原始的建立规则。基本的原理是，当文献中间出现一个连接时，去寻找并保留其出现的最早时间段的连线。更准确地，在设定的阈值基础上，这些被保留的连线的颜色是共引频次第一次达到设定的阈值时间间隔代表的颜色。

绘图：无论单个时间段网络或者合并网络，其网络的布局都是使用 Kamada-Kawai 算法生成的[31]。网络中节点的大小和在最近时间间隔内的标准化引文数成比例。CiteSpace Ⅱ设计了两种互补的可视化图谱，即聚类视图(cluster views)和时区视图(time-zone views)，CiteSpace2. 2. R3 以上版本增加了时间线视图(timeline views)，可以更直观地展现学科知识领域随时间演进的动态过程。聚类视图包括未经过修剪的聚类图谱和经过 PathFinder 算法修剪的关键路径网络视图，通过关键路径的聚类视图可以探测和分析学科领域演进及其路径。时区视图更加强调文献节点与时间间隔的瞬时对应关系，可以直观地展示出关键节点文献在相应时间点上的位置及其演化的轨迹[32]。在可视化网络图谱的基础上，CiteSpace 还提供了多种进行聚类分析的方法，如最大期望聚类分析[33]、谱聚类分析等。

1.5 本章小结

工商管理学科是管理学门类的基础学科和发源地，是管理学门类发展中知识体系最为庞大，分支学科和领域最多的一门学科。本章是关于工商管理学科知识体系演进研究的总论部分，在界定了工商管理学科研究的范畴和对象的基础上，分别从工商管理学科的创生、整体知识结构和主要分支学科的研究前沿理论等方面从整体上介绍了当前这门学科整体上的研究进展。作为管理学理论和企业管理实践的重要引领学科，研究和学习工商管理知识体系的演进，尤其是各分支学科和领域的研究前沿和热点问题，不仅对工商管理知识体系的发展和完善具有重要的理论意义，而且对我国在社会转型期的企业管理实践具有重要的现实价值和指导意义。

参考文献

[1] 王续琨．交叉科学结构论[M]．大连：大连理工大学出版社，2003.

[2] 南岭．马克思企业制度演进理论初探[J]．当代经济研究，1994，(3)：36～41.

[3] 曾三军．企业的起源与企业制度的演进[J]．甘肃教育学院学报(社会科学版)，2001，17(4)：13～16.

[4] 侯剑华，王续琨．企业管理学学科体系探析[J]．大连理工大学学报(社会科学版)，2006，27(3)：71～74.

[5] 丹尼尔・A．雷恩．管理思想的演变[M]．赵睿，等译．北京：中国社会科学出版社，2000.

[6] 斯图尔特・克雷纳．管理百年[M]．邱琼、钟秀斌，等译．海口：海南出版社，2003.

[7] Scott W R. Organizations：Rational，Natural，and Open Systems(5th ed.)[M]. California：Wadsworth publishing Company，2003.

[8] 郭咸纲．西方管理思想史[M]．北京：管理经济出版社，2002.

[9] 张兰霞．新管理理论丛林研究[D]．辽宁大学博士学位论文，2005.

[10] 梁家强．论科学技术革命与管理理论发展[J]．科学管理研究，2005，23(2)：31～34.

[11] 陈悦．管理学学科演进的科学计量研究[D]．大连理工大学博士学位论文，2007.

[12] 赵纯均．工商管理研究备要——现状，趋势和发展思路[M]．北京：清华大学出版社，2004.

[13] 成思危．中国管理科学的学科结构与发展重点选择[J]．管理科学学报，2000，3(1)：1～6.

[14] 乌家培．与时俱进的经济学和管理学[J]．学术研究，2004，(9)：20～25.

[15] 马昀．资源基础理论的回顾与思考[J]．经济管理，2001，(12)：23～27.

[16] Zack M H. Managing codified knowledge[J]. Sloan Management Review，1999，40(4)：45～58.

[17] Prahalad C K，Hamel G. The core competence of the corporation[J]. Harvard Business Review，1990，68(3)：79～91.

[18] 戚永红，宝贡敏．知识管理：概念、框架与问题[J]．经济管理，2003，(12)：4～10.

[19] Bertels T，Savage C M. A research agenda for the knowledge era：the tough questions[J]. Knowledge and Process Management，1999，6(4)：205～212.

[20] 许小东，孟晓斌．基于心理契约的组织成员忠诚度培育[J]．经济管理，2003，(14)：49～53.

[21] Robinson S L，Rousseau D M. Violating the psychological contract：not the exception but the norm[J]. Journal of Organizational Behavior，1994，15(3)：245～259.

[22] 戴维・沃尔里奇．人力资源教程[M]．刘磊译．北京：新华出版社，2000.

[23] 黄群慧，王钦．中国工业经济与企业管理若干前沿问题综述[J]．经济管理，2007，29(11)：80～86.

[24] 汪涛，李真贞．顾客资产的质量分析[J]．经济管理，2003，(10)：57～62.

[25] 刘则渊．科学学理论体系建构的思考——基于科学计量学的中外科学学进展研究报告．科学学研究，2006，24(1)：1～11.

[26] 胡建华．高等教育学新论[M]. 南京：江苏教育出版社，1995.

[27] 王大中．论侦查学的逻辑起点——兼论学科逻辑起点及其价值[J]. 中国人民公安大学学报：社会科学版，2006，22(1)：66～71.

[28] 高杰，高林玉．管理学的研究起点与逻辑起点问题探究[J]. 东北财经大学学报，2005，(3)：11～14.

[29] 邱均平．文献信息印证规律和引文分析法[J]. 情报理论与实践，2001，4(3)：236～240.

[30] Batagelj V，Mrvar A. Pajek-program for large network analysis[J]. Connections，1998，21(2)：47～57.

[31] Kamada T，Kawai S. An algorithm for drawing general undirected graph[J]. Information Letters，1989，31(1)：7～15.

[32] Chen C M. CiteSpace Ⅱ：detecting and visualizing emerging trends and transient patterns in scientific literature[J]. Journal of the American Society for Information Science and Technology，2005，57(3)：359～377.

[33] Chen C M. Measuring the movement of a research paradigm[A]. *In*：Erbacher R F，Roberts J C，Grohn M T，et al. Proceedings of SPIE-IS&T：Visualization and Data Analysis 2005[C]. San Jose：International Society for Optical Engineering，2005.

第 2 章

工商管理学主干理论的演进轨迹

工商管理学主干理论是工商管理知识体系发展演进的主线，贯穿工商管理知识体系发展的全过程。同时，工商管理学主干理论本身也处于不断完善和创新的动态发展过程中。探析工商管理学主干理论的演进轨迹和学科知识结构，是研究工商管理知识体系演进的一个重要突破口和出发点。工商管理学主干理论的发展演进路径折射了工商管理知识体系的演化过程，是梳理工商管理理论发展演化脉络的重要手段，也是研究工商管理知识体系演进的重要组成部分。产业革命的发展带来企业规模的不断扩张，对工商管理学的创生和演进产生了巨大的推动作用。科学管理原理的出现开启了企业生产实践的管理科学化进程。企业管理的实践不断推动工商管理理论的发展和演进，由最初的"科学管理"逐渐演化成庞大的管理科学知识体系。

科学文献是承载科学知识流动的主要载体。文献之间的引用关系不仅反映了施引文献(citing articles)对被引文献的尊重与传承，而且揭示了知识单元在知识网络之间的流动过程。工商管理学经过近百年的发展，已经形成了庞杂的学科知识体系。面对如此复杂的学科知识和不断创生的新理论、新方法，对其进行清晰的领域划分是十分复杂的事情，随着工商管理实践的需求和理论研究的不断深入，工商管理学各知识领域间的界线已经变得十分模糊。因此，以确切的期刊来界定和研究整个工商管理知识体系的演进并不能概括和包含工商管理学发展的全貌。本章在选定工商管理学国际核心学术期刊的基础上，利用期刊文献数据和文献信息可视化分析工具，绘制出基于文献共被引网络的工商管理学主干理论演进的科学知识图谱，以展现工商管理学主干理论知识结构的动态演化过程。

2.1 工商管理学的国际核心期刊

2.1.1 数据期刊的来源与遴选

工商管理学国际核心期刊的文献数据全部来源于美国科学情报研究所创建的SCI和SSCI数据库，它们是目前国际上最重要的引文信息源，也是最具学术权威性的引文索引数据库。在这个巨大的关系数据库中，相关的文献约8 500种科学期刊的引文都被视为数据期刊源，其中有关自然科学和技术科学的专业期刊有5 500多种，覆盖了数学、物理学、化学、生命科学、地球科学、农林科学以及环境科学等主要科学领域。其余3 000多种为人文社会科学类期刊。以英国《金融时报》(*Financial Times*)列出的工商管理领域的40种顶级期刊为依据，结合《期刊引用报告》(*Journal Citation Reports*®，JCR)在2001～2005年根据管理学(management)和商业(business)领域平均影响因子(impact factor)排名情况，最终确定10种国际工商管理类的顶级核心期刊作为数据期刊源(母本期刊)。我们在Web of Science检索平台的SCI数据库中，获得了40种工商管理顶级期刊(见附录)的科学文献数据。这些科学文献绝大部分为论文(article)，但也含有少量其他类型的文献。例如，评论(review)、讨论(discussion)、通信(letter)、人物传记(biographicalitem)等。我们仅保留了文献类型为论文的数据，去除了其他文献类型的数据。以这些文献数据为基础，根据需要建立了研究所需的原始数据库。

在进行数据下载和分析过程中，需要进行数据的标准化，如将同一期刊的不同名称进行统一，如*Academy of Management Journal*期刊在SSCI数据库中就有ACAD MAN J、ACAD MANAGEMENT J、ACADEMY MANAGEMENT J等16种表达方式，本书统一为AMJ。同时，在数据处理的过程中，不同的期刊中对同一作者的名字写法也有所不同，为了分析的准确性和客观性，我们对相关作者的名字写法进行了统一的标准化处理。例如，将BARNEY J替换成BARNEY J B，PORTER M替换成PORTER M E。

2.1.2 数据的选择与处理

研究工商管理知识体系的演进和前沿热点首先涉及对工商管理学科范围的界定和学科结构划分的问题，同时这对于论文研究如何划分期刊源文献数据也是一项基础工作。

对工商管理知识体系结构进行划分，首先要对工商管理的学科范围和研究对象进行界定。如前文所述，工商管理学是管理学科门类下的一个学科群组，是以微观营利性经济组织活动规律为研究对象的一类学科群，包括工商管理的基础理论和方法、组织的经营管理、组织行为管理以及战略管理等学科类别。工商管理学是一门“不确定”的学科，其研究对象和范围具有不精确性。中国学者赵均纯等认为，工商管理学科是研究微观经济组织经营活动规律的学科，它是工商管理实践活动的诸多学科的总结[1]。陈悦在其博士学位论文中曾对工商管理学科的概念和研究范围以及学科结构进行过论述，“严格地说，工商管理(学)不应被看做是一门学科，它是所有涉及工商管理活动的各门学科的总和，应属管理学门类或广义管理科学之下的一个学科群组。与其对应的是公共管理(学)。两者区分的标准就是所研究的活动对象是否是营利性组织，若是则为工商管理，若不是则为公共管理”[2]。

对英国《金融时报》所列出的工商管理领域的 40 种顶级期刊进行分析，我们不难发现，“工商管理领域顶级期刊”实质是包含了经济学类、会计学类、财务金融类、组织行为类、信息管理类、商业经营类、市场营销类、战略管理类和综合性期刊等不同学科领域的重要期刊。其中《美国经济评论》(*The American Economic Review*，AER)、《经济计量学》(*Econometrica*，ECON)、《政治经济学》(*Journal of Political Economy*，JPE)等期刊都是经济学类最具权威性的学术期刊；《会计研究》(*Journal of Accounting Research*，JAR)、《会计评论》(*The Accounting Review*，AR，美国会计学会主办)、《会计与经济学》(*Journal of Accounting and Economics*，JAE，罗彻斯特大学主办)和《会计、组织和社会》(*Accounting*，*Organizations and Society*，AOS，荷兰)是会计学类的重要期刊，尤其是《会计、组织和社会》是截至 1996 年被 12 家最著名图书馆(美国 5 家、英国 5 家、澳大利亚 2 家)同时订购的 9 种会计类期刊之一；《金融杂志》(JF)、《金融经济学》(JFE)、《金融研究评论》(RFS)是上百种财务学科类的国际期刊中的最权威期刊；《组织科学》(OS)、《组织行为与决策过程》(OBHDP)、《应用心理学》(JAP)是与组织行为学直接相关的代表性期刊；《人力资源管理》(HRM)、《国际人力资源管理杂志》(IJHRM)是与组织行为学相关的人力资源管理期刊；《管理信息系统季刊》(MISQ)、《信息系统研究》(ISR)、《管理科学》(MS)、《哈佛管理评论》(HBR)、《斯隆管理评论》(SMR)、《美国管理学会期刊》(AMJ)、《美国管理学会评论》(AMR)等，都是信息管理与信息系统学科的代表性学术期刊。创刊于 1988 年的《创业：理论与实践》[ETP，其前身是创刊于 1975 年的《美国小企业期刊》(*Journal of Small Business*)]、《商业道德规范》(JBE)、《商业风险》(JBV)、《国际工商研究期刊》(JIBS)、《市场研究期刊》(JMR)和《顾客研究期刊》(*Journal of Customer Research*，JCR)属于商业经营与市场营销管理类期刊；《运筹学管理期刊》(JOM)、《管理科学》、《运筹学研究》(OR)及《美国统计学会期刊》(JASA)属于管理科学(狭义)学科；《战略管理学报》(SMJ)和《长期规划》(LRP)是战略管理学科的重要期刊；美国管理学会(Academy of Management，AOM)出版的五本重要学术期刊的其中三种，即《美国管理学会评论》、《美国管理学会期刊》、《管理执行学报》(AME)，它们连同《行政管理季刊》(ASQ)、《加利福尼亚管理评论》(CMR)、《哈佛管理评论》等都属于一般管理学类的综合期刊。

陈悦在其博士学位论文中曾对这 40 种核心期刊，按照它们所代表的学科进行过划分。同时还进一步对这些期刊共被引相关矩阵进行主成分因子分析，提取了三个导出主成分，累计贡献率达 86.16%，即三个主成分因子代表了全部变量的 86.16%的信息(表 2.1)。由期刊共被引关系确定的三个主成分因子分别代表了工商管理学研究的三个不同方向：因子 1 包括管理信息系统(management information system，MIS)、营销、组织行为、战略管理等研究领域，属于一般管理学的研究范畴；因子 2 包括会计、财务和经济等研究领域，属于经济学的研究范畴；因子 3 只包括运筹学一个研究领域，是独立于一般管理学和经济学以外的研究范畴。

表 2.1 期刊共被引因子萃取表(2000～2005 年)

因子 1：营销、管理信息系统、人力资源管理、组织行为学、战略管理		因子 2：会计、财务、经济		因子 3：运筹学	
JM	0.939	JAR	0.921	OR	0.954
MISQ	0.939	RFS	0.921		
JMR	0.938	AR	0.908		
AMR	0.935	JAE	0.905		
JAP	0.935	JF	0.898		
AMJ	0.934	ECON	0.895		
OBHD	0.932	JFE	0.889		
JSBM	0.930	JPE	0.887		
JBE	0.929	JASA	0.882		
ISR	0.926	AER	0.859		
ASQ	0.926	RJE	0.834		
HRM	0.926				
SMR	0.920				
LRP	0.919				
CMR	0.917				
SMJ	0.916				

续表

因子 1：营销、管理信息系统、人力资源管理、组织行为学、战略管理		因子 2：会计、财务、经济	因子 3：运筹学
AME	0.915		
OS	0.914		
JIBS	0.903		
JBV	0.894		
MS	0.839		
JCR	0.831		
AOS	0.778		

资料来源：陈悦．管理学学科演进的科学计量研究[D]．大连理工大学博士学位论文，2007

根据研究的需要，我们结合 JCR 在 2001～2005 年根据管理学和商业领域平均影响因子排名情况，取平均影响因子排名前 15 的期刊与以上因子 1 中的 23 种初选期刊进行交叉，取二者交集中包含的 10 种期刊作为数据源期刊(表 2.2)。

表 2.2　10 种核心期刊数据源期刊列表

管理类期刊	2005 年	2004 年	2003 年	2002 年	2001 年	总和	项数	平均	排名
ACAD MANAGE REV	4.254	3.717	4.415	3.699	3.157	19.242	5	3.848 4	1
ADMIN SCI QUART	2.719	3.405	2.721	2.63	3.98	15.455	5	3.091	2
MIS QUART	4.978	2.884	2.811	2.872	1.796	15.341	5	3.068 2	3
ACAD MANAGE J	2.2	2.647	3.343	2.544	2.831	13.565	5	2.713	4
STRATEGIC MANAGE J	1.897	1.98	2.723	3.092	2.682	12.374	5	2.474 8	5
ORGAN SCI	1.989	2.295	2.372	1.605	2.058	10.319	5	2.063 8	6
HUM RESOURCE MANAGE	2.378	2.04	1.943	1.788	1.161	9.31	5	1.862	7
HARVARD BUS REV	1.404	1.148	1.371	2.028	2.465	8.416	5	1.683 2	8
MANAGE SCI	1.669	1.934	1.468	1.349	1.502	7.922	5	1.584 4	9
J MANAGE	1.535	1.241	1.652	1.744	1.306	7.478	5	1.495 6	10
J OPER MANAG	1.419	—	—	—	—	1.419	1	1.419	11
ORGAN BEHAV HUM DEC	1.275	1.473	1.427	1.556	1.269	7	5	1.4	12

注：J OPER MANAG 在 SSCI 数据库中没有收录；HARVARD BUS REV 在 SSCI 数据库中没有引文

以此 10 种期刊的文献数据作为分析国际工商管理学主干理论及其知识结构

的基本数据。与此同时，为深入研究工商管理学各分支领域的演进，确保可视化分析的客观性和准确性，书中关于工商管理各分支学科（知识）领域的可视化分析，分别选择了各学科（知识）领域更为具体的数据样本。各学科（知识）领域相对应的国内文献数据的选择主要来源于《中国全文期刊数据库》和《中国社会科学引文索引（CSSCI）数据库》的数据。在文献数据的时间选择方面，文献数据的统计时间均截止到 2012 年 12 月；对文献共被引分析，考虑到文献被引的延迟性和引证的稳定性，一般选取 2010 年之前的文献数据进行分析；而对关键词（keyword）共现分析，一般分析 2012 年或 2011 年之前的数据。此外，由于各学科（知识）领域的创生和发展时间不同、研究者关注度不同等因素，在数据检索和下载中，不同的学科（知识）领域数据选取了不同的检索方式。

2.2 工商管理学主干理论的知识结构

经济学和心理学的基础理论与方法奠定了工商管理学创生的理论基础，经济学家和心理学家对工商管理理论的发展起到了重要的推动作用。系统科学的创生和广泛传播对科学知识体系的几乎全部学科的发展产生了重要影响。决策论、对策论引入管理科学后，大大增强了管理科学的定量化研究手段。早在 20 世纪 40～50 年代，爱德华兹（W. Edwards）就曾把决策行为问题的研究介绍给了心理学家，并指出这一研究领域对于心理学家而言所具有的重要意义[3]。20 世纪 60 年代，工业社会的秩序主宰了人们的生产和生活，工商管理理论迎来了快速发展的机遇期。以赫伯特·西蒙为代表的决策管理学派成为管理理论丛林中的一支重要力量。心理学家丹尼尔·卡尼曼（Danniel Kahneman）和阿莫斯·特维斯基（Amos Tversky）对工商管理理论的发展做出了积极的贡献。组织是工商管理理论研究的起点和对象，组织被看成一个开放的系统，它总是处于一定的环境之中，并与其保持互动。理查德·达夫特（Richard L. Daft）的《组织理论与设计》（*Organization Theory and Design*）阐述了组织世界的基本原理、组织生态系统演进等，为工商管理学科的发展提供了重要的理论基础。

2.2.1 关键主题词的分析

利用 CiteSpace 信息可视化软件对前文确定的文献数据信息进行可视化分析。在“term selection”（主题词选项）面板中选择“noun phrases”（名词短语）进行“cluster”（聚类）分析，同时设置阈值为（4. 2. 22）、（4. 2. 22）、（4. 2. 22），运行得到工商管理学主干理论“文献共被引—主题词共现”混合网络图谱（图 2. 1），其中包括节点 251 个，连线 1 303 条。分析的数据信息（表 2. 3）记录了文献共被引网络在各时间段的节点、连线情况。

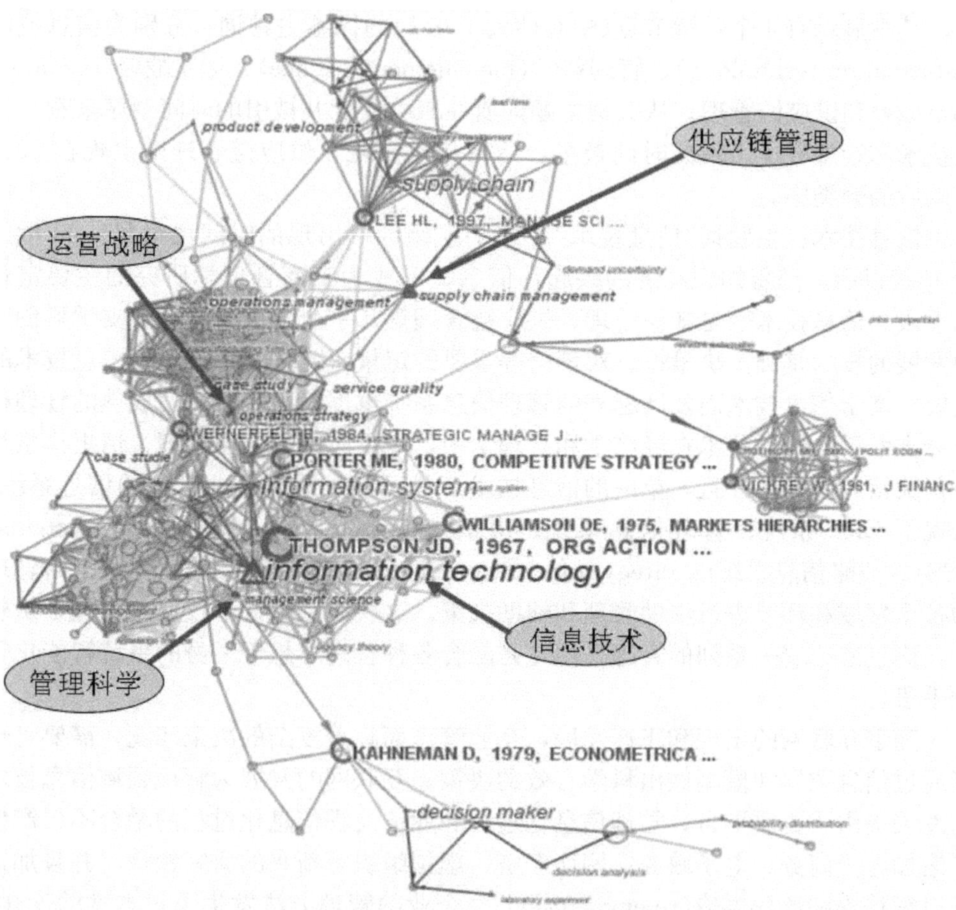

图 2.1　工商管理学主干理论文献共被引—主题词混合网络中的关键主题词

表 2.3　工商管理学主干理论的文献共被引—主题词混合网络数据分布

时间分段	引文数丨共引度丨共引率	space	nodes	links	burst
1992～1993 年	4 丨 2 丨 0.22	5 955	11	8	—
1994～1995 年	4 丨 2 丨 0.22	11 184	45	136	—
1996～1997 年	4 丨 2 丨 0.22	11 113	41	82	—
1998～1999 年	4 丨 2 丨 0.22	5 867	9	3	—
2000～2001 年	4 丨 2 丨 0.22	4 993	37	231	—
2002～2003 年	4 丨 2 丨 0.22	10 069	87	443	—
2004～2005 年	4 丨 2 丨 0.22	15 471	131	506	—
合计	—	—	251	1 303	253

图 2.1 是利用 CiteSpace 可视化软件绘制的文献共被引—主题词混合网络图

谱，其中显示有 4 个关键节点(中心性大于 0.1)的标签主题词，分别为信息技术(information technology)、管理科学(management science)、运营战略(operation strategy)和供应链管理。从关键主题词所在聚类文献共被引的时间顺序来看，信息技术和管理科学出现的时间最早，运营战略次之，供应链管理则出现在 2000 年以后的聚类中。

信息技术：主题词"信息技术"在四个主题词中出现的时间段最早。20 世纪 80 年代以后，随着知识经济的兴起，信息技术成为工商管理学研究的主要定量化手段。信息技术也是知识管理、供应链管理等几乎全部工商管理分支学科创生和发展的技术基础。决策论、对策论等重要的定量研究方法都离不开信息技术的发展。基于信息技术而发展起来的管理信息系统也逐渐发展成一门成熟的管理科学分支学科。信息技术在经济学和管理学中，广泛应用于企业管理、情报检索和经营决策等领域。并且，单一的信息技术工具已经发展成企业管理的信息系统，出现了 ERP 系统、管理信息系统、决策支持系统(decision support systems，DSS)、战略信息系统(strategy information system，SIS)等，分别针对工商管理的各个领域和环节进行辅助管理和辅助决策。这些应用软件不仅仅是管理系统软件，而且渗透着一系列的管理思想，是融合各种管理思想于一身的系统智能化管理手段。

随着互联网的出现和飞速发展，企业管理面临着复杂的决策问题，需要管理者通过信息数据和模型做出科学有效的决策。互联网的发展为管理领域信息技术的发展提供了重要平台。管理信息化过程和业务流程信息化过程的融合不仅产生了诸如电子商务、电子政务、网络经济、虚拟组织等新兴的研究领域，并且加速了组织重构和流程再造(re-engineering)，企业的管理方法发生了根本性的变化。新的管理方法和管理手段纷纷出现，管理模式和管理理论也发生了根本的变革。信息技术和管理信息系统是传统管理学在信息社会发展的必然产物，也是工商管理学主干理论领域的重要阶段。随着信息社会企业管理决策的复杂化和市场竞争的日益激烈，信息技术在工商管理领域中将会发挥越来越重要的作用，以信息技术为基础的相关学科理论将成为工商管理学主干理论的重要组成部分。

运营战略：运营战略是在运营管理概念的基础上产生的，是工商管理学发展的关键主题词。运营管理是指对运营过程的计划、组织、实施和控制，是与产品生产和服务创造密切相关的各项管理工作的总称。运营管理也可以指对生产和提供公司主要的产品和服务的系统进行设计、运行、评价和改进。20 世纪 70 年代以前的企业管理主要针对有形产品的生产过程展开。而不断发展的生产力使得大量生产要素转移到商业、交通运输、房地产、通信、公共事业、保险、金融和其他服务性行业和领域，传统的有形产品生产的概念已经不能反映和概括服务业所表现出来的生产形式。随着生产的概念进一步扩展，出现了"运营"的概念，生产管理也就演化为运营管理。随着全球经济一体化趋势的加剧，“全球化运营”成为现代企业运营管理的一个重要课题。传统企业运营管理的研究内容也已不局限于生产过程的计划、组织与控制，而是扩大到运营战略的制定、运营系统的设计以及运营系统的运行等多个层次的内容，运营战略的概念应运而生，并且随着信息技术的飞速发展，信息技术已经成为运营战略管理的重要手段。随着全球运营战略集成化管理的发展，企业开始致力于整个供应链上物流、信息流和资金流的合理化和优化，出现了运营管理的新的分支——供应链管理。

供应链管理：供应链管理最早起源于迈克尔·波特(Michael E. Porter)于 1985 年出版的《竞争优势：创造与保持优异业绩》(*Competitive Advantage: Creating and Sustaining Superior Performance*)一书中所提出的“价值链”(value chain)的概念。卡尔吉克·皮特(Karljic Peter)和夏皮罗·罗伊(Shapiro D. Roy)于 1983 年和 1984 年在《哈佛商业评论》(*Harvard Business Review*)上发表的文章中分别使用了“供应管理”这一说法，但他们并没有给出其明确的定义。其后，供应链管理的概念、基本思想和相关理论在美国开始迅速发展。到 20 世纪 90 年代初，关于供应链管理的文献大量出现，与供应链管理相关的学术组织也开始涌现。

供应链管理理论是工商管理学适应 21 世纪全球化竞争战略下，企业生存和发展的重要管理理论。供应链管理概念的提出是为了提高企业间协同和信息共享的程度，同时也是为了降低企业运营成本和提高顾客的满意度。供应商运用网际网络的整体解决方案，及时有效地把原材料和商品运送给制造商或最终客户，将物流配送、库存管理、订单处理等信息进行整合，通过网络运输，降低库存、保持产品有效期、降低物流成本以及提高服务品质。随着信息技术的发展和产业不确定性的增加，企业间关系正在呈现日益明显的网络化趋势。与此同时，人们对供应链的认识也正在从线性的“单链”转向非线性的“网链”。

推动供应链管理的关键因素是近 20 年来科学技术尤其是信息技术的飞速发展。科学技术的发展使得各国之间的地理和文化上的差距大大地缩短了，各国的工商组织就能够在全球范围内获取资源并销售产品，加上产品生命周期的不断缩短，供应链管理的作用更加突出，范围更加广泛的全球性供应链也迫切需要更加有效的管理理念和协调技术，而电子数据交换(electronic data interchange，EDI)、产品数据交换(product data interchange，PDI)、Internet、Intranet 及各种信息系统应用的发展，极大地促进了现代供应链管理理念的实现以及组织结构的转变。同时，20 世纪 80 年代中后期许多企业所开展的业务流程重组也极大地促进了供应链管理的发展。

工商管理学文献共被引—主题词混合网络图谱展示的四个关键词是工商管理学主干理论动态知识结构演化的主要节点，中心性最大的“信息技术”一词揭示了信息技术的发展和完善在工商管理知识体系演化过程中的基础地位和重要作用。当代工商管理知识体系中的知识管理、供应链管理、管理信息系统、电子商务、网络营销等研究前沿理论和概念的兴起都离不开信息技术的支撑。以知识管理为例，信息技术的兴起和完善使知识经济和知识管理的创生成为可能，与此同时知识管理的发展也推动了信息技术的完善和创新发展。

2.2.2 关键节点文献的分析

运行 CiteSpace 信息可视化软件，得到突出关键节点的文献共被引网络图谱（图 2.2）。共被引网络图谱中共包含 8 个关键节点，这些节点文献是连接各文献聚类的“知识拐点”，其中粗线箭头路径为基本的知识流随时间流动的过程。分析关键节点文献信息，可以进一步理清各文献聚类间知识的转移和流通路径，对知识领域结构的划分和工商管理学主干理论演进的分析，具有重要作用。节点文献数据的详细信息列于表 2.4 中。

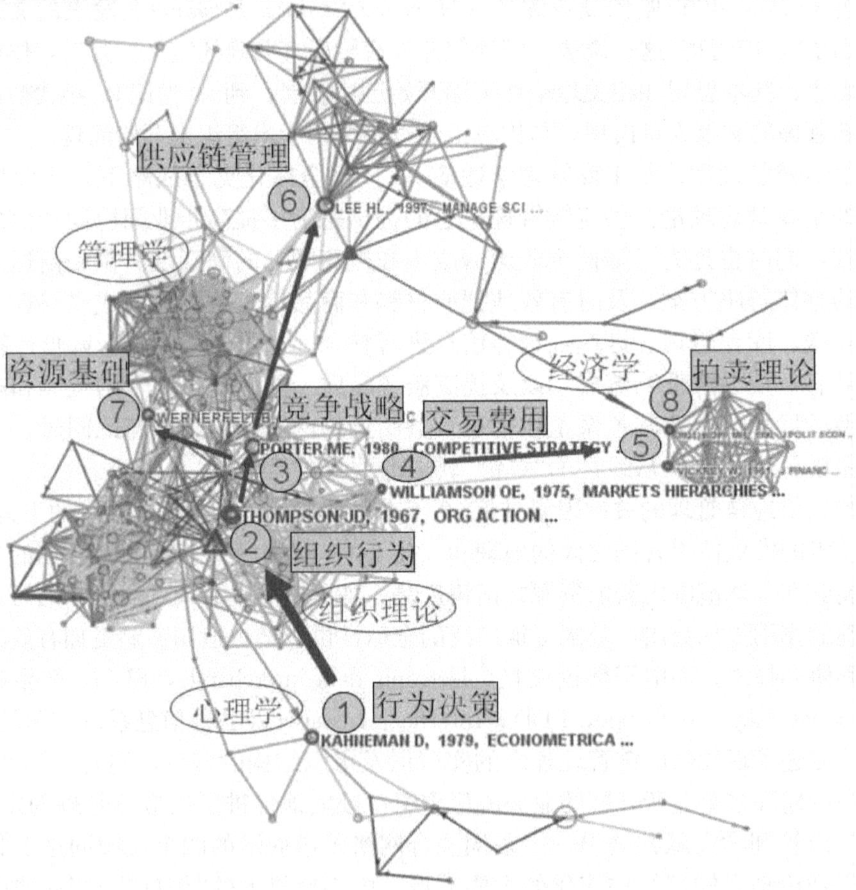

图 2.2 工商管理学主干理论文献共被引网络中关键节点文献的演化脉络

表 2.4　工商管理学主干理论文献共被引网络中关键节点文献信息列表

作者	年份	中心度	题目	来源	半衰期
H. L. Lee	1997	0.16	*Information distortion in a supply chain: the bullwhip effect*	MANAGE SCI	6
B. Wernerfelt	1984	0.12	*A resource-based view of the firm*	STRATEGIC MANAGE J	19
M. E. Porter	1980	0.18	*Competitive Strategy: Techniques for Analyzing Industries and Competitors*	BOOK	15
J. D. Thompson	1967	0.2	*Organizations in Action*	BOOK	27
O. E. Williamson	1975	0.17	*Markets and Hierarchies*	BOOK	19
D. Kahneman	1979	0.17	*Prospect theory: an analysis of decision under risk*	ECONOMETRICA	16
W. Vickrey	1961	0.12	*Counterspeculation, auctions, and competitive sealed tenders*	J FINANC	42
M. H. Rothkopf	1990	0.11	*Why are vickrey auctions rare*	J POLIT ECON	15

根据 CiteSpace 的界定，图 2.2 中共出现了 8 个关键节点，分别代表了在工商管理学主干理论领域中的代表性人物及其重要文献作品。从图 2.2 的结构看，经济学家卡尼曼和奥利弗·威廉姆森(Oliver E. Williamson)在图谱的下方，从时间来看，这两个节点所在的聚类，是图谱中最早达到共被引阈值的聚类群组；与威廉姆森直接相连的有一个位于最右侧的独立聚类，聚类的关键节点是威廉·维克里(William Vickrey)和罗斯科夫(M. H. Rothkopf)，此聚类以二者的节点文献为代表，是关于经济学领域拍卖理论的聚类群；汤普森(J. D. Thompson)、波特和伯格·沃纳菲尔特(Birger Wernerfelt)处于整个聚类网络图谱的中心位置，而且联系紧密，在时间顺序上也具有连续性，说明其相关的代表理论之间具有逻辑上的密切联系；最后一个关键节点是供应链管理专家李效良(Hau L. Lee)的经典代表文献，此关键节点文献连接了形成于近年的位于图谱正上方的聚类群，即以李效良为代表的供应链管理文献聚类。

在图 2.2 中与卡尼曼关键节点相连的最下方的聚类中出现的“决策制定”、“决策分析”等关键词，展示了起源于心理学理论的决策理论聚类群。与其直接相连的关键节点文献是 1979 年特维斯基和卡尼曼合写的，并发表于《计量经济学》(*Econometrica: Journal of the Econometric Society*)期刊的《期望理论：风险决策过程分析》(*Prospect theory: an analysis of decision under risk*)一文，提出了经济学中重要的期望理论，这篇论文是该刊历史上被引频次最高的文章。他们的研究成果还包括 1981 年的《决策框架与选择心理学》(*The framing of decisions and the psychology of choice*)、1982 年的《不确定环境下的判断：启发式和偏差》(*Judgment under uncertainty: heuristics and biases*)等。特维斯基和卡尼曼都是心理学家，他们的主要贡献就是将心理学的研究成果和经济学结合起来，特别是对在不确定性条件下人们如何做出判断与决策的研究。卡尼曼也因此获得了2002年的诺贝尔经济学奖，后被称为“行为经济学之父”。

威廉姆森是美国加州大学伯克利分校(U. C. Berkeley)的经济学教授、法学教授、商业管理学教授，他的主要研究领域包括一般经济学、管理学、产业组织理论与政策等。其中交易成本经济学、组织经济学，特别是产业组织和组织行为的历史方面，是他着力甚多且成果丰硕的研究领域。威廉姆森是美国新制度经济学派的主要人物之一，是交易费用经济理论的创始人和代表性学者。他的主要学术贡献体现在最早提出“资产专用性”和“治理结构”的概念，并用资产专用性解释交易成本的起源，再由交易成本考查各种治理结构和经济制度。主要著作有《自由裁量行为的经济学》、《公司控制与企业行为》、《市场与等级制》、《资本主义经济制度》和《治理机制》等。罗纳德·科斯(Ronald H. Coase)在1991年获诺贝尔经济学奖时的演讲中，感谢奥利弗·威廉姆森等为交易成本经济学的发展所做出的突出贡献。科斯说，如果没有威廉姆森等的工作，他甚至怀疑自己著作的意义能否被人所承认[4]。与威廉姆森直接相连的关键节点是被称为“拍卖理论之父”的威廉·维克里。20世纪60年代，威廉·维克里开始对拍卖等具体的市场机制进行研究，对不对称信息条件下的拍卖问题的研究取得了很大进展，并创立了第二价格拍卖法即维克里拍卖法。1960年，维克里在《经济学季刊》(*The Quarterly Journal of Economics*)上发表文章，探讨了公共要价与秘密投票策略。在图2.2中的节点文献是1961年他在《金融杂志》上发表的《反投机、拍卖和竞争性密封投标》(*Counterspeculation, auctions, and competitive sealed tenders*)一文，讨论了拍卖规则与公共要价的激励之间的相互关系，分析了有关拍卖的私人信息、策略报价等问题。这两篇文章是研究拍卖问题的开创性之作，为这一领域的研究奠定了基础。他的理论贡献不仅有赋税、交通、公用事业、定价等方面的成就，而且因其对激励经济理论的开创性研究而闻名于世。在他早年著作中有关激励问题的深刻思想直至20世纪70年代才重新获得经济学界的重视，并极大地推动了信息经济学、激励理论、博弈论等领域的发展。1996年10月8日，瑞典皇家科学院决定把该年度的诺贝尔经济学奖授予英国剑桥大学的詹姆斯·米尔利斯(James A. Mirrlees)与美国哥伦比亚大学的维克里，以表彰他们“在不对称信息下对激励经济理论做出的奠基性贡献”。与维克里同处于一个聚类中的关键节点是罗斯科夫于1990年发表的《为什么拍卖行为较为罕见》(*Why are vickrey auctions rare*)一文，探讨了维克里的拍卖理论，也是拍卖理论的重要代表人物，对拍卖的竞价模型，进行了专门的研究。

汤普森是组织理论研究的重要人物，图谱中处于中心位置的关键节点是汤普森于1967年出版的《组织在行动》(*Organizations in Action*)一书，该书自出版以来被引用达 15 422 次(Google-scholar 2012 年 7 月检索)。在书中，汤普森提出组织的策略，将组织分为封闭系统和开放系统，第一次明确提出了组织环境的不确定性问题，组织的发展受环境不确定性因素的影响。在开放系统的观点下，组织充满无法控制的或预测的各种变数，此系统由自然所决定，无法完全了解它，系统内各个组成元素及组织目标的实现均是由进化过程而来的，其中心概念是系统的自我稳定或自我调适，但这种作用并不是绝对的，而是处于不断变化的环境中，并承受着组织内在变革的压力。组织环境的不确定性问题是组织理论研究的基本问题和出发点。组织是个复杂系统，在环境不确定性因素的影响下，组织的发展和目标的实现是个动态调节的过程。在此理论的基础上，20 世纪 80 年代后出现了以波特为代表的组织竞争战略理论以及 90 年代后的动态竞争理论。

与汤普森直接相连的关键节点是波特和沃纳菲尔特，三个关键节点占据了图谱的中心位置。20 世纪 80 年代，迈克尔・波特的"竞争战略"理论的崛起成为战略管理领域的主导范式。波特认为，企业战略的中心问题是对付竞争，而如何对付竞争，则需要对企业所处的工业进行结构分析。根据波特的理论，一个工业的竞争状态(利润潜力)取决于五种基本力量：新入者的威胁；顾客的讨价还价权利；供应者的讨价还价权利；替代产品或替代服务的威胁；本行业中现存企业之间的竞争。这五种力量的相对影响程度在每个行业中都不同，但都共同塑造了企业面临的竞争态势。给定由这五种力量决定的工业竞争条件，企业战略的中心任务是找到能抵御或影响这些竞争性力量的位置，即通过差别化战略使企业避免这些竞争力量的伤害。对工业竞争条件进行结构分析的目的就是帮助企业定位。

波特的"竞争战略"理论的分析重点是组织的外部竞争环境，组织自身的力量不再是战略考虑的重点。因为决定组织战略问题的主要因素是竞争环境的结构，只要分析清楚组织所处的竞争环境，管理者就可以采取相应的定位来解决组织所面临的战略问题。虽然这个理论曾风靡一时，但有些战略学家却逐渐提出这样的问题：为什么在相同的竞争条件下，组织之间仍然存在绩效上的明显差异？对这个问题的探讨使战略分析重点的钟摆又摆向了组织的内部因素：是否存在内部的因素使组织能够获得长期的竞争优势？对这个问题的回答推动了"基于资源的战略观"在 20 世纪 80 年代中期的提出，并发展成为当前战略管理领域中的主要理论前沿之一。

沃纳菲尔特于 1984 年在题为《企业资源基础论》(*A resource-based view of the firm*)的文章中，把资源定义为"任何可以被认为是一个给定企业的力量或弱点的东西"。更正式地说，一个企业的资源可以被定义为企业所永久性拥有的(有形和无形的)资产。"资源的例子是：品牌、内部的技术知识、高技能的雇员、贸易联系、机器、高效的程序、资本等等。"[5]基于资源战略观的中心论点是：企业竞争优势(以在产品市场上获得超出正常平均的收益来衡量)的源泉是企业所控制的战略性资源。它以两个假设作为分析前提：企业所拥有的战略资源是异质的（所以某些企业因为拥有其他企业所缺乏的资源而获得竞争优势）；这些资源在企业之间不能完全流动，所以异质性得以持续（竞争优势得以持续）。

最后一个关键节点是处在共被引网络图谱最上面的李效良于 1997 年发表在《管理科学》上的《供应链中的信息失真：长鞭效应》（*Information distortion in a supply chain*：*the bullwhip effect*）一文，这篇文章自发表以来一直保持着递增的被引频次，在 Google-scholar 上检索被引达到 3 088 次之多（2012 年 7 月检索）。

经济全球化与企业竞争的加剧促使企业运营和管理必须统筹全局，整合资源优势，实现信息共享。供应链管理理论在这一背景下应势而生。“供应链管理”是图谱中的主题词之一，与之相连的最重要的关键点作者是李效良，李效良是供应链管理学界的知名学者，对于物流管理、供应链管理领域的研究与实践有着卓越的贡献，包括其提出的“长鞭效应”（bullwhip effect）、“3A 供应链”等在内的多个理论，已经成为目前供应链管理领域的理论基石。“长鞭效应”是对需求信息在供应链中扭曲传递的一种形象的描述。其基本思想是：当供应链上的各节点企业只根据来自其相邻的下级企业的需求信息进行生产或者供应决策时，需求信息的不真实性会沿着供应链逆流而上，产生逐级放大的现象。当信息达到最源头的供应方时，其所获得的需求信息和实际消费的顾客需求会发生巨大偏差。由于这种需求放大效应的影响，真实需求信息在整条供应链上的零售商、批发商、分销商和制造商等各个节点都会产生波动，都有扭曲发生。信息通过这些环节逐级而上，失真就会越来越严重。

2.2.3 聚类结构的分析

通过对图谱中关键节点的分析，可以进一步总结，工商管理学主干理论的文献共被引网络图谱中围绕关键节点所形成的文献聚类。在以不同颜色标记的共被引网络中，我们标记出 6 个主要的聚类知识群（图 2.3），根据各聚类中文献主题的不同和主要研究内容，我们定义 6 个聚类知识群分别为决策理论、组织理论、运营战略理论、拍卖理论、知识管理理论和供应链管理理论。

工商管理学系统引入定量化研究手段是在 20 世纪 60 年代系统科学的创生以后，系统科学的发展为管理科学的发展提供了方法论基础。随着企业竞争的加剧，决策论和对策论被用来研究组织的管理问题。卡尼曼及其决策理论是连接组织理论和决策理论两个聚类的关键节点，而卡尼曼本身也是行为决策理论研究的代表性人物。作为工商管理学研究的对象，组织理论在引入系统科学后得到了蓬勃发展，以汤普森的《行动中的组织》为核心的文献聚类构成了整个工商管理理论研究对象的基础文献群组。同时，在同一聚类中的节点文献，理查德·达夫特的

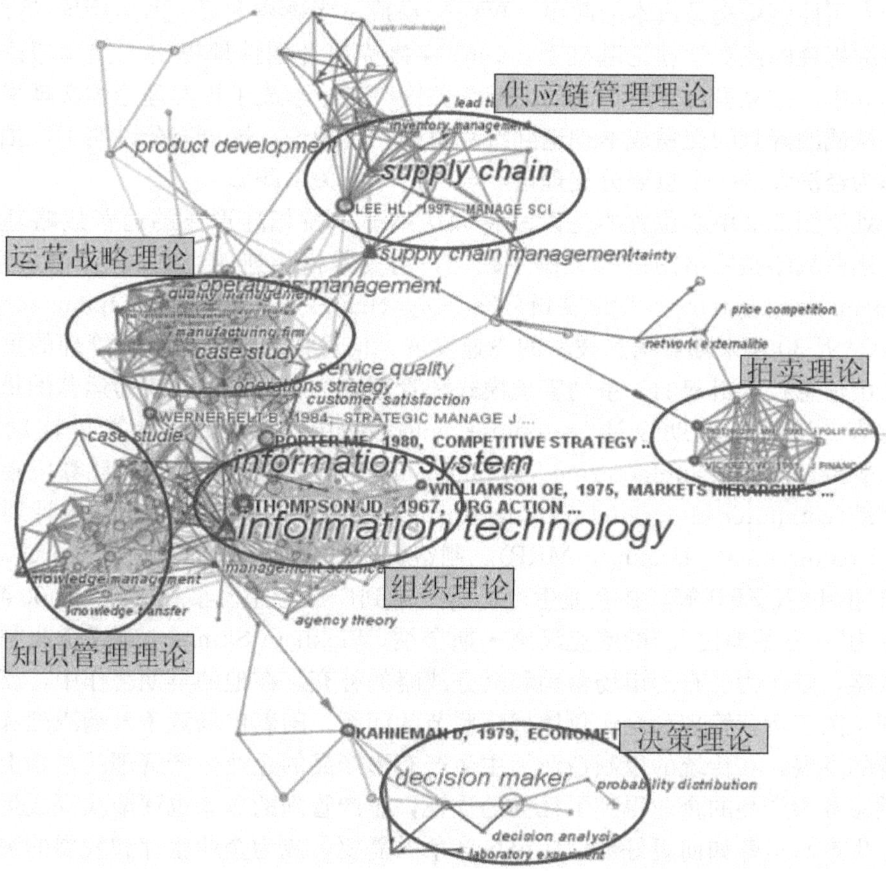

图 2.3 工商管理学主干理论演化的动态知识结构

《组织理论与设计》一书自出版以来已连续修订了 6 次，堪称是研究组织理论的经典之作。詹姆斯·马奇(James G. March)在 1958 年与决策管理学派代表西蒙合作出版的《组织》(*Organizations*)一书，是组织理论研究的奠基之作。西蒙将决策理论引入到对组织管理的研究中，提高了组织管理决策问题研究的科学化程度，奠定了西蒙作为决策管理学派"掌门人"的基础地位。

拍卖作为一种重要的经济行为，是经济学家研究的一个重要领域，但经济学家一直没想清楚用什么理论来描述它。直到 20 世纪 60 年代，维克里用博弈论的术语第一次剖析了拍卖行为的本质，并且推导出"等价收入定理"。现在经济学界大多将维克里的拍卖理论看做是信息经济学的先河。其贡献主要是解决在信息不对称或不完全条件下，如何设计契约来处理各种激励与管制问题。在图 2.3 中，经济学家威廉姆森和维克里通过连线连接了两个不同的聚类。威廉姆森是经济学家，他的主要学术贡献体现在最早提出"资产专用性"和"治理结构"的概念，并用资产专用性解释交易成本的起源，再由交易成本考察各种治理结构和经济制度。在威廉姆森的经济学理论基础上，1961 年维克里开创性地提出了拍卖理论。在图 2.3 中，维克里与罗斯科夫的文献为关键节点，形成了拍卖理论的文献聚类群组。从威廉姆森的交易成本理论到维克里的拍卖理论，这也充分说明了，拍卖理论作为经济学的一个重要分支理论，与经济学的关系渊源。

处于图 2.3 中心位置的是以波特和沃纳菲尔特相连形成的运营战略理论聚类。运营战略是网络图谱的关键主题词，与其紧密相连的主题词是“信息系统”(information system)、“供应链”(supply chain)和“制造业”(manufacturing firm)。近 30 年来随着信息技术的飞速发展，信息技术已成为运营管理的重要手段。由信息技术引起的一系列管理模式和管理方法上的变革，成为运营的重要研究内容。计算机辅助设计(computer aided design，CAD)、计算机辅助制造(computer aided manufacturing/computer-aided making，CAM)、计算机集成制造系统(computer integrated manufacturing system，CIMS)、物资需求计划(material requirement planning，MRP)、制造资源计划(manufacture resource plan，MRPⅡ)以及 ERP 等，在企业生产运营中得到广泛应用。早在 20 世纪 60 年代，被称为“运营战略之父”的威克汉姆·斯金纳(Wickham Skinner)建议企业制定运营战略，以作为已有的市场营销和财务战略的补充。在他的早期著作中，就已经提到了关于运营管理和企业总体战略脱节的问题。随着市场竞争日趋激烈和全球经济的发展，在传统的以制造业为主生产有形产品的企业生产管理的基础上，以提供服务为产品的企业得到了社会的重视，生产管理的概念也逐渐演变成运营管理，生产与运营如何更好地适应市场竞争的需要，成为企业生存和发展的突出问题，生产与运营管理问题被提升到了战略的高度。20 世纪 80 年代初，“生产战略”这一概念首先在美国得到了重视，随后运营战略的概念也逐渐进入工商管理的研究领域，运营战略理论发展成为工商管理学的主干理论之一。

在图 2.3 的左下角出现了以主题词“知识管理”(knowledge management)为代表的知识管理文献聚类。野中郁次郎(Ikujiro Nonaka)被称为“知识创造理论之父”，是知识管理的开拓者。1994 年，他在《组织科学》杂志上发表《组织知识创造的动态理论》(*A dynamic theory of organizational knowledge creation*)一文，深入研究了日本企业的知识创新经验，提出了知识转换模型，即 SECI(socialization，externalization，combination，internalization)模型[6]。这个模型已成为知识管理研究的经典基础理论模型。同时，野中郁次郎特别强调隐性知识和知识环境(knowledge environment)对于企业知识创造和共享的重要性。野中郁次郎与瑞典的卡尔·爱立克·斯威比(Karl Erik Sveiby)、美国的彼得·德鲁克(Peter F. Drucker)被公认为是当今知识管理第一梯队的大师级人物，对知识管理领域的开拓和发展做出了杰出贡献。

知识管理是工商管理学主干理论演化的一个主要的知识群，也是管理科学学科体系的一个重要组成部分。知识是人脑对收集到的信息的加工处理，吸收创新等过程的综合体，知识管理就是将信息转化为知识，并将知识和人联系起来，进行利用和创新的过程。知识管理源于知识经济和信息技术，是信息管理的进一步发展。工商管理学主干理论的文献共被引网络图谱揭示了知识管理知识群是近年来形成的一个主要的知识群，是工商管理学研究的一个热点领域和前沿领域，知识管理理论的不断发展和完善是当前国际上管理科学研究中的一个主流领域。

最后是处于图 2.3 右上方的最大的一个文献聚类群，是以主题词“供应链管理”标记的供应链管理文献聚类。供应链管理是近年来在国内外逐渐受到重视的一种新的管理理念与模式。供应链管理的研究最早是从物流管理开始的，在运营管理理论的基础上得到了发展，也是运营管理的一个分支领域。运营管理研究供应链问题可谓源远流长，它是供应链管理的三个组成部分之一(其他两个是采购与供应管理、物流管理)。运营管理对库存的研究是供应链管理最基础的研究之一，因为企业内也罢，企业间也罢，库存是运作效率的脉搏。以美国斯坦福大学的李效良为代表，一系列学者从库存管理的角度对供应链管理展开研究。他提出的“长鞭效应”理论堪称最精华、最具有实践意义，是供应链管理的基础理论之一。

关键主题词“信息技术”在工商管理学主干理论知识结构的文献共被引网络图谱中处于重要位置。“信息技术”和包括“信息系统”、“知识管理”、“管理科学”等为代表的主题知识群相连，揭示了信息技术对知识管理、信息系统、供应链管理、运营管理等各部分知识群的形成和发展的重要作用和基础地位。信息技术的发展为知识管理过程中的知识采集、加工、交流、传播、应用和创新提供了重要的技术手段和工具。互联网、搜索引擎、数据采集系统、信息管理系统等技术已经成为进行有效知识管理的前提和基础。

2.3　工商管理学主干理论演进的关键路径

2.3.1　关键演进路径知识图谱

基于文献共被引的关键路径网络是在文献聚类网络的基础上，通过 PathFinder 算法对网络进行修剪与合并而得到的。利用 CiteSpace 可视化软件，选择 PathFinder 算法绘制主干理论领域文献共被引网络图谱，得出基于文献共被引的关键路径合并网络图谱，其中图谱中共包含文献节点 168 个，连线 223 条(图 2.4)。选择可视化窗口右侧“Control Panel”面板中的“Spotlight”得到只突出关键节点的关键路径演进网络，在此基础上对主干理论演进的主要路径进行标注，展现了知识流动的主体过程。

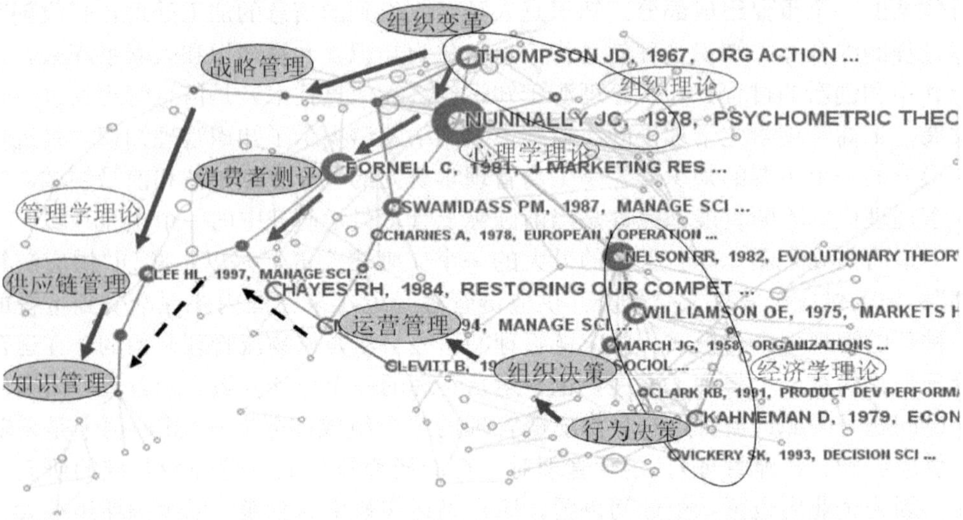

图 2.4 工商管理学主干理论领域的关键演进路径图谱

从图 2.4 中分析，具有相近研究方向的关键节点文献在图谱中的位置相对靠近，由 CiteSpace 软件提供的文献共被引情况，可以梳理关键节点文献研究主题随时间发展变化的基本路径。图 2.4 右侧相对集中的关键节点文献展现了工商管理学发展演进的知识基础，即心理学理论、经济学理论和组织理论三个文献共被引聚类。其中，从经济学理论角度出发，构成了行为决策—组织决策—运营管理理论的演进路线；从组织理论和心理学理论角度出发，构成了组织变革—消费者测评—员工的工作绩效与工作满意度测评—供应链管理—知识管理等演进路线；同样从组织理论角度出发，构成了组织变革—战略管理(竞争战略、边缘竞争战略、核心能力)—供应链管理—知识管理等演进路线。

通过对文献共被引网络的关键节点路径的分析，我们可以探测以关键节点文献为代表的分支理论的演化路径，结合 EM 聚类提供的文献节点聚类信息(表 2.5)，按照工商管理学主干理论的时间演进顺序，进一步分析主干理论知识结构演进的逻辑体系。

表 2.5 工商管理学主干理论文献共被引 EM 聚类前 5 项列表

作者	年份	来源	半衰期	中心度	聚类
J. C. Unnally	1978	PSYCHOMETRIC THEORY	17	0.89	C_1
R. R. Nelson	1982	EVOLUTIONARY THEORY	12	0.64	C_1
C. Fornell	1981	J MARKETING RES	20	0.52	C_1
P. M. Swamidass	1987	MANAGE SCI	14	0.37	C_1

续表

作者	年份	来源	半衰期	中心度	聚类
K. E. Weick	1979	SOCIAL PSYCHOL ORG	18	0.3	C_1
W. Skinner	1969	HARVARD BUS REV	32	0.02	C_2
J. R. Galbraith	1973	DESIGNING COMPLEX OR	22	0.02	C_2
J. G. March	1958	ORGANIZATIONS	39	0.22	C_2
D. T. Campbell	1959	PSYCHOL BULL	37	0.02	C_2
H. Raiffa	1968	DECISION ANAL	27	0	C_2
J. I. Cash	1985	HARVARD BUS REV	10	0	C_3
S. J. Rassenti	1982	BELL J ECON	23	0	C_3
D. Robey	1979	ACAD MANAGE J	16	0	C_3
L. R. James	1984	J APPL PSYCHOL	17	0	C_3
M. H. Rothkopf	1990	J POLIT ECON	15	0.02	C_3
L. Argote	1999	ORG LEARNING CREATIN	4	0	C_4
G. P. Cachon	2000	MANAGE SCI	5	0.02	C_4
M. Alavi	2001	MIS QUART	4	0	C_4
H. J. Meredit	1998	J OPER MANAG	4	0	C_4
H. L. Lee	2000	MANAGE SCI	5	0	C_4
R. L. Daft	1986	MANAGE SCI	9	0.05	C_5
K. M. Eisenhardt	1989	ACAD MANAGE REV	13	0.01	C_5
I. Nonaka	1994	ORGAN SCI	11	0.02	C_5
J. B. Barney	1991	J MANAGE	12	0.08	C_5
D. J. Teece	1997	STRATEGIC MANAGE J	7	0.08	C_5

2.3.2　20 世纪 50～70 年代的演进

20 世纪 60 年代以后，系统科学的发展为管理科学的发展提供了重要的方法论基础。组织理论在引入系统科学后得到了蓬勃的发展，随着企业竞争的加剧，决策论和对策论被用来研究组织管理和战略问题，企业的生产运营管理也逐渐被提升至企业战略管理的高度。从图谱的演进结构来看，这一时期，组织决策—行为决策—运营管理构成了工商管理理论和方法的主要支撑。同时，EM 聚类结果中的 Cluster ＃2 聚类包含了这一时期的关键节点作者。詹姆斯·马奇在 1958 年与决策管理学派代表西蒙合作出版的《组织》一书，是工商管理领域有关组织研究的奠基之作。西蒙将决策理论引入对组织管理的研究中，提高了组织管理决策问题研究的科学化程度，奠定了西蒙作为决策管理学派“掌门人”的基础地位。1963 年，詹姆斯·马奇和理查德·赛尔特(Richard M. Cyert)合著的《企业行为理论》(*A Behavioral Theory of the Firm*)一书，进一步发展了林德布卢姆关于公共组织的渐进主义决策模式的研究，解决了商业决策制定的关键问题。与马奇的关键文献节点直接相连的是威廉姆森的文献节点，他应用经济学的原理解决了很多组织中的实际问题，如用资产专用性解释交易成本的起源，再由交易成本考察各种治理结构和经济制度等。与威廉姆森直接相连的关键节点文献是演化经济学家理查德·尼尔森(Richard R. Nelson)的代表文献。

在企业生产和运营管理方面，1969 年，威克汉姆·斯金纳在《哈佛商业评论》5～6 月号发表《制造——公司战略中缺失的一环》(*Manufacturing—missing link in corporate strategy*)一文，质疑泰勒提出的制造业务有一个最佳运营方式的断言。在这篇已被收入"哈佛经典"的文章中，斯金纳从三个方面阐述了自己的核心思想。首先，各个公司的优势和劣势不尽相同，因此可以选择多种方式来实现与竞争对手的差异化。其次，不同生产体系(也就是一些重要领域的诸多决策的集合)的运行特点也不尽相同。最后，因为存在上述两点不同，一家公司制造部门的"任务"就不应该是采用某个标准的生产体系，而是要围绕着一个核心做出一系列相互关联的选择，从而建立自己的生产体系，并且这个体系要能体现公司竞争地位和竞争战略所包含的重点与取舍。故斯金纳被后人誉为"运营战略之父"，在他的早期著作中，多次提到了运营管理和企业总体战略脱节的问题，但当时并没有引起企业界的注意。随着市场竞争日趋激烈和全球经济的发展，生产与运营如何更好地适应市场竞争的需要，成为企业生存和发展的突出问题，组织决策与运营管理理论也是这一时期工商管理学研究的主干理论。

2.3.3 20 世纪 70～80 年代的演进

20 世纪 70 年代末 80 年代初期：EM 聚类结果中的 Cluster #1 是整个文献共被引网络的关键节点文献的聚类，是整个主干理论知识结构的"拐点"文献。纽纳利(J. C. Nunnally)是整个文献共被引网络关键路径演进的核心。以其为中心，分别同尼尔森、福内尔(C. Fornell)、斯瓦米达斯(P. M. Swamidass)等形成了辐射各个方向的演化路径。形成了这一时期基于行为理论的组织行为，测评体系和组织变革以及战略发展为主体研究框架的工商管理学主干理论。纽纳利于 1978 年出版了《心理计量学》(*Psychometric Theory*)第二版，此书自 1967 年出版第一版以来，引起了包括心理学家在内的研究各种组织行为和信度测评者的广泛关注。在工商管理领域，作为研究消费者信度测评的基本方法，纽纳利和他的心理计量学理论奠定了工商管理理论对消费者信度测评体系研究的理论基础，为 20 世纪 80 年代以后的营销管理理论和组织决策理论的研究提供了定量研究手段。

演化经济学家理查德·尼尔森和西蒂尼·温特(Sidney Winter)于 1982 年合作出版了《经济变迁中的演化理论》(*An Evolutionary Theory of Economic*

Change)，该书明确肯定了企业与企业经营战略中能力观的重要意义。书中不再依据规模对企业进行分类，而是赋予拥有不同智力资本的企业不同的类别名称。同年，尼尔森和温特的著述得到了史蒂芬·里普曼(Stephen A. Lippman)和理查德·卢梅尔特(Richard P. Rumelt)的支持和发展。通过在《不确定模仿力：竞争条件下企业运行效率的差异分析》(*Uncertain imitability: an analysis of inter-firm differences in efficiency under competition*)一文中的分析研究，他们认为，如果企业无法有效模仿或复制出优势企业产生特殊能力的源泉，各企业之间具有的效率差异状态将永远持续下去。同时，他们对企业由于内在的固有效率差异而积累和保持的、用以产生超额利润的来源进行了精确的经济分析[7]。

美国密歇根大学商学院教授、CFI 国际集团(Claes Fornell International)董事长福内尔创立了"美国顾客满意度指数"(American customer satisfaction index, ACSI)体系，给我们提供了一个衡量宏观社会经济发展总体趋势和微观企业整体经营状况、支持企业决策的强有力的工具。福内尔是当代关于顾客及员工满意度测评领域最权威的专家，他不但主持设计了美国顾客满意度指数(该项指标已成为美国经济的晴雨表)，而且还主持设计了欧盟各国及南美洲、韩国、马来西亚等国家和地区的类似指数。这些实证研究法是工商管理领域定量化研究的重要方法，也是现代企业管理进行决策的重要辅助手段。此外，斯瓦米达斯于 1987 年在《管理科学》期刊上发表《生产战略，环境不确定性与执行：路径分析模型》(*Manufacturing strategy, environmental uncertainty and performance: a path analytic model*)一文，分析了企业环境不确定性对企业生产战略的影响，以及生产战略的变化对企业绩效的影响，提出了分析的路径模型。

企业的发展离不开组织变革，内外部环境的变化，企业资源的不断整合与变动，给企业带来了机遇与挑战，这就要求企业关注组织变革。组织传播学家、美国密歇根大学工商管理学院的卡尔·维克(Karl E. Weick)早在 1979 年即出版了代表作《组织的社会心理学》(*The Social Psychology of Organizing*)，维克强调组织的变革，并认为组织的变革应该是连续的、发展的、渐进的，尽管这些变革所进行的调整可能较小，但能够从根本上改变组织的结构和战略，保障变革的顺利实施和达到预期目的。组织变革是组织保持活力的一种重要手段。在组织为开放有机体的前提下，组织必须随着内在及外在的环境变化，进行调适与改变。

通过基于文献共被引网络 EM 聚类结果中的 Cluster #1 的分析，并结合关键路径演进图谱中的知识结构按照时间流动的过程，这一时期工商管理学的主干理论框架为：组织变革—心理计量—信度测评—生产战略。

2.3.4　20 世纪 80～90 年代的演进

工商管理学主干理论的演化在 20 世纪 80 年代以后出现了多元化的发展趋

势；组织理论仍然是工商管理学研究的对象和基础；组织战略管理理论上升到了前所未有的高度；供应链管理理论的兴起，成为 20 世纪 90 年代工商管理学的主干理论。

理查德·达夫特发展了西蒙的组织决策理论，在关键路径演进图谱中，出现的节点文献是他的代表作《组织理论与设计》一书，此书自出版以来连续修订了六次，可见其畅销和受重视的程度。书中阐述了组织世界的基本原理，组织结构设计的实物与方法以及影响因素等；着重介绍了冲突与协作、组织生态系统演化以及当时正在出现的学习型组织等许多新的观点与方法，拓宽了原有组织理论的固有疆界；认为社会环境的变化将迫使组织发展成为更灵活和更分散的组织结构，内部和外部的界限都很模糊。组织理论始终是工商管理学的主干理论和基础理论，这在图谱的各个时期文献共被引聚类的演进情况中也得到了证明。

美国斯坦福大学的战略与组织学教授凯瑟琳·艾森哈特（Kathleen M. Eisenhardt）主要致力于对高速发展、激烈竞争行业的研究。她在组织战略基础上提出了企业应构建生态观心智模式的观点，认为协同效应明显的企业内部协作网络与自然界生态系统的共同演进十分相似，以生态观的角度看待组织，处理部门间的协同问题能够实现跨业务协同效应。企业生态理论为企业战略理论提出了新的研究视角和方向，艾森哈特还为所处行业高速变化而难以预测的企业提出了“边缘竞争理论”，强调战略的五个基本要素——即兴发挥、互适应、再造、实践及时间节奏。她认为企业的战略应变能力是竞争制胜的关键，由此在企业生态系统视角下引入基于竞争战略的企业核心能力理论。大卫·蒂斯（David J. Teece）等学者从动态角度研究了组织竞争力问题，指出企业竞争的根本是其核心能力，是由自己完成还是由外部资源完成取决于技术创新的形式，系统创新技术是其核心能力所在。1997 年，蒂斯在《动态能力与战略管理》（*Dynamic capabilities and strategic management*）一文中提出了动态能力理论。该理论实际上是组织核心能力理论关于核心能力动态性思想的进一步延伸。企业核心竞争力理论是战略管理领域中，在 20 世纪 90 年代后一直影响至今的重要理论之一。

2.3.5 20 世纪 90 年代以后的演进

20 世纪 90 年代以后的演进路径，战略管理理论仍然是工商管理学的主干理论，并逐渐形成了相对完善的学科理论体系，同时向管理科学其他领域的学科渗透，社会各个领域的管理问题都涉及战略发展和管理的问题。20 世纪 90 年代以后，战略管理理论已经成为管理科学门类中的一个重要学科分支，逐渐从工商管理知识体系中分化成独立的管理科学分支学科。

此外，图 2.4 所展示的工商管理知识体系关键路径演化中，以供应链管理理论专家李效良为关键节点，形成了 20 世纪 90 年代后的“供应链管理—知识管理”

理论的演进路径。在图 2.4 中左下方的一部分节点所代表的作者及其相关文献主要是 20 世纪 90 年代以来共被引的文献，是 90 年代后突现的前沿研究领域。聚类结果中 Cluster ＃4 包含了这些关键节点作者的相关信息。李效良是供应链管理学界的知名学者，对于物流管理、供应链管理领域的研究与实践有着卓越的贡献。以其为代表的供应链管理理论是近年来兴起的工商管理学的主干理论。图 2.4 中知识管理理论的代表文献是野中郁次郎等为代表的节点文献。如前文所述，以这些文献为基础的一系列关于隐性知识和知识环境的研究成为知识管理理论研究的一个热点问题，知识管理理论知识群聚类是工商管理学主干理论知识结构的一个重要组成部分。

20 世纪 90 年代以后，工商管理学主干理论演进的路径更为分散。在图 2.4 中，这一部分节点和连线的分布占据了图谱的主要部分，相对分散，展示了工商管理学主干理论在这一时期发展的多元化特征，但从文献共引网络的 EM 聚类结果，可以探测这一时期的主干理论框架和研究的热点问题，由于组织结构和环境变革的不确定性，对组织战略发展问题的研究成为工商管理学研究的首要问题，战略管理理论自身不断发展完善，已经成为相对独立的管理科学分支。供应链管理和知识管理是近年来研究的热点问题，组织知识是组织的核心竞争力和动态能力的重要体现，智力资本将逐渐取代物力和人力资本，成为组织发展的第一要素。对组织知识的管理尤其是隐性知识的管理是关系组织发展成败的关键因素。

20 世纪中期以后，工商管理学吸收了充分的理论土壤并开拓了广阔的发展空间。工商管理基础的理论和方法也得到了迅速补充和发展。从工商管理学主干理论演进的关键路径图谱(图 2.4)看，心理学理论、组织理论、经济学理论和管理学理论是工商管理学主干理论发展和演进的理论基础。组织理论与组织战略理论是管理科学研究的基础和对象。从 20 世纪中期以来，组织理论先后发展了组织决策理论、行为决策理论、组织规划理论、组织创新理论、虚拟组织理论等演进路径，组织战略理论经历了组织决策、组织变革、竞争战略、边缘竞争战略、核心能力等演进路径。在经营管理理论研究方面，主要有生产运营管理、消费者测评体系、员工的工作绩效与工作满意度测评、供应链理论、知识管理等演进路径。

2.4　本章小结

本章主要介绍了工商管理学主干理论的演进，从整体上展现了工商管理知识体系发展演化的脉络和关键路径。文献计量学理论与引文分析是进行科学计量研究的基本方法，信息可视化技术是近年来发展较快的文献数据处理手段。其中，由美国德雷克塞尔大学的陈超美博士开发的 CiteSpace 应用软件是用于处理文献数据信息可视化的软件系统，软件操作简单、处理数据信息能力强，是专门用于探测科学学科知识领域的时态模式演化的应用软件，也是分析科学知识领域的前沿演进与探寻学科演化的关键路径的专门化应用软件。

通过 CiteSpace 信息可视化软件对来源于 Web of Science 的文献数据进行处理分析。所选数据全部下载于美国科技信息情报所的 SCI 和 SSCI 检索数据库。利用文献信息可视化技术，对工商管理学主干理论的演进和知识结构进行可视化分析，根据文献共被引网络的聚类结果，将工商管理知识体系主要划分为决策理论领域、组织理论、战略管理理论、知识管理理论、生产与运营管理理论、供应链管理理论和市场营销理论等分支领域，从整体上展现工商管理学主干理论和知识结构及其动态演进过程，为以下各章对工商管理知识体系的主要分支学科领域的可视化，奠定了分析和研究的理论基础。

参考文献

[1] 赵纯均．工商管理研究备要——现状，趋势和发展思路[M]．北京：清华大学出版社，2004.

[2] 陈悦．管理学学科演进的科学计量研究[D]．大连理工大学博士学位论文，2007.

[3] Edwards W. Behavioral decision theory[J]. Annual Review of Psychology，1954，(12)：437～498.

[4] 诺贝尔经济学奖金获得者讲演集(1987～1992)[M]．王宏昌编译．北京：中国社会科学出版社，1994.

[5] Wernerfelt B. A resource-based view of the firm[J]. Strategic Management Journal，1984，5(2)：171～180.

[6] Nonaka I. A dynamic theory of organizational knowledge creation[J]. Organization Science，1994，5(1)：14～37.

[7] Lippman S A，Rumelt R P. Uncertain imitability：an analysis of interfirm differences in efficiency under competition[J]. The Bell Journal of Economics，1982，(13)：418～438.

第 3 章

工商管理知识体系演进的动力分析

科学技术和管理实践已经成为推动人类社会不断发展的两个轮子，科学技术不断进步带来的产业革命是推动管理实践快速发展的重要动力。生产和管理实践的发展对管理科学理论提出了更高的需求。本章从管理实践的社会需求、管理教育的拉动和科学知识体系内部发展的推动等视角分析了工商管理知识体系演进和发展的动力系统。

3.1 产业革命对管理实践需求的拉动

管理研究方法和科学管理实践是工商管理学研究的基础，也是工商管理知识体系演进的主要线索。管理研究方法和实践的发展与科学技术的进步息息相关，而科学技术的进步对管理研究方法和实践的推动作用，归根结底是通过产业革命导致的企业生产规模的扩大和企业生存环境的变迁完成的，人类历史上的三次产业革命推动了经济的发展和整个社会的进步。同时，伴随着三次产业革命和科学技术、经济、社会的不断进步，工商管理学也发展了起来。

3.1.1 第一次产业革命与管理科学化的萌芽

第一次产业革命(18 世纪 60 年代～19 世纪末)，是指资本主义工业化的早期阶段，即资本主义生产完成了从工场手工业向机器大工业过渡的阶段。18 世纪中叶，英国人詹姆斯·瓦特(James Watt，1736—1819 年)改良了蒸汽机，从而引起了从手工生产向机器生产转变的产业革命，并从英国传播到整个欧洲大陆，19 世纪传播到北美地区[1]。产业革命是生产技术的变革，同时也是一场深刻的社会关系变革。从社会关系方面看，它使社会明显地分裂为两大对立的阶级——工业资产阶级和工业无产阶级；从生产技术方面看，它不仅使机器生产代替了手工劳动，工厂代替了手工工场，实现了从传统农业社会转向现代工业社会的重要变革，还导致了现代意义上的企业出现，并且企业的数量和规模迅速扩大。

伴随着18世纪的产业革命和科学技术的进步，企业的规模和人类的生存环境发生了巨大变化，工厂经营者的经验管理已不能适应企业不断扩张的生产规模。为了提高生产效率，企业的管理者需要比过去更为科学的管理思想和方法，从而推动管理科学化的发展；工厂的经营者需要从生产者的角色转向专职的企业管理者，科学的管理手段和程序化的管理方法开始产生，并逐渐被应用到企业管理的实践中。与工业化进程相适应，在第一次产业革命期间出现了管理科学化的初步实践和早期的管理思想，但工厂企业的经营管理仍处于经验管理阶段，管理科学化处于起步阶段。理论来源于生产实践，现实需求是理论发展的直接动力，第一次产业革命对工商管理学发展的推动意义就在于，技术进步和产业革命导致工厂企业的大规模扩张产生了对管理方法和手段的现实需求。

3.1.2 第二次产业革命与科学管理原理

第二次产业革命发生在19世纪70年代以后。科学技术发展突飞猛进，各种新技术、新发明层出不穷，并被迅速应用于工业生产，大大促进了企业的发展。电力的广泛应用、内燃机和新交通工具的创制和使用、新通信手段的发明成为第二次产业革命爆发的导火索。以电力的广泛应用为例，从19世纪六七十年代开始，出现了一系列电气发明。1866年，德国人西门子(Siemens)制成发电机；1870年，比利时工程师齐纳布·格拉姆(Zénobe Théophile Gramme)发明直流电动机，电力开始用于带动机器，成为补充和取代蒸汽动力的重要能源。电力工业和电器制造业的迅速发展，使人类文明跨入了电气时代。第二次产业革命的另一个重大成就是内燃机的创制和使用。1876年，德国人奥拓(N. A. Otto)发明以煤气或汽油为燃料的内燃机；1897年，德国人狄塞尔(R. Diesel)研制成功第一台柴油内燃机，内燃机的发明解决了交通工具的发动机问题；1885年，德国人卡尔·弗里德里希·本茨(Carl Friedrich Benz)成功地制造了第一辆由内燃机驱动的汽车，随后内燃机车、远洋轮船、飞机等得到迅速发展。内燃机的发明，还推动了石油开采业的发展和石油化工工业的产生[2]。

管理科学化进程始于19世纪末20世纪初，是第二次产业革命发生后科学技术成果广泛应用于工业企业的结果。从19世纪下半叶开始，以牛顿力学为核心的经典力学体系和以麦克斯韦电磁理论为核心的经典电磁理论体系陆续建立起来，这些自然科学理论体系为技术革命提供了科学前提。电力技术的广泛应用引发的动力革命，促进了社会化大生产的发展，从而对规范管理提出了更高的要求，原来的经验管理已无法满足社会化大生产的发展需要和对规模庞大的企业实施有效的管理，在这样的背景下，科学管理理论应运而生，企业管理思想和理论由于实践的需要得到了飞速发展。与此同时，科学技术进步产生了巨大的社会效应和知识效应，使得科学研究方法在管理问题研究和管理理论产生方面起到了示范作用。泰勒试图通过科学实验方法探索有效的管理企业生产的新途径，把管理提高到科学层次；法约尔的组织管理理论和马克斯·韦伯(Max Weber)的行政组织理论则是通过对组织管理普遍性原理的追求，把管理提高到理性层次；而乔治·埃尔顿·梅奥(George Elton Mayo)的行为科学理论也是以实验方式研究人类的管理行为[3]。对管理实践的科学研究，促进了管理方法和手段的长足发展。以泰勒的“科学管理原理”为标志的科学管理理论成为企业管理的方法论基础，是工商管理学发展主线上的关键节点。第二次产业革命为管理学的理论和实践都提供了充分的发展空间，推动了管理科学化的进程，并促进了工商管理学的缓慢成长。

以汽车产业为代表的制造业，其发展和管理模式的变迁是企业管理实践中科学化管理方法和手段演进的重要体现。汽车产业在制造业的发展中处于一种特殊的地位，这不仅是因为汽车产业的规模和市场在制造业中举足轻重和汽车生产的需求刺激了相关技术的发展，更重要的是汽车产业生产方式、经营管理方式的变革对制造业产生的深刻影响。1913 年，基于泰勒提出的“科学管理和时间研究”，福特汽车公司在制造 T 型车时创造出了影响整个世界工业的生产工艺——生产流水线。这种新型的生产和管理方式大幅度降低了生产周期和成本，同时也降低了销售价格，汽车价格比当时欧洲生产的汽车便宜了 1/2～1/3，汽车不再仅仅是贵族和有钱人才能拥有的豪华奢侈品。福特汽车公司在短短几年时间就达到年产 70 多万辆汽车的规模，而在 1925 年 10 月 30 日，福特汽车公司一天内就造出了 9 000 多辆车，创造了奇迹。这种生产方式的改变，在降低企业生产成本的同时，也极大地提高了企业的竞争力，福特汽车公司的产品占据了更多的市场份额，企业的规模不断扩大，福特汽车公司发展成为行业的领军者。从此，大批量生产(mass production)方式的概念广为传播，而福特汽车公司也成为世界最大的企业之一，科学管理原理成为福特公司进行企业生产管理的重要指南。科学管理原理的创生和广泛传播是管理方法科学化的重要体现，组织决策和运营管理等理论都是以科学的管理方法论为前提和基础的。科学化管理方法和管理理论的演进推动了工商管理知识体系的发展。

3.1.3　第三次产业革命与现代企业管理理论

第三次产业革命始于 20 世纪 40～50 年代。原子能的成功利用、电子计算机的问世和空间技术的发展标志着人类社会揭开了第三次科学技术革命的帷幕。这次技术革命的成果在 20 世纪 50 年代逐步应用于生产，60 年代发展到高潮，70 年代后期又开始了以微电子技术、生物技术、新材料、新能源的应用为主要内容的新技术革命。所以，第二次世界大战结束后的 60 年中，从世界范围来看，一直都处于技术大革命之中，极大地推动了社会生产力和世界经济的发展，深刻地改变了世界面貌和人类生活。科学技术作为潜在的生产力，推动着社会的进步，是历史发展的有力杠杆。生产力的发展使人类在短时期内能创造出任何时代都无法比拟的物质财富。第二次世界大战结束后的 20 多年中，仅资本主义国家所生产的产品就超过了以往 200 多年生产的产品的总和，人们的物质生活得到了极大改善，为企业管理实践提供物质基础的同时，也为工商管理知识体系的深入研究提供了良好的案例。企业竞争的加剧和经济全球化使企业管理出现多元化趋势，管理方法和手段也朝着不同的领域向纵深方向发展，出现了大量新的学科领域和分支。工商管理学蓬勃发展，迎来了管理学的“管理理论丛林”时期。

第三次产业革命进一步推进了工业生产力的发展，由福特公司开创的流水线生产成为主流的生产组织方式，计算机的诞生、应用和普及，对管理科学化进程起到了巨大的推进作用，产生了管理科学学派。同一时期系统论、信息论、控制论、耗散结构论、协同论和突变论等自然科学的产生和发展又为管理理论的研究奠定了方法论基础。第三次产业革命带来的另一个结果就是经济活动的全球化，这使传统的管理学研究所依赖的基础假设发生了根本性的变化，经济活动的全球化在实质上扩大了企业的竞争范围，使企业能在更加广泛的范围内配置资源，但同时也使得影响企业的因素更加纷繁复杂，加大了企业经营管理活动的风险，企业的生存环境更加严峻，给企业管理实践的各个方面都带来了冲击，引发了大量新的管理问题。因此，在相对平稳的假设条件下建立起来的传统管理理论方法和分析模型难以适应这种变化，迫切地需要管理学专家对这些新问题进行深入研究，工商管理知识体系的演化在 20 世纪 80 年代后期开始出现多元化的发展趋势。信息技术被引入管理学科的研究中，信息科学、计算机和互联网技术的迅猛发展，促生了供应链管理、业务流程重组、学习型组织、虚拟组织、敏捷制造等一系列适应信息社会企业发展需要的管理理念和手段，进一步丰富了工商管理的研究方法和基础理论。

第二次产业革命后所提出的流水线生产概念，使制造业进入了大规模生产时期，这种企业规模的变化增加了管理企业的难度，产生了对新的企业管理方法和手段的需求。20 世纪初，泰勒科学管理引起了汽车产业的管理革命，美国垄断了汽车制造业，第二次世界大战后美国汽车业以汽车城底特律为代表，工业化程度很高，完全打破了手工作坊的生产方式，汽车业的生产效率得到大幅度的提高。但是，日本汽车制造业提出了敏捷制造的生产方式，并以日本人特有的在细节上精益求精的精神对工艺的每一个操作参数进行优化，在零部件的质量上下工夫，实现了汽车制造业第二次革命，打破了美国在汽车行业的垄断。先进的生产工艺和管理方法是日本汽车制造业异军突起的法宝。从某种意义上说，整个 20 世纪汽车产业的发展史，折射了企业管理实践的发展史，不管是在内涵还是在外延上，世界上没有任何一个产业能像汽车产业那样给 20 世纪人类生活带来如此巨大的影响。汽车制造业管理方法的变迁反映了工商管理学管理方法和手段的演进过程，科学技术的进步和产业革命推动了工商管理实践中管理方法和手段的发展，推动了管理方法的演进，是工商管理知识体系发展的重要动力。

3.1.4　信息技术革命与多元化管理方法

第三次产业革命还没有结束，当代人类社会正处于信息技术突破性发展的新阶段，信息技术的发展彻底改变了人们的生产和生活方式。管理方法和手段的创新主要是由于信息技术的发展而产生的，管理信息化成为当前企业管理创新的主线和管理科学化的主要内容，ERP、西格玛管理、敏捷制造、计算机集成制造、网络营销等以信息技术为基础的企业管理的新思想和新方法得到发展和应用。与信息化社会相适应的核心能力理论、边缘竞争理论、供应链管理理论、知识管理等多元化管理理论和方法得到了广泛传播。

现代信息技术的飞速发展使得工商管理学的研究对象和科学方法论出现了新变化。一方面，信息技术时代为工商企业提供了更大的经营活动空间，导致企业管理需要全新的管理理念、管理方法和工具，进而为工商管理学提出了如信息技术对管理变革的影响、虚拟企业的网络治理、基于信息技术的企业创新机制设计、电子商务环境下的供应链管理等全新的研究内容。管理信息系统、决策支持系统、战略信息系统等信息技术系统的创生，集成了各种管理理念和方法，并通过计算机智能化的控制手段发挥其效力，大大节约了人力、物力、财力和时间等资源。另一方面，信息技术的强大功能也使得管理学家们能够通过全新的技术方法来观察微观经济组织的复杂经营行为、用过去无法实施的实验手段来探索企业管理理论，用演化理论和复杂性科学理论来描述微观经济个体行为所表现出来的规律。广义地讲，信息技术的迅猛发展已经使得当代工商管理学研究的科学范式开始发生变化，并且在当代社会，信息和知识的重要性已经排在了第一位，超越了人力、技术和财力要素的重要性。20 世纪各个时期管理要素的重要性次序发生了重大的变化(表 3.1)。

表 3.1　20 世纪各个时期管理要素重要度比较

重要度次序	1	2	3	4
20 世纪 20 年代以前	财力	技术	人力	信息和知识
20 世纪 20～40 年代	人力	财力	技术	信息和知识
20 世纪 40～60 年代	技术	财力	人力	信息和知识
20 世纪 60～90 年代	技术	人力	财力	信息和知识
20 世纪 90 年代以后	信息和知识	人力	技术	财力

由科学技术进步而引发的产业革命对工商管理学发展的推动主要体现在以下三个方面：一是科技进步推进社会经济发展，以此产生了对工商管理学发展的现实需求；二是科技进步直接为管理科学化提供了技术、手段和方法等方面的支持，在实践方面为工商管理学的发展创造了广阔空间；三是科学的思维和研究方法为工商管理学和管理问题的研究提供了方法论的指导。管理科学化的进程就是管理方法类学科演进的历程，从科学管理原理的问世到组织决策和系统论方法，再到信息社会管理方法和手段的多元化发展，从方法论基础推动了工商管理知识体系的不断发展和演进。

3.2 企业制度变迁与工商管理知识体系的演进

企业是市场经济最典型的组织形式，企业内不同的参与者(要素所有人)之间，在收入分配与控制权上不对称的合约安排是其显著的特征。各参与者在企业合约安排中的权利和义务必须要有一套相应的制度加以规范和约束，以最大限度地减少交易成本，并确保企业中的所有人能够遵守自己的行为规范，进而取得企业利润的最大化。这种制度规范的变迁必然引起相应的企业经营管理的变化，不同的企业制度逐渐形成。企业制度的变迁也是工商管理知识体系演进的重要外部动力之一。

3.2.1 合伙制企业与经验管理

一般认为，现代企业的诞生要追溯到19世纪40年代的美国。在此之前，生产单位都是家庭小作坊，生产动力一般是水力、风力、人力及畜力，生产效率比较低。在这种情况下，现代意义上大规模的生产企业很难产生。19世纪40年代，产业革命导致的交通与通信业的发展推动了大工业的发展，铁路工业逐渐兴起，而后是化工、商业流通、重工业等领域相继产生了一批规模较大的企业，诞生了现代意义上的企业。

企业制度无论从历史事实还是从理论逻辑上说，最早出现的都应当是以家庭为单位的单一业主制，单一业主制是集所有权、经营权于一体的企业组织形式[4]。这种形式的企业产权关系简单，企业由业主个人投资创办，企业经营决策权和收益权都集中于业主个人。与此相对应，企业的经营风险也全部由业主承担，而且业主对经营风险承担“无限责任”。由于单一业主制企业组织形式简单，企业内部关系明晰，企业的生产规模也不大，业主对整个企业的管理也比较容易，主要靠经验进行管理，企业业主既是生产者也是管理者。在单一业主制的企业制度下，缺乏对管理理论进行深入研究的现实动力，“企业”的经营管理完全靠经验管理。

单一业主制企业的局限性在生产规模扩大时才显现出来：一是当生产规模扩大需要更多资本时，这类企业通常会受到业主自由资金量的限制；二是随着企业规模的扩大，其经营风险也增加了，由于是业主单独投资，这种企业的“无限债务责任”是单个业主所难以承受的。这种资本与风险的双重限制迫使业主寻找新的企业制度。当单个业主无力筹措更多资金及承担更大风险压力时，最初的想法是联合其他熟悉的业主，这样单一业主制企业制度就演变为合伙制企业制度。合伙制企业的财产所有权、经营决策权归各个合伙人，其收益通常是根据合伙人的出资比例分享。与此相对应，企业的经营风险也是由合伙人按比例分担的；同时，合伙人对企业的债务也负有“无限责任”。合伙制企业可以有效地发挥合伙人所拥有的资金、技术、土地等资源优势，从而可以满足更大规模生产发展的需要；同时，也可以在一定程度上分散经营风险。

无论是单一业主制企业还是合伙制企业，“经验管理”方式是企业所有者主要的企业经营管理方式。“经验管理”主要是解决生产中怎样分工协作，保证生产正常进行的问题，以及怎样减少资本的耗费，以赚取更多的利润。这样，生产管理、工资管理和成本管理就是当时管理的主要内容。“经验管理”突出的特点是没有完全摆脱小生产经营方式的影响，仍然依靠个人的经验进行生产和经营管理，没有统一的操作规程，没有统一的管理制度和方法，工人和管理人员的培养也只是靠师傅传授，没有统一的标准。因此，在单一业主制企业和合伙制企业的企业制度阶段，经营管理思想尚未形成系统的理论，现实对工商管理知识体系发展的需求动力不足。

3.2.2　股份制企业与管理理论的形成

企业规模的扩大使合伙制企业内部的协调成本不断上升。现代社会生产呼吁传统企业制度的变革，股份制企业制度应运而生。最初的股份制主要是由少数股东控股的。为了满足扩大生产规模的需要，一些企业家希望通过制度的创新来吸引社会资金并分散经营风险，开始采用有限责任制与股本的可转让制。股本的自由转让是指投资者在不需要取得其他股东的同意下就可以转让自己的股份，这是对合伙制企业转让股权限制的修正。虽然股份制满足了社会生产对资金的需要，但企业内部的协调成本不仅没有降低，反而加大了，这是因为投资入股者空前地增加了。同时，股权的可转让性使公司的所有者还处于不断变动之中。新的公司法规定了企业的权力集中于董事会，企业获得了法人地位，这是企业制度发展历史上的一次重大的制度创新。通过明晰产权，制度内的交易成本大大降低了，这使企业内在更大规模上的合作成为可能，从而满足了社会生产发展对企业制度的要求[5]。股份制企业的出现，为企业经营管理思想和理论的形成与发展提供了现实需求和广阔的发展空间。

股份制企业制度的建立使企业的规模突破了自身发展的局限，使一些规模大、经营范围广的大型企业发展了起来。传统经验式的管理方式根本无法适应这种现代的股份制企业制度，现实中出现了对企业经营管理理论发展和创新的强烈需求，工商管理学的发展有了现实土壤。随着资本主义从自由竞争向垄断竞争过渡，资本主义社会的生产力得到快速发展，生产关系也发生了较大变化，劳资矛盾日益尖锐，企业规模不断扩大，生产技术更加复杂，这些在客观上要求提高企业经营管理水平，将过去积累的管理经验系统化、标准化，用科学的经营管理手段来替代传统的经验管理。为适应这种需要，泰勒和法约尔分别提出了科学管理原理和一般管理理论，泰勒的提高劳动生产率的车间管理理论和法约尔的企业组织与经营管理理论相结合，形成了较完整的、系统的、科学的企业经营管理理论雏形，其基本原理仍是现代企业管理学的理论基础。

第二次世界大战后，资本主义企业在战后经济复苏的过程中得到了迅速发展，企业经营管理不再仅仅是面对企业内部各部门间的生产和运营管理问题，而且要不断适应行业间的竞争，企业管理者必须要考虑外部环境对企业生存和发展的重要影响。20 世纪 50～60 年代，战略管理开始提上企业经营管理的日程。从经营管理类学科作者共引图谱中，可以发现组织管理学家马奇和战略管理专家迈克尔·波特成为这一时期的关键节点作者，组织战略研究是在这一时期企业经营管理研究的主题。在全球化经济背景下，市场竞争的加剧使企业意识到要想在激烈的国际竞争中立于不败之地，就要变竞争为合作。这使得企业不断扩张自己的市场和领地，跨国企业和跨国经营成为新时期企业经营管理的重要内容，企业跨文化管理成为现代企业制度下经营管理的重要理念。在股份制企业发展阶段，企业经营管理理论开始形成并逐渐走向成熟。

3.2.3 现代企业制度下的管理理论

20 世纪 60～80 年代，技术革命和产业结构的调整，使资本主义经济发展加速。生产的自动化和连续化程度空前提高，生产的社会化程度更加深刻，技术更新周期大大缩短，市场竞争更加激烈，生产关系和劳资矛盾更加复杂。面对这些变化，以往的企业经营管理理论不能适应市场复杂的竞争局面，出现了多种管理理论并存的多元化发展趋势，各种管理理论之间相互渗透、相互借鉴，共同推动工商管理知识体系的发展。

现代企业制度的建立降低了企业经营的不确定性，减少了合作的交易成本，从而提高了经济效益。股份制企业打破了合伙制只是在亲友范围内集资的界线，同时随着证券市场的发展，大规模融资的成本大大降低，社会资本可以在更大范围内得到优化配置。股权的可转让性不仅降低了资本所有者的投资风险，而且构成了对企业经营者的约束与监督。企业生产经营规模的扩大和社会分工的复杂化，也使管理知识代替以往的资本成为拥有企业经营决策权的关键因素，这就导致缺少经营管理知识的股东不断退出董事会，新的企业制度使股权高度分散。为适应这种股权分散的需求，代理投票制与机构持股制随之出现。一种专门的投资机构就出现了，它们可利用"规模经济"优势，拥有专门的分析专家从而实现更高效率的投资，于是经理代理制成了这一时期企业制度的重要特征。

现代企业制度的出现使企业的经营管理又面临了新的课题，也使工商管理学的发展出现了新的研究方向。进入20世纪70年代后，国际社会又出现了许多新的变化，如日本经济增长的奇迹，改变了国际经济结构；跨国公司的发展，带来不同类型、不同民族文化的碰撞；企业经济越来越多地受非经济因素制约；等等。这些新变化和激烈的竞争，对企业管理提出了更新的要求，要求管理者将企业内部每一个人的潜力充分发挥出来，要求在企业内部形成团结、协作、和谐的文化氛围，形成强大的企业凝聚力，使企业在竞争中立于不败之地。在这一时期，西方管理学界和企业界出现了一个重大变化，即管理理论研究的重点由基层向高层转移，由业务管理向战略管理转移。因为20世纪50年代以来，跨行业多种经营的集团公司和跨国公司迅速发展，使企业经营者处理的事务更加复杂和相对独立，不同的文化之间存在各种冲突，处理不同文化的冲突问题成为企业管理研究的首要任务，这一时期出现了如海尔特·霍夫斯泰德(Geert Hofstede)、南希·艾德勒(Nancy Adler)等企业跨文化管理的大师级人物。国际化市场竞争的加剧，使企业管理者在协调公司内部经营管理问题的同时，不得不考虑企业的外部环境对企业生存和发展的重大意义。市场规模的不断扩张，企业管理者必须从战略的高度审视企业的经营管理问题，同时在实践中，企业经营高度分权的管理方式也日益暴露出只顾局部利益而忽视公司整体利益的缺陷。20世纪60年代中期，战略管理理论开始进入工商管理学研究领域。80年代初，日裔美籍管理学家威廉·大内等学者通过对日美企业管理的比较，正式提出基于企业文化概念的Z理论，他认为美国公司强调个人主义，强调进度、数字、利润，显得急功近利而缺乏远见；而日本公司却有团队意识，尤其是在精密分工后，企业的效率往往由管理者的经营哲学思想在起作用。

从20世纪80年代初到90年代，西方发达工业国家的经济发展经过短暂复苏后又纷纷跌进衰退和滞胀的泥潭，国际竞争亦达白热化程度。另外，企业规模越来越大，组织结构臃肿，生产经营过程复杂，最终导致大企业病的产生并日益严重化。1993年，美国的迈克尔·哈默(Michael Hammer)和詹姆斯·钱皮(James A. Champy)为了改变这种状况，提出了"业务流程重组理论"。所谓业务流程重组，是指重新思考彻底翻新作业流程以便在成本、品质、服务和速度等方面获得改善[6]。此理论认为，由英国经济学家亚当·斯密在其著作《国富论》中创立的劳动分工论是建立在大量生产基础上的，而现在是"后工商业时代"，市场需求多变，企业不能再以量求胜而是以质求胜、以品种求胜，因为社会大生产的发展，使劳动分工越来越精细，协作越来越紧密，相应的企业行政管理结构和生产经营组织结构也越来越复杂，这样管理及生产经营成本不断上升，管理效率不断下降，企业应付市场变化的能力越来越呆滞，所以要求彻底抛弃亚当·斯密的劳动分工论，面对市场需要，在拥有科技力量的状况下，去重新组织工作流程和组织机构。不断涌现的企业经营管理理念，为工商管理学的发展注入了新的活力，使工商管理学逐步发展成为一门学科体系合理并且功能完备的多能学科。信息科学和互联网技术的飞速发展使企业的经营管理正在向高效、快捷、方便、安全的方向发展。相应的企业经营管理理念将会发生新的变化，多元化和交叉融合将成为未来工商管理理论发展的必然趋势。

3.3 管理教育对工商管理知识体系发展的推动

管理教育的发展是工商管理理论继承和新理论创生的重要途径。管理教育的发展培养了大批的经营管理专家和人才，使企业的经营管理从实践层面上升到理论和学科教育的高度，能够使大批管理学者得以从学科教育的角度对工商管理学科开始进行理论化的学科建构研究[7]。

3.3.1 一般管理教育的发展

产业革命引起了企业生产规模的大幅扩张，企业对专门的经营管理人才需求极为迫切，企业和政府都必须通过教育为工商管理学科的发展和人才的培养打好基础，管理教育的发展和广泛传播直接推动了工商管理学科的发展。

高等教育层次上的工商管理教育起源于美国。美国南北战争结束至第一次世界大战爆发的50年间，美国企业蓬勃兴起，泰勒的科学管理运动应运而生。托拉斯及控股公司的迅速扩张，急需大量专业的企业管理人才。1850年以后，首先在纽约及费城两地出现了商业学校；至1870年时，两地已有26家商业学校及5 800名学生；至1900年，此类商业学校已多达400家。1881年是美国工商管理教育发展史上一个重要的里程碑。一位费城富商约瑟夫·沃顿(Joseph Wharton)为提高商业教育水平，慨赠10万美金给设于当地的宾夕法尼亚大学，以成立沃顿管理学院(The Wharton School of Finance and Economy)。这是美国历史上第一个设于大学内的管理学院。1898年，加州大学伯克利分校和芝加哥大学相继成立商学院，从这时起至1908年的10年间，接连有威斯康辛、弗蒙特、纽约等7所知名大学设立了商学院，构成美国最早设立的10所大学商学院；1900年达特茅斯学院成立了第一所研究生层次的商学院；1908年哈佛大学商学院成立，并首先创办了世界第一个两年制的MBA教育项目。随着企业规模的不断扩大，美国的管理教育从商业教育发展到企业管理教育。但这个时期的工商管理教育偏重经验教学，强调工商管理经验的传授，不太重视基础理论知识的讲解。

美国最初建立的这些商学院发展很快，第一次世界大战以后，全美已有超过 40 所的大学商学院。工商管理教育不但被大学教育所接受，而且也占有相当重要的地位。这时的商科课程虽然多样化，但过分重视学科性和专业化，并没有真正考虑企业的实际需要。第二次世界大战结束后，经济复苏带来了市场繁荣，企业规模逐渐扩大，而且开始向海外发展，形成跨国公司。到了 20 世纪 50 年代末，福特基金会和卡耐基基金会分别提出了管理教育发展的研究报告。这两份报告所持观点十分相似，认为管理学院应以培育企业界所需的领导和经理人才为己任，管理教育应属职业教育，所培育的人才必须具备广泛而充实的通才教育的基础，并具有对实际问题的分析与决策能力。这两份报告对于 1960 年以后的美国管理教育具有很大的影响[8]。这一时期的工商管理教育在教学中注意理论与案例相结合。原有的经验缺乏理论指导，影响高水平学生的培养。20 世纪 80 年代以后，工商管理教育一改过去偏重技术数量分析，忽视外部动态环境的做法，转而注意对外部环境的分析和研究[9]。

在最近 20 年中，国际上的管理教育发生了较大变革。目前国际上的管理教育正朝着以培养研究生层次的 MBA 教育为主的方向发展，而其他层次和学科方向的管理教育正退居辅助和次要地位，其中心任务从传授管理知识扩展为造就管理者。以美国知名的管理学院为例，它们的主要教育资源都无一例外地投向 MBA 教育，哈佛商学院不设本科教育，加州大学伯克利分校哈斯商学院本科教育只占很小的比重，其他类型的教育(如金融方向的理学硕士、博士、信息系统方向的博士)也远比其 MBA 的规模要小。为适应市场快速变化的需求和充分利用自身的优势，发达国家的管理教育形式有许多创新，并呈现多样化发展趋势。

在国外，越来越多的管理学院开始接受一个观点，就是有必要打破国界，培养适应全球经济一体化的管理人才。它们除了开设与国际企业经营管理有关的功能性课程以外，特别强调国际的跨文化交流和渗透，强调跨文化经营管理的特点。国际化通常是通过广泛吸收外国留学生、聘请国外专家讲学、发展国际管理教育伙伴关系以及交流师生等措施来进行的。管理教育的主要任务已经从教授管理知识转向造就现代管理者，国际上许多管理学院已经在教学内容和方法上进行了大规模的改革，将重点放在开发个人管理综合技能(如交际能力、集体领导能力等)的课程和教学方法(如大量的案例经验式学习方法、学习小组形式)上。根据美国国际精英商学院协会(The Association to Advance Collegiate Schools of Business，AACSB)1992 年对全美 450 位管理学院院长的问卷调查统计，它们在管理伦理学、国际化管理、产业社会环境、政策规划、管理沟通等方面的课程得以加强。与以前重视培养学生分析技能的情况相比，目前的教学内容明显出现偏

“软”的趋势。

3.3.2 MBA 教育的创生与推广

MBA 教育是直接针对企业经营管理所面临的问题而开设的工商管理专门化的教育，是工商管理理论广泛传播和新理论创生的重要领地，为工商管理学科的深化发展提供了重要途径，也是工商管理学科发展的重要推动力量。MBA 教育发源于 20 世纪初的美国，它在市场经济发达的国家已有 100 多年的历史。早在 19 世纪 80 年代，美国巨富沃顿首先提出了在学院进行正规商业管理教育的设想，并出资在美国宾夕法尼亚大学设立管理学院，并以自己的名字命名为沃顿学院。随后，美国的其他大学如芝加哥大学、哈佛大学等也纷纷设立类似的管理学院和商学院，从而使这门学院式的管理教育得到了快速发展，成为现代经济学和商业管理教育体系中一门重要的学科。随着现代经济的发展，商业管理教育的门类和形式也在不断分化。其中，MBA 教育是其主要组成部分，也是商业管理教育的基本内容。在美国，早期的工商管理教育仅限于本科阶段，那时培养的只是工商管理学士并非是现代意义上的 MBA。随着美国经济和工商业的迅速发展，各种类型的工商企业都需要更高层次的经营管理人才，为满足这一需要，哈佛大学商学院开始创办直接为工商业界各阶层和各类企业服务的高级学位教育，从那时起，招收了第一批直接为工商企业服务的工商管理专业研究生，这一批毕业生便是当今的 MBA 的最早形态。

从世界范围来讲，西方发达国家的 MBA 教育发展的过程大致经历了以下几个阶段：首创阶段(1901～1910 年)，这一时期是 MBA 教育的探索和创立时期；确立阶段(1910～1959 年)，这一时期 MBA 教育逐渐被工商业界认识和重视，其中，1959 年美国福特基金会赞助的调研报告，即戈登—霍威尔报告和由卡耐基公司赞助的调研报告即皮尔逊报告正式发表，对 MBA 教育的发展产生了深远的影响，在世界工商管理教育史上具有划时代的意义，奠定了 MBA 教育作为一门学科的基础；演变阶段(1959～1980 年)，这一时期，世界上各种类型的 MBA 教育纷纷出现，西方发达国家都在尝试 MBA 教育，进入了 MBA 的演变时期；发展阶段(1980 年至今)，20 世纪 80 年代以来，世界经济和国际贸易发生了较大的变化，世界 MBA 教育也发生了较大的发展和变革，人们把 80 年代以来的发达国家 MBA 教育的改革称为 MBA 教育的发展阶段。伴随着 MBA 教育的发展和演变，工商管理学科也不断得到发展和补充，MBA 教育主要是面向企业经营管理实践层面的工商管理教育，以解决企业经营管理现实中存在的问题为目标，为企业管理理念的不断创新和发展提供了重要的实践基础，MBA 教育的不断发展促生了大量新的工商管理理论和分支学科，极大地促进和推动了工商管理学科的发展创新。

3.4　基于人性假设的工商管理理论的演进

“人性假设”理论是管理学中的一个重大的基本理论问题。所谓“人性假设”是指管理者对于人性的基本看法。1957 年美国学者道格拉斯·麦格雷戈(Douglas M. McGregor)在《企业中人的方面》一文中，首次提出人性假设概念，并得到了管理学界的广泛关注。人性假设实质是对组织中人的行为的假设，在不同社会背景和文化环境下，对组织中人性和人的行为有不同的认识，管理学界对人性假设的演进历程也是工商管理知识体系演进的主要线索和核心动力因素之一。

管理学界在 20 世纪大致经历了 4 次基于人性的基本假设，纵观管理学界人性假设的演变过程反映了组织中对人的行为和人性的不同认识的历史过程，每个阶段的人性假设都有相应的管理模式(表 3.2)。正如麦格雷戈在《企业中人的方面》中指出，“每项管理决策与措施，都是依据有关人性与其行为的假设。管理的根本问题在于管理者对人性的认识，它是一切管理策略和方法建立的基础”。

表 3.2　基于人性假设的历史演变

时期	人性假设	特点	组织管理模式
19 世纪末～20 世纪初	经济人	人是机器和工具	管理科学化
20 世纪 20～30 年代	社会人	重视人的因素	人际关系
20 世纪 40～60 年代	自我实现人	以人为本	激励理论
20 世纪 60～70 年代	复杂人	权宜应变	权变组织

基于“经济人”假设的科学管理模式。“经济人”是早期管理学界的人性假设。它认为在组织里人的行为目的是追求自身的利益，工作的动机是为了获得经济报酬。与其相对应的是泰勒创制的“科学管理”模式，管理的核心是以效率和生产为中心，制定恰当的“工作定额”、“合理的日工作量”、“差别计件工资制”，使劳资双方共同创造更大的利润来满足对经济利益的需求。这种基于“经济人”的假设视人为会说话的机器和工具，认为只有严格按照科学机制办事才是提高效率的唯一途径，这种假设只看到人的自然属性的一面，忽视了人作为社会的一员所必需的社会需求，具有很大的历史局限性。心理学家开始介入对组织中人的行为研究，实验心理学、工业心理学等学科迅速进入心理学家和管理学家研究的视野，成为工商管理学创生的重要理论来源和学科基础。

基于“社会人”的组织行为理论的创生。20 世纪 20～30 年代，哈佛大学教授梅奥在霍桑工厂主持了著名的霍桑实验，发现人工作的主要动机，除了经济利益还在于工作中的人际关系，只有满足员工的社会要求并建立良好的社会关系，才能有效地调动员工的积极性，人的行为动机不只是为了追求金钱，而是满足全部的社会需求。梅奥的这一研究结论，引起了管理学界及心理学界的广泛关注，大批心理学家进入到管理学的研究领域，他们运用社会学、心理学知识来研究企业内部的人际关系，开创了在企业管理中研究职工行为、行为动机、行为激励和领导方法的新方向，为组织行为学的创生奠定了学科理论基础。对组织中群体和个人心理和行为的研究，关注人的人际关系和社会需求，大大提高了企业的效率，所有工作环境因素、各种管理措施、客观的人际关系作用也可能随工作者主观心理感受的变化而变化，并非纯粹是由社会环境因素单向决定的[10]。

基于"自我实现人"的激励理论模式。"自我实现人"这一概念是由亚伯拉罕·哈罗德·马斯洛(Abraham Harold Maslow)提出的。1943 年马斯洛出版了《人的动机理论》一书，提出著名的需要层次理论，他认为人有五个层次的需要：生理需要；安全、保障需要；社交、归属需要；尊重需要；自我实现需要。需要的这五个层次，是一个由低到高逐级形成并逐级得以满足的。生理需要与安全、保障需要称为较低级的需要；而社交、归宿需要、尊重需要与自我实现需要称为高级的需要。马斯洛认为自我实现就是使人的潜能现实化，也就是使这个人成为有完美个性的人。在现实社会中，人的高层次需要应该是自我实现，现代人应该不断希望、向往、追求、使自己成为一个比较完美自我实现的人。"自我实现人"是对"社会人"的发展，"自我实现人"观点认为人除了有社会需求外，还有一种想充分表现自己的能力，发挥自己潜力的欲望。20 世纪 50～60 年代基于"自我实现人"假设的管理理论得到了广泛的传播，这一时期关于组织行为的理论研究较多，以人为本的管理理念开始贯穿到组织研究的各个领域，企业管理者注重以人为本，充分发挥人的潜能，调动员工的积极性和主动性，注重创建组织文化和树立品牌意识，实施人才战略，企业组织设计、组织变革理论以及组织文化理论、人力资源管理理论等得到了快速的发展。

基于"复杂人"的权变理论。"复杂人"是 20 世纪 60 年代末 70 年代初，莫尔斯(J. J. Morse)、洛施(J. M. Lorsch)提出的一种人性假设。"复杂人"论者认为，前面三种对人性的假设都有很大的片面性，而且没有考虑组织中人的个性，需求的差异和客观环境对人的影响。"复杂人"的观点是，人不只是单纯的"经济人"，也不是完全的"社会人"，更不可能是纯粹的"自我实现人"，而应该是因时、因地、因各种情况采取适当反映的"复杂人"。莫尔斯和洛施基于"复杂人"假设提出了"权变管理"理论，管理者应该区别对待具有不同动机和需求的员工，尊重员工的差异性，灵活地处理人际关系。认为组织的管理并没有绝对正确的方法，也不存在普遍适用的理论，任何理论和方法都不是绝对有效也不是绝对无效的，采用哪种理论方法，要视组织的实际情况和所处的环境而定。试图通过"权宜应变"融各学派学说于一体，它并不排斥哪一个学派，而是认为每个学派的理论和方法都是可取的。权变管理理论的提出，大大促进了组织行为类学科的多元化发展，学习型组织、虚拟组织等一系列新的组织理论不断涌现，对组织行为的研究出现了繁荣的景象，推动了组织行为学科的发展和创新，为工商管理知识体系的发展提供了强劲的动力支持。

3.5　本章小结

本章分析了工商管理知识体系发展演进的动力系统。分别从产业革命主导的企业管理实践的发展需求、商品经济和市场发展主导的企业制度变迁的拉动、社会进步主导的企业管理教育的推动和基于人性假设的理论演化等视角揭示了工商管理知识体系发展的动力因素，为后续工商管理知识体系演进和研究前沿热点的分析提供理论基础。

20 世纪的三次产业革命带来了企业生产和管理实践的大发展，技术进步带来的社会化大生产对企业管理产生了迫切的需求，这是工商管理理论产生和发展的直接动力。社会分工的不断细化，商品经济和市场的大发展使企业生产和经营的规模不断扩张，这对企业的管理实践不断提出新的要求，企业制度的变迁成为工商管理理论不断深化发展的重要推动力量。与此同时，20 世纪也是管理教育迅速崛起和发展的重要时期，著名高等院校纷纷开设工商管理课程，开办工商管理专业，为企业管理实践培养了大量的高级管理人才，也形成了一批专门从事管理学研究的专业队伍。此外，从管理学学科知识体系内部的发展来看，基于人性假设的理论演化也成为工商管理知识体系演进的主要线索和核心动力因素。

参考文献

[1] 梁家强．论科学技术革命与管理理论发展[J]. 科学管理研究，2005，23(2)：31～34.
[2] 刘则渊．现代科学技术与发展导论[M]. 大连：大连理工大学出版社，2003.
[3] 实用管理培训学校编写组．工商管理专业知识与实务[M]. 上海：华东理工大学出版社，2004.
[4] 韩琪．从个人业主到 CEO——企业制度变迁与委托代理关系的演化分析[J]. 管理现代化，2001，(5)：20～24.
[5] 段钊．企业管理学的范式确立与范式竞争[J]. 江海学刊，2004，(4)：21～25.
[6] Champy J A，Hammer M. Reengineering the Corporation：A Manifesto for Business Revolution[M]. New York：Harper Bussiness Collins，1993.
[7] 陈悦．管理学学科演进的科学计量研究[D]. 大连理工大学博士学位论文，2007.
[8] 许士军．美国大学管理教育发展历史的回顾及展望[J]. 台大管理论丛，1980，1(1)：1～30.
[9] 顾永才．工商管理教育概论[M]. 北京：对外经济贸易大学出版社，1997.
[10] 杨凤云．从人性假设理论对西方管理模式的解析[D]. 吉林大学硕士学位论文，2005.

第 4 章

决策理论的演进与研究前沿

决策(decision-making)一词，意为决定策略或办法。决策由来已久，在我国古代，决策亦作“决筴”，《史记·魏其武安侯列传》有云：“魏其、武安皆以外戚重，灌夫用一时决筴而名显。”决策一词被广泛应用于政治、经济、军事、社会文化等各个领域。在管理学领域中，决策被赋予了更加切实的内涵，意为“为了到达一定目标，采用一定的科学方法和手段，从两个以上的方案中选择一个满意方案的分析判断过程”。第二次世界大战之后，决策理论(decision theory)开始崭露头角，尤其是在管理学领域中，它将系统理论、运筹学、计算机科学等综合运用于管理决策问题，逐渐形成了有关决策过程、准则、类型及方法的较为完整的理论体系。

4.1 决策理论的创生

随着20世纪以来管理实践活动的深入开展，指导管理实践活动的管理科学知识也不断发展，学者们对管理方式方法的研究也日趋完善。决策是管理方法中的基本方法，是管理实践活动中的重要环节，决策的正确与否在很大程度上决定了管理实践活动的成败。事实上，人类决策实践活动由来已久。从古至今，大到战争中将领做出的战略决定，小到街头小贩叫卖吆喝方式的选择，都可以被归为决策实践活动。但是，这些决策大多依靠决策人的个人经验而得出，缺乏科学知识的指导，学术界认为这些决策多属于经验决策，经验决策具有明显的局限性，决策失败的可能性较大。随着人类文明的进步和社会的发展，决策人所面临的决策对象越来越复杂，决策目标越来越长远，决策的信息处理越来越重要，决策机会的把握越来越困难，决策的风险性也越来越大[1]，科学决策理论的出现成为人类管理实践活动发展的必然结果。在本章中，我们将对科学决策理论的发展演进进行探讨，按照学者们研究的先例，我们将科学决策理论简称为决策理论。

决策理论的萌芽产生于 20 世纪 30～40 年代，公共管理大师卢瑟·古立克最早在他的《组织理论的笔记》(*Notes on the theory of organization*)一文中提出，决策是行政的主要功能之一[2]。他把公共管理与工商管理在理论上统一起来，并与林德尔·厄威克共同整理出了管理的八条原则：目标原则、权责一致原则、职责原则、等级系列原则、控制幅度原则、专业化原则、协调原则、明确性原则。这八条原则假定决策者在进行管理决策时所有的选择都是已知的，决策人在所有选择方案中进行选择。决策理论的另一萌芽起源于西方传统经济学关于"经济人"的假设，古典经济学派和新古典经济学派(neoclassical economics)认为，"经济人"具有完全理性，"经济人"能够理性地做出最优选择。其后，"现代管理理论之父"切斯特·巴纳德(Chester I. Barnard)在其代表作《经理人员的职能》(*The functions of the executive*)一书中提出决策是实现组织目标的重要战略因素。巴纳德打破了传统意义上组织构成的概念，他认为组织包含内部成员与外部成员，由于外部成员的存在，因此组织存在外部平衡，巴纳德将这种外部平衡称为组织调节，组织调节是各类组织成员利益折中的产物[3]。根据巴纳德的这一设想，组织平衡问题实际上就变成了组织决策问题。古立克、巴纳德的观点以及"经济人"假设对后来的决策理论颇有影响。

1944 年，经济组织决策管理大师赫伯特·西蒙发表了《决策与行政组织》(*Decision-making and administrative organization*)一文，初步提出了决策理论的框架。1947 年，西蒙出版了《管理行为》(*Administrative Behavior*)一书，成为决策理论方面最早的专著。西蒙在书中批评分析了古立克的管理原则，提出管理者的所有选择不可能都是已知的；同时，西蒙否定了传统经济学关于"'经济人'具有完全理性的假设"，认为决策主体是不可能完全理性的。在此基础上，西蒙提出了决策的基础就是"有限理性"。"有限理性"表现为"知识的不完备性、价值偏好体系的不一致性、行为的可行性范围的限制"三个方面，"有限理性"是西蒙决策理论的核心概念和根本前提。在"有限理性"的基础上，西蒙提出了"满意决策"的概念，"满意决策"需要满足两个条件，即"一是有相应的最低满意标准，二是策略选择能够超过最低满意标准"[4]，西蒙认为管理者追求的是满意而不是最优。西蒙的决策理论吸收了巴纳德的思想和观点，但在决策的前提设定上却有着根本的区别。西蒙将决策要素分为事实要素和价值要素，还将决策分为规范性决策和非规范性决策两类。西蒙提出的决策理论确立了他组织决策管理大师的地位，也让他成为了决策管理学派的"掌门人"。西蒙关于管理者有限理性以及管理者信息问题的论述成为后来研究发展决策理论的基本。

4.2 决策理论研究的演进

决策理论自20世纪四五十年代创生以来，在军事、商业、管理等社会各个领域得到了广泛的传播和应用。相关的学术研究成果相继出现，科学文献在一定程度上表征了相关理论或学科研究的演进和知识传播的过程。在美国科学情报研究所的Web of Science数据库中，以“decision-making theory”和“decision theory”为主题词进行检索，共检索到决策理论研究相关的学术文献4 235篇(检索时间为2013年1月)。从文献的年发表量来看，整体上呈现上升的趋势。其中，从20世纪90年代开始，决策理论研究的科学文献出现了快速增长的态势；2000年以后，出现急剧增长的趋势，决策理论研究的科学文献数量逐年分布如图4.1所示。

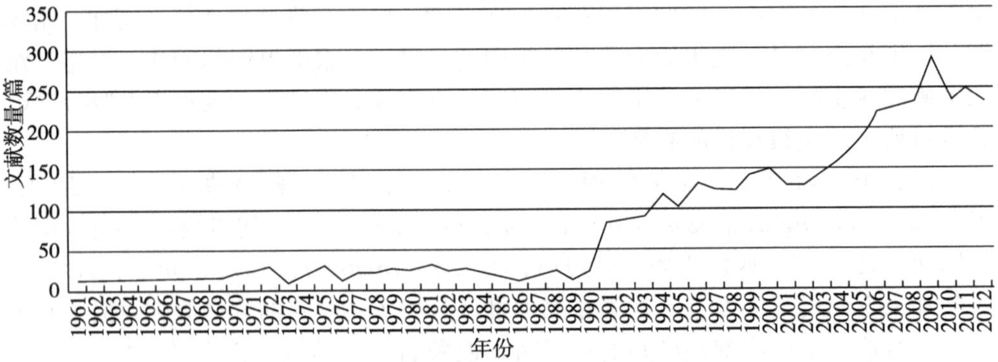

图4.1 决策理论研究的科学文献数量逐年分布图

运用CiteSpace可视化软件，对决策理论研究领域的文献数据进行可视化分析，以探测其知识基础与研究热点、研究前沿的演进和发展趋势。运行结果如图4.2所示。

在利用CiteSpace可视化软件绘制的文献共被引网络图谱中，出现了5个关键节点文献，这些文献的作者分别为西蒙、詹姆斯·马奇、理查德·赛尔特、维克托·弗鲁姆(Victor H. Vroom)以及莱斯特·科奇(Lester Coch)。

马奇的关键节点文献《组织》一书、赛尔特的关键节点文献《企业行为理论》一书、弗鲁姆的关键节点文献《领导与决策》(*Leadership and Decision-Making*)一书在图4.2中处于中心位置。其中，马奇的关键节点文献共被引频次与中心性最高，处于图谱最中心的位置，标志着《组织》一书在决策理论的研究中的基础地位；而西蒙、科奇的关键节点文献成为连接不同时期文献的桥梁，在一定程度上折射了决策理论研究的发展历程。

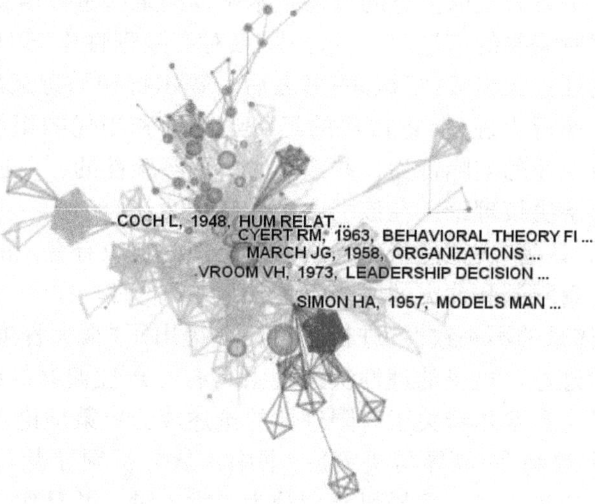

图 4.2　决策理论文献共被引网络图谱（1957～2010 年）

4.2.1　20 世纪下半叶的主要演进

1. 关键节点文献的分析

网络图谱中 5 篇关键节点文献是研究决策理论的知识基础与核心文献，对于研究决策理论的演进有着重要意义。1948 年，科奇出版了《克服改变的阻力》(*Overcoming Resistance to Change*)一书。在书中，作者通过一个工业实验讨论了组织变革过程中可能遇到的阻力及其原因，并提出了克服变革阻力的方法。科奇的这本专著代表了 1950 年前后学者对组织变革理论的研究，书中虽然没有明确提出决策的观点，但是作者对组织变革阻力因素的分析为决策理论中组织构成要素的剖析奠定了重要基础，有着重要的影响。

西蒙、马奇与赛尔特在决策理论方面的观点相辅相成。1957 年，西蒙出版了《人类模型》(*Models of Man*)一书。在该书中，他根据自身有限理性的思想，进一步对理性人做了解释。该书收录了 16 篇讨论一定社会背景下理性人行为的数学论文，从因果关系、社会过程、动机、合理性四个方面讨论了理性人的行为，并建立了理性人行为的模型。这一模型为有限理性提供了理论支持。在提出理性人模型之后，马奇和西蒙共同出版了《组织》一书，对有限理性的决策行为进行了进一步的理论研究。他们认为《组织》一书的中心概念就是“决策”，马奇和西蒙从研究古典管理学派、人际关系学派的文献及对人性的假设等出发，围绕组织成员的主动性、组织成员对组织的影响以及组织成员是否为决策者和问题解决者三个问题展开讨论。他们认为，“人类对问题解决过程的现有科学知识的掌握是不完整的，组织决策时获取信息的重要技术是询问某些掌握信息的人，而不是漫无边际地去寻找所需要的信息”[5]。这一观点对有限理性中“知识的不完备性”进行了进一步的论证。在出版《组织》一书之后，赛尔特和马奇又出版了《企业行为理论》一书。《企业行为理论》将古典的经济学理论和当代的组织理论结合起来，集中研究了商业企业的实际行为，并建立了一个经验性的、以过程为导向的、普遍的商业企业经济决策理论。在该书中，作者继承了《组织》一书中对“知识的不完备性”的论述，认为“决策是指作为结果而出现的组织有意识的理性行为，这种行为是组织在信息限制和冲突的约束下做出的”。同时，作者对有限理性的另一内涵“价值偏好体系的不一致性”进行了讨论，提出了“很大程度上，有限理性理论也是理性决策理论，这里的理性决策是由具有一致性偏好的组织做出的”的观点[6]。西蒙、马奇和赛尔特关于有限理性的论述成为决策理论发展的基础。

1972年，弗鲁姆在《领导与决策》一书中，从分析领导者与下属分享决策权的角度出发，将决策方式或领导风格划分为三类五种，并且作者提出了一种根据主客观条件特别是环境因素，按照一系列基本法则，经过七个层次确定应当采用何种决策方式的树状结构判断选择模型——领导规范模型[7]。该模型成为领导权变理论中的一个重要模型，决策者可以根据自身经验在不同环境中选择不同的决策方式和领导风格，因而该模型在任何决策环境中，均能满足决策者的要求，具有满意的实用效果。相比西蒙等的理论研究，弗鲁姆的领导规范模型更加倾向于决策分析的方法，因而更具有实际的应用意义。

这些关键节点文献从理论与方法两个层面对决策理论进行了阐述，《人类模型》通过阐述理性人模型奠定了有限理性的理论基础，《组织》在理论层面上论述了决策在组织行为中的重要意义，《企业行为理论》从理论角度解释了现实中企业决策的过程，《领导与决策》则从实际出发，分析了不同环境中的决策方式，这些专著为决策理论与决策分析方法的发展奠定了重要的理论基础。

2. 决策理论的主要分支理论

在2000年之前决策理论演进的研究过程中，选取1957～2000年各年份文献中共被引频次最高的文献进行分析，结合文献的共被引关系，整理出决策理论的四个主要分支理论，即有限理性理论、渐进决策理论、前景理论以及群决策理论。这些分支理论虽没有完全涵盖决策理论发展过程中全部的理论分支，但从共被引频次的角度分析，这些理论是最具代表性的决策分支理论，对这些分支理论进行系统的分析和梳理，有助于我们更好地把握决策理论发展演进的过程。

1)有限理性理论

有限理性理论一直被看做是决策理论最为经典的代表性理论，其提出者西蒙与马奇也被认为是管理决策领域的大师。然而，马奇和西蒙对决策理论的研究虽都基于有限理性和满意决策的基础上，但两人的研究并不完全相同，西蒙更多的关注决策的选择，而马奇则更注重决策的搜寻，并通过研究完善了有限理性模型，提出了垃圾桶模型。

1972 年马奇和迈克尔・科恩(Michael D. Cohen)发表了《组织选择的垃圾桶模型》(*A garbage can model of organizational choice*)一文。作者通过对组织行为的观察发现组织中工作的人们容易对某些行为模式产生偏好，而价值偏好体系正是有限理性的表现形式之一，作者提出"在垃圾桶模型下，决策可视为问题、对策和决策者的选择三者的某一特定组合，从这个意义上，最终决策只不过是发生在垃圾桶内的淘金过程的副产品而已"[8]。垃圾桶模型通过引入"模糊性"的假设，克服了有限理性理论只能解释结构良好、目的明确的组织决策行为的缺陷，对有限理性理论的发展起到了重要作用。

西蒙对有限理性理论的研究一直没有停止，在提出有限理性理论之后，他发表了论文《经济学与行为科学中的决策模型》(*Theories of decision-making in economics and behavioral science*)，并出版了《有限理性模型》(*Models of Bounded Rationality*)一书，对决策过程、有限理性模型进行了进一步探讨，其中《有限理性模型》一书不断再版，标志着有限理性理论逐渐走向成熟。

2)渐进决策理论

学者们初期对于决策理论的研究多集中在行政决策领域，西蒙和查尔斯・林德布罗姆(Chares E. Lindblom)是其中的代表人物。早期的行政决策基本都采用的是完全理性理论，强调的是决策者对决策的目标、相关信息、全部备选方案都是已知的，然而这种完全理性的理论存在局限性。林德布罗姆与西蒙一样都反对完全理性理论，然而不同的是，西蒙主张用有限理性理论代替完全理性，而林德布罗姆则认为，传统采用根方法的理性决策模式存在行为上的困境，因为人类提出与解决复杂问题的智力能力同问题的规范相比是微不足道的。1959 年，林德布罗姆在《渐进调适的科学》(*The science of "muddling through"*)一文中提出了渐进决策模型，这种渐进决策模型通过连续有限的比较，大大减少了对理论的依赖，可以反复调试和自我完善[9]。林德布罗姆的渐进决策理论关注决策方案的选择过程，这与马奇的决策理论有相似之处。但不同的是，渐进决策模型通过不断的尝试与选择，逐渐完善决策过程，从而简化了决策过程。渐进决策模型提出之后，就成为了西方国家决策的基本模式[10]。

3)前景理论

前景理论是 1979 年丹尼尔・卡尼曼提出的不确定性条件下判断和决策的理论，其理论的基础在于不确定性条件下的判断问题，早在卡尼曼之前，学者们已经开始关注不确定性问题的处理方法，并形成了一定的理论基础。

对卡尼曼的前景理论影响最大的要属 L. J. 萨维奇(L. J. Savage)的主观期望效用理论(subjective expected utility，SEU)。1954 年，L. J. 萨维奇根据直觉的偏好关系推导出概率测度，从而得到一个由效用和主观概率来线性规范人们行为选择的主观期望效用理论[11]。该理论表明，在不确定的情形下，理性人的行为选择是完全理性的，是根据主观期望效用最大化来选择自己的行为的。然而，Allais 悖论和 Ellsberg 悖论的提出却用事实证明了个体行为有时不遵守主观期望效用理论的公理，主观期望效用理论的确凿性原则一直饱受争议。

卡尼曼和阿莫斯·特维斯基在前人研究的基础上，通过修正主观期望效用理论，提出了前景理论。1974 年，卡尼曼和特维斯基出版了《不确定状态下的判断：启发式和偏差》(*Judgment under Uncertainty：Heuristics and Biases*)一书。在书中，作者讨论了不确定性情况下决策的方式，描述了三个用于不确定情况下启发式的判断，为前景理论的提出做了铺垫。1979 年，卡尼曼发表了《前景理论：风险条件下的决策分析》(*Prospect theory：an analysis of decision under risk*)一文。卡尼曼和特维斯基发现，不确定条件下判断与传统经济理论所假定的理性存在系统偏差，这种偏差表现为代表性偏差、可得性偏差、锚定效应与调整以及认知分歧与群体影响四个方面。在此基础之上，卡尼曼提出了前景理论。前景理论认为风险决策过程包括"编辑"与"评估"两个顺序阶段，即确定前景的结果收益与否并去除共性方面的阶段，以及事件发生的价值函数和主体选择的决策权重的评估阶段[12]。卡尼曼的前景理论从实证出发，从人的心理特质、行为特征出发，讨论了影响选择行为的非理性心理因素，对于不确定条件下的风险决策理论的发展有着重要意义。1981 年，特维斯基在《决策框架与心理选择》(*The framing of decisions and the psychology of choice*)一文中进一步发展了心理学在经济学中的应用。他指出，"当同一问题以不同的方式构架时，支配着决策认知和评价结果的心理原则会产生不同的偏好，制定决策时的偏好依赖是理性选择理论一个重要的关注点"[13]。他的理论对卡尼曼的前景理论关于评估阶段的论述进行了补充。卡尼曼正是因为将心理学引入经济学研究并由此提出了前景理论而获得了 2002 年诺贝尔经济学奖。

4)群决策理论

在现实生活中，决策行为往往是一群人的行为，是一群人对行动方案进行选择的活动，这促使学者们对决策理论的研究从个人决策向群决策转变。群决策的决策方法和内容与个人决策有很大不同，适用于个人决策的方法与理论并不一定适用于群决策。自从 20 世纪 70 年代群决策的概念被提出以来，群决策已经发展为集数学、政治学、经济学、社会心理学、行为科学、管理学和决策科学等多门学科研究于一体的交叉学科[14]。

扎德(Lotfi A. Zadeh)在 1965 年出版的《模糊集合》(*Fuzzy Sets*)一书通过引入模糊集合从而提供了一种分析复杂系统的新方法，标志着模糊数学学科的诞生。扎德提出"用语言变量代替数值变量来描述系统的行为"[15]，使得模糊理论更接近于实际，对群决策理论具有较好的效果，为群决策理论的诞生提供了一定的理论基础。

1972年，艾尔芬·詹尼斯(Irving L. Janis)在其《团体迷思的危害：外交政策决策与失败的心理学研究》(*Victims of groupthink: a psychological study of foreign-policy decisions and fiascoes*)一文中将团体迷思明确定义为“团体成员为维护团体的凝聚力、追求团体和谐共识，而不能现实地评估其他可行办法的一种思考模式”[16]。作者通过对团体迷思的研究分析了团体迷思对群决策过程的影响，解释了团体迷思与群决策失误之间的关系。通过共被引频次可以发现，这一理论被群决策理论的研究者广泛引用，被认为是群决策理论中最为关键的问题之一，对群决策理论的发展起到了积极的作用。

随着计算机技术以及通信技术的发展，群决策支持系统的研究逐渐为人们所关注。1987年，德桑克蒂斯(G. Desanctis)在《群决策支持系统的基础研究》(*A foundation for the study of group decision support systems*)一文中认为“群决策支持系统是结合了通信、计算机、决策支持技术的用于解决非结构化问题的系统”[17]，作者基于制定决策时的信息交换视角提出了群决策支持系统的概念概述，并认为群决策支持系统能够有效地防范团体迷思。群决策支持系统的研究推动了群决策理论实际应用的进程，也推动了计算机应用于决策分析的进程。

4.2.2　21世纪以来的演进与发展

使用前文在Web of Science中检索的决策理论研究的相关文献数据，通过CiteSpace软件绘制2001～2010年决策理论研究的文献共被引网络知识图谱(图4.3)。从图4.3中可以清晰地看出，图谱分为左右两个部分，标识了进入2000年之后决策理论研究的发展过程，通过关键节点之间的共被引关系分析可知近十年来决策理论研究的主要方向。

1. 多目标决策理论与多属性决策方法

图谱的右上部分，关键节点文献包括1965年扎德出版的《模糊集合》一书、1976年拉尔夫·基尼(Ralph L. Keeney)出版的《多重目标决策》(*Decisions With Multiple Objectives*)一书、1980年托马斯·萨蒂(Thomas L. Saaty)出版的《层次分析法》(*The Analytical Hierarchical Process*)一书、1986年温特费尔德(D. von Winterfeldt)出版的《决策分析和行为研究》(*Decision Analysis and Behavioral Research*)一书。结合文献分析，图谱右上部分反映的是多目标决策理论和多属性决策方法。系统方案的选择取决于多个目标的满足程度，这类决策问题称为多目标决策；而多属性决策主要研究决策者基于多个属性对有限个方案的评价和排序问题[18]。

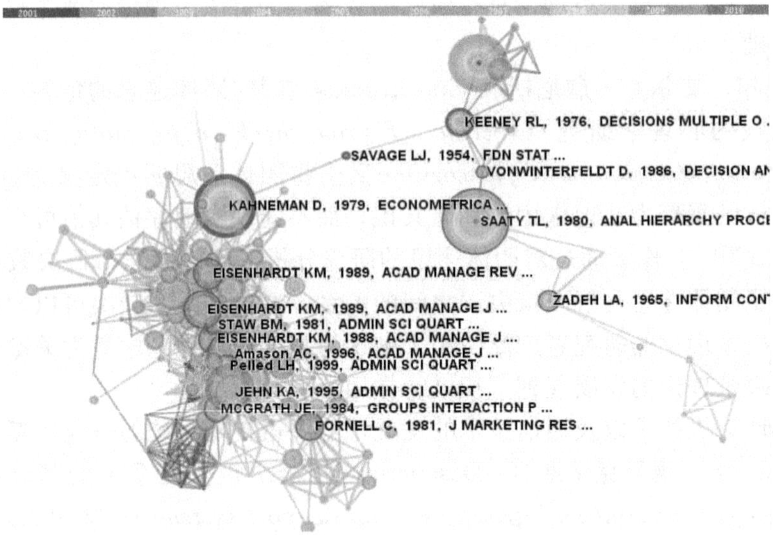

图 4.3　2001～2010 年决策理论文献共被引网络图谱

1)多目标决策理论

多目标决策是源于意大利经济学家帕雷托(V. Pareto)提出的“Pareto 最优原则”理论，这一理论被认为是多目标决策有效解概念的雏形[19]。20 世纪 50～70 年代，众多学者关于向量极值、效用函数、最优解的研究取得了良好的成果，为多目标决策的发展提供了良好的理论基础。

从图 4.3 中看，扎德在《模糊集合》一书提出“应用模糊集合对复杂系统进行分析”的理念不仅影响了群体决策理论的发展，也对多目标决策的发展有很重要的影响。基尼和温特费尔德则在 L. J. 萨维奇期望效用理论的基础上提出了多属性效用理论[20]，提出利用多属性效用方法解决多目标问题，对多目标决策的发展起到了关键的作用。

2)多属性决策方法

多属性决策是多目标决策在发展过程中逐渐形成的一个决策方法类别[21]，因而在图谱网络中，研究多属性决策与多目标决策的相关文献存在共被引关系。自多属性决策问题被提出之后，学者们先后提出了多种方法解决多属性决策问题。例如，1957 年丘奇曼・韦斯特(Churchman C. West)等提出的简单加权法、1964 年兰德公司创立的由多名专家多轮咨询的德尔菲(Delphi)法、1980 年萨蒂提出的层次分析法(analytic hierarchy process，AHP)以及 1981 年 Ching-Lai Hwang 等提出的 TOPSIS 法(technique for order preferenceby similarity to ideal solution)。从图 4.3 中可以看到，萨蒂的层次分析法受到了最为广泛的关注。

萨蒂在他的专著《层次分析法》一书中提出了对定性问题进行定量分析的一种

多准则决策方法——层次分析法。层次分析法将决策因素分组建立层次结构模型；对各因素的相对重要性做出判断并用数值表示构造判断矩阵；通过判断矩阵，计算本层次与上一层次等因素有联系的因素的重要性次序权值；计算各层次对系统的总排序权值；最终通过一致性检验确定该决策是否可行。层次分析法能够利用较少的定量信息使决策的思维过程数学化，是多属性决策方法中较为简单的决策方法，也是多属性决策方法中的代表方法。

2. 快速战略决策理论和冲突分析理论

图 4.3 的左半部分关键节点较多，选择其中中心性较大的关键节点进行分析，结合文献内容，得出这一部分关键节点文献主要研究快速战略决策理论和冲突分析(conflict analysis)理论的结论。

1)快速战略决策理论

快速战略决策理论的研究起源于 20 世纪 80 年代末期学者们对决策速度与企业生存发展之间的关系研究，学者们研究的主要内容包括战略决策速度的影响因素及其对企业绩效的影响[22]。通过研究，学者们提出了包含环境因素、组织结构因素、决策人员特征、决策整合与行为整合在内的四个影响企业战略决策速度的因素，并讨论了决策速度与包含企业利润、销售额等因素的企业绩效之间关系[23]。

从图 4.3 中看，巴里 · 斯托(Barry M. Staw)在《组织行为学的刚度影响威胁：多层次分析》(*Threat rigidity effects in organizational behavior: a multi-level analysis*)一文中提出了集权是对高度不确定情形(如快速变化的环境)的最自然的反应[24]，讨论了组织结构因素对决策制定速度的影响。其后，凯瑟琳 · 艾森哈特对快速战略决策问题进行了深入研究，在图 4.3 中，她有三篇文章成为了关键节点文献。1988 年，艾森哈特在《快速变化环境中战略决策过程中的政治：中档理论》(*Politics of strategic decision making in high-velocity environments: toward a midrange theory*)一文中，通过对一些微电脑公司权力、政策和绩效的研究，提出了政治对于决策的滞缓作用[25]；1989 年，在《快速变化环境中的快速战略决策》(*Making fast strategic decisions in high-velocity environments*)一文中，艾森哈特立足于竞争环境快速变化的微型计算机行业，围绕快速战略决策的制定过程以及决策速度和绩效的关系两方面分析了影响战略决策制定速度的因素。艾森哈特关于快速战略决策的理论使她获得了太平洋利用基金奖(Pacific Telesis Foundation Award)。

2)冲突分析理论

冲突分析理论起源于博弈论，在冲突研究初期，冲突问题只是被当做经典的非合作对策加以研究，但许多博弈论的方法对于实际冲突问题显得过于简化。随着偏对策理论(metagame theory)的发展，冲突分析理论逐渐发展成为一个独立的研究领域，并被广泛地应用于决策研究中，以解决实际的冲突问题。

从图 4.3 中看，1995 年，凯伦·杰恩(Karen A. Jehn)发表了《群体内部冲突利弊的多方法检验》(*A multimethod examination of the benefits and detriments of intragroup conflict*)一文，通过对 105 个工作组织的研究，作者提出了冲突是否有益，取决于冲突的类型和组织的结构[26]。而阿莫森(A. C. Amason)在《识别战略决策过程中的功能性和障碍性冲突的影响：高级管理团队解决矛盾的方法》(*Distinguishing the effects of functional and dysfunctional conflict on strategic decision making: resolving a paradox for top management teams*)一文中通过两个冲突实例，研究冲突对决策质量的影响，讨论了高层管理团队(top management team，TMT)制定战略决策对组织绩效的影响问题。

4.3 决策理论的研究前沿和发展趋势

利用 CiteSpace 软件对从 Web of Science 中检索的决策理论相关研究文献中 2005～2010 年的全部 1 389 条数据进行文献共被引网络分析，选择 Time-line 视图(图 4.4)，图谱中显示代表知识结构的共被引聚类共 16 个，从较大聚类结构和 sigma 值较大节点的共被引情况两个角度，探测决策理论研究的前沿问题。

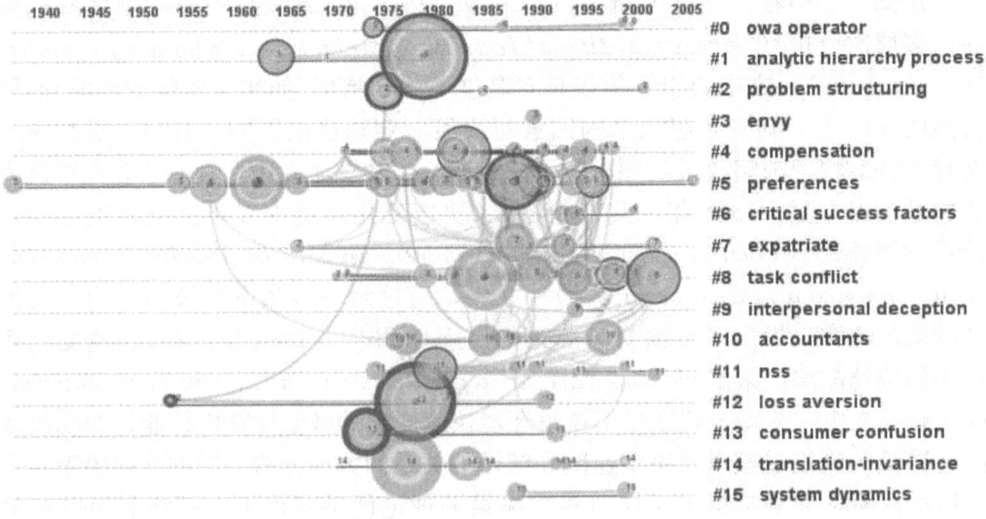

图 4.4 决策理论文献共被引网络的 Time-line 视图(2005～2010 年)

2005～2010 年决策理论研究领域的文献共被引网络的聚类分析结果中，共有聚类 16 个。同时，结合 CiteSpace 可视化软件自动为文献共被引的聚类进行标注，标注的来源主要有标题(title)、摘要(abstract)和索引词(descriptor)三种；而根据研究的需要，进行自动标识抽取词组的算法有 TF * IDF、LLR(log likelihood ritao)和互信息(mutual information，MI)三种，进而组合成 9 种可选择的聚类自动标示方法。具体的聚类标识信息如表 4.1 所示。

表 4.1　决策理论文献共被引网络的前 4 个聚类信息

聚类号	大小	轮廓值	标识词(TF * IDF)	标识词(LLR)	标识词(MI)
5	27	0.353	(10.35) preferences；(9.45) boundaries；(9.07) economic-impact；(9.07) retrospective accounts；(8.85) advertising	strategic management (79.5, 1.0E-4)；knowledge (76.29, 1.0E-4)；innovation (71.6, 1.0E-4)；	employee attitudes
8	26	0.642	(15.49) task conflict；(13.99) organizational groups；(12.92) organizational conflict；(12.54) surface-level；(12.16) deep-level diversity	intragroup conflict (206.47, 1.0E-4)；conflict (162.58, 1.0E-4)；deep-level diversity (132.93, 1.0E-4)；	product
4	14	0.667	(7.89) compensation；(7.69) upper-echelons；(7.69) affective conflict；(7.69) management strategy；(7.03) agency theory perspective	corporate governance (47.3, 1.0E-4)；upper echelons (30.5, 1.0E-4)；CEO compensation (28.9, 1.0E-4)；	strategic groups
11	9	0.758	(9.73) nss；(8.85) retirement；(8.85) self-determination theory；(8.22) the theory of planned behaviour；(8.22) organizational-climate	user acceptance(108.2, 1.0 E-4)；planned behavior(76.8, 1.0E-4)；innovativeness(57.12, 1.0E-4)；	dynamic network theory

Cluster ＃5 是最大的一个聚类，包含节点 27 个，silhouette 的值为 0.353，主题相对分散，TF * IDF 给出的标识词主要有“(10.35) preferences；(9.45) boundaries；(9.07) economic-impact；(9.07) retrospective accounts；(8.85) advertising”等，结合文献分析，认定该聚类的研究主题是战略决策；Cluster ＃8 中有节点 26 个，silhouette 值为 0.642，TF * IDF 给出的第一个标识词是“(15.49) task conflict”，结合文献分析，说明 Cluster ＃8 的研究主题是冲突分析；Cluster ＃4 的研究主要是高层管理团队战略决策相关理论；Cluster ＃11 的研究主要是计划行为理论，这四个聚类标识了近年来决策理论研究的主要方向。

CiteSpace 信息可视化软件系统在软件设计中引入了 sigma 的计量指标，即 $\text{sigma}=(\text{centrality}+1)^{\text{burst}}$ 用于描述共被引网络中节点的重要性以及在共被引网络演化过程中，节点所起到的重要作用。整理出 CiteSpace 计算的 sigma 值较大的部分节点文献，将这些节点按照所属的聚类进行排列整理，表 4.2 列出了相关的 sigma 节点的所属聚类列表；表 4.3 列出了出现 sigma 值较大节点较多的聚类中，sigma 值较大节点被引情况曲线，其中折线上升的部分是该节点文献被引突增的时间段。

表 4.2 sigma 值较大节点的相关信息列表

共引频次	突现率	中心度	sigma	作者	年份	题目	聚类号
19	2.61	0.35	2.19	L. J. Savage	1954	*The Foundations of Statistics*	12
144	2.39	0.25	1.71	T. L. Saaty	1980	*Analytic hierarchy process*	1
11	3.43	0.1	1.38	R. E. Bellman	1970	*Decision-making in a fuzzy environment*	1
39	2.97	0.04	1.13	J. W. Payne	1993	*The Adaptive Decision Maker*	13
36	2.69	0.04	1.11	K. A. Bantel	1989	*Top management and innovations in banking: does the compositionof the top team make a difference?*	4
50	2.42	0.04	1.09	S. Finkelstein	1996	*Strategic leadership: top executives and there effects on organizations*	4
29	2.68	0.03	1.09	D. J. Mcallister	1995	*Affect-and cognition-based trust as foundations for interpersonal cooperation in organizations*	9
24	2.25	0.02	1.05	V. Venkatesh	2000	*A theoretical extension of the technology acceptance model: four longitudinal field studies*	11
22	3.92	0.01	1.04	S. Taylor	1995	*Understanding information technology usage: a test of competing models*	11
22	3.88	0.01	1.04	F. Herrera	2000	*Linguistic decision analysis: steps for solving decision problems under linguistic information*	0
16	3.51	0.01	1.04	F. Herrera	2001	*A model based on linguistic 2-tuples for dealing with multigranular hierarchical linguistic contexts in multi-expert decision-making*	0
29	2.84	0.01	1.03	F. Herrera	2000	*A fusion approach for managing multi-granularity linguistic term sets in decision making*	0
22	2.96	0.01	1.03	J. Child	1972	*Organizational structure, environment and performance: the role of strategic choice*	4
48	4.07	0	1.02	J. Cohen	1983	*The cost of dichotomization*	8
39	2.27	0	1.01	I. Ajzen	1991	*The theory of planned behavior*	11

表 4.3　前 4 个聚类 sigma 值较大的节点文献的被引情况列表

Cluster ＃0

F. Herrera，2000，突现率＝3.88，sigma＝1.04. 突现时间：2006～2007	F. Herrera，2001，突现率＝3.51，sigma＝1.04. 突现时间：2006～2007	J. Child，1972，突现率＝2.84，sigma＝1.03. 突现时间：2006～2007
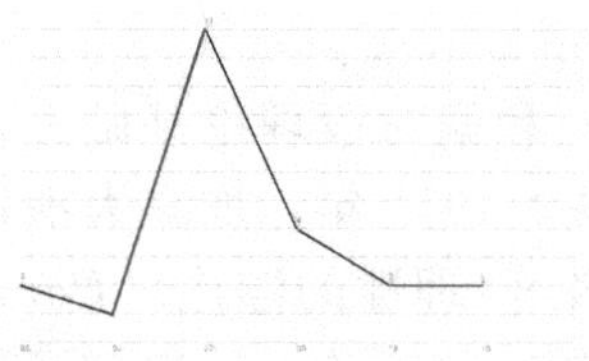	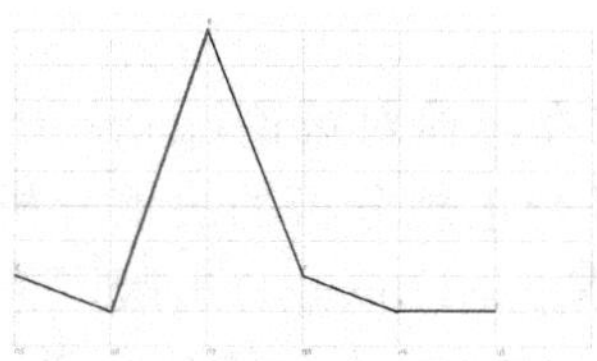	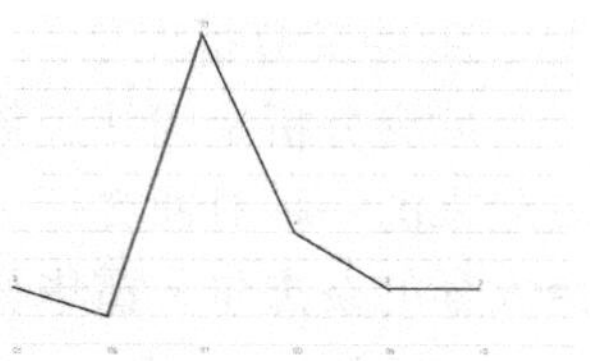

Cluster ＃4

K. A. Bantel，1989，突现率＝2.69，sigma＝1.11. 突现时间：2009～2010	S. Finkelstein，1996，突现率＝2.42，sigma＝1.09. 突现时间：2006～2008	J. Child，1972，突现率＝2.96，sigma＝1.03. 突现时间：2008～2010
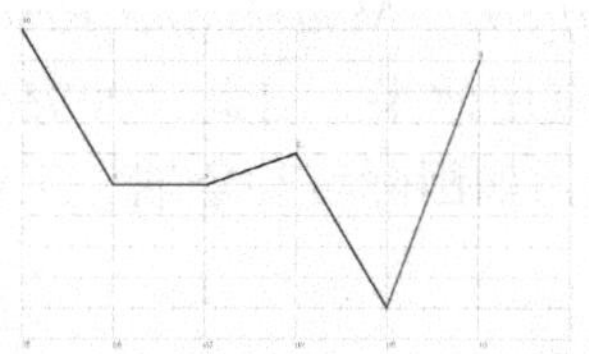	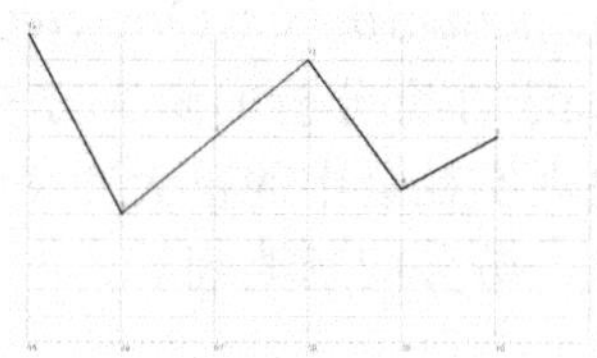	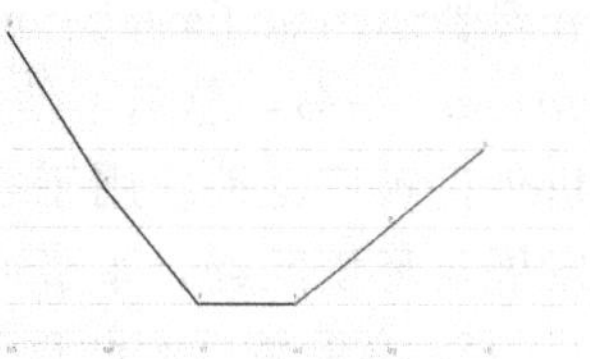

Cluster ＃11

V. Venkatesh，2000，突现率＝2.25，sigma＝1.05. 突现时间：2005～2006	S. Taylor，1995，突现率＝3.92，sigma＝1.04. 突现时间：2005～2006	I. Ajzen，1991，突现率＝2.27，sigma＝1.01. 突现时间：2005～2006
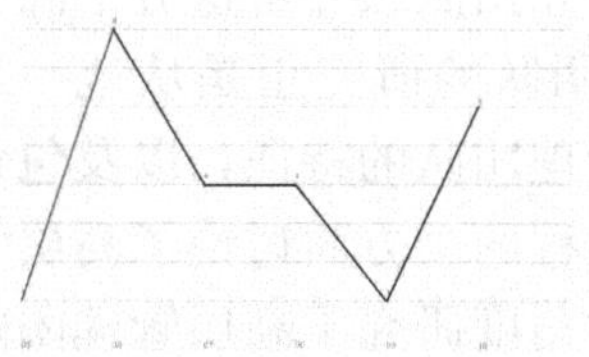	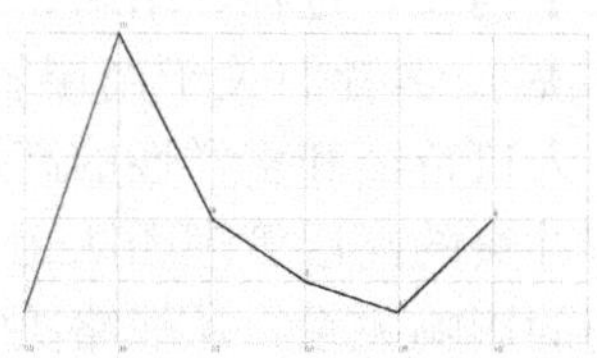	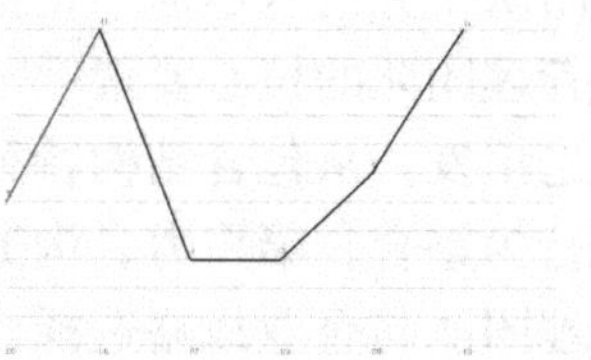

结合前文对聚类信息与 sigma 值较大的节点文献的共被引情况分析，我们可以看出，2006～2007 年，决策理论的研究对于 Cluster ＃0 所代表的语言多属性决策理论关注度很高；Cluster ＃11 代表的计划行为理论在 2005～2006 年以及 2009～2010 年得到关注；Cluster ＃4 中 sigma 值较大的节点文献在 2006 年之后被引情况保持一个较高的水平，这说明近年来决策理论的主流研究方向是高层团队相关理论。

结合较大聚类角度以及 sigma 值较大的文献两个方面分析，Cluster＃8 作为 size 值第二大的聚类，主题相对集中，而 Cluster＃4 的聚类相对也较大，sigma 值较大的节点也相对其他聚类更多。因此，Cluster＃8 代表的冲突分析理论和 Cluster＃4 代表的高层管理团队战略决策相关研究是近年来决策理论的主流研究方向。

1. 冲突分析理论

冲突分析是国外近年来在经典对策论（game theory）和偏对策理论基础上发展起来的一种对冲突行为进行正规分析的决策分析方法。1971 年，加拿大滑铁卢大学的奈杰尔·霍华德（Nigel Howard）出版了他的名著《理性的悖论》（*Paradoxes of Rationality*）一书，在这本书中霍华德提出了偏对策理论，他突破了传统的对策论研究框架并提出了一种反映冲突主要元素的灵活的符号表示方法[27]，从而奠定了冲突分析领域的理论基础。1979 年，加拿大滑铁卢大学的尼尔米·弗雷泽（Niall M. Fraser）和凯斯·希普尔（Keith W. Hipel）在改进偏对策理论的基础上提出了 F-H 方法（Fraser-Hipel 冲突分析方法）。之后在 1984 年，弗雷泽和希普尔出版了《冲突分析：模型与决议》（*Conflict Analysis：Models and Resolutions*）一书，总结了他们关于冲突分析的解决方法与应用效果。自此，冲突分析理论被广泛地应用于解决现实社会中的重大冲突问题，如国际贸易争端、工业发展与环境问题、军事冲突、劳务问题谈判等。

2. 高层管理团队理论

1984 年，唐纳德·汉布里克（Donald C. Hambrick）提出了高阶梯队理论（upper echelons theory），从此高层管理团队成为学术界研究的热点问题。在汉布里克 1984 年发表的《高阶梯队：组织是高层管理者的反映》（*Upper echelons：the organization as a reflection of its top managers*）一文中，作者讨论了高层管理团队研究的基本框架，提出了构成、过程、结果、激励和团队领导者这五个高层管理团队的核心要素[28]。其后，学者们关于高层管理团队的研究正是从这一理论出发，从包含结构特征、人口特征和多样性的高层管理团队的特征，以及包含行为整合、凝聚力、沟通和冲突的高层管理团队运作过程两个方面讨论了高层管理团队与企业战略选择之间的影响关系，从战略决策的角度研究了高层管理团队的构建。

4.4 决策理论在中国的发展演进

在中国古代，决策一词就在历史文献著作中有所记载和表述，并且一些决策思想和实践方法也得到了传播、继承和发展应用。韩非子早在《韩非子·孤愤》一文中提到“决策”。随后，在《战国策》、《左传》、《孙子兵法》、《三十六计》、《史记》、《资治通鉴》、《二十四史》等古代经史子集中都有撰写深邃的决策思想。其中，儒家决策思想与兵家决策思想，在实践中的应用与发展最为融合与广泛，并为领导者和管理者做出正确的决策提供了依据[29]。

我国古代的决策思想多为经验决策，处在应用层面，并未形成系统的理论体系，因而达不到规范化、程式化与科学化的地步。直到 20 世纪中叶，随着经济学和管理科学的迅猛发展，决策理论成为经济学和管理科学的重要分支。早在 1960 年，我国曾出版由中国科学院数学研究所组织编撰的《博弈论讲义》。而由于受到政治、经济、文化等因素的影响，直至 20 世纪 70 年代以后，国外决策理论和方法才被逐渐引进到国内[30]。我国对决策分析方法的具体研究始于 20 世纪 70 年代末 80 年代初。决策理论在我国也经历了有限理论、渐进理论、群决策理论、多属性决策理论、灰色决策理论等发展阶段。在 20 世纪 80 年代，我国开始研究西方的决策理论，当时正值西方决策理论的多属性决策理论和群决策理论的发展时期，所以对多属性和多目标决策理论的研究较多，而对有限决策理论、渐进决策理论的研究相对较晚，文献书籍也相对较少。所以，多属性决策理论和多目标决策理论作为决策理论发展的一个重要分支，最先被我国学者引进和传播发展，并应用到企业决策实践当中。随后，群决策理论、灰色决策理论、渐进决策理论、有限决策理论等决策理论逐渐被专家学者关注和深入探究。

4.4.1　决策理论的引入和传播

自 20 世纪 80 年代以后，发达国家对经济学和管理学的研究更为深入。改革开放以后，国内开始大量的引进与翻译国外的科学管理理论与经济理论研究成果。其中，决策理论就是在此时期引进的。20 世纪 80～90 年代，国内决策理论的文献和书籍大量涌现，一些决策理论在国家、部门和企事业单位的管理实践中得到广泛应用和创新。

在中国知网检索平台的《中国期刊全文数据库》和《重要会议论文数据库》中，以主题词为“决策理论”进行检索，共检索相关文献 1 954 篇，以关键词检索结果为 633 篇。检索学位论文数据库(包括博士学位论文和硕士学位论文)，主题词检索结果为 1 426 篇，关键词检索结果为 93 篇(检索时间 2013 年 6 月)。各数据库中相关文献的逐年分布情况如图 4.5、图 4.6 所示。其中，数据库中收录最早的一篇期刊论文是 1979 年由范家骧发表在《经济科学》上的《西蒙等人的现代决策理论》一文，文中介绍了西蒙决策理论的产生背景及其主要观点，他的决策理论可以解决之前理论存在的弊端以及其决策理论在企业管理实践中的应用等。

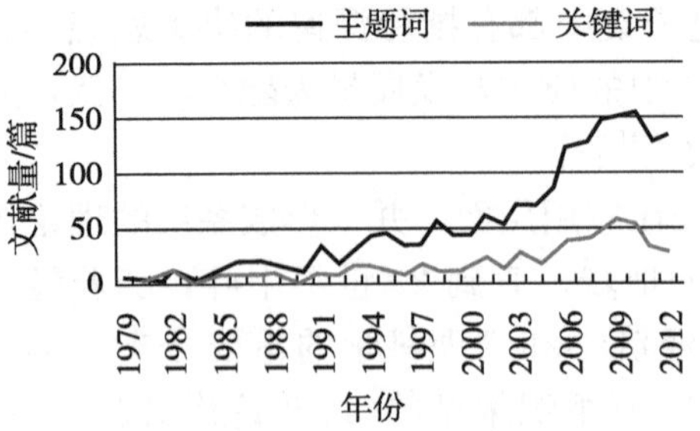

图 4.5　学术期刊(会议)文献量逐年分布

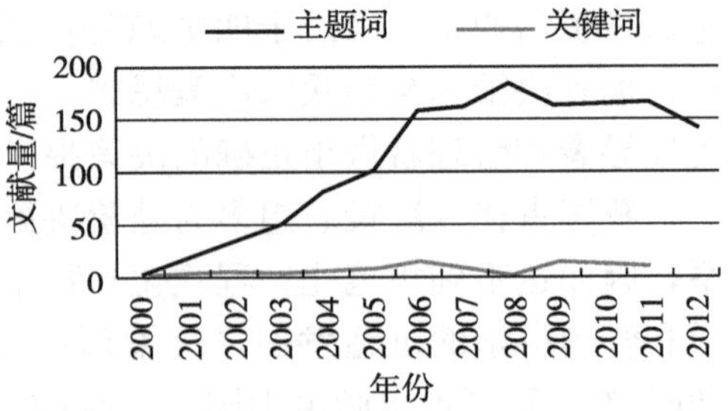

图 4.6　学位论文文献量逐年分布

从期刊(会议)学术论文发表的年度分布来看，从 20 世纪八九十年代开始，该领域研究的文献产出量基本平稳，处于对国外文献的翻译引进阶段，而 1998 年文献产出量出现了一次跃升。2003 年以后，有关决策理论研究的期刊(会议)文献量呈现出急剧增长的态势，到 2009 年达到一个增长的峰值，2009 年以后文献产出量稍有所下降。另外，从学位论文的分布情况来看，1995 年我国出现最早的以“决策理论”为研究主题的学位论文，系大连理工大学李登峰的博士学位论文——《复杂模糊系统多层次多目标多人决策理论模型方法与应用研究》。从 2000 年开始，学位论文数量增长迅速，在 2008 年以后趋于平缓。学位论文的数量逐年分布与期刊(会议)论文的分布态势具有相对的一致性。从我国期刊全文数据库中的有关决策理论研究的文献量的分布情况，按文献产出数量的分布可以大致划分出国内决策理论发展的三个阶段，即 20 世纪 80～90 年代为引进与传播时期；1998～2003 年为积累时期；2003 年以来为蓬勃发展的时期。

早在 1977 年，魏权龄就在《运筹学报》上发表了关于《多目标规划的稳定性》和《多目标最优化有效解的性质及其标量化》等研究的学术论文。2003 年，东南大学的徐泽水完成了博士学位论文《几类多属性决策方法研究》。1995 年，苏波、王浣尘分别在《决策与决策支持系统》和《管理科学与系统科学进展——全国青年管理科学与系统科学论文集》(第 3 卷)发表了《群决策研究评述》和《群决策系统分析》等文章，这些研究多是关于多属性和群决策理论的引进传播的研究。渐进决策理论在 20 世纪 90 年代才逐渐引起学者的关注研究，而在 2007 年检索到吴全胜、马敏发表在《科技信息》(科学教研)上有关《西蒙的有限理性研究综述》，至今有关有限决策理论的文献仅有 4 篇。21 世纪以后，国内大批学者对决策理论研究向多元化、多方面、多角度进行探究，不再只关注某一具体决策理论，而是向着大融合、综合性方向研究拓展。

有关决策理论方面的研究专著或教材，在国家图书馆检索到 270 本。20 世纪 80～90 年代，出版的书籍多达 80 余部。其中，陈珽于 1987 年在科学出版社出版的《决策分析》一书，是国内第一本系统介绍决策理论和方法的著作，对推动国内决策理论和方法的研究起到了不可估量的作用，并对日后其他决策理论的学习者和编撰者都有极大的影响；1993 年机械工业出版社出版了李怀祖著的《决策理论导引》一书；进入 21 世纪后，决策理论的专著或教材的出版高达 160 余部，而且这些书籍不再局限于研究相关的决策理论，而更多的是将理论与实际相结合，以案例的形式阐释决策理论的具体应用问题。如 2002 年华中科技大学出版社出版了邓聚龙的《灰预测与灰决策》一书就是关于不确定性决策的著作，这一理论是我国的邓聚龙教授首创。2004 年和 2005 年清华大学出版社出版了徐泽水的《不确定多属性决策方法及应用》、《多目标决策的理论与方法》两本专著，是关于多目标(多属性)决策理论与方法的著作。近年来，决策理论方面的书籍越来越多是注重于学习者在实践中的应用与创新方法方面。

4.4.2　决策理论在中国的蓬勃发展时期

决策理论已发展成为系统科学和现代管理科学的一个重要组成部分。当前国内对决策理论和实践的需求现状与其研究和发展的程度还是不相适应的，国内决策理论正处于不断的完善和蓬勃发展之中。

为进一步展现近年来国内决策理论研究的热点问题和前沿领域，对中国人文与社会科学文献总库中收录的 2008～2012 年决策理论文献数据，使用 CiteSpace 软件系统绘制文献信息可视化知识图谱。在关键词共现网络的基础上进行聚类分析如图 4.7 所示，按照聚类大小和研究的相关度，并结合 TF * IDF 算法抽取的聚类标识词，整理出国内决策理论的主要研究热点领域和研究热点领域的共现关键词，如表 4.4 所示。

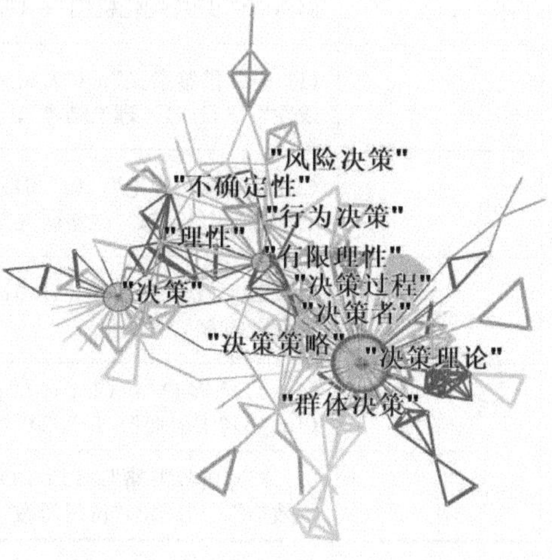

(a)

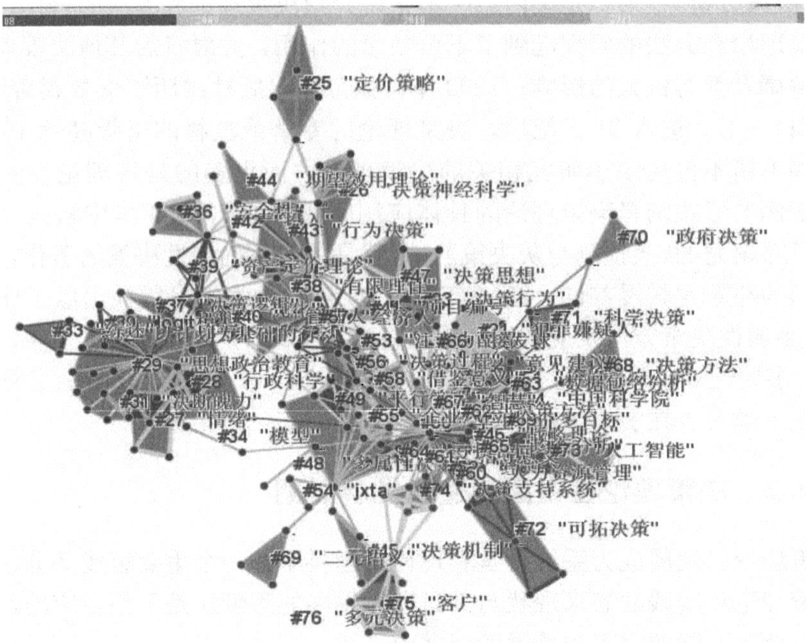

(b)

图 4.7 国内决策理论领域研究文献的关键词共现网络图谱(聚类图)(2008～2012 年)

表 4.4 国内决策理论领域研究热点领域和主题词列表(2008～2012 年)

年份	研究主题	聚类号	节点数	主题标识词(TF * IDF)
2012	政府决策	70	3	(11.52)"政府决策"；(9.37)"注意力"；(9.37)"机制"；(9.37)"优化机制"；(9.37)"控制"
	理性主义、有效性	58	3	(11.61)"借鉴意义"；(11.61)"理性主义"；(11.61)"有效性"；(11.61)"理论结晶"；(11.61)"科学理论"
	战略理论研究	46	3	(11.61)"战略理论"；(11.61)"经验研究"；(11.61)"核心问题"；(11.61)"战略研究"；(11.61)"研究者"
	教育决策	3	3	(11.61)"教学决策"；(11.61)"教师教育"；(9.37)"教师专业发展"
2011	供应链与框架及定价决策	75	5	(14.44)"客户"；(14.44)"成本"；(14.44)"关系"；(13.48)"供应商"；(13.2)"外包"
		25	5	(11.61)"定价策略"；(10.73)"框架效应"；(10.73)"框架效应"；(10.13)"价值函数"；(10.13)"展望理论"

续表

年份	研究主题	聚类号	节点数	主题标识词(TF * IDF)
2011	公共决策及技术影响因素	92	4	(10.73)“公共决策”；(10.73)“公共决策”；(9.37)“影响”；(9.37)“网络民意”；(9.37)“政府”
		22	4	(13.2)“意见建议”；(13.2)“月球表面”；(13.2)“机关干部”；(13.2)“技术因素”；(13.2)“难易程度”
		2	4	(13.2)“国际法律过程学派”；(13.2)“政策定向学派”；(13.2)“国际法学”；(11.61)“科学主义”
	自然决策理论与知识价值	80	3	(11.61)“知识价值”；(11.61)“自然决策理论”；(11.61)“多 agent 系统”；(11.61)“知识集成”；(11.61)“决策支持”
	决策理性与人工系统	77	3	(11.61)“计算实验”；(11.61)“人工系统”；(11.61)“石油化工”；(11.61)“应急救援决策支持系统”；(9.37)“ACP 理论”
		69	3	(10.13)“二元语义”；(9.37)“企业信用评估”；(9.37)“变权综合”；(8.18)二元语义
	决策理论与方法及影响因素	68	3	(11.52)“决策方法”；(9.37)“争议”；(2.2)“决策理论”；(2.2)“决策理论”
		49	3	(12.6)“平行管理”；(12.6)“仿真”；(11.61)“弹性学制”；(8.18)“优化”；(3.39)“决策理论”
		11	3	(11.61)“影响因素”；(10.13)“直觉决策”；(9.37)“企业高管”
2010	决策行为与行为经济学	23	7	(15.44)“决策行为”；(15.44)“决策行为”；(13.2)“行为金融学”；(13.2)“行为经济学”；(13.2)“地方综合性大学”
	决策过程与决策模式	56	6	(10.37)“决策过程”；(10.13)“决策模式”；(9.37)“领导干部”；(9.37)“一般规律”；(9.37)“领导决策”
	有限理性及其演进	38	6	(11.01)“有限理性”；(11.01)“有限理性”；(9.37)“演进”；(9.37)“后现代”；(9.37)“决策方式”
	决策支持系统及其环境	74	5	(11.51)“决策支持系统”；(10.13)“供应商”；(10.13)“宏观环境”；(10.13)“经营结果”；(10.13)“动态交互式”
	不确定性与安全性	36	5	(11.61)“安全性”；(11.61)“技术哲学”；(11.61)“科学事实总体”；(10.73)“不确定性”；(10.73)“不确定性”
		27	5	(12.32)“情绪”；(11.51)“情绪”；(10.13)“冒险性”；(10.13)“通牒游戏”；(10.13)“人格”

续表

年份	研究主题	聚类号	节点数	主题标识词(TF * IDF)
2010	决策思想经验决策	47	4	(13.2)“决策思想”;(11.61)“宏观管理技术”;(11.61)“经验决策”;(11.61)“决策科学”;(11.61)“决策思想”
	决策机制与群体决策	45	4	(11.52)“决策机制”;(8.18)“独裁”;(8.18)“上市公司”;(5.71)“群体决策”;(5.71)“群体决策”
2009	多元决策与批判思维	76	27	(9.37)“多元决策”;(9.37)“利益集团”;(6.96)“渐进决策”;(6.96)“渐进决策”
		29	12	(11.61)“思想政治教育”;(11.61)“思想政治教育”;(10.45)“决策”;(10.33)“决策”;(9.37)“陆军作战”
	群体决策评价方法	55	10	(13.2)“企业风险”;(13.2)“决策风险”;(13.2)“极化效应”;(13.2)“心智模式”;(13.2)“决策环境”
	决策理论	62	9	(8.18)“决策方法”;(5.96)“决策者”;(5.96)“决策过程”;(5.94)“有限理性”;(5.94)“有限理性”
	决策信息收集	21	9	(17.69)“犯罪嫌疑人”;(17.69)“侦查人员”;(17.69)“侦查活动”;(17.69)“决策信息”;(17.69)“侦查学”
	含糊决策与决策神经科学	26	5	(16.3)“决策神经科学”;(16.3)“决策神经科学”;(16.3)“含糊决策”;(13.2)“事件相关电位”;(13.2)“神经经济学”
	灰色决策与参与决策者	93	4	(14.44)“灰色局势决策”;(14.44)“灰色局势决策”;(11.61)“三大经济区”;(11.61)“辽宁省”;(9.37)“火力计划方案”
		14	4	(13.2)“参会决策”;(13.2)“参会者”;(13.2)“协会”;(11.61)“会议旅游”
2008	多属性决策	73	9	(17.69)“人工智能”;(17.04)“区间数”;(17.04)“区间数”;(15.45)“相似度计算”;(15.45)“偏序集”
		72	6	(16.3)“可拓决策”;(13.2)“数学模型”;(13.2)“武器装备”;(13.2)“一致性检验”;(13.2)“关联函数”
	行为与规范化的决策及其西蒙的观点	43	5	(9.83)“行为决策”;(9.37)“博弈论”;(9.37)“规范化决策”;(9.37)“博弈论”;(9.37)“组织生态”
	商业与个人伦理道德的差异	28	5	(11.61)“行政科学”;(11.61)“逻辑实证主义”;(10.13)“行为主义”;(9.62)“西蒙”;(9.62)“西蒙”
		9	5	(14.44)“伦理决策”;(14.44)“伦理决策”;(11.61)“商业伦理”;(9.37)“个体差异”;(9.37)“利益平衡”
	管理人的理性决策与创新研究群	40	4	(9.37)“管理人”;(9.37)“经济人”;(9.26)“领导”;(9.19)“理性”;(8.81)“理性”

续表

年份	研究主题	聚类号	节点数	主题标识词(TF * IDF)
2008	多属性决策经纪人的科学策与理性决策	24	4	(13.2)"中国科学院";(13.2)"创新研究群体";(13.2)"研究领域";(13.2)"基金项目";(13.2)"管理问题"
		71	3	(9.26)"科学决策";(9.26)"科学决策";(8.18)"决策科学化"
	决策逻辑的发展	57	3	(9.37)"经济人";(9.37)"经济人";(9.26)"完全理性";(8.18)"理性决策";(7.47)"生态理性"
		37	3	(11.61)"决策逻辑";(9.37)"现状";(9.37)"历史";(9.37)"未来";(4.38)"决策"

从关键词共现网络图谱和研究主题词的分布来看，近年来我国决策理论的研究热点主要集中在多元决策、科学决策、政府决策、决策思想、决策方法、多属性决策、决策支持系统、决策过程、人力资源管理决策、有限理性、行为决策、群体决策、决策分析、决策行为等方面。

2008年，决策理论研究在我国主要侧重于多属性决策、科学决策和决策逻辑的发展等为核心的研究。2009年则侧重于多元决策、群决策、灰色决策等为核心的研究。2010年开始出现以决策行为、决策过程、决策方法及有限理性等为核心的研究。2011年是以决策理性、决策、公共决策的研究为主。2012年以来，大多是转向了企业与政府部门的决策研究及教育领域的决策研究。随着决策科学研究的发展，近年来我国决策科学研究获得各类科研基金资助情况良好。以国家自然科学基金为例，把"决策"作为项目主题词，自1999～2012年受资助的项目多达900项，研究主要集中在复杂系统决策、不确定性决策、模糊决策、粗糙决策、灰决策、行为决策等决策理论、供应链、金融方法、技术与应用领域(军事应急系统等)[29]。

4.4.3 国内决策理论的融合发展态势

随着科学技术的不断进步和经济的快速发展，社会生活也越来越向着信息化、智能化方向发展，人类面临着越来越复杂的系统组织管理、协调、规划、预测和控制等重大决策问题[31]。

决策过程是从研究组织的内外部环境开始，确定组织目标、设计各种可行方案以达到计划目标，比较和评估这些方案，从中挑选最佳方案来实施决策，并进行追踪检查和监控，以确保预定目标的实现[32]。决策科学在现代化的建设实践中起着极为关键的作用，决策科学应用于实践并指导实践。决策在应用过程中所出现的新问题、新需求又推动了决策科学的发展。在复杂的宏观决策环境中，由于决策者所面临的问题的复杂性、信息的不完备以及自身认识的局限性等因素的存在，决策思维就会很片面，难免会有决策失误，就可能会给国家、部门和具体企业的经济和管理实践带来巨大的影响和风险。因此，在解决现实的实际问题时，应将我国古代的经典决策理论思想与现代决策科学融合起来，以发展和构建适合我国国情的决策理论体系。在制定宏观管理决策时，应以包容性增长等为基准，在决策实践中，充分运用融合后的规范、科学的决策理论与方法以及先进可信的辅助决策技术，不断提高我国的宏观管理技术水平。

4.5 本章小结

本章论述了决策理论的创生过程，使用 Web of Science 检索得到的 4 235 篇决策研究领域相关的科学文献，应用 CiteSpace 软件得出的文献共被引网络图谱，分析了 20 世纪下半叶以来，决策研究领域理论的发展脉络；并通过对 2005～2010 年决策理论研究的科学文献的聚类分析，讨论了近年来决策理论研究的前沿问题。通过对中国知网检索平台的多个相关数据库等检索文献进行计量和可视化分析，揭示了决策理论在我国的演进发展和近年来的研究热点问题。

西蒙提出的有限理性理论标志着决策理论的创生。决策理论自创生以来，发展迅速，形成了以有限理性为代表理论，渐进决策理论、群决策理论、前景理论、快速战略决策理论、多目标决策理论、冲突分析理论等分支理论共同发展的局面，与这些理论相对应的决策分析方法也在快速发展。随着心理学、计算机科学被引入决策的研究中，决策理论与决策分析方法日趋成熟完善，决策成为管理实践活动中必不可少的重要环节，推动了人类管理实践活动的科学发展。

参考文献

[1] 顾平安．从经验决策到科学决策[J]．新东方，2003，(Z2)：63～66.

[2] Gulick L H，Urwick L F. Papers on the Science of Administration[C]. New York：Institute of Public Administration，1937.

[3] 切斯特·巴纳德．经理人员的职能[M]．王永贵译．北京：机械工业出版社，2007.

[4] Simon H A. 管理行为[M]．詹正茂译．北京：机械工业出版社，2004.

[5] March J G，Simon H A. 组织[M]．邵冲译．北京：机械工业出版社，2008.

[6] Cyert R M，March J G. 企业行为理论[M]．李强译．北京：中国人民大学出版社，2008.

[7] Vroom V H. Leadership and Decision-Making[M]. Pittsburgh：University of Pittsburgh Press，1973.

[8] Cohen M D，March J G，Olsen J P. A garbage can model of organizational choice[J]. Administrative Science Quarterly，1972，(17)：1～25.

[9] Lindblom C E，渐进调试的科学[J]．邹建锋，王东译．中共天津市委党校学报，2011，(2)：72～92.

[10] 丁煌．林德布洛姆的渐进决策理论[J]．国际技术经济研究，1999，2(3)：20～27.

[11] 刘艳．浅析决策逻辑悖论[D]．燕山大学硕士学位论文，2009.
[12] Kahneman D，Tversky A. Prospect theory：an analysis of decision under risk[J]．The Econometric Society，1979，(47)：263～292.
[13] Tversky A，Kahneman D. The framing of decisions and the psychology of choice [J]．Science，1981，(211)：453～458.
[14] 黄深泽．群决策理论和方法中若干问题的研究[D]．西南交通大学硕士学位，2002.
[15] Zadeh L A. Fuzzy sets[J]. Information and Control，1965，8(3)：338～353.
[16] Janis I L. Victims of Groupthink：A Psychological Study of Foreign-Policy Decisions and Fiascoes[M]．Oxford：Houghton Mifflin，1972.
[17] Desanctis G，Gallupe R B. A foundation for the study of group decision support systems [J]．Management Science，1987，33(5)：589～609.
[18] 王海霞．基于 Vague 集的模糊多属性决策方法的研究及应用[D]．浙江理工大学硕士学位论文，2011.
[19] 陈秉正，岑元．多目标决策综述[A]．载：全国青年管理科学与系统科学研讨会．管理科学与系统科学进展——全国青年管理科学与系统科学论文集(第 3 卷)[C]．上海：上海交通大学出版社，1995.
[20] 毕文杰．基于粗糙集与贝叶斯理论的不确定信息群决策方法研究[D]．中南大学硕士学位论文，2008.
[21] 储萍．多属性决策若干方法研究[D]．浙江工商大学硕士学位论文，2007.
[22] 郭立新，李前兵．企业战略决策速度理论研究述评[J]．商场现代化，2010，(18)：20～22.
[23] 覃晋．决策速度研究综述[J]．经营管理者，2012，(2)：150.
[24] 张建林．快速战略决策的理论与方法研究[D]．华中科技大学博士学位论文，2006.
[25] Eisenhardt K M，Bourgeois L J. Politics of strategic decision making in high-velocity environments：toward a midrange theory[J]. The Academy of Management Journal，1988，31 (4)：737～770.
[26] Jehn K A. A multimethod examination of the benefits and detriments of intragroup conflict [J]. Administrative Science Quarterly，1995，40(2)：256～282.
[27] 孟波，凌文，王浣尘．用于冲突分析的决策理论与方法[J]．决策借鉴，1993，(4)：35～37.
[28] Hambrick D C，Mason P A. Upper echelons：the organization as a reflection of its top managers[J]. The Academy of Management Review，1984，9(2)：193～206.
[29] 黄孝鹏，龚亲华，李振宇，等．中国古代决策思想与现代决策科学的融合与发展[A]．载：安徽省管子研究会．安徽省管子研究会 2011 年年会暨全国第六届管子学术研讨会交流论文集[C]，2011.
[30] 岳超源．决策理论[M]．北京：科学出版社，2003.
[31] 黄明知，张守凤，江涛．决策理论的发展演变及新动向[J]．统计与决策，2003，(6)：42～43.
[32] 李亚荣．东西方决策理论比较分析[J]．经济论坛，2010，(7)：6～70.

第 5 章

组织理论的演进与研究前沿

组织理论是工商管理知识体系的核心基础理论之一，有关它的研究和演进是与社会进步和管理实践的发展密不可分的。组织及其管理实践自古有之，对组织理论的系统研究一般认为源于 20 世纪初期。组织理论是交叉性较强的学科知识领域，涉及行政学、政治学、社会学、人类学、心理学、经济学等学科知识。本章在介绍组织和组织理论的基础上，系统分析了组织理论形成发展的历程和主要的历史流派。组织理论的发展主要经历了古典组织理论阶段、行为科学组织理论阶段、系统组织理论阶段和现代组织理论阶段四个发展时期。本章通过国际权威期刊的组织理论相关研究文献，借助 CiteSpace 信息可视化软件，客观、真实地展现 1990 年以来组织理论研究领域的核心研究机构和研究者，探测国际上组织理论最新研究主题的分布及演进，梳理组织理论的研究热点和前沿；同时使用知识计量和信息可视化方法分析了我国组织理论研究的热点主题。

5.1 组织与组织理论

5.1.1 组织

组织与人类社会的发展密不可分，是人类社会活动不可分离的载体。在西方，早在古希腊和古罗马帝国时期，古代城市国家就创建了政治、商业和军事活动的各种组织。组织是一切管理的载体，管理不过是组织维持其存在和发展的方式。凡有管理的地方，必有组织，不存在没有组织的管理；同样，凡有组织，必需要管理，也不存在没有管理的组织。

在汉语中，“组织”一词最初的意思是用丝麻制成各布帛。“组”字最早见于《诗经·鄘风》中“素丝组之，良马五之”。这里的“组”就是把丝带编结起来的意思。“织”是制作布帛的总称。《庄子·盗跖(zhi)》中讲：“耕而食，织而衣。”《礼记・内则》把“组”与“织”两字连起来使用，有“织纴组紃”之说。可见，古人将“组织”一词的最初本意当成纺织。其中，组是编织的意思，织泛指织物。后来，人们又加以引申，将“组织”的含义扩展为组合的过程或经组合而形成的整体[1]。

在英语中，历史最悠久、应用最广泛的两个译作“组织”的英文单词是“tissue”和“organization”。前者源自法语，原意为“编织物”，法国学者比沙(Bichat)在 1801 年发表的《膜的研究》一文中，首次提出“组织”(tissue)的概念，将其引入英文中。现在，“tissue”被广泛认同的含义是其在医学中的定义，即“由许多形态和功能相同的细胞核、细胞间质组成，众多细胞由细胞间质组合在一起构成细胞群体”。以一种组织为主体，几种组织有机地结合在一起，形成具有一定形态、结构和功能的器官(organ)。之后，“organ”派生得到“organization”一词。1873 年，英国哲学家赫伯特・斯宾塞(Herbert Spencer)首次将组织(organization)引入社会科学，并将其看做是经过组合的系统。其后，经济学、管理学也逐渐引入了这一概念。现在同被译为“组织”的“tissue”和“organization”有着不同的分工——前者多用于医学，指微观层面的细胞群；后者保留了其生物学上较为宏观的有机体、生物体之意，并且更多地指向社会学(或管理学)中的“人们为实现一定的目标，互相协作结合而成的集体或团体”[1]。

对于组织的定义，不同学者给出了不同的结论。被普遍认可并应用的主要有以下几个结论：

(1)格罗斯(E. Gross)与埃策尼(A. Etizioni)认为：组织，是人类为了达到某些共同的目标而特意建构的社会单元，企业公司、军队、学校、教会、监狱等都是组织。那些自然形成的群体，如部落、阶级、宗教团体以及家庭，则不包括在内。

(2)卡斯特(F. E. Kast)与罗森茨韦克(J. E. Rosenzweig)认为：组织是有目标，有结构的活动整体，是在特定关系模式中一起工作的人群，群体中相互作用的人群构成其心理系统，运用知识和技能的人群构成其技术系统。

(3)达夫特认为：组织是这样一个社会实体，它具有明确的目标导向和精心设计的结构与有意识协调的活动系统，同时又同外部环境保持密切的联系。

总之，组织是由人及其相互之间的关系构成的，当人们之间相互作用以完成实现目标的活动时，组织就存在了[2]。因此，我们可以总结出组织所具备的基本条件是：首先，组织是由相互作用的个人或团体组成；其次，组织是有边界的，并与周围社会环境发生作用；再次，组织具有明确的共同目标；最后，组织通过一定的职权关系形成了较稳定的内部结构[3]。

5.1.2　组织理论

随着组织实践的不断发展，研究者对组织的认识也不断深化，而对组织进行系统研究却是从20世纪中期才开始。1937年，美国行政学家古立克和英国学者厄威克共同发表的《组织理论概述》一文，提出“组织理论”这一概念，但并没有深刻系统地论述。之后，对组织理论问题的讨论日益增多，相关的论文、科研报告和著作也日渐增多，组织理论逐渐建立起来。许多学者从不同角度对组织理论的概念进行了界定[3]。

《布莱克韦尔组织行为学百科辞典》中对组织理论的定义是，“一系列试图解释组织结构和操作过程的多样性的学术观点，它的分析单元是组织本身或组织的亚单元，而非个体……这些学术观点既包括实证研究，也包括管理问题与理论的说明性分析……组织理论并不是事实的汇集，而是对组织的一种思考和思维方式，提供了一种比其他方式更准确并且深入地考察和分析组织的方法。这种方法建立在对组织设计和行为的类型及规律的认识的基础上”[4]。

卡斯特和罗森茨韦克认为：“组织理论是一门知识，它包括一些假设和前提，这门知识来源于被称为组织科学的这门明确的学科的研究。”

英国学者德里克·皮尤(Derek S. Pugh)从组织的角度给出组织理论的定义：组织理论可以界定为研究组织的结构、职能和运转及组织中群体行为和个人行为的知识体系。

国内学者朱国云对这一定义进行了完善，提出组织理论就是研究和解释组织的结构、职能和运转及组织中群体行为与个人行为等现象，并指出了其中规律的理论和知识体系。

5.2 组织理论的创生与发展

5.2.1 组织理论研究的起源

最早的组织理论可以追溯到古典经济学劳动分工论。1776年，亚当·斯密分析了劳动分工对生产率和经济成长的影响，认为“劳动分工由市场化程度决定”。1833年，查利斯·巴比吉(Charles Babic)提出，劳动分工使企业各项功能相互区别并走向专业化，进而提高了生产效率。马克思也认为，生产力的发展产生了分工，有分工就有协作，企业是协作劳动的组织形式[5]。马歇尔在1890年出版的《经济学原理》一书中，第一次把组织作为与土地、劳动和资本并列的生产要素。他主要从亚当·斯密的分工理论与专业化角度来阐明工业组织。他所论及的工业组织主要是同一产业内的企业组织[6]。但将组织作为生产基本要素的主张并没有被当时的经济学界所认同，组织更多地仍被作为给定的对象进行研究。之后，科斯又从契约网络的经济视角来阐释组织，但仍未将组织作为社会实体去研究[7]。总之，20 世纪以前，人们对组织理论的研究主要是立足于经济学理论的效率和利益进行分析。

20 世纪初，随着工厂制度的快速发展，管理学作为一门新兴学科出现并迅速发展，使得组织理论成为其中一个十分重要的研究领域。严格地说，传统组织理论是从科学管理理论开始的，以 20 世纪初美国"管理科学之父"泰勒为发端。他通过对工作过程的解剖及操作程序的"科学化"，奠定了科学管理理论的基础。同一时期的法约尔，将组织看做是管理的一种职能，界定出管理的 5 种基本职能——计划、组织、指挥、协调和控制，并由此引申出管理原则的 14 条法则。这一时期的管理理论中，组织仅被看做管理过程的一个环节或管理的一种职能。

1947 年，韦伯首次提出应该将组织作为一个实体概念来研究，并构建了影响深远的科层制组织理论。这是首次建立在法规和理性基础上以有效解决组织内部协调和效率问题为目的的组织管理探索。韦伯提出，实现科层制组织的内部协调并不是以个人权威为基础的，而是以法规和理性为基础的，这意味着被协调者同意服从是因为上级拥有正式职位的权力，并具备相应的专长和能力。有些观点认为，韦伯的科层制组织理论是最早、最有代表性的组织理论，因此韦伯被后人称为"组织理论之父"。

5.2.2　组织理论的形成

以巴纳德的《经理人员的职能》的出版问世为标志，组织理论的研究进入系统化探索阶段，以组织理论为主题的论文、科研报告和著作迅速增多，形成了大量的组织管理理论。巴纳德在《经理人员的职能》中，运用了社会系统方法，重点集中在影响组织管理工作的主要因素方面，包含着对于决策和领导的独到见解。接着，西蒙出版了《管理决策的新科学》，沃伦·本尼斯(Warren G. Bennis)出版了《组织发展与官制体制的命运》，卡斯特与罗森茨韦克出版了《组织与管理：系统与权变的观念》。在组织理论的形成过程中，以古典组织理论和组织行为学为基础，多角度、多学派的理论思想相继出现，包括社会系统学派、决策理论学派、系统管理学派、经验主义学派、权变理论学派、社会技术系统学派、经理角色学派和经营管理学派等。这些理论在古典组织理论的基础上，把组织理论发展到了相对成熟的形态[1]。

与泰勒和法约尔重视组织中的管理与决策，韦伯侧重组织结构不同的是，这个时期的组织研究中，将管理与组织的关系进行了变换——管理被视为组织的一种职能或一种手段，而管理是以组织为基础的。因此，组织概念的外延被极大地扩展了，组织理论的内涵日趋丰富。卡斯特和罗森茨韦克明确表示："管理是以组织为操作平台的，它是组织中协调各种活动及关系，并使之与环境相适应的主要力量。换言之，管理者将组织中的人、机器、材料、金钱、时间、场地等各种资源协调起来，使之与组织的环境相适应，从而实现组织的目标。”[8]

发生这种关系转换的动因，究其根本是源于20世纪以来社会组织的广泛性和重要性的日益显现，并最终引起理论界和实践界的广泛关注。组织成为管理的核心，没有组织就没有管理，一切管理理论都以组织理论为基础，从而使组织理论不断丰富和发展起来，并延伸出组织管理学、组织社会学、组织经济学、组织行为学、组织政治学、组织生态学等分支学科。

5.2.3 组织理论的发展

进入20世纪80年代以来，信息技术得到飞速发展，成为经济发展的重要推动力量。虽然组织理论各流派的观点不一，但总体来说，组织理论的发展是一个连续的过程，人们对组织的认识在逐步深化，组织理论体系逐渐丰富、全面、系统，这对我们把握组织本质和活动规律具有重要的指导意义。

在前期的组织理论研究中，研究重点都放在了管理对象上，忽视了对管理者的研究，并且组织被视为一个封闭的系统，没有考虑环境对组织的影响，不能全面透彻地研究组织理论的全貌。随着科学技术的蓬勃发展和生产的社会化程度日益提高，一种以系统论为基础的组织理论应运而生。20世纪中期以后的研究，把组织看成一个开放的系统，不仅从组织内部来分析组织各分系统的特点及其相互关系，而且将着眼点由组织内部转移到外部环境，从组织与外部环境的相互作用关系角度进行研究[9]。

随着知识经济时代的来临，互联网的发展和新经济的兴起，为组织研究带来了新的机遇与挑战，催生了企业组织结构和经营模式的重大变革。正如查尔斯·萨维奇所指出的，对于组织理论而言，我们所面临的是工业发展的第三个阶段，即知识经济时代。信息技术和互联网的发展为已经成熟的全球化工厂和市场注入了一些新的变量，这些变量的影响就是今天发生在我们身边各种变化的主要原因之一，也是工厂化模式进入人类生活以来所面临的最严峻挑战，即“斯密—泰勒—法约尔瓶颈”[10]。

这种影响的一个重要体现就是组织概念和边界正变得日益模糊，组织与组织、组织与市场、组织与环境之间的关系更加复杂。针对这种情况，有关组织理论多元化的研究陆续展开：迈克尔·汉南(Michael T. Hannan)和约翰·弗里曼(John Freeman)通过将种群生态和制度理论相结合来讨论组织群体行为；罗伯特·寇尔(Robert E. Cole)以影响不同社会背景下参与性全体实践活动的持续性变量为讨论目标，尝试把新制度主义理论和网络理论结合起来[11]。作为一种内涵丰富、与实践紧密相连的理论体系，组织理论研究和应用的范围在不断突破企业管理的狭隘界限而变得更加深入与广泛。

5.3　组织理论的历史流派

要对现代管理有所认识，就必须研究组织理论。组织理论作为对组织的本质及其运行规律加以科学概括的知识体系，经历了从产生、发展到逐步完善的过程。目前组织理论仍处于不断发展之中。梳理组织理论发展脉络的方法之一是研究其演化历史进程中所产生的诸多学术派别。首先应弄清楚组织理论发展的不同阶段或典型时期，找出每个时期的一些主要流派；然后再从对各流派思想的研究中，整体把握组织理论的发展演进情况。

对于组织理论发展历史的分段，不同学者有不同的观点。本书支持将组织理论分为四个发展阶段，即古典组织理论阶段、行为科学组织理论阶段、系统组织理论阶段和现代组织理论阶段。这种划分在时间顺序上比较清楚，每个阶段的研究都有不同的侧重点，内容上也有所区别，既能顾及内容的前后推演，又能以一个个流派为标记，纵观西方组织理论研究所走过的路程。

以泰勒、法约尔、韦伯为代表的管理学对组织问题的研究，称为古典组织理论时期；以梅奥、马斯洛、利克特(Rensis Likert)、麦格雷戈、弗雷德里克·赫茨伯格(Fredrick Herzberg)等为代表的重视组织中社会、心理系统及人的行为因素的研究，称为行为科学组织理论时期；以巴纳德的《经理人员的职能》和西蒙的《管理决策的新科学》的出版问世为分界线，现代组织理论研究时期正式到来。这一时期的思想受环境快速变化的影响，呈现多元化发展趋势，既有西蒙开辟的决策理论，也有以卡斯特和罗森茨韦克为代表的组织权变理论，还有组织文化理论、组织生态理论等，可谓是“百花齐放、百家争鸣”。

5.3.1　古典组织理论

20 世纪的前 30 年是人类社会现代化进程加快发展的阶段，人类进入快速工业化发展时期。工业生产规模的扩大，导致无数小工厂因激烈竞争而破产，取而代之的是一个个大型企业。而大型企业的发展也并不是一帆风顺的，组织中不断出现劳资冲突加剧、管理混乱无序、生产效率低下等问题。同时，随着自由竞争向垄断的过渡，政府对工业和市场的宏观调控职能进一步强化。国家在社会生活中的工业组织与行政组织的角色变化引起了一批在企业与行政机关担任管理工作的专家、学者的注意，他们开始有意识地思考组织问题[1]。

古典组织理论是从 19 世纪末到 20 世纪 30 年代，以一种静态—结构—制度的观点来研究组织。它涉及整个组织的结构、分工、层次、责任、制度和职权等问题，注重制度而轻视个人，强调结构分工而忽视人际关系，把组织视为一个技术经济系统，认为组织目标是如何以最小成本换取最大收益[12]。古典组织理论的代表有泰勒的科学管理理论、法约尔的行政管理理论及韦伯的行政组织理论。

1. 科学管理理论

泰勒是第一次工业革命以后第一个从工作环节系统研究管理效率的学者。1898 年，泰勒开展了一系列著名的科学实验，如搬铁块实验、铁锹实验和金属切削实验等，试图寻找影响工人劳动生产率的因素。1911 年，泰勒在对上述实验总结归纳的基础上，著名的《科学管理原理》一书问世了。在书中，泰勒总结了科学管理的原理，提出了标准化原理、工作定额原理、选拔员工并定期培训、管理者与员工经久性合作、计件工资制、工艺流程标准化等理论思想。在泰勒的推动下，美国开展了科学管理运动。他的研究也因后人的延续研究而一直流传至今，如吉尔布雷斯夫妇(Frank Bunker Gilbreth，Frank Lilian Gilbreth)、亨利·甘特(Henry L. Gantt)、O. 吉弗·哈里斯(O. Jeff Harris)和亨利·福特(Henry Ford)等，都为科学管理理论的发展做出了重要贡献。

泰勒研究科学管理是基于一个基本思想——劳动生产率的提高，与其说是依赖于人的因素，不如说是依赖于管理体制。在旧式的松散管理体制下，生产效率低下；而在科学管理体制下，生产效率才能提高。通过一系列的实验，泰勒发现每一工种都有最优化的动作和最节省的作业时间，每个工人在规定的时间内应该可以完成一定的任务，每一岗位的作业时间与任务量就是它的职能。因此，以泰勒为代表的科学管理理论学派主张实行职能管理制，强调组织分工，使组织的职能向任务单一化方向发展。在泰勒的倡导下，组织为了实现更高的效率，将各管理人员的工作限定在执行单一的、主要的管理职能上，不仅要单独设置职能管理机构，还要在职能管理机构内部的各项管理职能之间实行专业化和标准化的分工，使所有的职能人员只承担 1～2 项管理职能[9]。

科学管理理论的另外一个重要思想就是“权力下放的例外原则”，认为上下级之间应该实行合理分工，上级把一般性的日常事物授权给下级管理人员去处理，只保留例外特殊管理事物的决策权和对下级工作的监督权。因此，效率的关键在于管理者，对于整个组织而言，有效工作方式的设计与贯彻是管理者的责任，工人只是执行者[13]。

从组织理论发展的意义上看，泰勒的贡献在于一方面把管理从作业中分离出来，强调监督的重要性；另一方面，在组织中引入了客观测量机制，并相信无论是作业者还是管理者，都会在客观测量面前达成共识，并因此获得组织的效率[13]。直到现在，科学管理的思想仍然发挥着巨大作用。很多现代管理思想和提高效率的方法都是以科学管理的思想作为基础的。当然，科学管理思想仍存在很多局限性，如过于重视作业管理，以经济人的人性假设进行管理，忽略了人的心理与行为受其他因素影响的情况。在对泰勒思想所存在的缺陷进行不断研究和突破的过程中，行为科学和现代组织理论才逐渐建立起来。

2. 行政管理理论

行政管理理论学派的代表人物是与泰勒同一时代的法国管理学家与管理实践者——法约尔。在泰勒忙于动作分解和作业实验时，法约尔还在井下指导挖煤。经过 30 年的管理实践工作，法约尔从一个工程师成长为公司的负责人，并形成了他称之为"行政理论"的组织管理理论。

1919 年，法约尔出版了《工业管理和一般管理》一书，该书阐述了法约尔对组织理论发展的贡献，一般称之为组织过程理论，包含社会组织理论、组织因素理论、组织职能理论、组织管理原则等诸多理论。法约尔对管理活动的重要贡献之一，就是提出了管理具有的五项基本职能，分别是：计划，为最高管理阶层的主要责任；组织，是根据所订立的目标，诠释企业的结构，使之成为达到目标的工具和行动的准则；指挥，是一种建立在职位和权威基础上的工作方法，它设法让每个人都能履行自己的职能；协调，调和所有的活动及力量，这是管理过程的核心；控制，使所有的活动都按照规定的标准和下达的命令来进行。在这里，虽然法约尔把"组织"当做了一项职能要素，但实际上他是将其当做了一项基本的管理活动。

围绕五项基本职能，法约尔还阐述了 14 条一般管理原则，内容包括劳动分工原则、权力与责任原则、纪律原则、统一指挥原则、统一领导原则、个人利益服从整体利益的原则、人员的报酬原则、集中的原则、等级制度原则、秩序原则、公平原则、人员的稳定原则、首创原则、人员的团结原则。法约尔强调分工、权责、统一指挥和层级制度以及其中的例外，如为了提高办事效率，可以绕过层次管理途径而在部门之间建立解决问题的直接联系渠道。同时他又提出了直线—职能制的组织模式，设计了一种为解决上下级之间跨越统一的指挥链而进行直接联系的组织形式，即"法约尔跳板"[9]。

法约尔对组织理论的发展起着承上启下的作用：一方面，他在组织研究方面继承和发展了泰勒的很多思想。例如，他提出的"跳板"原则，其实是泰勒"例外原则"的深化。另一方面，他将管理与组织相结合，提出"组织与管理有着同样的含义，组织的目的是实现计划、组织、调节、控制"，这与现代组织理论的见解基本相通。然而，由于缺乏对于管理原则适应性的检验和系统的归纳，行政管理理论本身存在着明显的问题和不足。这在后期西蒙的研究中被指出，西蒙发现许多成对出现的管理原则本身是相互矛盾的，而其他的原则要么缺乏具体性，要么仅仅揭示出"一个简单化的、掩盖其根本性质的虚假原则"[1]。无论如何，法约尔对于组织管理理论的突出贡献是不容忽视的，他是公认的现代管理学主要奠基人之一。

3. 科层制理论

马克斯·韦伯提出的科层制理论奠定了组织理论的基础，对整个 20 世纪乃至更久远的未来产生了深刻影响。在韦伯一生的学术探索中，他致力于解释工业社会的特质。在《经济与社会》和《社会组织与经济组织理论》两部著作中，韦伯比较系统地阐述了人们称之为"理想科层制"的组织理论。

韦伯认为工业化的首要特点就是走向"理性"的社会和经济过程，"理性化"使得权威的产生发生了改变，由早期的来自于个人魅力和传统社会结构转化为来自于非人格化和脱离传统。韦伯所提出的"理性"精神主要体现在两个方面：首先是秩序化价值。韦伯认为，前现代的官僚主义都可视为非理性的统治方式，而科层制能够"成功地从解决职务上的事务中，排除一切爱憎和一切纯粹个人的、从根本上说一切非理性的、不可预计性的感觉因素"。其次是注重形式的合理性。所谓形式的合理性，是指在统治关系中行为方式倾向于手段和程序等方面，并尽可能地加以量化，从而使行动本身及其结果可以被衡量[14]。在韦伯看来，组织理性和技术理性是可以相提并论的，共同的目标都是提高效率，他启发了后来者从组织的技术层面寻求效率，并因此产生了一批从组织结构、分工、职责等角度进行探讨的研究成果[13]。

科层制组织理论的重要贡献可以概括为四个方面：第一，为了保证组织秩序并实现组织目标，任何组织都必须以某种形式的权力作为基础。而且，韦伯提出，只有组织公认的法定权力才能作为行政组织体系的基础，其最根本的特征在于它提供了慎重的公正。第二，组织内的各种职务和岗位要按照职权等级来组织，形成一个逐级分层指挥系统。顶端是主要负责人，主要职能是决策；中间层是一般管理人员，主要职能是执行主要负责人做出的决策；底部是业务人员，主要职能是从事具体的业务工作。第三，组织内人员的任用需要通过正式考试或培训，使人员具备胜任职务的要求，而不是凭"世袭"地位或人事关系。第四，组织内每个人都必须严格遵守规章和纪律，任何人没有例外[1]。

韦伯的科层制组织理论在当时具有相当的先进性。然而，限于那个时期的社会文化和历史条件，科层制组织理论提出后并没有受到应有的重视。20 世纪中期以后，随着生产力的快速发展，组织规模不断扩大，社会组织日益复杂，人们才开始注重科层制组织理论对于组织管理的重要价值。很长一段时间里，科层制成为人类社会中一种占支配地位的组织形态，并以形式合理性和技术化的设计在西方社会取得了极大的成功。然而，科层制理论也存在着先天的不足，因为很大程度上，韦伯构建的是一种理想化或纯理论性的组织制度，有很多难以实现的条件，尤其是随着社会环境的变化，在科层制的严格控制下会产生哪些方面的问题，在科层制理论中都没有论及。后期很多崭新的组织理论都是以科层制理论为基础，在对其不断改革与发展中探索而来。

综观古典组织理论可以发现，泰勒的科学管理理论是立足于基层管理者的角度探讨适合于企业日常生产的组织管理模式；而法约尔是立足于公司全局的角度对企业全部活动进行组织设计；韦伯是从技术层面设计一种普适的理想组织模式。对古典组织理论进行系统化发展的古立克和厄威克等，在泰勒和韦伯的组织理论基础上，又提出了著名的“管理七职能论”和组织理论的八条原则。他们的理论标志着“古典管理组织理论”体系的形成。

古典组织理论构造了集权型层级制的组织结构，这种组织结构的表现形式适应了社会生产体制由作坊式小生产向工厂化、社会化大生产的转变，促进了组织效率的提高和生产力的发展。古典组织结构理论在遵循科学和理性的前提下，用准确性、严格性和普遍性来解释组织结构的变化原因，理论的重点放在组织管理的基本原则的概括和分析上。他们的理论见解不仅在当时起到过重要作用，而且对以后组织理论的发展也具有深远影响。

但是，由于受时代和阶级利益的限制，古典组织理论研究也有明显不足之处，如对组织中人员的动机、人际关系、心理状态以及激励作用等就没有进行探讨，而忽略组织外部环境将其作为一个封闭系统来研究，更是古典组织理论的一大弊端[15]。随着经济环境的不断变化，社会组织的日趋复杂，环境对组织的影响日渐显现，人的因素在组织管理中也日益重要，这就对组织理论的发展提出了新的要求。在这一背景下，行为科学组织理论应运而生。

5.3.2　行为科学组织理论

起始于 20 世纪 20 年代的行为科学组织理论，是以古典组织理论的层级结构为基础，同时吸取了心理学、社会学关于“群体”的理论观点和知识，在对古典组织理论进行修正与补充的基础上形成的。它把人的因素引进组织理论，可以说是对古典组织理论的质的飞跃。它不仅更清楚地映射出古典组织理论的不足，而且更强烈地影响到组织理论的发展。行为科学组织理论的代表人物有梅奥、马斯洛、赫茨伯格、麦格雷戈等。

1. 人际关系理论

1924～1932 年，以提高生产效率为根本目的，一批管理学家在美国芝加哥附近的西方电气公司霍桑工厂进行实验研究，这就是著名的霍桑实验。霍桑实验的结果表明：古典理论中改善作业条件有利于提高生产效率的假设并不成立，照明条件、作息时间与工资形态管理并不直接影响工人的生产效率；而通过改变原来单纯的指挥与监督模式，鼓励职工参与监督与决策，通过解决职工的问题来提高职工情绪，通过诱导非正式组织的活动等，均可提高工作效率[13]。

基于实验结果的启发，霍桑实验的主持者梅奥等，展开了一系列针对古典组织理论的研究，并产生了一系列从组织过程、组织与人的关系等角度入手的成果，如怎样调动人的积极性、非正式组织理论、领导问题、决策问题、个人与组织关系的理论等，为人际关系理论的诞生奠定了基础，而梅奥则成为了人际关系理论学派的创始人。

人际关系理论的基本观点包括：第一，组织成员不仅仅是经济学家们所设定的追求最大利益的“经济人”，还是受到社会和心理因素影响的有着非利益需求的“社会人”；第二，组织有正式组织和非正式组织之分，两种组织有着不同的目标，正式组织为效率目标，非正式组织则以情感满足为目标，而在这两类组织中最重要的是人和人之间的非工作关系；第三，组织的存在与发展在于其对成员的凝聚力；第四，组织内部人与人之间除了制度规定的职责关系之外，还有非正式的心理和感情关系；第五，组织成员的人格各不相同，但通过沟通可以协调各种可能的冲突，实现共同的目标[12]。因此，管理者必须具备协调、领导的综合管理技能，这对于处理人际关系十分重要。

依照人际关系理论，企业追求效率的同时，必须重视对于员工精神与物质双重需求的满足，这对于解决社会发展中出现的组织现象和组织问题具有重要的借鉴价值，是对古典组织理论的重要突破。然而，人际关系理论并未做到透彻剖析组织内部和外部环境的变化，组织仍是封闭的。这些都需要新的组织理论来弥补。

2. 需求层次理论

人际关系理论将情感看成是影响组织效率的重要因素，而20世纪50～60年代，组织研究的部分学者将目光聚焦到工作满足问题上，把“满足”看做影响组织效率的关键要素。

“满足”研究的理论基础是美国心理学家马斯洛提出的需求层次理论。马斯洛认为人有各种欲望并期望在实际生活中得到满足。欲望与实际所得之间的差距越大，满足感会越低；反之，满足感越高。他在1943年出版的《人类动机的理论》一书中提出人潜在都有五种不同层次的需求，分别为生理的需求、安全的需求、情感和归属的需求、尊重的需求、自我实现的需求。人在不同时期所表现出来的各种需求的迫切程度是不同的，其最迫切的需求才是激励人行动的主要原因和动力。在工业社会里，人类的低层次需求往往能获得满足，当低层次的需求基本得到满足后，其激励作用就会降低，高层次的需求会取代其成为激励行为的主要原因和动力。

需求层次理论揭示出，组织所要解决的是使人的高层次需求得到满足，这对于组织管理工作具有启发意义。

3. 双因素理论

赫茨伯格在美国匹茨堡地区进行调查研究的过程中，发现有两类因素可以影响到人们的工作满足感：一是保健因素；二是激励因素。因此，在马斯洛需求层次理论的基础上，赫茨伯格提出了双因素理论。

双因素理论认为，只有激励因素才能给人们带来满足感，而保健因素只能消除人们的不满，但不会带来满足感。如果保健因素没有发挥应有的作用则可能导致工人产生工作不满足感，但如果激励因素完全符合理想却不一定可以提高工作满足感。激励因素是属于工作本身和工作内容方面的因素，包含成就、赞赏、工作本身、责任和进步五种因素。具备了激励因素后，可使员工感到满意，这些因素能够激发起人们在工作中的积极性、创造性，产生使员工满意的积极效果。但员工感到不满时却很少是因为缺少这些因素。保健因素包括工作环境和工作条件等方面的因素，主要是公司政策与管理方式、上级监督、工资、人际关系和工作条件五种因素。如果这类因素不具备或不完备时，容易导致员工不满意，但即使具备这些因素且强度较高时，也很难使员工感到满意，即保健因素没有激励作用。

双因素理论对管理实践活动中如何激发员工积极主动性具有重要借鉴意义，然而对于双因素理论的评判却有褒有贬，因为它的确存在考虑欠周之处，如单纯地将激励因素与保健因素划分归类，方法论和研究过程存在问题等。后续又有众多学者从心理学的视角探讨组织问题，包括麦格雷戈著名的 X 理论和 Y 理论、乌卢姆的期望模型等，都对双因素理论进行了发展和完善。

行为科学组织理论是对古典组织理论的一种补充，从心理学与行为科学的视角来研究组织中的人，将人视为组织中最重要的要素，倡导以人为中心来研究组织的管理问题，强调组织不仅是技术经济系统，而且是社会系统。行为科学组织理论重点探讨组织中的人际关系以及非正式组织对组织所产生的影响，认为对人的激励不仅有经济方面，还应该有社会和心理方面，希望通过人际关系的改善来提高企业组织的效率。

然而，虽然行为科学组织理论的研究相对于古典组织理论是前进了一大步，但它仍然不十分完备，仍然用封闭的观点来研究组织，并未涉及组织的外部环境，并且只强调了人的社会性因素，而忽略了人的其他需求。

需要指出的是，行为科学组织理论内容相当丰富，本节所列举的只不过是整个学派中重要的和代表性的理论观点，并没有涵盖全部理论内容。行为科学组织理论的发展增加了人们对组织成员行为及组织行为的理解，促进了组织理论的发展。

5.3.3　现代组织理论

随着生产力的不断提高，现代科学技术的快速发展，组织规模日益扩大，组织环境日趋复杂，对组织理论研究工作的需求愈加明显。20 世纪 50 年代以来，组织理论的发展不仅综合了运筹学、计算机等多学科知识，而且有更多领域的专家也加入到组织理论的研究队伍中，如社会学家、经济学家、生物学家和数学家等。这些都为现代组织理论的发展创造了有利条件。

从 20 世纪 50 年代开始，组织理论的研究得到了迅速发展，不仅在研究方法上有新的突破，而且在立场上与古典组织理论和行为科学组织理论也有重大区别。现代组织理论开始重视组织与环境的关系，将组织看做一个开放的系统，关注组织与其环境之间相互作用的动态平衡过程。巴纳德的《经理人员的职能》和西蒙的《管理决策的新科学》可以视为现代组织理论阶段和行为科学组织理论阶段的分界线。随着经济的发展，组织管理研究出现了百家争鸣的局面，分化出更多的理论流派和思想，最终演变成“现代组织理论丛林”。

在众多的现代组织理论思想中，不同的理论学派通常从不同的视角出发，有截然不同的学术主张，其中影响较大的有组织协作理论、系统理论、组织决策理论、制度理论、组织文化理论等理论学派，下文主要对这五个重要的流派进行阐释。

1. 组织协作理论

美国经济大萧条时期，产生了一位著名的实业家、理论家——巴纳德，他从另一个角度讨论了人的需求的双重性，是行为科学组织理论向现代组织理论过渡发展中承上启下的组织理论学者。他重视的是组织的社会心理方面，而不是经济与技术问题。他属于那些认为组织首先是一个社会系统的人。

巴纳德在其著作《经理人员的职能》中提出组织系统的观点，这本书也被公认为“具有深远影响和真知灼见的有关组织与管理的论著”。巴纳德从组织的概念入手，运用社会心理因素分析的方法，从组织行为的角度探讨了个人与组织之间的关系问题。他认为组织是“有意识地协调两个人或更多人的行为或各种力量的系统”，是人与人之间相互作用的系统，既然是系统，那么组织与组织、人与人之间就存在相互协作，而协作就要将个人、目标和信息三者有机联系起来[16]。因此，组织效率的关键是，在人们的贡献和得到的满足之间寻求均衡。换言之，组织应当提供必要的“引诱”，以激发个人动机、满足个人需求。如果组织提供的诱因与个人的贡献达到均衡或超过个人的贡献时，组织的目标便能达到，组织自身便可存续与发展；否则组织就会衰落，乃至消亡。在组织之外，则要求组织对外部环境有较强的适应性，当环境发生变化时，组织也应随之适应，而这种适应性又主要取决于内部的均衡。同时，为了适应组织协作的需要，巴纳德认为组织结构可以采用分权型层级制组织形式，包括事业部制、超事业部、矩阵等。这就有利于生产者参与决策，提高管理效率，以适应组织规模的扩大化、产品的多样化、市场的国际化的需要[16]。

同时巴纳德也对非正式组织进行了研究，他认为非正式组织是提升正式组织效率至关重要的因素之一。因为对于正式组织而言，非正式组织至少有三种积极的功能：有助于组织沟通；维持组织的内聚力；满足人们的自我归属感。最后，巴纳德提出了“权威接受论”，他认为权威是下级对上级的认同，而不是取决于上级的地位。

巴纳德从个人必须协作这一基本假设出发，将组织视为一个有边界的人和机器结合的实体，认为人与组织的关系表现为归属唯一性，即在工作中一个人常常是唯一属于某个组织的。基于这样的假设，组织协作理论仅局限在组织内部，并没有把组织与外部环境作为一个整体联系起来，这些问题在后期发展中逐渐凸显出来。但可以看出，巴纳德的观点对人际关系理论的完善做出了很多贡献，并且也为菲利普·塞尔兹尼克(Philip Selznick)的制度理论和西蒙的决策理论奠定了基础。

2. 系统理论

系统理论的代表人物有乔治·霍曼斯(George C. Homans)、卡斯特、罗森茨韦克和利克特等。部分学者认为，卡斯特和罗森茨韦克共同撰写的《系统理论和管理》是全面阐述系统理论的第一部著作。

系统理论认为系统是一个开放的、具有整体性的社会技术系统，它总是在与环境的持续互动过程中寻找一种动态平衡，不断从外部环境中吸收资源维持其能量的转换。系统理论将组织与其外部环境组成的系统分为技术子系统、社会子系统和权力子系统，并注重系统各部分之间的关系。霍曼斯的社会系统模型认为，任何组织都处于物理的、文化的、技术的环境中，这些环境决定着社会系统中人们的活动和相互作用。而人们在进行活动和发生相互作用时，又会产生人们之间及人们与环境之间的特定情感。卡斯特和罗森茨韦克的系统组织理论认为，组织是一个人造的、开放的系统，它是由各个子系统组成，各个子系统之间通过输入输出的关系构成一个完整系统，同时组织与外部环境也存在着相互关系，即组织从外界接受资源、能源和信息，经过转换后又将生成物输送到外界去。只有适应了环境的变化，组织才能生存下去。利克特突破传统组织理论中“一人一职一位——严格划分各部门间界限”的理论观点，提出组织是由相互关联并发生重叠关系的群体组成的系统，被后人称为“交叠群体”组织理论。他强调组织系统中，起到“联结针”作用的人对组织沟通的重要性[17]。

总之，基于系统论的组织理论观点，不仅注重从组织内部来分析组织各分系统的特点及其相互关系，还尤其注重研究组织与外部环境的相互作用。它提示人们对于组织的研究，应该考虑其外部环境——社会、经济、政治、文化等因素，这对于现代组织理论的发展具有重要影响。

3. 组织决策理论

在巴纳德有关决策问题研究的基础上，1947 年西蒙出版了《管理行为》，把决策概念引入组织行为分析；1958 年，马奇和西蒙出版了《组织》；1963 年，赛尔特和马奇又出版了《厂商行为理论》。在这些著作中，决策过程理论被凸显出来。

西蒙作为决策理论学派的代表人物，提出的“决策满意度原则”和“组织成员的有限理性”理论极大地丰富了组织理论的思想。正是由于在组织管理理论中的巨大贡献，西蒙于 1978 年获得了诺贝尔经济学奖。

在西蒙看来，组织是人群一连串决策功能活动的分化与组合。他假设组织具有选择及解决问题的功能，是具有某种决策能力的人类有机体，这个有机体存在着欲望、动机和进取心，是一个复杂的“沟通体系”。从组织的层面看，建立组织是为了实现某种目标，而组织成员行为一致的基础就是组织中具有普遍意义的组织目标和一套精心设计的管理程序，即决策过程。组织的工作主要有两个方面：一是决策；二是日常工作。而决策是日常工作的前提和基础，在组织的所有级别中，上起最高领导，下至普通作业人员，都要进行决策。他甚至认为“管理就是决策”。这样，西蒙眼里的组织便成为了一个决策的场所。决策最重要的协调因子就是决策的前提，不同的前提会产生不同的决策。组织对其成员所施加的影响，主要是针对决策的前提而言的。换句话说，组织的各种努力就是要将组织的价值取向内化到成员的价值观中，使组织成员做到自觉遵循组织的价值取向，即所谓的“组织人格化”。但是，西蒙通过研究发现，这种“决策人”对组织价值取向的接受是有限度的，即在组织人格范围之内，个人的决策受组织价值取向的支配；在组织人格范围之外，则受其他动机支配。基于此，西蒙对传统经济学中的理性选择模型提出了质疑。理性模型假定决策者知晓所有可选方案及执行后果，但实际情况并不如此；理性模型假定组织中的所有成员都知道决策的规则，并接受决策，这明显忽视了组织内部的政治问题。西蒙等认为，现实生活中，组织的大多数决策都是有限理性决策，并提出理性模型的成立存在五个约束因素：不完备和不完全的信息、问题的复杂性、人类处理信息的能力、决策的时间限制、针对组织目标的争议[13]。

西蒙等对决策过程和有限理性的探讨奠定了其决策理论的基础，开创了组织研究的一个重要领域，提出了各种决策模型，如试错模型、联合模型、垃圾桶模型等。决策理论对组织社会学理论的发展有很大的影响，以此为基础，产生了许多社会学组织理论，如制度学派和文化学派等。

4. 制度理论

20 世纪 70 年代是组织理论蓬勃发展的时期，制度理论思想在这一时期得到了广泛的关注和应用。制度理论集中讨论在同一环境条件下，组织应该如何模仿对方，并进行调整和改变。这种理论被称之为组织理论中的制度化理论，其研究视角，逐渐从经济学转向社会学。

塞尔兹尼克是制度理论的代表人物之一，他继承了巴纳德和西蒙的思想，提出了后来被称为“制度主义”的自然系统模型。对塞尔兹尼克而言，他站在理性主义的基本立场，认同组织是有机体的说法，这个有机体的特点由参与者的个性、职责，以及外在环境的影响塑造。并且，在承认组织是一个自我维护、持续的系统之外，塞尔兹尼克还发现了一些特别的东西，包括在与环境的关系中组织的安全性、在非正式关系中组织的稳定性、组织角色的外在统一性等。这些都是组织的“需要”，是这些“需要”指明了组织行为的内在联系[4]。因此，他又提出理性并不是组织的最重要特征，最重要的特征是每一个组织都有自己的生命。塞尔兹尼克发现，研究组织的日常决策并不能告诉我们组织个性形成的过程，而只有研究那些关键性的决策和那些引起组织结构变化的决策，考察决策对组织结构特征的影响，才能真正了解组织的个性。而组织获得个性的过程就是制度化，对组织而言，制度化是组织在面对外在约束、环境压力、内在人事变动、兴趣和非正式关系变迁中，逐渐发展沉淀出来的。尽管组织的制度化会因为组织的不同而各有差异，但可以确定的是，任何组织在发展过程中都将面临制度化问题，从而体现出独特的组织特征。

制度理论还分析了组织的变异性，指出这种变异是组织复杂系统的潜在功能和非预期性表现；同时指出了组织在运行过程中即使脱离了管理者的控制也存在一种内在的运作逻辑和趋势，而这并非组织控制的结果。

在塞尔兹尼克之后，制度理论又经历了多元化、多视角的发展。例如，阿隆·弗雷德博格(Aaron L. Friedberg)用现象学进行制度主义的组织研究；新制度主义学者将制度理论运用于社会和经济组织分析中，提出“后工业社会”的组织结构与生存环境的观点等。总之，“制度学派”的问世对于组织分析产生了深远影响。

5. 组织文化理论

关于组织文化的探讨虽然早在 20 世纪 50 年代就已有人尝试，但直到 70 年代早期，涉及组织文化讨论的论著才受到关注。组织文化理论的代表人物有埃德佳·沙因(Edgar H. Schein)、路易斯(M. R. Louis)和林达·斯默西奇(Linda Smiricich)。组织研究中的组织文化理论并不关心文化本身，而是关注文化在组织整合和组织成员社会化方面的功能。

沙因是组织文化研究的奠基人。他提出组织文化是一个组织中最为基本的东西，想要彻底改变一个组织，必须首先改变它的文化。沙因探讨了关于组织文化的概念，并且建构了一个组织文化的运作模式。他通过组织文化来解释组织中的个体行为，并强调组织文化与组织领导的关系。沙因将组织文化分为三个层次：第一个层次是人造品，它们构成了物质环境和社会环境；第二个层次是价值，它是组织决定什么是事实的基础；第三个层次是基本的潜在假设，当解决问题的方法被反复运用后，就会成为理所当然的方式被组织加以固化。路易斯的研究重点放在对于组织文化的社会学和心理学渊源阐释上，提出并论证了组织文化生成环境的观点。斯默西奇通过对一家保险公司发展过程中组织文化改变的考察与研究，论述了组织是作为不同程度的共有意义的系统而存在的，共同的感受和认识使得组织成员可以在没有过多解释的情况下仍可相互影响。

组织文化理论的主要观点是：文化之于组织，就像人格之于个人，给组织提供意义、方向和动力；文化普遍存在于组织中；每一个组织的文化都具有唯一性；组织的文化是一个社会建构概念；组织文化促使形成成员对组织的理解等。这一理论的发展极大地丰富了传统组织理论，为组织管理思想提供了重要的新思路。

组织理论的发展是一个连续的过程，现代组织理论根源于古典组织理论和行为科学组织理论，是对传统理论的修正与突破。现代组织理论填补了传统组织理论中对于人的全面发展和组织特征研究的缺口，开始关注技术和人的结合，将组织从系统的角度进行考察，强调组织系统性和权变的方法，注重组织与组织之间的协调关系，重视组织成员的积极性和创造性，鼓励组织成员为实现组织的目标而努力，同时开始关注组织的开发与创新，并将组织发展与社会发展联系起来考察，这些都反映出组织理论与社会历史发展理论的趋同。

基于生产力迅速发展的社会背景，现代组织理论体现出对环境的适应性发展。它将着眼点由组织内部转移到环境，并由组织被动适应环境的观点转变到影响环境，在组织理论的发展中提出了一个全新的视角和分析方法。尽管组织理论仍然处于不断走向成熟的过程中，但它对组织发展状况由片面逐渐走向全面的认识，这无疑是值得称道和加以重视的。

5.4 组织理论的最新发展

面对“百花齐放、百家争鸣”的繁荣景象，部分学者推断组织研究领域似乎注定要支离破碎或彼此决战到底，也有学者对这种长期非建设性的“范式之争”表示担忧[18]。但事实证明，进入 20 世纪 90 年代以来，组织研究领域逐渐走向整合与包容的中庸之道，各学派间有了相互渗透和融合的迹象，组织理论研究变得更具综合性、应用性。与先前各学派立场鲜明、观点各异相比，90 年代之后组织研究的理论边界和学术主张淡化了不少。W. 理查德·斯科特在总结 50 年来组织社会学的发展时指出，组织理论已经进入理论研究的收敛期，并开始对过去进行总结、综合和应用，尽管最近几十年未再出现同样水平的创造力，但组织研究仍沿着新的方向继续发展，并正经历着边界、战略、权力过程和概念等方面的变化[19]。尼尔·弗里格斯坦(Neil Fligstein)则直言，20 世纪 90 年代以来组织理论没有任何创新[20]。

20 多年来，组织理论究竟经历了怎样的变迁？最新发展方向是什么？是否有清晰的知识结构可循？哪些研究者在发挥着关键作用？本节将借助 CiteSpace 软件，客观、真实地展现 1990 年以来组织理论研究领域的核心研究机构和研究者，在研究者合作网络的基础上展现组织理论最新研究主题的分布及演进，梳理组织理论的研究热点和前沿，为更好地延续组织理论研究提供借鉴。

5.4.1　组织理论研究前沿的分析

1. 数据选择

JCR 是公认的期刊评价权威性报告，其所提供的量化数据可以综合、客观地评估世界领先期刊在全球研究领域的影响力。2009 年 1 月，汤姆森路透科技集团(Thomson Reuters)发布了 JCR 的增强版，其中包括新增的期刊评价新指标——特征因子分值(eigenfactorTM score)和论文影响分值(article influenceTM score)。特征因子分值运用源自所有 JCR 的引文期刊数据，通过把学术文献看做期刊与期刊之间关系的网络，来反映期刊的权威性和引文影响力。论文影响分值是在特征因子分值的基础上衡量每篇论文的平均影响力，全部论文的平均影响力为 1，如果某期刊的论文影响分值超过 1，则说明该刊的论文平均影响力超过全部论文的平均影响力[21]。

根据 JCR 中给出的学科领域分类(category description)，选择包含组织相关研究的两个学科领域——“business”和“management”，选取其中论文影响分值大于 1 的 41 本期刊作为研究数据来源期刊，如表 5.1 所示。通过 Web of ScienceSM检索平台，在 41 本源期刊中，以“organization”为主题词检索，时间为 1990～2011 年，得到代表国际最高影响力水平的组织理论研究文献 20 386 篇。

表 5.1　数据来源期刊及文献量

排序	期刊名称	特征因子分值	论文影响分值	检索文献数量/篇
1	*Academy of Management Journal*	0.031 25	5.406	827
2	*Academy of Management Review*	0.021 81	5.205	702
3	*Administrative Science Quarterly*	0.008 79	5.093	605
4	*Academy of Management Annals*	0.002 23	3.028	46
5	*Strategic Management Journal*	0.019 28	2.957	694
6	*Organization Science*	0.015 12	2.942	882
7	*Research in Organizational Behavior*	0.002 03	2.906	133
8	*MIS Quarterly*	0.009 26	2.760	321
9	*Organizational Research Methods*	0.007 44	2.681	191
10	*Journal of Management*	0.011 06	2.665	637
11	*Personnel Psychology*	0.006 60	2.636	678
12	*Journal of Marketing*	0.012 29	2.524	210
13	*Management Science*	0.034 00	2.504	378

续表

排序	期刊名称	特征因子分值	论文影响分值	检索文献数量/篇
14	*Journal of Marketing Research*	0.013 34	2.430	71
15	*Organizational Behavior and Human Decision Processes*	0.009 38	2.084	274
16	*Information Systems Research*	0.004 70	2.020	174
17	*Marketing Science*	0.010 84	1.967	48
18	*Journal of Supply Chain Management*	0.001 29	1.958	29
19	*Operations Research*	0.017 01	1.928	40
20	*Journal of Organizational Behavior*	0.009 46	1.854	788
21	*Journal of Economics & Management Strategy*	0.006 06	1.734	65
22	*Journal of Operations Management*	0.007 86	1.661	231
23	*Journal of Consumer Research*	0.010 94	1.659	17
24	*Journal of Environmental Economics and Management*	0.007 48	1.606	4
25	*Journal of Management Studies*	0.009 29	1.530	854
26	*Journal of International Business Studies*	0.009 09	1.512	301
27	*Journal of Business Venturing*	0.005 02	1.398	256
28	*Decision Sciences*	0.003 37	1.367	192
29	*Research Policy*	0.014 44	1.353	333
30	*Strategic Entrepreneurship Journal*	0.001 41	1.300	142
31	*Organization Studies*	0.008 72	1.299	1 142
32	*International Journal of Management Reviews*	0.001 96	1.278	114
33	*Entrepreneurship Theory and Practice*	0.005 54	1.209	152
34	*Leadership Quarterly*	0.005 13	1.185	388
35	*Journal of Management Information Systems*	0.004 58	1.164	201
36	*Omega-International Journal of Management Science*	0.007 21	1.077	219
37	*Journal of the Academy of Marketing Science*	0.004 35	1.053	171
38	*International Journal of Forecasting*	0.004 73	1.050	26
39	*Harvard Business Review*	0.011 56	1.042	697
40	*Journal of Consumer Psychology*	0.003 69	1.011	9
41	*IMA Journal of Management Mathematics*	0.001 00	1.006	5

2. 研究区间划分

依据 1990～2011 年各年的文献分布数量，绘制文献发展趋势图，如图 5.1 所示。文献数量发展趋势前期高速增长，但波动较大；中期平稳发展，缓速增长；后期出现突增后，转入小幅度增长。因此，组织领域 1990～2011 年可以划分为 3 个典型研究区间，分别为：1990～1997 年，振荡发展期；1998～2006 年，平稳发展期；2007～2011 年，突现增长期。这为下文的分区间研究主题和热点分析奠定了基础。

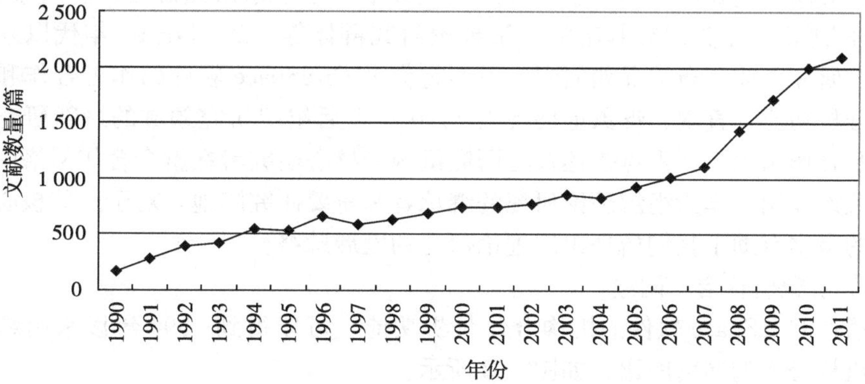

图 5.1　文献数量分布图

3. 数据处理

为了保证研究结论的准确性，在数据分析的过程中进行以下处理：

第一，同一研究机构或同一作者的名称，因为在不同文章中简写方式的不同或英文大小写的不同，如 Bruce J. Avolio 和 B J Avolio，UNIV PENN 和 Univ Penn，造成数据的重复出现，从而影响了分析的准确度。对此，本书利用 CiteSpace 提供的节点修正功能，将反映同一内容的数据点分别 add to the alias list(primary)和 add to the alias list(secondary)，这样在重新运行后，两个节点代表的文献信息就会被合并，生成的新节点频次是之前两个节点频次之和。同样的操作在作者分析和研究机构分析中都有使用，以此来保证最终网络图谱所表达信息的真实性。

第二，Barry M. Staw、Arthur P. Brief、Roderick M. Kramer、Robert I. Sutton 四位作者，有部分数据来源并不是本人参与合作发表的文章，而是作为 *Research in Organizational Behavior* 的编者身份被列入研究者合作分析的源数据，其他期刊未发现同样的情况。为了保证研究者与研究主题的完全对应，故将此类数据进行人工剔除。

5.4.2 组织理论最新研究群体

组织作为跨学科的研究领域，从一开始就汇集了来自社会学、政治学、经济学和心理学等众多领域的专家和学者，如提出科层制理论的韦伯、提出行政组织理论的法约尔、提出科学管理理论的泰勒、提出均衡理论的巴纳德、提出行政决策理论的西蒙等。他们通常以研究机构、研究主题或学术主张为边界划分成不同的研究群体。例如，默顿引领的哥伦比亚大学社会学家研究群体，以西蒙的“有限理性”理论模型为研究基础的决策理论研究群体等。20 世纪 90 年代以来组织理论的研究群体分布情况如何呢？下面将借助 CiteSpace 软件的作者合作和机构合作分析功能，直观、形象地展现出 1990 年以后组织研究领域的最新研究群体分布及合作情况，并重点描述核心研究机构与核心研究者在整个合作网络中所起到的关键作用。作为组织理论研究的继承者和重要研究阵地，对于这些核心研究群体的考察有助于我们梳理组织理论研究的发展脉络。

1. 研究机构合作网络

通过 CiteSpace 软件的机构合作分析功能，可以得到 1990 年以来组织理论研究机构合作的网络图谱，如图 5.2 所示。

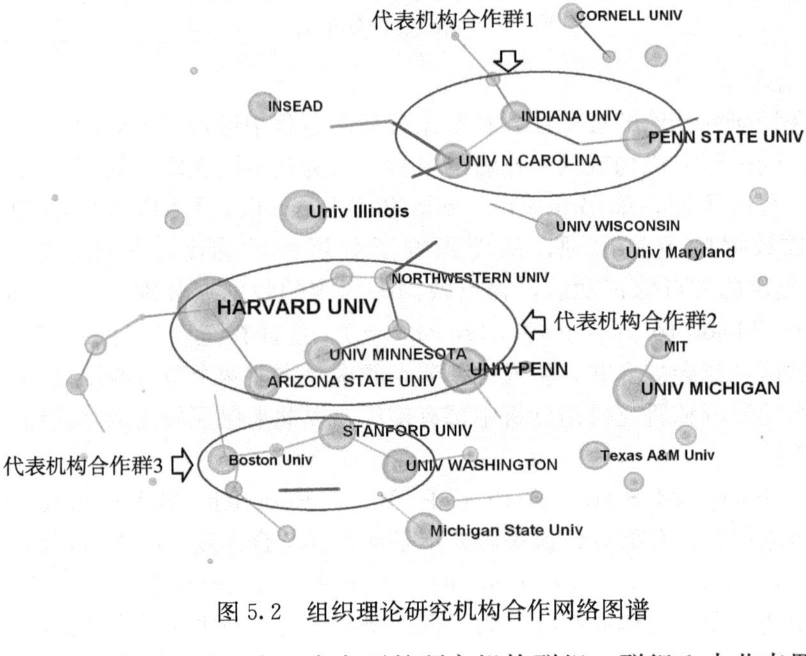

图 5.2 组织理论研究机构合作网络图谱

从图 5.2 中可以整理出 3 个主要的研究机构群组。群组 1 中北卡罗来纳大学和宾夕法尼亚州立大学都是长期开展组织理论研究的机构，在 20 世纪 90 年代初期分别通过与印第安纳大学、路易斯安那州立大学的合作研究建立起网络关系；

奥本大学与北卡罗来纳大学从 1990 年开始就有研究合作，但其合作关系在 2000 年以后转变为与密歇根州立大学为主，将这所院校也引入整个研究机构群组。群组 2 是整个研究机构网络中包含节点最多的子网络，网络关系的核心最早是宾夕法尼亚大学，其通过与多伦多大学、科罗拉多大学、明尼苏达大学等高校的合作扩展了网络；另一端哥伦比亚大学与 HEC(高级商业研究学院)、纽约大学和杜克大学的合作关系也逐步确定；最终在杜克大学和卡内基梅隆大学中间桥梁的作用下，两个研究群体在以哈佛大学为中心的网络节点处交汇，形成目前组织理论研究机构合作的最大关系网络，其中 IBM 公司与哈佛大学和卡内基梅隆大学的合作起到了关键的链接作用。群组 3 是以斯坦福大学为核心的合作关系链，主要包括加州大学的伯克利分校和洛杉矶分校、波士顿大学及华盛顿大学。

图 5.2 中合作频次最高的前 30 所研究机构如表 5.2 所示。这 30 所研究机构是 1990 年至今组织理论研究重要阵地的代表，其中有 26 所是美国的著名高等院校。除此之外，还有法国的欧洲工商管理学院、加拿大的西安大略大学、英国的剑桥大学和荷兰的伊拉斯姆斯大学。

表 5.2　高合作频次研究机构表

排名	英文名	中文名	频次	sigma	国家
1	Harvard University	哈佛大学	285	1	美国
2	University of Texas	得克萨斯大学	223	1	美国
3	University of Pennsylvania	宾夕法尼亚大学	202	1	美国
4	University of Michigan	密歇根大学	196	1	美国
5	University of Illinois	伊利诺伊大学	176	1	美国
6	Pennsylvania State University	宾夕法尼亚州立大学	175	1	美国
7	University of Minnesota	明尼苏达大学	164	1	美国
8	Stanford University	斯坦福大学	164	1	美国
9	Arizona State University	亚利桑那州立大学	159	1	美国
10	University of Washington	华盛顿大学	158	1	美国
11	University of North Carolina	北卡罗来纳大学	155	1	美国
12	Michigan State University	密歇根州立大学	155	1	美国
13	University of Maryland	马里兰大学	143	1	美国
14	Indiana University	印第安纳大学	138	1	美国
15	INSEAD	欧洲工商管理学院	135	1	法国
16	Texas A&M University	德州农工大学	121	1	美国
17	University of Wisconsin	威斯康星大学	121	1	美国
18	Massachusetts Institute of Technology	麻省理工学院	118	1	美国
19	University of Southern California	南加利福尼亚大学	116	1	美国
20	Cornell University	康奈尔大学	114	1	美国

续表

排名	英文名	中文名	频次	sigma	国家
21	Northwestern University	西北大学	113	1.02	美国
22	Georgia State University	佐治亚州立大学	111	1	美国
23	New York University	纽约大学	111	1	美国
24	Columbia University	哥伦比亚大学	107	1.03	美国
25	University of Colorado	科罗拉多大学	106	1	美国
26	University of Southern California	南加利福尼亚大学	102	1	美国
27	Duke University	杜克大学	101	1.02	美国
28	University of Western Ontario	西安大略大学	99	1	加拿大
29	University of Cambridge	剑桥大学	99	1	英国
30	Erasmus University	伊拉斯姆斯大学	92	1	荷兰

CiteSpace 软件中体现网络节点关键性的参数为 sigma，在研究机构分析中，sigma 大于 1 的有哥伦比亚大学(Columbia University)、西北大学(Northwestern University)、杜克大学(Duke University)和路易斯安那州立大学(Louisiana State University)(频次为 50，sigma 为 1.02)。这表明这四所大学在整个组织理论研究的机构合作网络及其演化过程中起到重要作用。

2. 研究者合作网络

由于研究者的研究单位经常改变，例如，David J. Ketchen Jr 在 2000 年前后，经历了 Louisiana State University(路易斯安那州立大学)、Florida State University(佛罗里达州立大学)和 Auburn University(奥本大学)三次单位变动，甚至有研究者同时属于两个研究机构的情况。因此，研究者与研究机构所形成的合作网络之间并不存在完全对应的关系，它们反映的是同一问题的不同侧面：以研究机构为节点形成的合作网络知识图谱，描绘出组织理论研究来源地的空间分布及其合作关系；以研究者为节点形成的合作网络知识图谱，可以反映出组织理论研究方向或研究主题的集合。借助 CiteSpace 的合作者分析功能，得到作者合作的网络知识图谱，如图 5.3 所示。

研究者合作网络图谱中形成了大量规模不等的群组，每一个群组表面反映的是研究者彼此之间的合作关系，实质则是以研究者为表象，以其共同的研究成果为根基汇聚而成的知识点集合。从众多研究者群组中，筛选出代表性较为突出的 4 个群组。群组 1 中有两个核心人物——Michael A. Hitt 和 David J. Ketchen Jr，分别以他们为核心而形成的网络通过 James G. Combs 和 David G. Sirmon 的合作建立起联系。群组 2 中 Blake E. Ashforth 和 Jane E. Dutton 的合作最早开始于 1990 年，后期的合作对象逐渐多元化，尤其是与 Adam M. Grant 的合作使整个合作网络得到扩展，体现出后者在整个组织理论研究网络中的影响力。群组 3 以

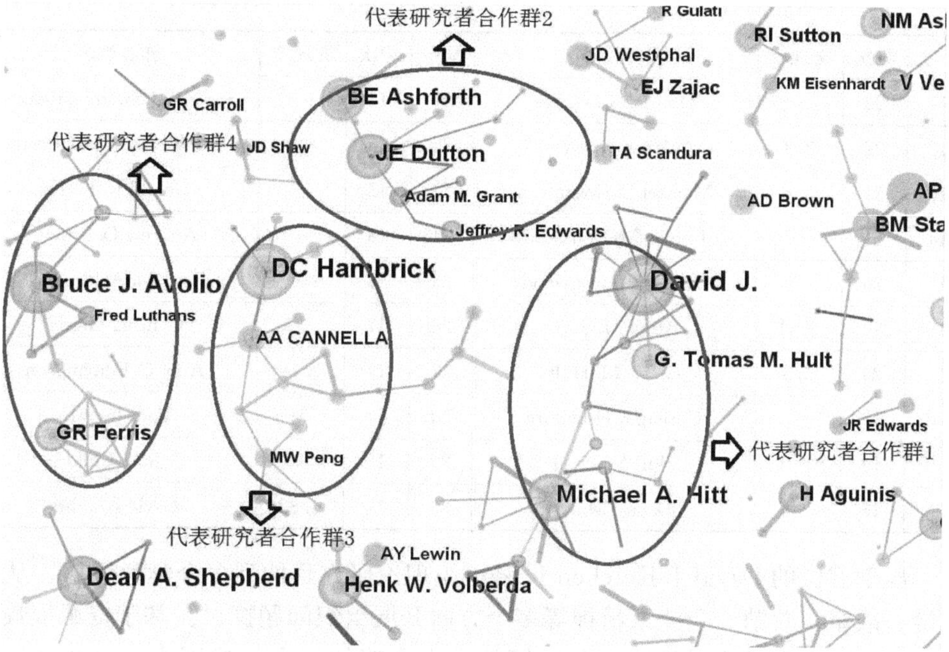

图 5.3　组织理论研究者合作网络图谱

Donald C. Hambrick、Albert A. Cannella Jr、Dan R. Dalton、Catherine M. Daily 的研究关系为主线，在 2000 年后由 Albert A. Cannella Jr 分化出新的研究关系网络。群组 4 很明显是以 Bruce J. Avolio 为中心的关系网络，以其与 Fred O. Walumbwa 和 Fred Luthans 的合作关系奠定了网络的基础结构，并通过 William L. Gardner 演化出一个全新的研究领域。

按照合作频次排序的前 30 位作者如表 5.3 所示。合作频次可以反映出作者的研究合作强度，频次越高，意味着作者通过研究合作发表的文章越多。突现率代表某一时期文献数量的陡增情况，突现率大，说明作者在某一时期文章发表数量突增的情况比较明显。

表 5.3　高合作频次研究者表

排序	频次	突现率	作者姓名	排序	频次	突现率	作者姓名
1	34	3.3	David J. Ketchen Jr	6	25	—	Jane E. Dutton
2	31	—	Donald C. Hambrick	7	24	—	Blake E. Ashforth
3	29	4.5	Bruce J. Avolio	8	23	—	Shaker A. Zahra
4	27	4.7	Dean A. Shepherd	9	23	—	Henk W. Volberda
5	26	—	Michael A. Hitt	10	22	3.6	Yadong Luo

续表

排序	频次	突现率	作者姓名	排序	频次	突现率	作者姓名
11	22	—	Henrich R. Greve	21	18	—	Anand Swaminathan
12	22	3.3	Varun Grover	22	18	—	Viswanath Venkatesh
13	21	3.4	Michael D. Mumford	23	18	—	Gerald R. Ferris
14	21	—	Denise M. Rousseau	24	18	—	Andrew D. Brown
15	20	—	Royston Greenwood	25	18	—	Neal M. Ashkanasy
16	20	3.41	Barry M. Staw	26	17	—	Cynthia Hardy
17	20	3.8	G. T. M. Hult	27	17	3.79	Amy C. Edmondson
18	19	—	Christian Homburg	28	17	—	Paul Ingram
19	19	—	Will Mitchell	29	17	—	John Child
20	18	—	Danny Miller	30	17	4.32	David Knights

居于首位的 David J. Ketchen Jr 将组织理论研究延伸到多个学科领域，从供应链、战略、营销、企业家精神等多个方向开展组织问题探讨。基于资源依赖理论，他提出地理优势对于跨国公司绩效产生影响的四个传导因素，包括市场导向、企业家精神、创新精神和组织学习，并对“市场导向对于企业绩效的形成影响”观点提出质疑和补充。他十分重视研究方法的使用，在组织配置和绩效的关系研究中，运用元分析、对比研究、样本统计和实证研究等多种方法来增强研究的说服力。

居于第二位的 Donald C. Hambrick 是战略管理领域的学者。近些年，他的战略研究视角主要以 CEO 为代表的组织高层管理团队为焦点，探讨 CEO 的业绩与企业战略和绩效之间的关系，构建高层管理者们与个人报酬之间的作用模型，评述 CEO 的替换完全取决于现任 CEO 与接任者对于变化中环境的适应度等。他的研究以 CEO 为突破口，将组织行为研究与战略研究建立起紧密的联系，衍生出组织与战略管理交叉领域的重要研究方向。

居于第三位的 Bruce J. Avolio 是伯明翰大学领导力研究中心的教授，他与 Bernard M. Bass 合编的《变革领导力提高组织绩效》(*Improving Organizational Effectiveness Through Transformational Leadership*)一书，全面阐述了如何将交易型领导和变革型领导运用到企业管理和组织发展中的问题。书中所构建的领导力全生命周期模型，详细阐述了从不活跃、不起作用的无作为领导到充满活力、激励人心的变革型领导问题，在学术研究、学习培训等领域得到了广泛应用。变革型领导也随之成为最受瞩目与欢迎的领导理论，更多的学者参与到对这一有效的领导行为的研究中来。另外，他设计的多因子领导力调查问卷被多数领导力研究者所采用，对领导力研究的发展起到了推动作用。

居于第四位的 Dean A. Shepherd 是从个体研究的角度来审视组织发展中的问题。2000 年前后他开始关注风险投资领域，将风险投资者作为其主要研究对象，探讨风险投资者的决策模式、决策行为特点、决策过程的影响因素，是最早从组织行为研究视角揭示风险投资问题的学者之一。对企业家行为的研究也是他对学术贡献的重要方面，他与 Jeffery S. Mcmullen 提出的企业家行为模型成为很多学者开展企业家行为研究的基础。

这 30 位学者在整个组织理论研究合作网络中的影响作用是显而易见的，他们的研究方向各有不同，研究视角各有侧重，在此对其他研究者不做一一介绍。

5.4.3　组织理论研究热点和前沿方向

纵观 20 世纪 90 年代以来，组织理论研究在对传统组织理论沿承和发展的基础上，围绕组织行为科学、资源依赖理论、制度理论几条研究主线，结合不同时期社会和组织的发展背景，衍化生成众多新的研究观点和理论分支，呈现出紧密跟随实践，多角度联系，动态灵活发展的趋势。在三个研究区间中，选择代表性研究群体，以其为线索考察其对应的文献数据，从文章关键词、题目、摘要等内容中整理出研究者关注和涉猎的主要研究知识点。三个研究区间以研究者为基础的研究知识点如表 5.4 所示。在此基础上，追踪 1990 年以后的组织理论研究热点和前沿发展方向，完成对组织理论最新发展的结构性梳理。

表 5.4　以研究者为基础的研究知识点

研究区间	研究者	主要研究知识点
1990～1997 研究区间	David Knights	后现代组织理论、信息网络技术、合作战略、组织政治
	Blake E. Ashforth	组织身份、角色理论、组织社会化、组织认同感、组织合法化
	Jane E. Dutton	组织适应、组织形象、组织认同感、向高管提建议
	Donald C. Hambrick	领导能力、执行力、高层管理团队、战略性变革、高级管理人员
	Danny Miller	资源基础观、资源管理、资源配置、简单化、环境与战略
	Paul Ingram	组织生态学、组织学习、竞争者学习、知识转移、竞争优势
	Anand Swaminathan	组织分化、组织扩散、组织生态学、组织间关系、资源分区、组织动力
	Robert I. Sutton	组织决策过程、印象管理、公众监督、头脑风暴、员工情绪、组织合法性
	Varun Grover	创新、战略信息系统、信息技术、跨组织系统、业务流程重组

续表

研究区间	研究者	主要研究知识点
1998～2006 研究区间	Barry M. Staw	员工满意度、管理技术、员工情绪、工作效果、绩效、声誉、魅力型领导
	Michael A. Hitt	战略定位、决策制定、国际多样化、战略联盟、制度环境
	Michael D. Mumford	领导者特质、个人领导、领导能力、创造力
	Shaker A. Zahra	国际化、企业家转变、高层领导舞弊、家族企业、吸收能力
	Gerald R. Ferris	政治技能、社会效益、政治影响、绩效评价、组织政治、组织策略
	Arthur P. Brief	就业歧视、现实群体冲突理论、多样性、组织行为、情感、应用心理学
	G. T. M. Hult	供应链管理、企业绩效、市场导向、运营策略、资源基础观、文化竞争力
	Yadong Luo	对外直接投资、跨国公司、动态能力、转型经济、新兴市场、国际扩张
	Royston Greenwood	制度化、专业服务企业、专业合作关系、组织形式、变革、动力学
	Cynthia Hardy	组织间协作、合作、沟通、集体认同、语义分析、制度化、组织学习
	Andrew D. Brown	心理动力学、集体认同、印象管理、组织霸权、自我归因、组织认同感
	Henrich R. Greve	组织变革、绩效、进化、创新与变革、管理认知能力
	John Child	对外投资、国际合资、组织形式、自适应系统、中国经营环境、战略选择
2007～2011 研究区间	David J. Ketchen Jr	企业家战略、协同创新、供应链管理、战略资源、战略群组
	Bruce J. Avolio	领导力影响、领导力投资回报、诚信领导、心理资本
	Dean A. Shepherd	阈值理论、持续性、风险投资家、机会、失败学习、负面情绪、印象管理
	Henk W. Volberda	吸收能力、集成机制、组织能力、知识环境、结构分化、组织双面性
	Will Mitchell	能力获取、互补性、竞争伙伴、运营战略、联盟、协作关系、资源配置
	Denise M. Rousseau	高质量关系、关系质量、异质性处理、支持变化的行为、员工关系
	Christian Homburg	服务利润链、社会认同、响应能力、顾客优先级、情感和认知的组织系统
	Viswanath Venkatesh	行为预期、技术接收模型、期望确认、干预、组织支持、社会嵌入性
	Amy C. Edmondson	组织学习、团队学习、实践转移、学习的竞争性需要、学习型组织
	Neal M. Ashkanasy	职业生涯、组织行为、社会比较、情绪感染、情商、领导能力

1. 1990～1997研究区间：资源基础观—组织生态学—后现代组织理论

20世纪90年代初期的组织理论研究主要是对几个早期理论思想的拓展和加深，并结合社会发展进程中出现的现象和问题提出了新的见解。

以埃默森为代表提出的资源依赖理论[22]，引起了更多学者的共鸣和思考。包含政治系统和经济系统的组织环境是组织存在与发展的重要基础，组织在适应环境的同时，也不断与环境间发生着资源交换，以此来保证组织有竞争力地运行。持资源基础观的学者，关注的重点并不是组织环境，而是组织如何从环境中获取其有效竞争的资源，即更注重于对环境中资源的控制和利用而不单纯是依赖于环境中的资源。以Danny Miller为代表的研究群组围绕资源基础观展开了系统的实证和应用研究。在他们的研究中，资源被区分为物质基础资源和知识基础资源。在稳定、可预见的环境中，物质基础资源对组织绩效将做出重要贡献；而在处于不断变化和不可预见的环境中，知识资源将发挥其最大效用[23]。为了寻求均衡的资源交换来降低对资源的依赖程度，越来越多的研究者开始思考资源配置问题，主要包括对资源进行分区处理，基于经验的分类学研究范式以及从类型学衍生而来的概念模型等。

20世纪70～80年代，组织生态学曾是组织领域的热议话题，它借鉴生物学、生态学、社会学等学科的知识，结合新制度经济学和产业经济学等学科的概念、模型、理论和方法来研究组织个体的发展以及组织之间、组织与环境之间的相互关系。进入20世纪90年代，这个理论依然是对组织变迁过程充满好奇的众多学者所首选的分析范式。在迈克尔·汉南和约翰·弗里曼的主张和推动下，对于组织发展历程的分析层次由单一组织向同类型组织的组织“种群”演进，这是由一系列组织共同体与其相互作用的环境构成的系统，同一系统中的组织通常具有相似的结构、相似的目标，对于其在产生、成长、竞争和衰退过程中的特质性和异质性研究令很多学者着迷。以Anand Swaminathan为例，在10多年的研究中，他与他的合作者们追踪酿酒业组织“种群”的发展变迁，发现在酿酒业中并不存在迈克尔·汉南和约翰·弗里曼所提出的通用意义上组织密度与组织失败率之间的关系，反而早期的失败和发现能够激发组织避免淘汰的能力，向邻近的生态位转移或者扩展自身现有的生态位[24]。而通过德国与美国酿酒业的横向对比研究，他们却发现这一同类种群有着相似的变迁历程，且进化过程都是受密度制约的[25]。伴随组织生态学研究的发展，以历史事件分析(event-history analysis)为基础的纵向研究方法受到广泛使用并不断完善。

“后现代”这一概念的背后隐藏了太多繁杂、多变、无法统一描述的信息，包括来自市场、技术、经济、文化等多方面的新事物与新思想，而如何将“后现代”与组织理论的研究及时、有效地进行结合，是多数组织理论研究者所关心的问题。David Knights的研究团队发现，在消费社会发生本质性变化的重要时期，从消费和消费者角度进行的组织研究却是有限的，他们认为在消费相关话题的讨论中，组织社会学应该做出更大的贡献[26]。信息网络技术在这一时期逐渐成为很多领域研究的重要因素。具有强大威力和灵活性的信息技术，推动了组织结构、功能和业务流程等方面的变革，基于信息技术的业务流程重组在组织实践中变得越来越重要[27]。除此之外，“后现代”文化发展中对组织适应性和组织社会身份所提出的要求，也逐渐反映到组织理论研究者的研究课题中来。

2. 1998～2006 研究区间：组织行为和心理—国际化战略—矛盾中的制度理论

以上研究主题的探讨，提醒我们组织理论研究已经完全进入开放系统的研究领域，对组织与其运作环境间的影响作用的关注越来越多。在开放系统研究中，组织真正地被视作独立的研究对象，是整个社会系统中的成员行动者，从而为组织的社会身份、组织形象、角色理论等研究主题的兴起提供了充分的发展空间。这些研究在上一个研究区间已初见端倪，而不同的是，这一阶段的研究更加注重在组织行为和心理应用的层面上展开讨论。以巴里·斯托为首的研究群组围绕员工的行为与心理，探究员工情绪与工作产出之间的关系，总结能够为公司带来绩效、声誉和回报的管理技巧，发掘魅力型领导的影响效果以及获取员工满意度的方法途径。作为组织象征性符号的领导者，同样是组织理论研究者的关注对象。部分领导理论倾向性地认为，特定组织的成功领导者是有个人特质可循的，而 Michael D. Mumford 等研究后指出，不同领导角色对于领导者类型的匹配需求也是不同的[28]。领导力在应对复杂多变的社会问题、激发组织创造力以及获取组织认同感等方面的重要作用，是多数领导力研究者所共同推崇的。总之，应用心理学和心理动力学，极大地丰富和发展了这一时期的组织理论研究。

2000 年前后，经济全球化的浪潮空前澎湃，新兴市场的国际地位日益显著，国际化战略成为越来越多企图获取竞争优势的组织的发展途径。组织理论研究者跟随企业的国际化步伐，追踪其国际扩张路径及国际多元化模式，探讨国际化进程中环境的影响和企业家的转型，深入解析国际化战略定位与决策的制定。其中，对外直接投资对组织和管理实践所产生的影响一度成为热点的研究主题。以 John Child 为代表的研究群组指出，接受投资和控制的一方在组织管理方面必然会发生重大的变化，但是不同的投资国家所带来的影响和改变程度却是不同的。这一时期，中国正经历国有企业的改革和经济转型，这一事件激发了广泛的关注和研究，研究成果最为显著的是迈阿密大学的罗亚东(Yadong Luo)教授，他深入探讨了处于经济转型中的中国，在全球化进程中如何通过学习获得竞争优势的问题，发现通过跨国公司进行组织学习的过程中，经验的多样性比经验的强度更能持久地影响组织绩效[29]。

此外，我们注意到，在这一区间中有一部分知识点是围绕着“矛盾”所展开的——组织霸权、舞弊、歧视、冲突等，而研究者在寻求这些问题的解决方案时，主要是运用了制度理论的分析方法，突出环境的文化特征在组织结构与行为中所起到的影响作用。这些矛盾形成的背后都有着一定的文化和信念系统。例如，Andrew D. Brown 与其合作者在对组织霸权的研究中发现，话语权在社会控制和权力中发挥着重要的中介作用，而对组织制度的顺从和沉默助长了组织霸权的产生[30]。制度影响在组织场域层面的作用同样引起了学者们的关注。Thomas B. Lawrence、Cynthia Hardy 等在对组织间协作的研究中发现，协作可能成为制度变化的来源，首先在协作中形成新体系的雏形——新的惯例、规则和技术，若新体系能够得到充分扩散，则会演变成为新的制度[31]。总之，多元化的制度理论如政治技能、专业化、合作与联盟，在经济社会的发展中发挥了重要作用。

3. 2007～2011 研究区间：新组织双面性—新企业家精神—新组织学习

这一区间的研究知识面并没有发生明显的扩展，但是出现了大量新颖的知识点，大大提高了组织理论研究的吸引力。提炼的三个主要研究主题——新组织双面性、新企业家精神和新组织学习，都是在一定研究基础上有新的研究问题或概念模型提出的。

组织双面性的研究最早可以追溯到 20 世纪 50 年代对组织双重本质的讨论，塞尔兹尼克详细阐述了组织所具有的“矛盾性”，一方面是“服从于可操作控制的正式结构”，另一方面是“不可避免地潜入到制度系统中的社会结构”[32]。古尔德纳则强调组织作为强制系统和同意系统的“两面”特征。在最新的研究中，以 Henk W. Volberda 和 Christian Homburg 为代表的研究群组又重新诠释了这个问题。Henk W. Volberda 等强调集成机制在组织双面性和结构分化中的中介作用，并对正式和非正式的集成机制分别进行了研究，提出共享的愿景对结构分化具有积极的影响，而高层领导和跨职能的整合并不是很有效的集成方式[33]。Christian Homburg 是基于消费者和服务的研究视角，在研究顾客和竞争者响应能力的同时，讨论组织系统所具有的情感和认知的两面特性。

对于企业家精神的研究在前两个区间都有所涉及，而这一时期则更倾向于对企业家精神特质中的某一方面进行深入探究。Bruce J. Avolio 作为资深的领导力研究学者，最新关注的研究方向包括对领导力投资发展所作的回报评估，诚信领导对其属下影响的心理过程分析，以及在企业家精神影响力方面所作的大量实验和准实验研究。以 Dean A. Shepherd 为代表的研究群组更加关注在不确定性或失败情形下的企业家行为研究。他们对于组织投资失败和耻辱的最新研究中，透析了面临失败的企业家所采取的印象管理策略，更多的是一种自我确定和自我检验的提升心理幸福感的行为[34]。另外，关于企业家情商、情绪感染等话题的讨论都印证了组织理论研究与社会系统发展的紧密联系。

随着知识作为一种相对独立的生产要素在经济发展中起到越来越重要的作用，学者们对于知识的重视和组织学习的研究也从未间断过。组织学习作为获取长期可持续竞争优势的理念，在实践中被检验和确认。更多的学者针对如何更好、更快、更有效地进行组织学习展开研究，拓宽了学习情境，衍化出更多的学习方式。例如，从失败中学习、从竞争对手或联盟中进行互补性学习、实践中转移学习、团队学习等。关注学习的同时，吸收和接受能力也成为研究重点。早在1977年，艾尔弗雷德·D. 钱德勒(Alfred D. Chandler Jr)就提出吸收的概念模型，认为“组织从吸收工人、技术和技术专家开始，伴随企业的发展，进而转向纵向整合，合并资源、销售和分配系统”[35]。Henk W. Volberda 等在对吸收能力最新的研究回顾与展望中，提出了现有研究在组织设计和个人、组织以及组织间的交换作用层面所存在的研究缺陷，并对吸收能力的微观和宏观前因如何影响竞争优势、创新和企业绩效等问题做出未来研究预测[36]。

4. 未来发展方向预测

尽管自1990年以来组织研究领域没有再出现之前所创造的辉煌，但研究仍沿着新的、对社会有所思考与贡献的方向发展。企业绩效问题是大家始终关注的焦点，很多研究主题都围绕着对企业绩效的影响展开，这在未来也将是主流的研究话题；创新和领导力的研究近十年来都保持着持续旺盛的态势，不断有新的话题出现；组织行为角度的研究将越来越丰富，并且更加注重从个人情感、心理、特质等微观层面去透析组织行为；组织研究整合与包容的特性也将得到更充分的体现，在与市场营销、供应链管理、战略管理、心理学等领域的不断融合中，衍化出大量交叉学科研究的新方向。

最后，通过对2010年突现率高的词频整理分析，得到组织研究领域的最新热点包括自我概念、侵略、心理安全、坚持、灾难这几个主题。可以看出，在未来的组织理论研究中，从心理学角度探究组织问题仍然是重要的研究方向；而伴随着全球经济危机影响的持续和组织中消极情绪的蔓延，组织对于安全和稳定的研究需求将进一步加强。

5.5 组织理论在中国的演进

长桥出版社于1979年曾出版由韦伯著、吴思华等翻译的《组织理论与管理》一书，书中介绍了韦伯的组织行政管理理论和思想。由于受到政治、经济、文化等因素的影响，直至20世纪80年代中后期，国外组织理论和方法才被逐渐引进到国内[37]。对企业组织理论的具体研究始于80年代末期。1987年，企业管理出版社出版了《企业管理组织理论与实践》一书，介绍了企业管理体制、领导制度、管理组织机构等问题。组织理论在我国的发展也经历了从古典组织理论的科学管理、行政管理、科层制等理论到行为科学的人际关系管理需求层次理论、双因素理论以及现代组织理论的组织协作理论、系统理论、组织决策理论、制度理论、组织文化等理论的发展阶段。20 世纪 80 年代，我国对西方组织理论的研究大多是关于组织理论的发展概述以及在现实社会企业中的应用。到 90 年代，学者研究的文献产出量激增，从介绍其发展概况到研究行政管理理论、行为科学中的人际关系理论、学习型组织理论及组织结构与系统理论等现代组织理论。20 世纪 90 年代，西方国家的组织理论研究处于平缓发展时期，而与此同时，行为科学组织理论与现代组织理论研究上有了快速进步。

5.5.1　组织理论在中国的引入和传播

自 20 世纪 80 年代以后，发达国家对经济学和管理学的研究更为深入。改革开放以后，国内开始大量引进与翻译国外的科学管理理论与经济理论研究成果。其中，组织理论就是在此时期引进并得到传播发展的。90 年代以后，国内决策理论的文献和书籍大量涌现，如人际关系理论、组织决策理论、组织协作理论及组织文化等理论在国家、部门和企事业单位的管理实践中得到广泛应用和创新。

在中国知网检索平台的学术期刊全文数据库和重要会议论文数据库中，以主题词为“组织理论”进行检索，共检索相关文献 5 752 篇，以关键词检索结果为 1 127篇。检索学位论文数据库(包括博士学位论文和硕士学位论文)，主题词检索结果为 3 485 篇，关键词检索结果为 142 篇(2013 年 6 月检索)。各数据库中相关文献的逐年分布情况(图 5.4、图 5.5)。其中，数据库中收录最早的一篇期刊论文是，1956 年安・瓦・雅可夫烈夫发表在《劳动》上的《工人技术学校组织理论教学和生产实习教学的教学方》一文，文中介绍了组织理论在工人技术学校生产实践中的应用；我国学者孙耀君于 1980 年在《经济管理》上发表了《传统管理理论的系统化和韦伯的行政组织理论》一文，主要介绍了传统的组织理论的概念及其职能；同年，范家骧也在《世界经济》上发表了《从组织理论的发展看现代的经济管理——介绍西蒙和马奇合著的〈组织〉》一书，较为系统地介绍了组织理论从古典组织理论到组织行为理论的发展过程及对现代企业组织管理的影响。

从期刊(会议)学术论文发表的年度分布来看，从 20 世纪八九十年代开始，该领域研究的文献产出量基本平稳，处于对国外文献的翻译引进阶段；而 1990 年文献产出量出现了一次跃升；1993 年以后，组织理论研究的期刊(会议)文献量呈现出急剧增长的态势；到 2010 年达到一个增长的峰值；2010 年以后文献产出量稍有下降。另外，从学位论文的分布情况来看，2000年我国出现最早的以

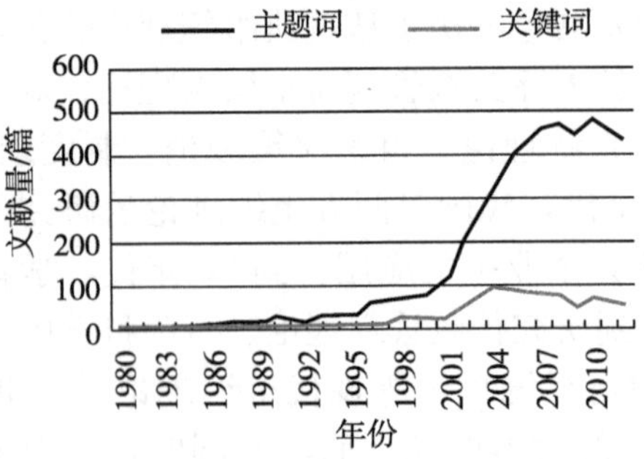

图 5.4 学术期刊(会议)文献量逐年分布

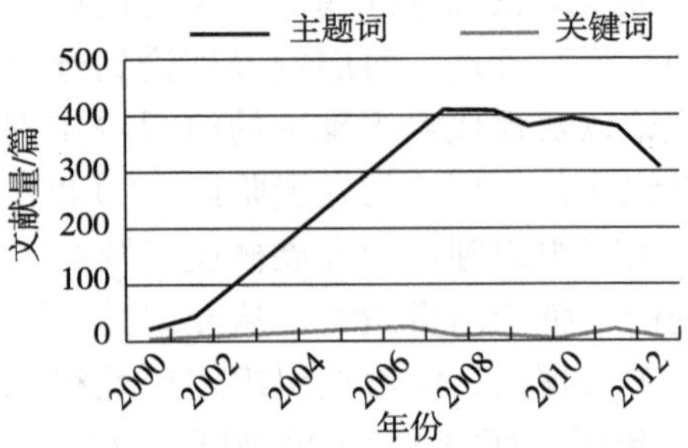

图 5.5 学位论文文献量逐年分布

“组织理论”为研究主题的学位论文，系大连理工大学南方的硕士学位论文《企业组织模式研究》。论文以企业组织理论和契约理论作为理论基础对企业组织模式进行理论探索，并结合典型企业组织模式的实证分析，对企业组织模式的科学性和合理性进行了研究。从2000年开始，学位论文数量增长迅速，在2007年以后趋于平缓。学位论文的数量逐年分布与期刊(会议)论文的分布态势具有相对的一致性。根据中国期刊全文数据库中的有关组织理论研究的文献量分布情况，按文献产出数量的分布可以大致划分出国内组织理论发展的三个阶段，即20世纪80～90年代为引进与传播时期；1990～2000年为积累时期；而2000年后至今为蓬勃发展时期，但2007年开始对组织理论的研究趋于平缓并有所下降。

有关组织理论方面的研究专著或教材，在国家图书馆检索到1 200部。其中以“组织理论”作为关键词检索段，共有78部关于组织理论的专著。而20世纪90年代，出版的书籍多达20余部，其中1990年湖南师范大学出版社出版了彭国甫的《行政组织学 》一书，主要是关于行政管理—组织理论的内容；1992年，田兆阳在中国政法大学出版社出版了《行政组织初论》一书，探讨了我国行政组织的性质地位、环境、职能、结构、心理、思想建设、制度建设、作用建设和改革发展等问题；1995年，北京师范大学出版社出版了姜璐时等著的《自组织管理理论》。早在20世纪50年代，我国就有关于组织理论的外国专著翻译本；而到了90年代后，我国学者才真正的开始编撰。1997年，朱国云在南京大学出版社出版了《组织理论：历史与流派》；同年，竹立家在中共中央党校出版社出版了《国外组织理论精选》；1998年，东北财经大学出版社出版了理查德・L. 达夫特的《组织理论与设计》的英文版；同年，中国人民大学的吴培良等出版了《组织理论与设计》的中文版；在同一年，费洪平在经济管理出版社出版了《中国企业组织战略行为》一书，介绍了企业组织行为、中国的企业组织与环境的关系以及企业组织与经济结构间的关系。2001年清华大学出版社出版了吴彤所著的《自组织方法论研究》一书，概述和总结各个自组织科学理论，创造性地提出和阐释了自组织方法论的整体框架，探讨了自组织条件方法论、自组织动力学方法论、自组织演化途径方法论等；2007 年，清华大学出版社出版了理查德 · L. 达夫特所著的《组织理论与设计》一书，介绍了从现实社会中各类组织的观察和分析入手，对组织的结构设计及相关影响因素进行了生动有趣和富有逻辑性的介绍和阐述；2011 年，西安交通大学出版社出版了《组织理论与设计》的中译本。2009 年，中国人民大学的刘松博等出版了《组织理论与设计》、2010 年中国人民大学的杜朝辉出版了《产业组织理论》。20 世纪 90 年代的组织理论多是关于行政组织与自组织理论的介绍；而 90 年代以后，组织理论的发展出现多样化的局面，如自组织理论、组织理论、组织理论与设计、产业组织理论等。这使得现代组织理论与古典组织理论在特征、应用与功能上形成对比。

5.5.2　组织理论的研究热点

为进一步展现近年来我国组织理论研究的热点问题和前沿领域，对下载的 2008～2012 年组织理论文献数据，使用 CiteSpace 软件系统绘制文献信息可视化知识图谱。在关键词共现网络图谱的基础上进行聚类分析(图 5.6)，按照聚类大小和研究的相关度，并结合 TF ∗ IDF 算法抽取的聚类标识词，整理出国内组织理论的主要研究热点领域和研究热点领域的共现关键词(表 5.5)。

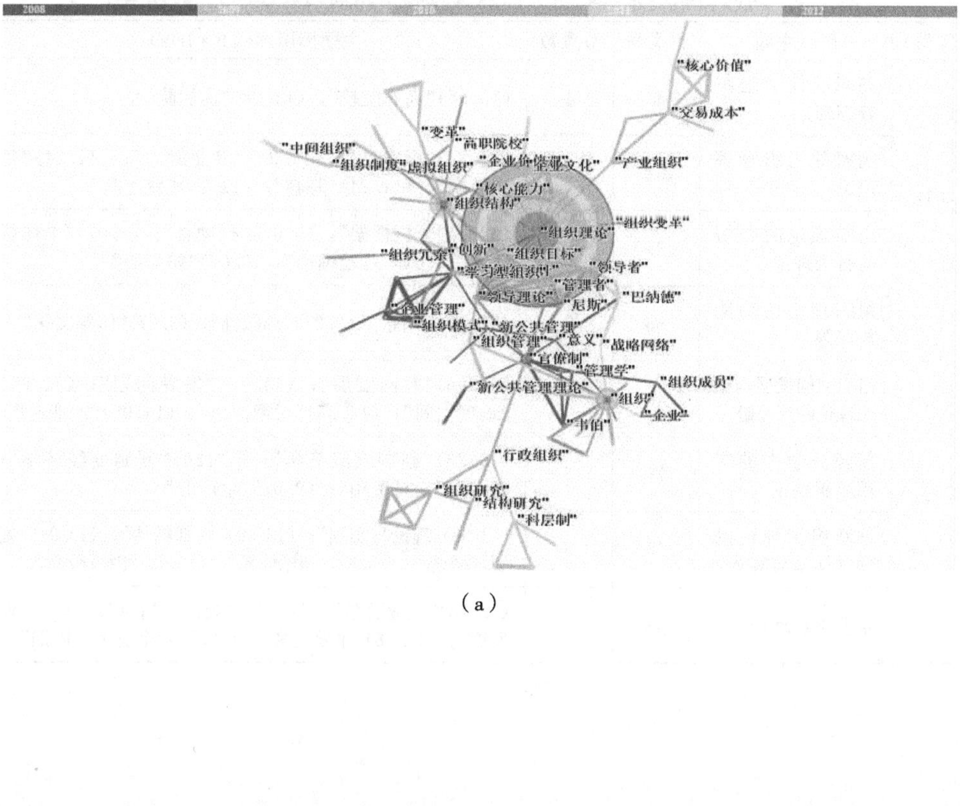

(a)

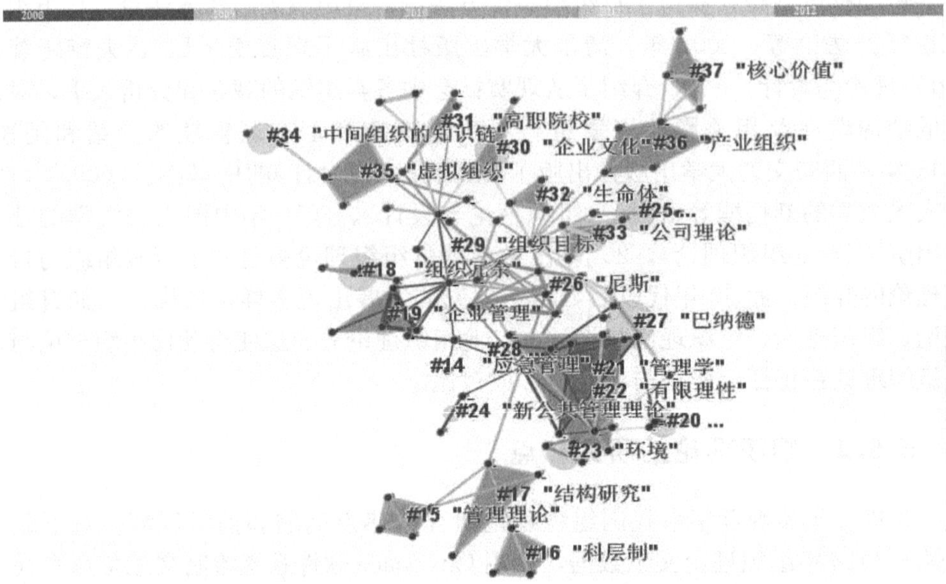

(b)

图 5.6 国内组织理论领域研究文献的关键词共现网络图谱(2008～2012 年)

表 5.5 国内组织理论领域研究热点领域和主题词列表(2008～2012 年)

年份	研究主题	聚类号	节点数	主题标识词(TF＊IDF)
2012	高职院校的组织管理理论	33	4	(13.98)“高职院校”；(13.98)“高职院”
	国家的组织管理理论	62	3	(11.24)“国家队”；(11.24)“专业能力”；(11.24)“生产效率”；(11.24)“阵容”；(11.24)“梦之队”
	组织理论的分析与行为理论	31	3	(9.07)“分析框架”；(9.07)“行动者”；(9.07)“个体行动”；(9.07)“行动理论”；(9.07)“帕森斯”
	组织理论的功能与局限	38	2	(11.24)“功能”；(9.07)“局限性”；(9.07)“体育文化”
2011	组织共同发展与组织理论的产业链	48	6	(14.95)“共同发展”；(14.95)“发展问题”；(14.95)“地理空间”；(14.95)“对策探讨”；(14.95)“产业链”
	新经济学中的应用组织理论	74	5	(10.26)“新制度经济学”；(10.26)“新制度经济学”；(9.07)“交易费用”；(9.07)“生产的”
	创新组织理论的理论体系与实践	55	5	(13.98)“理论与实践”；(13.98)“内部结构”；(13.98)“宏观与微观”；(13.98)“理论体系”；(13.98)“创新研究”
	企业组织理论	43	5	(12.78)“企业要素”；(12.78)“规范化”；(12.78)“企业发展”；(12.78)“主要任务”；(12.78)“企业生命周期”

续表

年份	研究主题	聚类号	节点数	主题标识词(TF＊IDF)
2011	组织理论的变迁	44	4	(9.07)“组织革新”；(9.07)“学术权力”；(9.07)“利益相关者”；(9.07)“其他组织”；(9.07)“内部治理”
	实践中的组织理论应用	36	4	(16.5)“公司理论”；(16.5)“比较制度分析”；(16.5)“历史制度分析”；(15.78)“董事会”；(0.15)“组织理论”
	组织理论研究对象	8	4	(17.13)“ngo”；(14.95)“制约因素”；(11.24)“农民工ngo”；(9.07)“农民工”
2010	组织理论的可操作与创新性	58	49	(13.98)“可操作性”；(13.98)“制度创新”；(13.98)“整合创新”；(13.98)“公司治理理论”；(13.98)“流程再造理论”
	组织理论在虚拟组织中的应用	35	15	(13.7)“虚拟组织”；(13.7)“虚拟组织”；(12.78)“会计师事务所”；(12.78)“市场机会”；(12.78)“会计事务所”
	政府与企业的组织理论	76	11	(18.2)“大学”；(18.2)“大学”；(17.69)“国家创新体系”；(17.69)“生态网”；(17.69)“政府与企业”
	组织领导理论	24	10	(13.98)“尼斯”；(13.98)“领导理论”；(13.98)“领导理论”；(13.98)“美国总统”；(12.78)“莫名其妙”
	演化经济学中的组织理论	75	6	(12.98)“演化经济学”；(12.98)“产业环境”；(12.98)“形式演化”；(12.98)“产业演进”；(12.98)“产业生命周期”
	企业组织理论绩效与评价体系	40	5	(9.38)“企业绩效”；(9.07)“组织冗余”；(9.07)“评价”；(6.66)“代理理论”
	组织理论与模型	39	5	(8.88)“创新”；(8.25)“组织模式”；(0.08)“组织理论”
	管理学演化出的组织理论	46	4	(12.14)“管理理论”；(11.1)“智慧”；(11.1)“中国传统思想”；(11.1)“管理学研究”；(11.1)“亚洲”
	产业经济与产业组织理论	52	4	(9.38)“产业组织”；(9.38)“产业组织”；(7.87)“产业经济”；(7.87)“博弈论”；(7.34)“威廉姆森”
2009	组织理论	30	9	(11.38)“组织”；(10.88)“组织”；(7.87)“互动”；(7.17)“环境”；(7.17)“组织管理”
	企业价值观	22	6	(10.26)“企业文化”；(9.76)“劳动生产率”；(9.76)“管理方式”；(9.76)“员工”；(9.76)“现代科学管理”
	组织理论中多样化的层级制	45	4	(14.95)“科层制”；(13.98)“科层制”；(11.24)“事业部制”；(11.24)“精英高等教育”；(11.24)“多样化”
	高可靠性的政策组织及理论建设	10	4	(15.78)“高可靠性政府”；(15.78)“高可靠性组织”；(12.98)“风险社会”；(12.78)“借鉴”；(12.78)“建设”
	公共行政组织理论与新公共服务	61	3	(11.24)“理论读物”；(11.24)“书讯”；(11.24)“热点难点问题”；(11.24)“专家学者”；(11.24)“撰写”
		56	3	(9.07)“‘三风’建设”；(9.07)“亚文化”；(8.25)“组织文化”；(8.25)“组织文化”

续表

年份	研究主题	聚类号	节点数	主题标识词(TF * IDF)
2009	组织理论的价值链与核心价值	54	3	(11.24)“价值链”；(9.76)“核心价值”；(9.07)“机制”；(6.26)“交易成本”
	公共行政组织理论与新公共服务	47	3	(8.82)“结构研究”；(7.87)“行动者研究”；(7.75)“行政组织”；(7.75)“行政组织”；(7.17)“根本属性”
		37	3	(11.1)“公共行政”；(11.1)“公共行政”；(9.76)“新公共服务”；(9.07)“民主治理”
	现实主义与应急管理中的组织理论	32	3	(12.78)“现实主义”；(12.78)“建构主义”；(11.24)“变革”；(9.07)“应急管理研究范式”；(7.87)“应急管理”
	组织设计与创新	21	3	(8.88)“运行机制”；(8.82)“组织设计”；(7.87)“高校共青团”；(7.17)“创新”
	组织理论系统与子系统间的关系	13	3	(9.76)“子系统”；(9.76)“完整系统”；(9.76)“企业人力资源管理”；(9.76)“以人为本”；(9.76)“管理观念”
2008	组织变革	15	7	(20.21)“案例分析”；(19.49)“国有企业改革”；(19.49)“案例研究”；(19.49)“内部组织结构”；(19.49)“中国国有企业”
	东西方组织理论对比研究	42	6	(12.98)“企业管理”；(12.98)“企业管理”；(11.24)“东西方”；(11.24)“机械式”；(11.24)“集体主义”
	组织架构	17	6	(11.04)“企业组织结构”；(10.1)“企业组织结构”；(9.76)“外部环境”；(9.07)“信息技术平台”；(9.07)“结构要求”
	管理学中的组织官僚制	20	5	(11.24)“工具理性”；(10.31)“官僚制”；(10.31)“官僚制”；(9.07)“韦伯”；(9.07)“管理学”
	企业组织技术理论及其他综合性理论	41	3	(9.38)“代理理论”；(7.87)“企业组织技术理论”；(7.87)“综合理论”；(0.1)“组织理论”
	组织理论中的官僚制	27	3	(12.78)“新公共管理理论”；(11.24)“融合、创新的行政改革”；(11.24)“中国行政改革历程及经验”；(9.07)“传统官僚制”
	组织结构	18	3	(7.87)“企业”；(7.87)“企业”；(4.44)“组织结构”；(4.44)“组织结构”；(0.08)“组织理论”
	群体中的组织伦理理论	4	3	(11.24)“伦理委员会”；(11.24)“体育管理”；(11.24)“群体伦理”；(9.07)“体育伦理”
	组织理论	3	3	(9.76)“社会组织”；(9.07)“新形势”；(9.07)“贯彻落实”；(9.07)“高度重视”；(9.07)“基础理论研究”

从关键词共现网络图谱和研究主题词的分布来看，近年来我国组织理论的研究热点主要集中在组织理论、组织结构、组织、官僚制、学习型组织、组织设

计、组织模式、组织变革、虚拟组织、行政组织及领导者等方面。

2008 年在我国对组织理论的研究主要侧重于组织理论、组织结构及组织中的官僚制等为核心的研究；2009 年侧重于组织理论与创新、组织变革、企业组织价值链、公共组织理论等为核心的研究；2010 年开始出现组织理论的可操作性与创新性、虚拟组织、网络组织等为核心的研究；2011 年是以组织理论在企业中的应用与实践、产业组织、新经济学中的组织理论的研究为主；2012 年以来，大多转向了组织理论在高校和企业中的应用及组织管理理论功能的研究。随着决策科学研究的进展，自 2008 年以来，我国组织理论研究获得各类科研基金资助达 1 700 多项。以国家自然科学基金为例，把"组织理论"作为项目主题词，自 1999～2012 年受资助的项目仅 10 项，研究的主题是商品市场与产业组织理论的竞争、组织复杂性管理、企业组织能力系统演化、自组织理论、组织理论的研究创新等。

随着信息技术的不断发展，知识经济正以其独特魅力向各行各业渗透，现代企业管理亦逐渐走向组织结构扁平化、管理方式柔性化、办公方式分散化[38]。

而组织理论的演进总是与外在的社会环境和内在的企业运作、效率及管理实践密切相关，它的发展是一个连续的过程[39]。组织理论研究的基本走势，即理论重点由内向外转移，组织形态由工厂化到网络化变迁，人性进而组织属性的生产化向生活化转化等仍将得到延续，这也是组织理论演化的最终方向得以确立的极好契机[40]。

5.6　本章小结

本章沿着组织理论的创生、发展及最新进展的主线，梳理了组织与组织理论的相关概念，追踪了组织理论的演进历程，重点探讨了组织理论研究的主要历史流派，并最终借助 CiteSpace 可视化软件分析了组织理论的研究前沿及研究群体的分布。组织理论吸收了大量来自政治学、心理学、社会学、经济学等众多领域的思想和观点，与战略管理、知识管理、信息管理、物流管理等众多管理学科均有交叉研究话题，是一种内涵丰富、与实践联系紧密的理论体系。从组织理论自身的发展和演变轨迹可以看出，组织理论的发展是一个连续的过程。虽然经过古典组织理论、行为科学组织理论和现代组织理论的发展，各理论流派的观点不一，但总体来说，随着人们对组织的认识逐步深化，组织理论逐渐发展成为完善的、系统的科学理论体系。对于组织理论的系统梳理与熟悉，将有助于我们更加准确地把握组织的本质和运行规律，对分析组织实际问题具有重要的指导意义。20 世纪 80 年代以来，组织理论的研究在我国得到广泛的关注和传播；从 90 年代开始，组织理论研究文献的产出逐渐增多，并在生产管理实践中得到广泛的应用。通过对中国知网检索平台的多个相关数据库等检索文献进行计量和可视化分析，本章重点分析了 2008 年以来，组织理论在我国的研究热点领域及其相关问题。

参考文献

[1] 刘延平．组织理论代表人物评析[M]．北京：经济科学出版社，2010.
[2] 理查德・L．达夫特．组织理论与设计[M]．王凤彬，张秀萍，刘松博译．北京：清华大学出版社，2008.
[3] 朱国云．组织理论：历史与流派[M]．南京：南京大学出版社，1997.
[4] 奈杰尔・尼克尔森．布莱克威尔组织行为学百科辞典[M]．林译炎，严丽华译．北京：对外经济出版社，2003.
[5] 徐全军．企业理论新探：企业自组织理论[J]．南开管理评论，2003(3)：37～42，53.
[6] 钱平凡．组织转型[M]．杭州：浙江人民出版社，1999.
[7] 陆江兵．技术・理性・制度与社会发展[M]．南京：南京大学出版社，2000.
[8] 卡斯特 F E，罗森茨韦克 J E．组织与管理[M]．傅严，李柱统译．北京：中国社会科学出版社，1985.
[9] 周颖洁，张长立．试析西方组织理论演变的历史逻辑[J]．现代管理科学，2007，(5)：68～69，80.
[10] Savage C M. Fifth Generation Management：Co-creating through Virtual Enterprising，Dynamic Teaming and Knowledge Networking[M]. Boston：Butterworth-Heinemann，1996.
[11] 吴丽娟．组织理论的发展、转向及现实价值[J]．党政干部学刊，2006，(9)：15～17.
[12] 孙佳敏．组织理论研究的范式演变及其理论见解[J]．科技咨询导报，2007，(16)：133～134.
[13] 邱泽奇．在工厂化和网络化的背后——组织理论的发展与困境[J]．社会学研究，1999，(4)：3～27.
[14] 林慕华．从官僚组织理论到现代组织理论：继承与超越[J]．中山大学学报论丛，2004，(4)：212～215.
[15] 张文泉，李泓泽．组织理论的演进与发展[J]．工业工程与管理，2000，(5)：5～9.
[16] 切斯特・巴纳德．经理人员的职能[M]．王永贵译．北京：机械工业出版社，2007.
[17] 郭咸纲．西方管理学史[M]．北京：中国经济出版社，2003.
[18] Aldrich H E. Incommensurable Paradigms? Vital Signs from Three Perspectives，Rethinking Organization：New Directions in Organization Theory and Analysis[M]. London：Sage Publications Ltd，1992.
[19] Scott W R. Reflections on a half century of organizational sociology[J]. Annual Review of Sociology，2004，(30)：1～21.
[20] Fligstein N，Feeland R. Theoretical and comparative perspectives on corporate organization[J]. Annual Review of Sociology，1995，(21)：21～43.
[21] 窦曦骞，祁延莉．特征因子与论文影响力指标初探[J]．大学图书馆学报，2006，(6)：

57～62.

[22] Emerson R M. Power-dependence relations[J]. American Sociological Review, 1962, 27(1): 31～41.

[23] Miller D, Shamsie J. The resource-based view of the firm in two environments: the hollywood film studios from 1936 to 1965[J]. The Academy of Management Journal, 1996, 39(3): 519～543.

[24] Delacroix J, Swaminathan A, Solt M E. Density dependence versus population dynamics: an ecological study of failings in the california wine industry[J]. American Sociological Review, 1989, 54(2): 245～262.

[25] Carroll G R, Preisendoerfer P, Swaminathan A, et al. Brewery and brauerei: the organizational ecology of brewing[J]. Organization Studies, 1993, 14(2): 155～188.

[26] Knights D, Morgan G. Organization theory and consumption in a post-modern era[J]. Organization Studies, 1993, 14(2): 211～234.

[27] Grover V, Teng J T C, Fiedler K D. Information technology enabled business process redesign: an integrated planning framework[J]. Omega, 1993, 21(4): 433～447.

[28] Mumford M D, Zaccarob S J, Johnsonc J F, et al. Patterns of leader implications for performance development [J]. The Leadership Quarterly, 2000, 11(1): 115～133.

[29] Luo Y D, Peng M W. Learning to compete in a transition economy: experience, environment, and performance[J]. Journal of International Business Studies, 1999, 30(2): 269～295.

[30] Brown A D, Coupland C. Sounds of silence: graduate trainees, hegemony and resistance [J]. Organization Studies, 2005, 26(7): 1049～1069.

[31] Lawrence T B, Hardy C, Phillips N. Institutional effects of interorganizational collaboration: the emergence of proto-institutions[J]. The Academy of Management Journal, 2002, 45(1): 281～290.

[32] Selznick P. Foundations of the theory of organization[J]. American Sociological Review, 1948, 13(1): 25～35.

[33] Burgers J H, Jansen J J P, van den Bosch F A J, et al. Structural differentiation and corporate venturing: the moderating role of formal and informal integration mechanisms[J]. Journal of Business Venturing, 2009, 24(3): 206～220.

[34] Shepherd D, Haynie J. Venture failure, stigma, and impression management: a self-verification, self-determination view[J]. Strategic Entrepreneurship Journal, 2011, 5(2): 178～197.

[35] Chandler A D. The Visible Hand: The Managerial Revolution in American Business[M]. Cambridge: Harvard University Press, 1977.

[36] Volberda H W, Foss N J, Lyles M A. Perspective: absorbing the concept of absorptive capacity: how to realize its potential in the organization field[J]. Organization Science, 2010, 21(4): 931～954.

[37] 牛丽贤，张寿庭．产业组织理论研究综述[J]. 技术经济与管理，2010，(6)：136～139.
[38] 陈晓玮．现代企业管理的三个动向[J]. 中国石油和化工，2005，(3)：87～88.
[39] 吴丽娟．组织理论的发展、转向及现实价值[J]. 党政干部学刊，2006，(9)：15～17.
[40] 朱宁．企业组织理论演进浅析[J]. 经济论坛，财经界(学术版)，2011，(1)：31.

第 6 章

战略管理学的演进与研究前沿

20 世纪 50～70 年代是工商管理学广泛传播和发展的时期。第二次世界大战以后，世界各国的工商企业发生了巨大的变化，传统封闭的自给自足的家族式企业管理模式已经不能适应社会和经济飞速发展的需要；战后美国占据了不可挑战的经济地位，政府对经济的干预使美国经济发展第一次摆脱了经济危机的威胁；企业的发展环境第一次如此的具有可预测性，企业的规模和生产能力迅速壮大，这些企业因为投资巨大，故其失败不仅关系到经济的健康运行，而且对社会的冲击也是巨大的；企业家不仅仅关心管理结构，以便合理地使用资源，而且更加关心的问题是如何生存下去，于是企业战略管理思想创生并逐步走向成熟。战略管理理论是工商管理知识体系的主要理论也是其学科体系的重要分支和组成部分，是现代工商管理学发展的主流学科。

6.1 战略与战略管理

战略管理的思想源远流长，其最早来源于军事原理。“战略”一词来源于希腊语“strategos”，其含义是“将军指挥军队的艺术”。在我国古代，战略是指战争的方略、用兵的谋略。世界上第一部体现军事战略管理的专著可以追溯到我国伟大的军事家孙武在公元前 360 年撰写的《孙子兵法》。普鲁士军事理论家克劳塞维茨(C. P. G. Clausewitz)的《战争论》是资产阶级军事理论中具有代表性的著作，他认为“战略是为了达到战争目的而对战斗的运用”。战略自古以来都是战争与军事领域的重要概念和思想，马克思、恩格斯、列宁、斯大林和毛泽东的军事著作，都对战略问题做了科学的概括，奠定了无产阶级战略理论的坚实基础。毛泽东认为，“战略问题是研究战争全局性的规律性的东西”。在军事领域，战略理论和思想已经成为军事科学领域研究的基础和主要分支。

对战略理论和思想进行专门的研究，已经形成了一门重要的学科领域，即战略学。战略学目前是我国军事科学门类的八个一级学科之一，它是一门研究战争全局和全局性战争指导规律的学科。其主要任务是揭示战争的本质及其发生、发展的基本规律，阐明战略指导的原则和方法，为建设和使用军事力量、遏制战争和准备与实施战争提供科学的理论依据和正确的理论指导，在军事学术中居于主导地位。随着社会经济的发展和科学技术的不断进步，战略理论和思想从军事领域的研究逐步移植到社会活动的各个领域。尤其是在管理理论和实践领域，战略思想得到了充分应用和广泛传播。

企业管理实践中有关战略问题的研究是在企业生产经营社会化、全球化过程中不断发展起来的，是企业管理由生产管理到经营管理进一步发展的结果。20世纪30年代，西方经济出现大萧条，企业生存和发展面临严重的危机，企业未来的发展何去何从成为当时企业管理者和经营者需要思考的一个重要问题，对于早期以提高生产效率为目的的对生产过程的科学管理已经不能满足企业管理实践发展的需求，科技进步的加快和市场需求的扩大，管理范围也相应扩大到研发和营销方面。1938年，美国经济学家切斯特·巴纳德在其出版的《经理人员的职能》一书中，首次把战略概念引入企业经营中，说明战略因素在企业综合系统中和诸要素相互作用中的影响与作用。随着经济全球化的发展，市场瞬息万变，企业竞争也不断加剧，企业在发展和管理中的战略问题也突现出来，企业管理发展到战略管理阶段。

1965年，美国的伊戈尔·安索夫(H. Igor Ansoff)出版了《企业战略论》(*Corporate Strategy*)这一经典著作，“战略管理”的概念首次出现在管理学史上。此后，战略管理的概念得到了越来越广泛的应用，随着学者们对企业战略理论研究的不断深入，其内涵也在不断丰富和完善，有效地指导企业的经营管理实践并取得了明显的经济收益。

6.2 战略管理学的发展演进

6.2.1 战略管理学的创生

1938年，切斯特·巴纳德首次将战略的概念引入管理理论，他认为战略因素应局限于管理活动之下，企业组织应该遵循的原则是相同的，都必须考虑到战略因素[1]。但一般认为，真正为企业战略下定义的第一人是艾尔弗雷德·钱德勒，他将企业战略定义为：“确定企业的长期基本目标与目的，选择企业达到这些目标所遵循的途径，并为实现这些目标与途径而对企业重要资源进行的管理。”[2]这一定义虽然侧重于企业成长方法和资源管理，但为企业战略研究指明了方向。20世纪60年代战略规划的兴起，成为企业提高竞争力的唯一途径。在这样的背景下，企业管理上升到了战略的高度，企业管理者都致力于用战略的眼光看待企业发展的问题，追求战略管理的知识和技能，战略管理思想孕育而生。

企业管理实践和企业生存环境变化的需求推动了战略管理理论的创生。早在 20 世纪 50 年代，以组织学派的代表人物马奇为首的管理学专家便开始转向对企业组织战略管理问题的研究。作为战略管理理论创始人之一的伊戈尔·安索夫曾提出多样化战略思想。他在洛克希德飞机公司(Lockheed Corporation)作为发展计划专家期间，对多元化扩张问题进行了深入研究。他于 1957 年发表了《多样化战略》(*Strategy for diversification*)一文，提出多样化战略按产品之间的关系和收入比例可以分为相关多样化和非相关多样化；按技术与市场的关联程度又可以分为同心多样化、水平多样化和复合多样化的经营战略思想，并提出了"产品与市场配合"的概念。1965 年，《公司战略》一书的问世，使安索夫有了"战略管理之父"的称号，开战略规划之先河。安索夫在书中对企业发展的基本原理、理论和程序进行了研究，并认为战略构造是一个有控制、有意识的正式计划过程。因而企业高层管理者的任务是制订和实施战略计划。美国管理学家钱德勒在 1962 年发表专著《战略与结构：工业企业史的考证》(*Strategy and Structure*: *Chapters in the History of American Enterprise*)，首次分析了"环境—战略—组织结构"之间的相互关系，认为企业经营战略应当适应环境，满足市场需要，构成了环境—战略—组织相互关系的战略发展思想。1979 年，安索夫出版了《战略管理》(*Strategic Management*)一书，系统地提出了战略管理的八大要素模式：外部环境、战略预算、战略动力、管理能力、权力、权力结构、战略领导和战略行为。安索夫明确指出，战略管理的本质是把"公司战略"当做对象和功能来进行系统的管理。如果说《公司战略》一书主要是对公司战略的概念、操作方法等进行系统的阐述，那么《战略管理》则是 14 年后，在发展环境高度动荡条件下，对企业战略管理进行系统的研究。

马奇在组织决策与战略理论的研究方面做出过巨大贡献。马奇早年在卡耐基梅隆大学任教，与当时的同事、决策管理学派的主要代表西蒙等共同开创了组织研究的"卡耐基梅隆学派"。1958 年，他与西蒙合作出版了《组织》一书，侧重强调对组织战略决策模式的研究，构成了组织战略理论研究的理论基础之一。马奇对组织决策的产生过程进行了深入剖析，运用社会学和行为学的理论研究了各种不同情境下的决策，他认为组织战略在很大程度上是个人观念与组织需求相互作用的结果。管理者个人的期望和动机、组织结构等就是组织战略决策的内部变量(internal variable)。马奇发展了组织决策模式的研究，并与赛尔特发展了对组织目标的研究，指出了树立组织目标的重要性。组织目标是一个社会组织存在和发展的基础，它为组织的发展指明了方向，是判断组织活动合法性的依据，起着团结和激励组织成员努力奋斗的作用，是衡量组织效果与效率的准则。因而，对于这些课题的研究具有非常实用的价值。对组织目标的设计和确立是组织战略管理思想的萌芽，也是早期战略管理研究的理论来源之一。

安索夫对战略管理概念和思想的论述，为早已了解企业管理外部环境的学者提供了一个平台，学者们开始致力于发展战略管理学这门学科。从 1979 年舒恩德尔(D. Schendel)和霍弗(C. W. Hofer)编著的《战略管理：商业政策与计划的新观点》(*Strategic Management：A New View of Business Policy and Planning*)一书的出版，至 1980 年《战略管理学报》的面世，战略管理学作为一门管理科学领域的重要分支学科得到了学者们的普遍认可。

尽管这一时期学者们研究企业战略的方法各异，具体主张不尽相同，但其核心思想是一致的。企业战略的制定和实施必须充分考虑环境变化，企业要不断地去适应市场环境的变化，对于环境的变化而言，企业始终处于一种被动状态；企业战略的实施很少考虑企业内部因素和外部环境，这使企业战略的生存和发展空间十分有限。这种以环境为基础的经典战略理论很快被 20 世纪 80 年代以迈克尔·波特为代表的竞争战略理论所取代。

6.2.2 战略管理学的繁盛发展时期

20 世纪 80 年代以后是战略管理学科的繁盛发展时期。先后出现了一系列战略管理学派，其中以安德鲁斯(Kenneth R. Andrews)为代表的设计学派、以安索夫为代表的规划学派和以波特为代表的定位学派为三大主流学派，他们在战略管理研究领域演绎了百家争鸣的学术景象。

拉莫斯·罗德里格(A. R. Ramos-Rodriguez) 和鲁伊兹·纳瓦罗(J. Ruiz-Navarro)在 2004 年用文献计量学中的引文和共被引分析方法对《战略管理学报》从 1980 年创刊到 2000 年的全部文献数据进行分析，分析了对战略管理学科发展最具影响力的研究文献以及分析了这一学科发展的知识结构变化，利用皮尔逊相关系数矩阵，分年段对战略管理理论的知识结构变化进行了可视化分析[3]。2007 年，捏鲁尔(S. P. Nerur)、拉西厄德(A. A. Rasheed)和纳塔拉疆(V. Natarajan)基于拉莫斯·罗德里格和鲁伊兹·纳瓦罗在 2004 年的研究成果基础上，使用同样的数据，利用作者共被引分析、多维尺度分析、因子分析和关键路径分析等方法对文献数据绘制了知识结构图谱。辨识了战略管理学科的分支领域、各分支领域之间的关系、学科发展过程中的关键节点作者，以及这些作者对战略管理理论发展过程的影响[4]。

我们同样使用《战略管理学报》的文献数据，结合作者共被引分析和文献共被引分析两种方法和新一代的可视化分析工具对战略管理理论的发展演进进行可视化分析，展示战略管理理论演进的知识基础结构及其演进。对这一时期的文献进行共被引网络图谱的分析，可以探测战略管理理论在 1980 年以来的发展演进情况。利用 CiteSpace 软件对战略管理国际学术期刊《战略管理学报》从 1980 年到 2008 年的全部 1 682 条数据进行文献共被引网络分析，选择 Time-line 视图（图 6.1），图谱中显示代表知识结构的共被引聚类共 9 个，从时间演进和较大聚类结构的角度，探测战略管理理论的发展情况。

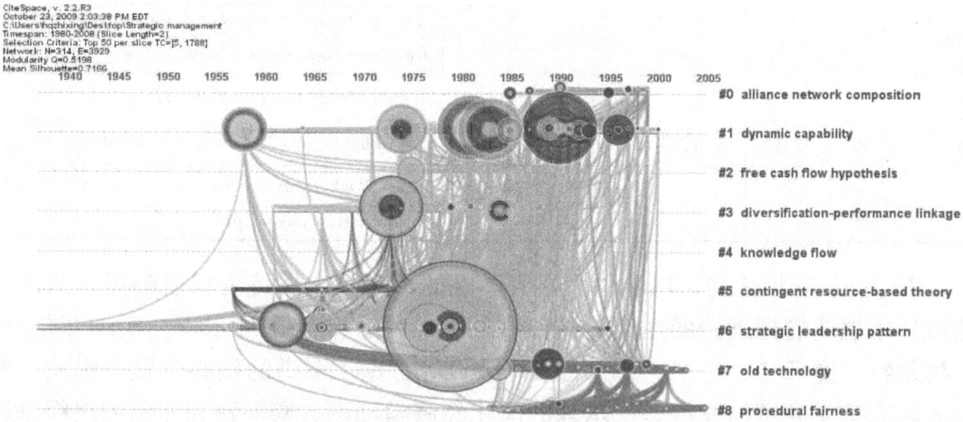

图 6.1　战略管理理论文献共被引网络的 Time-line 视图

20 世纪 80 年代后，伴随着社会的转型，管理领域出现了一次剧烈的变化。到 20 世纪末，随着经济全球化和知识经济时代的到来，企业所处的环境迎来了彻底的变革，管理创新热潮随之出现。彼得·德鲁克将其称之为“管理的新范式变革”[5]。这一管理变革涉及企业管理的各个方面，甚至关系到企业的存亡，企业战略问题再次成了企业管理的首要问题。传统的战略管理思想受到挑战，开始由以适应环境为主的竞争定位理论转向以创新为主的核心竞争力理论。战略管理思想在经历了 20 世纪 50 年代的经典战略理论和 60～70 年代的传统战略管理理论后，在这一时期进入理论发展的鼎盛时期。如表 6.1 所示，列出了文献共被引网络中被引频次最高的前 10 篇文献。

表 6.1　战略管理理论文献共被引网络中的被引频次前 10 的文献信息列表

频次	突现率	中心性	sigma	作者	年份	题目
387	10.34	0.16	4.56	M. E. Porter	1980	*Competitive strategy*
241	15.22	0.03	1.59	J. B. Barney	1991	*Firm resources and sustained competitive advantage*
226	3.8	0.06	1.25	R. R. Nelson	1982	*An Evolutionary Theory of Economic Change*
218	23.84	0.11	12.88	R. P. Rumelt	1974	*Strategy, Structure, and Economic Performance*

续表

频次	突现率	中心性	sigma	作者	年份	题目
206	5.26	0.03	1.18	B. Wernerfelt	1984	*A resource-based view of the firm*
191	5.69	0.05	1.32	O. E. Williamson	1975	*Markets and hierarchy*
177	—	0.15	1	J. Pfeffer	1978	*The External Control of Organizations: A Resource Dependence Perspective*
168	—	0.26	1	R. M. Cyert	1963	*A behavioral theory of the firm*
162	3.96	0.03	1.12	E. T. Penrose	1959	*The Theory of the Growth of the Firm*
154	5.45	0.02	1.12	I. Dierickx	1989	*Asset stock accumulation and sustainability of competitive advantage*

20世纪80年代初，以哈佛大学商学院的迈克尔·波特为代表的竞争战略理论取代了战略管理理论的主流地位。在图6.1中，波特、尼尔森、沃纳菲尔特、卢梅尔特、赛耶特、巴尼、菲佛(J. Pfeffer)等占据了图谱的核心位置，影响了整个战略管理学领域的发展。尼尔森的演化经济学理论、赛耶特和菲佛的组织理论等构成了战略管理理论繁盛发展的理论基础，卢梅尔特的多元化战略占据了早期战略管理理论发展的重要位置。值得注意的是，沃纳菲尔特作为图谱中的突现节点(burst node)，他的共被引连线几乎影响了整个图谱各个阶段的节点。沃纳菲尔特是战略管理理论中资源基础学派的开创者和领军人物，资源基础学派是目前最为流行、主导企业竞争力理论论著基调的主流学派。1984年沃纳菲尔特在美国的《战略管理学报》上发表了《企业资源基础论》一文，开创了企业持续竞争优势研究的新方向。正如图谱(图6.1)中所示，资源基础理论的研究是20世纪80年代中期以来战略管理理论研究的一个热点问题，也是当前战略管理理论研究的前沿问题。在90年代初占据文献共被引网络图谱核心位置的巴尼在这一时期已经突现出来，他在1991年发表的《企业资源与可持续竞争优势》(*Firm resources and sustained competitive advantage*)一文是战略管理领域和整个管理科学领域的经典之作。

迈克尔·波特的竞争战略理论是战略管理学科发展史上的里程碑。至1990年波特完成具有广泛影响的战略“三部曲”，即《竞争战略：产业与竞争者分析技巧》(*Competitive Strategy: Techniques for Analyzing Industries and Competitors*)、《竞争优势：创造与保持优异业绩》和《国家竞争优势》(*The Competitiveness Advantage of Nations*)，先后花了15年时间，其中于1980年和1985年分别出版的《竞争战略》和《竞争优势》两本著作已经成为战略管理类学科领域的经典之作，奠定了波特在世界战略研究领域的大师地位。他是当今全球第一战略权威，被誉为“竞争战略之父”，也是现代最伟大的商业思想家之一。迈克尔·波特获得的崇高地位还源于他所提出的"五种竞争力量"和"三种竞争战略"的理论观点。他开创了企业竞争战略理论并引发了美国乃至世界的竞争力讨论。20 世纪 80 年代，波特的竞争战略研究开创了企业经营战略的崭新领域，对全球企业发展和管理理论研究的进步，都做出了重要的贡献。此后西方经济学界和管理学界一直将企业竞争战略理论置于学术研究的前沿地位，从而有力地推动了企业竞争战略理论的发展。波特于 1980 年出版的《竞争战略》一书如今已再版 63 次，书中总结出了五种竞争力：行业中现有对手之间的竞争和紧张状态、来自市场中新生力量的威胁、替代的商品或服务、供应商的还价能力以及消费者的还价能力，这也是著名的"五力模型"。基于此，波特实现了产业组织理论和企业竞争战略理论的创新性兼容，并把战略制定过程和战略实施过程有机地统一起来。波特认为构成企业环境的最关键部分就是企业投入竞争的一个或几个行业，行业结构极大地影响着竞争规则的确立以及可供企业选择的竞争战略。行业结构分析是确立竞争战略的基石，理解行业结构永远是战略制定的起点。他认为一个行业的竞争状态和盈利能力取决于五种基本竞争力量之间的相互作用，即进入威胁、替代威胁、买方讨价还价能力、供方讨价还价能力和现有竞争对手的竞争，而其中每种竞争力量又受到诸多经济技术因素的影响[6]。由此，波特为商界人士提供了三种卓有成效的战略思想，即成本优势战略、差异化战略和缝隙市场战略。

20 世纪 80 年代是战略管理理论发展的重要时期，也是战略管理理论发展史上的转折期。其中以波特为代表的基于传统产业组织理论的结构-行为-绩效模型(structure-conduct-performance model，SCP)范式最为成功，占据了 80 年代初战略管理理论的主导地位[7]。这一阶段产生了以竞争优势为研究焦点的三大战略学派：波特的行业结构学派、普拉哈拉德与哈默尔的核心能力学派和戴维·科利斯(David J. Collis)与辛西娅·A. 蒙哥马利(Cynthia A. Montgomery)的战略资源学派[8]，为战略管理理论的发展奠定了理论基础。

波特认为，企业战略的核心是获取竞争优势，而影响竞争优势的因素有两个：一是企业所处产业的盈利能力，即产业的吸引力；二是企业在产业中的相对竞争地位。因此，竞争战略应首先选择有吸引力的、高潜在利润的产业。不同产业所具有的吸引力以及带来的持续盈利机会是不同的，企业选择一个朝阳产业要比选择夕阳产业更有利于提高自己的获利能力。其次，在已选择的产业中确定自己的优势竞争地位。在一个产业中，不管它的吸引力以及提供的盈利机会如何，处于竞争优势地位的企业要比劣势的企业具有较大的盈利可能性。而要正确选择有吸引力的产业以及给自己的竞争优势定位，必须对将要进入的一个或几个产业结构状况和竞争环境进行分析。波特在 1980 年提出的竞争战略理论依然没有对企业内在环境的考察。因此，对有吸引力的高潜在利润行业中存在业绩水平很差的企业、无吸引力的行业中存在盈利水平很高的企业的现象，以及在潜在高利润的诱惑下进入与自身竞争优势毫不相关的行业进行多元化经营而最终出现经营失败等现象，无法进行合理的解释。在其 1985 年出版的《竞争优势》一书中，波特试图弥补这些缺陷，从企业的内在环境分析出发，提出了以价值链为基础的战略分析框架。

除此以外，在战略管理理论的繁盛发展时期，出现的一个重要理论是战略联盟理论。“战略联盟”(strategic alliance)这一概念最初由美国数字设备公司(Digital Equipment Corporation，DEC)的总裁简·霍普兰德(J. Hepland)和管理学家罗杰·奈格尔(R. Nigel)提出。他们认为，战略联盟是由很强的、平时本是竞争对手的公司所组成的企业或伙伴关系，是竞争性的联盟。康特拉克特(Contrator)在 1988 年也提出过类似的概念：“近年来的伙伴关系，许多涉及经营过程中的多阶段的联合行动，如联合生产、采购、研发等。大多规模实力相当，双方做出的贡献是类似的而不是互补的。”迈克尔·波特则认为，战略联盟是不同国家的公司之间达成的超出正常的市场关系以及达到合并程度的长期联合协议。从这个角度而言，战略联盟则是指市场与公司的交易方式，包括合资、供应协议、营销协议等多种形式。

以布鲁斯·科格特(Bruce Kogut)为核心形成了战略管理理论的战略联盟理论研究分支。这一分支中也包括波特等学者的研究成果。布鲁斯·科格特通过分析关于合资企业动机和选择的三种理论方法，建立了战略联盟理论的理论基础。科格特对合资企业的形成原因进行了研究，认为有三种主要因素决定了合资企业的建立：弱小成员对讨价还价的规避、市场力量的加强以及组织知识转移机制的创造。科格特于 1985 年提出企业经营国际化的价值链模型。价值管理(value management)是西方管理学界提出的一种新的管理思想、管理理念、管理方法和管理手段。目的是通过对价值的有效管理，实现企业长期持续的有效经营。科格特的企业战略联盟理论和价值链管理理论为战略管理理论开辟了新的研究领域。

6.2.3 战略管理学知识结构的演进

战略管理领域文献共被引网络的谱聚类分析共有 9 个聚类，标识了战略管理研究领域的知识基础结构及其动态演进的过程。战略变革与环境、动态能力理论、资源基础观、战略联盟等战略管理研究领域的主要知识结构都得到了可视化的标注。CiteSpace 可视化软件可以自动为文献共被引的聚类进行标注，标注的来源主要有标题、摘要和索引词三种，而根据研究的需要，进行自动标识抽取词组的算法有 TF * IDF、LLR 和 MI 三种，进而组合成 9 种可选择的聚类自动标示方法。具体的聚类标识信息如表 6.2 所示。

表 6.2　战略管理理论文献共被引网络的节点大于 15 的聚类信息

聚类号	聚类大小	轮廓值	标识词（TF * IDF）	标识词（LLR）	标识词（MI）
6	128	0.357	(64.05) strategic leadership pattern; (21.06) strategic fit; (18.68) strategic change	within-form response (35.87, 1.0E-4); environmental change (25.57, 1.0E-4); organizational form(25.57, 1.0E-4)	acquiring firm
1	68	0.416	(21.97) dynamic capability; (17.58) industry effect; (15.38) distinctive competence	dynamic capability(28.48, 1.0E-4); product sequencing(24.18, 1.0E-4); business unit(22.03, 1.0E-4)	japanese competition
7	33	0.755	(32.03) old technology; (7.3) interfirm linkage; (4.87) proprietary asset; (4.87)strategic alliance	interfirm linkage(11.14, 0.001 0); high-technology industry (9.9, 0.005 0); innovation rate(9.9, 0.005 0)	strategic entrepreneurship
3	25	0.684	(9.73) diversification performance linkage; (4.51) diversification strategy; (4.51) corporate diversification	diversification-performance linkage(42.87, 1.0E-4); corporate diversification(16.98, 1.0E-4)	acquiring firm
8	18	0.931	(15.38) procedural fairness; (7.69) interfirm cooperation; (7.3) strategic alliance	procedural fairness (44.02, 1.0E-4); interfirm cooperation (34.65, 1.0E-4); strategic alliance(27.19, 1.0E-4)	learning alliance
5	16	0.916	(16.01) contingent resource-based theory; (4.39) strategic balance; (2.2) organizational configuration	strategic balance(14.62, 0.001 0); organizational configuration (7.29, 0.01); unexplained variance(7.29, 0.01)	diversification strategy

Cluster ＃6 是最大的一个聚类，包含节点 128 个，silhouette 的值为 0.357。由于是文献共被引网络中最大的聚类，包括的节点数较多，此聚类的主题也相对分散。TF * IDF 算法给出的标识词主要有“(64.05) strategic leadership pattern; (21.06) strategic fit; (18.68) strategic change”等，结合文献分析，认定该聚类的研究主题是战略结构与战略变革；Cluster ＃1 中有节点 68 个，silhouette 值为 0.416，TF * IDF 和 LLR 算法给出的第一个标识词都是“(21.97) dynamic capability”，结合文献分析，说明 Cluster ＃1 的研究主题为动态能力理论。依次分析可知 Cluster＃7 的研究主要是高技术企业战略联盟问题；Cluster＃3 为多元战略与合作绩效理论；Cluster＃8 为战略合作与战略联盟；Cluster＃5 为资源基础观的战略管理理论。

CiteSpace可视化软件系统在设计中引入sigma概念，用于描述共被引网络中节点的重要性以及在共被引网络演化过程中，节点起到的重要作用。整理出CiteSpace计算的sigma值较大的部分节点文献的被引情况曲线，其中曲线较粗的部分是该节点文献被引突增的时间段。按照sigma节点的被引突增的时间段顺序整理如表6.3所示。同时，将这些节点按照所属的聚类进行排列整理，表6.4列出了相关的sigma节点的所属聚类列表。

表6.3 各年段sigma值较大的节点文献的被引情况列表

平均突现时间20世纪80～90年代(1980～1992)

A. D. Chandler，1962，突现率＝15.83，sigma＝4，cited by 141 articles. 突现时间：1980～1990	H. I. Ansoff，1965，突现率＝12.82，sigma＝2.56，cited by 87 articles. 突现时间：1980～1994	R. E. Miles，1978，突现率＝10.8，sigma＝1.27，cited by 119 articles. 突现时间：1980～1994
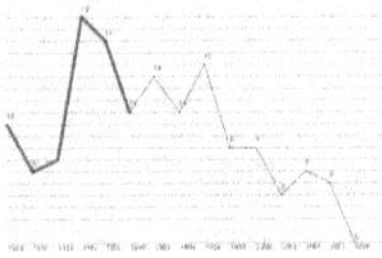	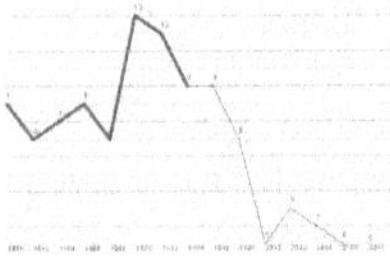	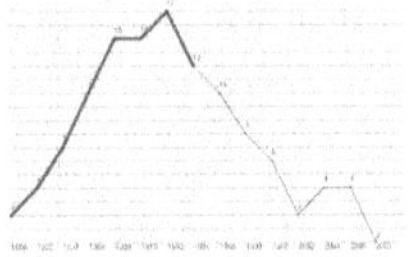
R. P. Rumelt，1974，突现率＝23.84，sigma＝12.88，cited by 218 articles. 突现时间：1980～1992	C. W. Hofer，1978，突现率＝21.61，sigma＝3.7，cited by 109 articles. 突现时间：1980～1992	J. D. Thompson，1967，突现率＝5.67sigma＝1.34，cited by 131 articles. 突现时间：1980～1992
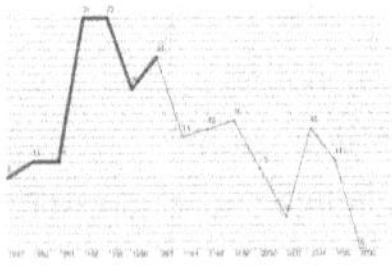		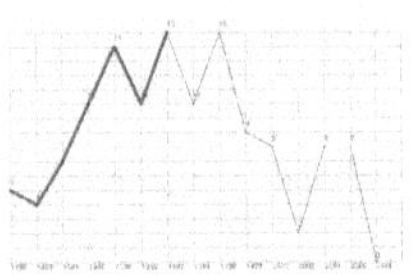

平均突现时间20世纪80～90年代(1988～1994)

M. E. Porter 1980，突现率＝9.570 1，sigma＝5.79，cited by 353 articles. 突现时间：1984～1992	J. B. Quinn，1980，突现率＝15.8，sigma＝1.54，cited by 78 articles. 突现时间：1984～1994	K. R. Andrews，1971，突现率＝6.42，sigma＝1.35，cited by 75 articles. 突现时间：1988～1994	O. E. Williamson，1975，突现率＝5.69，sigma＝1.32，cited by 191 articles. 突现时间：1988～1996
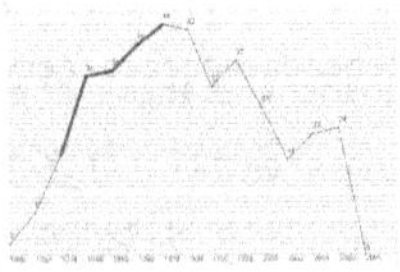		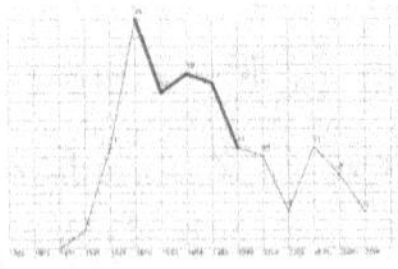	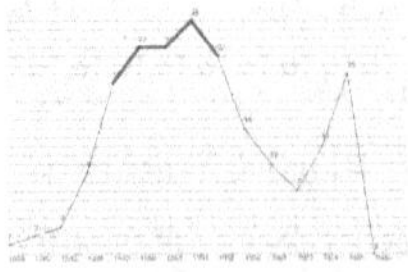

续表

平均突现时间 21 世纪头十年(1998～2008)

J. B. Barney，1991，突现率＝12.33，sigma＝2.07，cited by 258 articles. 突现时间：1998～2008	D. J. Teece，1997，突现率＝25.23，sigma＝1.96，cited by 119 articles. 突现时间：1998～2008	R. R. Nelson，1982，突现率＝3.8，sigma＝1.25，cited by 226 articles. 突现时间：2002～2008
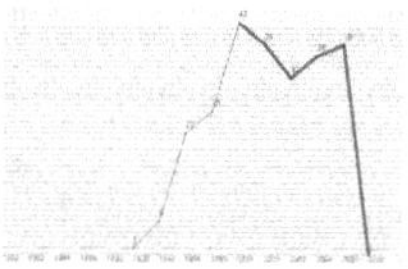	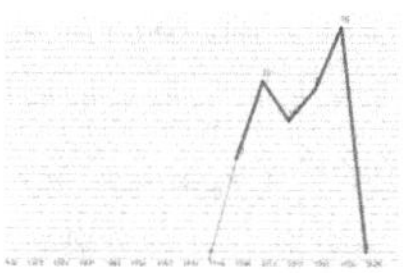	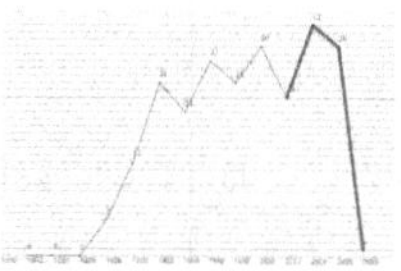
K. M. Eisenhardt，2000，突现率＝14.26，sigma＝1.43，cited by 35 articles. 突现时间：2002～2008	J. H. Dyer，1998，突现率＝16.69，sigma＝1.28，cited by 63 articles. 突现时间：2000～2008	W. M. Cohen，1990，突现率＝11.6，sigma＝1.33，cited by 135 articles. 突现时间：2000～2008
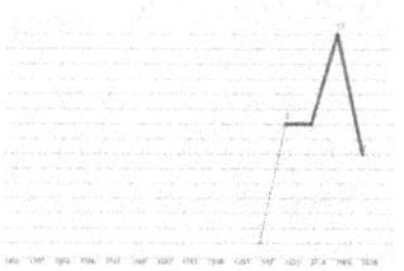	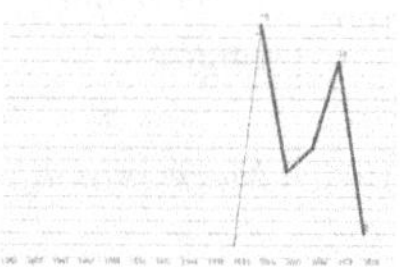	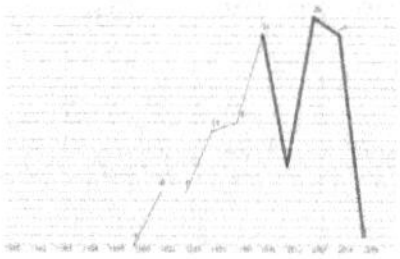

表 6.4　sigma 值较大节点的所属聚类信息列表

共引频次	突现率	中心性	sigma	作者	年份	题目	聚类
5	16.22	0.1	4.41	J. H. Dyer	1998	*The Relational View: Cooperative Strategy and Sources of Inter-organizational Competitive Advantage*	7
5	14.26	0.03	1.43	K. M. Eisenhardt	2000	*Dynamic capabilities: what are they?*	7
23	12.27	0.02	1.27	W. M. Cohen	1990	*Absorptive capacity: a new perspective on learning and innovation*	7
387	10.34	0.16	4.56	M. E. Porter	1980	*Competitive strategy*	6
41	15.83	0.09	4	A. D. Chandler	1962	*Strategy and Structure: the History of American Industrial Enterprise*	6
109	21.61	0.06	3.7	C. W. Hofer	1978	*Strategy Formulation*	6
87	12.82	0.08	2.56	H. I. Ansoff	1965	*Corporate Strategy: An Analytic Approach to Business Policy for Growth and Expansion*	6

续表

共引频次	突现率	中心性	sigma	作者	年份	题目	聚类
78	15.8	0.03	1.54	J. B. Quinn	1980	*Strategies for change*	6
75	6.42	0.05	1.35	K. R. Andrews	1971	*The concept of corporate strategy*	6
131	5.67	0.05	1.34	J. D. Thompson	1967	*Organisations in action*	6
119	10.8	0.02	1.27	R. E. Miles	1978	*Organizational strategy, structure, and process*	6
218	23.84	0.11	12.88	R. P. Rumelt	1974	*Strategy, Structure, and Economic Performance*	3
241	15.22	0.03	1.59	J. B. Barney	1991	*Firm resources and sustained competitive advantage*	1
191	5.69	0.05	1.32	O. E. Williamson	1975	*Markets and hierarchy*	1
107	25.59	0.01	1.26	D. J. Teece	1997	*Dynamic capabilities and strategic management*	1
226	3.8	0.06	1.25	R. R. Nelson	1982	*An Evolutionary Theory of Economic Change*	1

将所有节点按照 sigma 的大小进行排序，我们选出各年代时间段内的 sigma 较大的节点进行分析。共选出 16 个节点，其中，在 20 世纪 80～90 年代的文献出现 sigma 较大值的节点数最多，而且其 burst 的数值是各年段最大的，共有 6 个在 80～90 年代出现 burst 的代表节点。4 篇节点文献的 burst 出现在 1988～1994 年。以上 10 篇 burst 较大节点文献(除了 O. E. Williamson，1975 以外)几乎属于同一聚类(Cluster ＃6)。3 篇节点文献的 burst 出现在 1998～2008 年，并属于同一聚类。最后 4 篇节点文献的 burst 出现在 2000 年之后，属于同一聚类。根据各节点 burst 的时间段并结合文献分析，可以探测战略管理理论知识结构的演进过程：

(1)首先，从整体的聚类结构来看，Cluster ＃6 是文献共被引网络中最大的聚类，主要包括了 1980～1992 年和 1988～1994 年两个时间段的研究主题，结合 CiteSpace 自动聚类标识和文献分析，是战略决策制定到战略变革的演进。进而 Cluster ＃1 的 4 个节点文献的 burst 出现在 1998～2008 年，是以资源基础和动态能力理论为主的研究。

(2)从表 6.4 中看出，burst 出现在 20 世纪 80～90 年代的文献基本都属于

Cluster ＃ 6（R. P. Rumelt，1974，Strategy，Structure，and Economic Performance属于 Cluster ＃3，O. E. Williamson 1975，属于 Cluster＃1），由 CiteSpace 自动标注出的聚类标识为“(64.05) strategic leadership pattern；(21.06)strategic fit；(18.68)strategic change”。说明 80 年代期间战略管理领域研究的知识基础是以战略决策和战略变革为主。

(3)节点 burst 在 1998～2008 年的文献都属于 Cluster ＃1 。由 CiteSpace 自动标注出的聚类标识为“(21.97) dynamic capability；(17.58) industry effect；(15.38)distinctive competence”。说明这一期间战略管理领域研究的知识基础是以动态能力理论的研究为主。

(4)节点 burst 出现在 2000 年以后的文献属于 Cluster ＃7，主要的研究主题是高技术企业与战略联盟问题。进入 21 世纪，市场经济多变的竞争环境和全球化的影响使战略管理理论呈现出多元化的发展趋势。科学技术的不断发展和经济全球化的不断加强，使市场竞争日益激烈，企业的发展环境日益动态化。企业战略的制定和实施越来越注重对企业内部因素的考察和组织自身能力的建设。为了获取长期竞争优势，企业必须由相互竞争转向互利合作。企业战略联盟相关问题的研究越来越引起研究者的兴趣。动态能力理论、吸收能力概念、战略生态理论和边缘竞争战略成为战略管理理论的重要研究成果。企业更加强调自身能力和外部环境条件的协调；更加注重企业间的合作，而不再仅局限于竞争。

6.2.4　战略管理学的主流研究方向

1. 战略能力理论

1982 年理查德·尼尔森和西蒂尼·温特合作出版了《经济变迁中的演化理论》一书，该书明确肯定了企业与企业经营战略中能力观的重要意义。书中不再依据规模对企业进行分类，而是赋予拥有不同智力资本的企业不同的类别名称。他们的经济演化理论为企业动态“能力理论”的进一步发展提供了重要的理论基础。

1990 年，美国学者普拉哈拉德和英国学者哈默尔在安德鲁斯有关特色能力概念的基础上提出了颇具影响力的核心能力概念。他们合作发表在《哈佛商业评论》上的《企业核心能力》(*The core competence of the corporation*)一文，是核心能力学派的代表作，提出企业是核心能力集合体的观点[9]，认为所谓核心能力是组织中的集体学习能力，尤其是如何协调多种生产技能以及整合众多技术流的能力[10]。核心能力分布于组织内部，跨越组织边界，把公司各项的业务紧密地编织成协调一致的整体，是企业持续竞争优势的源泉[11]。同年，钱德勒出版的《企业规模经济与范围经济：工业资本主义的原动力》(*Scale and Scope*：*The Dy-*

namics of Industrial Capitalism）提出组织能力是现代大型企业竞争优势的来源[12]。

图 6.1 中显示的蒂斯与比萨诺（G. Pisano）、舒恩（A. Shuen）于 1997 年在《战略管理学报》上发表的《动态能力与战略管理》一文，提出动态能力这一概念，并提出了企业动态能力的分析框架[13]。动态能力的框架分析了私营企业是如何凭借掌控科学技术飞速变化的外部环境，从而达到获取财富的目的，这些私营企业的竞争优势在于依赖企业特殊的资产性质及其演进轨迹，采取与众不同的调整以及综合的操作手段。企业的竞争优势是否会持久，根源于市场需求的稳定性和可重复性。简言之，对私营企业来说，对新生机遇的鉴别与把握比制定企业发展战略更具有基础意义。制定一个战略就意味着要采取行动使你的对手失衡，抬高对方的成本，排斥新生的竞争者。

2. 战略资源理论

美国学者、西方战略管理学界资源学派的代表人物伯格·沃纳菲尔特，于 1984 年发表了题为《企业资源基础论》的论文，开创了“基于资源的战略形成理论”（resource based theorry，BRT）的先河。战略资源观强调的是要素市场而不是产品市场形成了决定企业成功的环境。这篇论文成为 20 世纪 80 年代有关企业资源的最具影响力的学术论文。它为企业战略理论提供了一种新的研究范式，标志着资源基础理论的正式诞生。

巴尼是战略管理领域的大师级学者，也是资源基础理论学派的主要奠基人之一。以巴尼为代表的学者通过对企业资源进行系统的研究，提出了资源依赖理论，用来解释企业间网络的形成与作用。资源依赖理论认为，企业的资源不仅仅限于一个企业的有形资产，还包括帮助企业获取竞争优势的各种有形和无形的综合体。因而，资源可以包括金融方面的（如现金储备和进入金融市场的渠道）、物质方面的、法律方面的（如商标与许可证）、人力资源方面的（如员工的知识技能和相互的协作能力）、组织方面的（如控制能力、制度和企业文化）、信息资源方面的以及公共关系各方面的，所有这些对企业来说都属于一种潜在的实现能力，所以都是资源。1991 年巴尼在《管理期刊》（*Journal of Management*）上发表《企业资源与持续竞争优势》一文，巴尼在研究中做出了这样的假设：战略资源在企业之间分配不均，而且这种差别会长期存在。在这个前提下，巴尼分析了公司资源和持续竞争优势之间的关系，认为持续竞争优势来自于企业资源的四个经验特征：即价值、稀缺性、不可模仿性和不可替代性[14]。1995 年和 1998 年，科利斯与蒙哥马利分别在《哈佛商业评论》上发表了《凭借资源展开竞争：20 世纪 90 年代的公司战略》（*Competing on resources*：*strategy in the* 1990*s*）和《创造公司优势》（*Creating corporate advantage*），后又出版了《公司战略：企业的资源与范围》（*Corporate Strategy*：*Resources and the Scope of the Firm*）等专著，全面系统地阐述了基于资源的企业战略理论。该理论提出了一个用于评价公司优势的独特框架“公司战略三角形”，三角形的中心是公司远景、公司目标与目的，其三条边分别是资源和业务以及结构、体制与过程[15]。

3. 战略信息管理系统理论

20 世纪 80 年代以后，随着计算机技术和互联网络的快速发展，信息技术在工商管理知识体系研究中得到了广泛的应用和发展，以信息技术、信息资源和电子商务为核心建立了工商管理学的信息管理系统理论，很多国家对此十分重视，并发展成为工商管理学的核心技术和手段。信息管理系统理论开始进入战略管理层面，逐渐演变成为战略信息管理理论。1981 年，美国的两位信息管理学者威廉姆·西诺特(William R. Synnott)和威廉姆·格鲁伯(William H. Gruber)出版了《信息资源管理——20 世纪 80 年代的机遇和战略》(*Information Resource Management—Opportunities and Strategies for the 1980s*)一书，探讨了信息战略问题，并详尽地列举了多达 68 个方面的信息战略问题，基本涵盖了组织的高层管理人员在经营管理工作、学习和生活中要遇到的战略信息问题[16]。1985 年，美国学者查尔斯·惠兹曼(Charles Wiseman)出版了《战略和计算机：作为竞争武器的信息系统》(*Strategy and Computers：Information Systems As Competitive Weapons*)一书，书中系统地阐述了战略信息系统。1988 年，查尔斯·惠兹曼又正式出版了《战略信息系统》(*Strategic Information Systems*)一书，首次系统地阐述了信息系统的概念，正式开创了战略信息系统研究领域。20 世纪 90 年代以来，波尔(Poel)提出了一种基于信息战略的战略信息管理理论。信息战略已经成为企业的一种竞争战略优势，网络经济时代的飞速发展和企业信息化建设的完善，使战略信息管理正在成为企业信息管理系统发展的主流方向，战略信息管理理论已经成为工商管理知识体系的重要前沿理论之一。

战略管理理论自创生以来得到了快速发展，分支路径较多，但发展的主线十分清晰。20 世纪 60 年代中期，安索夫提出战略规划理论；战略规划学派和设计学派是 70 年代的主流学派；80 年代，迈克尔·波特提出竞争战略理论成为主流战略管理学派；90 年代，在竞争战略理论的基础上，战略管理学派逐渐分化成核心能力学派、资源基础学派和战略信息系统学派三大主流学派。

6.3 战略管理学在中国的发展

改革开放之前，管理活动在中国并不是一门科学，更多的是经验和权力的体现。改革开放 30 多年的实践经验表明，要建设有中国特色的社会主义，实现中华民族的伟大复兴，离不开管理的科学化与现代化。20 世纪 80 年代初，随着中国大力推行改革开放政策，引入西方现代化企业管理经验和技术，国内学者开始大量引入国外管理科学研究的先进成果，翻译和引介了大量现代化管理学研究理论和新兴学科，战略管理学开始逐渐被引入到国内研究领域，并在企业管理实践中得到广泛的应用和传播。

6.3.1 战略管理学在中国的引进与传播

在中国期刊全文数据库中的学术期刊论文数据库和重要会议论文数据库中，以主题词为“战略管理”进行检索，共检索相关文献 14 896 篇，以关键词检索结果为 8 548 篇；检索学位论文数据库(包括博士学位论文和硕士学位论文)，主题词检索结果为 8 261 篇，关键词检索结果为 1 968 篇(2012 年 1 月检索)。各数据库中相关文献的逐年分布情况如图 6.2、图 6.3 所示。其中，数据库中收录最早的一篇期刊论文是 1982 年由中国科学院的张云岗发表在《科研管理》的《战略管理——西方企业战略管理案例分析简介》，文中介绍了战略管理的概念和重要性及战略决策的程序，并通过当时美国 Dartmouth 学院的詹姆斯·奎恩(James Brian Quinn)教授在中国工业科技管理大连培训中心的授课资料整理的几个典型案例，从正反两个方面论述了战略管理在企业管理实践中的重要意义[17]。

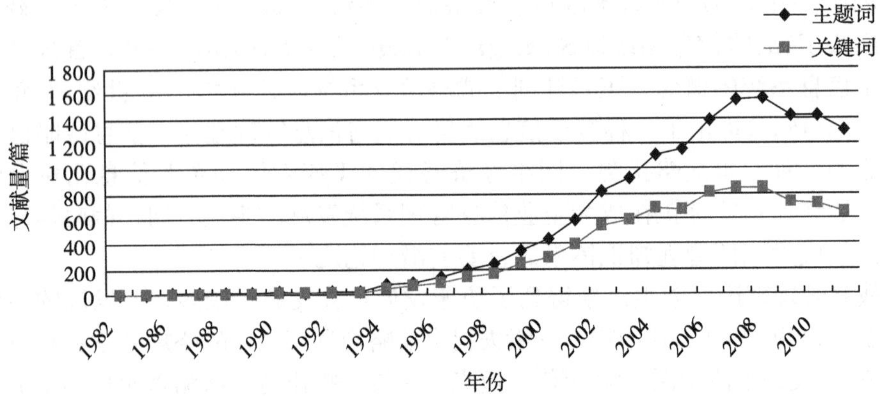

图 6.2 学术期刊(会议)文献量逐年分布

从期刊(会议)学术论文发表的年度分布来看，从 1994 年开始该领域研究的文献产出量出现了一次跃升，呈现迅速增长的趋势；尤其是从 2000 年开始，战略管理研究的期刊(会议)文献产出量更是呈现出急剧增长的态势；到 2008 年达到一个增长的峰值，2008 年以后略微出现增长缓慢甚至下降的趋势。另外，从学位论文的分布情况来看，1997 年中国出现最早的以“战略管理”为研究主题的学位论文，系上海财经大学王玉的博士学位论文《企业进化的战略研究》和南京大学陈蔓生的博士学位论文《中国国有企业制度创新模式与战略进程的制度经济学

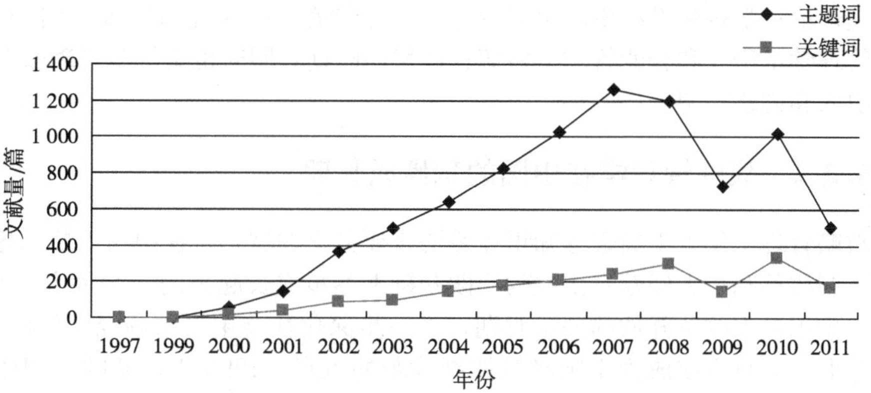

图 6.3　学位论文文献量逐年分布

分析》。从 2000 年开始，学位论文数量增长迅速，同样是 2008 年以后出现了平稳甚至下降的态势。学位论文的数量逐年分布与期刊(会议)论文的分布态势具有高度的一致性。中国期刊全文数据库中有关战略管理研究的文献量的分布情况，正好吻合了部分学者提出的中国战略管理发展的阶段划分[18]。按照文献量的逐年分布情况，我们将 1994 年之前，国内战略管理研究的发展阶段界定为引进培育期；将 1994～2000 年界定为成长积累期；2000 年以来的时期界定为蓬勃发展期。

20 世纪 80～90 年代，战略管理学在中国属于引进培育期。1978 年 9 月 27 日，钱学森在《文汇报》上发表了组织管理的宣言性文章《组织管理的技术——系统工程》一文，开创了中国管理科学的新时代。这篇文章不仅是阐述系统工程科学方面的纲领性文章，更是中国管理科学从经验走向科学的里程碑，开辟了中国整个管理科学的发展道路[18]。中国在改革开放以前，在计划经济体制框架下，企业没有充分的经营自主权，在国家统一计划体制下进行生产，企业失去了应有的活力。1984 年党的十二届三中全会通过了《中共中央关于经济体制改革的决定》，提出了“社会主义经济是公有制基础上的有计划的商品经济”，推动企业逐步成为市场和商品经济的主体，企业逐步扩展了经营自主权，大大提升了企业应有的活力和动力，企业经营者从生产者的角色逐渐分离，初步具备了独立进行经营管理、思考和规划企业发展战略的实践基础。与此同时，在战略管理理论和学科建设方面，相关研究学者陆续翻译引进西方战略管理的专著和学术文献，并且与中国传统文化和管理思想相结合，努力形成本土化的战略管理研究理论，推动了战略管理理论和思想在中国的培育和传播。另外，中国开始通过与国际合作等方式，率先在大连理工大学、中国人民大学等高校举办工商管理课程培训和 MBA 教育，创建中国工业科技管理大连培训中心，这些举措都极大地推动了战略管理理论和学科建设在中国生根发芽和广泛传播。20 世纪 80～90 年代是中国战略管理学术研究和企业管理实践萌芽和发展时期，同时也是战略管理教育在中国的引入和创建时期。

6.3.2 战略管理学在中国的积累成长期

战略管理学作为工商管理知识体系的重要分支领域，是在中国不断深化企业管理体制改革和扩大经营自主权的实践基础上逐步成长起来的。20 世纪 90 年代开始，中国进入改革开放的关键时期，进一步深化社会主义市场经济体制改革，扩大企业经营自主权成为中国经济体制改革的重点。1993 年，党的十四届三中全会通过了《中共中央关于建立社会主义市场经济体制若干问题的决定》，确立了市场经济体制在中国的地位，进一步明晰国有企业改革的方向是建立“产权清晰、权责明确、政企分开、管理科学”的现代企业制度。这标志着中国企业管理工作进入一个新的发展阶段。企业经营自主权的进一步扩大和经营机制的转换为中国企业管理实践提供了新的发展空间，同时为包括战略管理理论在内的工商管理知识体系在中国的深化发展提供了重要的实践基础。

20 世纪 90 年代开始，战略管理理论和实践在国内得到了空前重视和发展。在理论研究方面，这一时期学者开始将研究的重点转向对西方引进的战略管理理论与研究方法消化吸收，系统地梳理和把握战略管理的主要理论与学说。同时，战略管理理论和思想的本土化研究更为突出，开始通过对大量中国本土企业的战略进行系统的归纳和提炼，重点对中国企业的成长发展以及战略管理的成功经验和失败教训进行系统归纳，摸索中国式的战略管理理论[18]。在实践方面，部分大型企业开始组建专门的战略计划部门，相当数量的大中型企业开始重视和制定自己的发展战略，在实践中不断积累战略管理经验。在学科建设方面，中国从 1991 年正式推行 MBA 教育开始，就将战略管理作为 MBA 教育的主干课程和重点研究方向。在管理类本科生的培养计划中，战略管理被列为主干课程之一。在研究生培养和专业设置中，多所高校将战略管理列为企业管理专业的主要研究方向和专业领域。从 90 年代开始，中国多所高校也开始纷纷成立战略管理系或研究中心，进行专门的战略管理教学与研究，极大地推动了战略管理学的学科建设和人才培养。

6.3.3 战略管理学在中国的蓬勃发展期

1999 年 9 月，党的十五届四中全会进一步明确提出了“重视企业发展战略”、“加强企业发展战略研究”的要求。此后，战略管理在中国企业实践中得到了更广泛的应用，从而进一步促进了战略管理学在中国的确立与发展。2000 年以后，中国战略管理研究进入蓬勃发展期。

在国外，拉莫斯·罗德里格、捏鲁尔等学者用引文和共被引分析、多维尺度分析、因子分析等方法，分析了战略管理学科知识结构的演进，辨识了战略管理学科的分支领域及其关系，探测了学科发展过程中的关键节点作者和这些作者对战略管理理论发展过程的影响[4]。在国内，研究者也对《管理世界》和《南开管理评论》等刊发的战略管理研究的文献进行分析，对国内战略管理研究的进展进行评析，并将分析结果与国际战略管理的相关研究结论进行比较分析，为中国战略管理学的未来发展提出建议[19,20]。

为进一步展现近年来中国战略管理研究的热点问题和前沿领域，对中国社会科学引文数据库中收录的 2007～2011 年战略管理学文献数据，使用 CiteSpace 软件系统绘制文献信息可视化知识图谱。在关键词共现网络的基础上进行聚类分析如图 6.4 所示，按照聚类大小和研究的相关度，并结合 TF＊IDF 算法抽取的聚类标识词，整理出国内战略管理学的主要研究热点领域和研究热点领域的共现关键词，如表 6.5 所示。

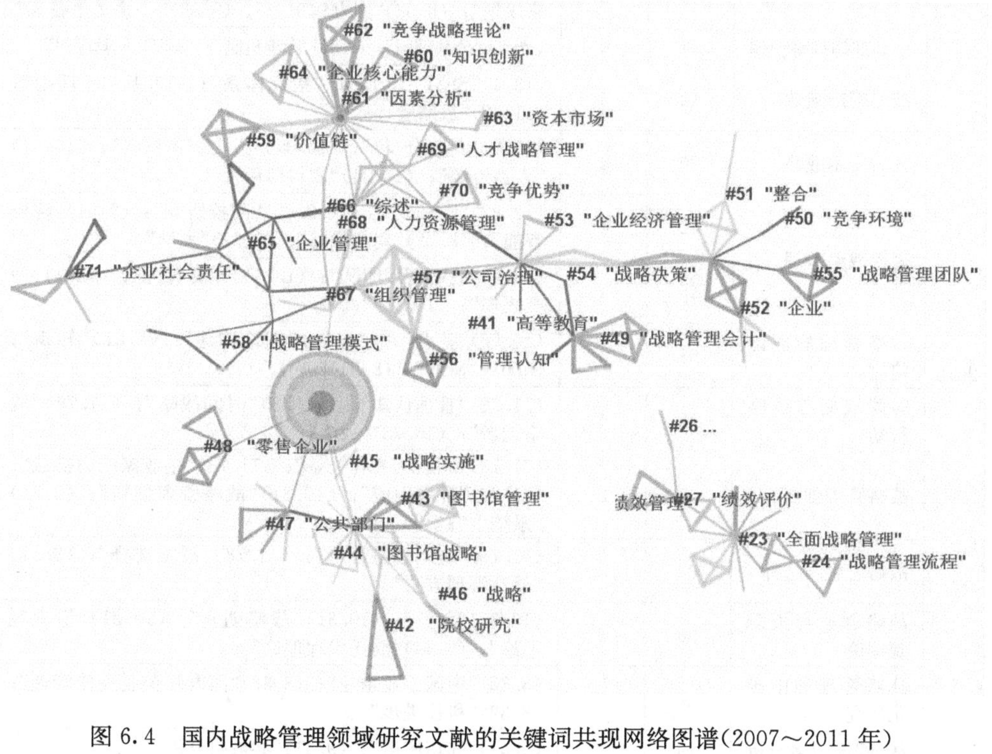

图 6.4　国内战略管理领域研究文献的关键词共现网络图谱(2007～2011 年)

表 6.5 国内战略管理领域研究热点领域和主题词列表(2007～2011 年)

年份	研究主题	聚类号	节点数	主题标识词(TF * IDF)
2011	企业国际化战略	48	6	(15.68)“零售企业”；(13.4)“成长策略”；(13.4)“进入模式”；(11.78)“协同国际化”；(11.78)“国际市场进入战略”
	战略管理的中国化研究	72	5	(14.65)“跨国经营”；(14.65)“中国管理学”；(14.65)“关注热点”；(13.4)“国际顶级期刊”；(12.82)“组织行为学”
	财务战略管理	90	5	(14.65)“财务战略管理”；(14.65)“基本指标”；(14.65)“标准值”；(14.65)“辅助指标”；(13.4)“短期偿债能力”
	高校战略管理与评价体系	35	4	(13.4)“信息构建”；(13.4)“网站”；(11.78)“大专院校”；(10.73)“评价体系”
	行为金融与战略领导力	98	4	(13.4)“行为金融学”；(13.4)“心理特征”；(13.4)“战略领导力”；(11.78)“高阶梯队理论”
	核心竞争力与可持续发展战略	7	3	(11.78)“持续发展”；(11.78)“文化建设”；(10.31)“核心竞争力”；(8.32)“企业核心竞争力”
2010	图书馆战略规划与管理	30	9	(20.02)“图书馆战略管理”；(19.57)“图书馆战略规划”；(14.65)“文本分析”；(14.65)“文本模型”；(13.4)“组织结构模型”
		44	3	(10.31)“图书馆战略”；(8.61)“战略规划”；(8.61)“战略规划”；(8.32)“图书馆事业”；(8.32)“公共文化服务”
	公共部门战略管理	47	6	(14.47)“公共部门”；(9.51)“影响机制”；(9.51)“私营部门”
	战略管理绩效	12	4	(13.4)“SSM”；(13.4)“指标体系”；(13.4)“3e 理论”；(11.78)“战略管理绩效”
	人力资本战略	20	4	(10.31)“管理现状”；(10.31)“人力资本框架”；(10.31)“人力资源”；(10.31)“农村信用社”
	高校战略管理	42	4	(12.82)“院校研究”；(12.82)“院校研究”；(9.51)“院校智能”；(8.32)“高校战略”；(8.32)“大学”
		55	4	(13.4)“战略管理团队”；(13.4)“冲突管理”；(13.4)“冲突表现”；(10.31)“高校”
	战略管理的理论构建	51	4	(10.96)“整合”；(10.31)“理论构建”；(8.81)“知识”；(8.81)“情报”；(8.81)“转化”
	时间战略与战略行动	56	4	(11.78)“管理认知”；(11.78)“时间战略”；(11.78)“战略创新”；(10.73)“战略行动”
	战略管理创新	33	3	(11.78)“利益相关者关系”；(11.78)“企业家能力挑战”；(11.78)“环境因应”；(10.31)“战略管理创新”；(9.51)“系统生态学”
	战略管理与选择	93	3	(11.78)“应用战略管理”；(11.78)“战略选择”；(9.51)“战略管理方法”
	战略创业与资源观理论	96	3	(10.31)“创业”；(10.31)“战略创业”；(10.31)“资源观理论”；(9.44)“委托代理理论”
	战略管理的中国化研究	5	2	(8.32)“中国工业企业”；(8.32)“国内外企业最佳管理”；(8.32)“科技进步”
	战略管理文献分析	19	2	(9.51)“知识图谱”；(9.51)“共被引分析”
	文化体制与知识创造	87	2	(8.32)“文化体制”
		94	2	(8.32)“知识创造”；(8.32)“政府政策”

续表

年份	研究主题	聚类号	节点数	主题标识词(TF * IDF)
2009	图书馆战略管理与规划，知识服务	43	9	(17.95)“图书馆管理”；(17.95)“图书馆管理”；(14.65)“战略目标制定”；(14.65)“战略目标”；(14.42)“战略规划”
		73	3	(11.78)“影响因素”；(11.78)“知识服务”；(9.51)“图书情报机构”
	全面战略管理	23	8	(13.4)“全面战略管理”；(13.4)“商业银行”；(13.4)“战略中心型组织”；(12.93)“平衡计分卡”
	企业竞争情报	52	6	(12.82)“企业”；(9.51)“市场信号”；(9.51)“互动关系”；(8.61)“竞争情报”
	战略管理方法论研究	21	5	(11.78)“建构主义”；(10.73)“战略管理研究”；(9.51)“方法论”；(9.51)“跨学科特质”；(9.51)“演化”
	战略地图	24	5	(15.68)“战略管理流程”；(11.78)“价值创造”；(11.78)“战略地图”；(11.78)“SWOT 矩阵”；(11.78)“系统模型”
	新公共服务理论与战略	36	5	(14.65)“新公共服务理论”；(14.65)“新公共管理”；(14.65)“传统公共行政”；(14.65)“网络化治理”；(13.4)“公共价值管理”
	SWOT 模型	40	5	(11.78)“swot 模型”；(11.78)“公共价值”；(9.51)“政府战略管理”；(8.32)“政府职能”；(8.32)“三角模型”
	战略管理的理论研究	62	4	(13.4)“竞争战略理论”；(13.4)“理论流派”；(13.4)“古典战略理论”；(13.4)“战略生态理论”；(6.77)“企业战略管理”
	企业战略环境	34	3	(11.78)“国家制造战略”；(11.78)“战略环境”；(9.51)“制造业”
	组织战略管理	67	3	(10.35)“组织管理”；(8.32)“nk 模型”；(8.32)“计算机仿真方法”；(8.32)“适应度景观”
	知识管理战略	76	3	(11.78)“知识管理战略选择”；(11.78)“知识管理战略制订”；(9.51)“知识管理战略”
	战略管理系统	74	3	(9.51)“信息技术”；(9.51)“信息系统”；(9.44)“竞争情报系统”；(7.61)“竞争情报系统”
	资源基础观理论	31	2	(8.32)“交易成本观”；(7.61)“资源基础观”；(7.61)“资源基础观”
	复杂性科学	101	2	(9.51)“复杂性科学”
	知识创新	60	2	(7.61)“知识创新”
	战略管理范式	81	2	(9.51)“战略管理范式”；(9.51)“经营优势”；(9.51)“顾客价值”；(7.61)“范式”

续表

年份	研究主题	聚类号	节点数	主题标识词(TF * IDF)
2008	战略管理会计	49	8	(17.29)“战略管理会计”；(16.54)“战略管理会计”；(11.78)“战略管理循环”；(11.78)“文献分析”
	战略决策与管理	54	7	(13.4)“战略决策”；(13.4)“战略决策”；(11.78)“决策过程”；(11.07)“战略管理理论”；(11.07)“战略管理理论”
	核心能力理论与评价	59	6	(11.72)“价值链”；(11.72)“层次分析法”；(9.51)“生产性服务”；(9.51)“核心能力评价”；(8.32)“模糊评价法”
	成本与企业战略管理	61	6	(9.51)“因素分析”；(8.32)“成本管理”；(7.92)“企业战略管理”
		99	4	(10.31)“交易成本”；(8.32)“产权”
	平衡计分卡	27	5	(14.65)“绩效评价”；(11.78)“国家重点实验室”；(10.31)“平衡记分卡”；(9.51)“管理沟通”；(7.11)“平衡计分卡”
	公司治理	57	5	(11.73)“公司治理”；(11.73)“公司治理”；(10.73)“公司治理结构”；(10.73)“战略行动”；(9.46)“动态竞争”
	人才战略管理	69	4	(16.54)“人才战略管理”；(13.4)“人才强国战略”；(11.78)“分类管理”；(9.51)“核心人才”；(9.51)“核心人才流失管理”
	企业战略联盟	75	4	(9.51)“企业文化”；(9.51)“企业战略联盟”；(8.32)“战略观”
	企业制度与战略	100	4	(13.4)“制度理论”；(9.51)“制度环境”；(9.51)“企业制度战略”
	人口发展战略管理	97	4	(13.4)“人口发展战略管理”；(13.4)“政策”；(13.4)“实施机制”；(11.78)“区域”
	品牌战略管理	9	3	(11.78)“品牌战略管理”；(9.51)“品牌重振”；(9.51)“品牌战略管理”；(9.51)“战略管理模型”
	资源企业可持续发展	10	3	(11.78)“可耗竭资源依赖性企业”；(11.78)“可耗竭资源依赖性产业”；(9.51)“可耗竭资源”
		2	3	(7.61)“可持续竞争优势”；
	品牌化战略管理	15	3	(11.78)“品牌化战略”；(11.78)“专业化战略”
		16	3	(11.78)“中小企业”
	中小企业战略管理	79	3	(11.78)“战略管理审计”；(9.51)“内部审计”；(9.51)“企业内部审计”；(9.51)“审计评价体系”；(7.61)“评价体系”
	战略管理审计	25	2	(13.4)“绩效管理”；(11.78)“绩效管理”；(9.51)“组织发展”；(9.51)“员工发展”
	绩效管理	53	2	(9.51)“企业经济管理”；(9.51)“决策程序理论”；(6.71)“战略管理理论”
	企业经营与战略管理	63	2	(9.51)“资本市场”；(9.51)“产权市场”；(4.81)“企业战略管理”；(4.81)“企业战略管理”

续表

年份	研究主题	聚类号	节点数	主题标识词(TF * IDF)
2007	战略管理中国化	41	48	(9.51)“高等教育”；(9.51)“战略研究”；(9.51)“国有企业”
	企业社会责任	71	7	(17.95)“企业社会责任”；(17.29)“企业社会责任”；(11.78)“利益相关者权益”；(11.78)“利益相关者”；(11.78)“企业经济绩效”
	竞争优势与动态能力	70	6	(13.71)“竞争优势”；(13.71)“竞争优势”；(9.51)“企业能力”；(9.51)“全球化动态环境”；(9.51)“企业绩效”
	企业战略执行力	65	6	(14.65)“企业管理”；(13.71)“组织结构”；(11.72)“企业战略”；(11.72)“战略执行力”；(11.72)“企业战略”
	技术创新与动态竞争优势	39	5	(13.71)“技术创新”；(13.71)“技术创新”；(11.78)“交易费用”；(11.78)“动态竞争优势”；(11.78)“产业组织”
	企业家战略管理思想	58	5	(14.47)“战略管理模式”；(13.4)“企业家精神”；(13.4)“战略管理思想”；(11.78)“企业家创新理念”；(9.51)“内部创业”
	企业管理文化	13	4	(13.4)“企业管理文化”；(13.4)“企业管理思想”；(13.4)“中国哲学文化”；(11.78)“中国企业”；(11.72)“战略管理学”
	企业战略管理基本问题	32	4	(13.4)“企业客户关系”；(13.4)“企业环境因素”；(13.4)“特定行业”；(11.78)“企业价值”；(6.77)“企业战略管理”
	价值期权	38	4	(13.4)“价值期权”；(13.4)“价值权力”；(13.4)“价值现权”；(11.72)“实物期权”
	知识管理	78	4	(10.02)“知识管理”；(9.51)“数据挖掘”；(9.51)“信息时代”；(9.51)“企业环境”
	企业核心能力	64	3	(11.78)“企业核心能力”；(9.51)“价值创新”；(5.96)“企业战略管理”；(5.96)“企业战略管理”
	企业绩效与战略管理	91	3	(11.78)“企业成长绩效”；(11.78)“企业学习途径”；(11.78)“战略管理能力”；(11.78)“教育培训”；(9.51)“企业家能力”
	创业研究	1	2	(9.51)“创业研究”
	城市战略管理	11	2	(9.51)“城市治理”；(9.51)“公众参与”；(9.51)“城市战略管理”
	信息系统与管理	18	2	(9.51)“信息系统规划”；(9.51)“结构方程模型”
	战略信息系统	50	2	(11.78)“竞争环境”；(9.51)“企业财务”
	企业战略与国际竞争力	83	2	(9.51)“企业基础管理”；(9.51)“国际竞争力”；(9.51)“经营管理创新”；(8.32)“战略管理创新”
	战略管理与文化	89	2	(9.51)“文化差异”；(9.51)“产业结构”

从关键词共现网络图谱和研究主题词的分布来看，近年来中国战略管理学研究的热点主要集中在战略管理的中国化研究；战略管理与文化研究；战略管理在中

国具体的应用研究，如高校战略管理研究、图书馆战略管理与规划等；企业战略与绩效提升；企业核心能力与动态竞争力；战略管理与知识创新；战略管理的国际化研究；企业战略环境分析；战略管理信息系统等方面。2007 年，战略管理学研究在中国主要侧重于战略管理信息系统、企业社会责任和竞争优势与动态能力等为核心的研究；2008 年，主要侧重于企业战略决策与核心能力、公司治理、绩效管理等为核心的研究；2009 年，开始出现了大量关于图书馆战略管理与规划、新公共服务理论研究等为核心的研究；2010 年，仍然是以图书馆战略管理与规划、公共部门战略管理、战略管理的应用研究(高校战略管理、人力战略管理)等为主；2011 年以来，出现了企业国际化战略、财务战略管理等新的研究热点和趋势。

近年来，具体的研究主题很大程度上是围绕战略管理理论中的柔性战略、战略转换和战略联盟等重要理论展开[21]。通过对战略管理研究文献主题词的共现网络分析，2000～2007 年中国战略管理学研究出现了明显的多元化蓬勃发展态势。2007 年所研究文献的主题分布非常广泛，涉及社会各个领域和部门的战略管理问题；从 2008 年开始，随着中国战略管理学研究文献产出量趋于平缓，研究的主题也相对集中，并且出现了有一定研究深度的新研究方向和研究主题。

6.4 本章小结

本章主要介绍了战略管理学的创生和发展演进情况，分析了当前国际上战略管理学研究的主流研究和前沿问题，并且分析了战略管理学在中国的引进和发展演进情况。战略管理理论自创生以来得到了快速发展，分支路径较多，战略管理理论发展的主线十分清晰。20 世纪 60 年代中期安索夫提出战略规划理论；战略规划学派和设计学派是 70 年代的主流学派；80 年代，迈克尔·波特提出竞争战略理论，成为主流战略管理学派；90 年代，在竞争战略理论的基础上，战略管理学派逐渐分化成核心能力学派、资源基础学派和战略信息系统学派三大主流学派。

20 世纪 80 年代，战略管理学开始被引入中国，并得到了迅速发展和广泛传播。90 年代，战略管理学进入快速成长和积累时期，文献产出数量不断增多。2000 年以来，在企业管理实践需求的拉动下，中国战略管理学进入蓬勃发展期，正在建立和形成一个庞大的学科知识体系。当前战略管理学领域研究的热点问题主要包括新公共部门战略管理(图书馆战略管理与规划、高校战略管理等)、人力资源战略管理、企业国际化战略管理、财务战略管理等方面。战略管理学未来的发展，应当重视理论研究的中国化、本土化进程；进一步向专业化领域发展；强化案例分析方法的应用；加强学术交流与合作，创建学术园地，积极推进战略管理学在中国的快速良性发展。

参考文献

[1] 切斯特・巴纳德．经理人员的职能[M]．孙耀君译．北京：中国社会科学出版社，1997.

[2] Chandler A D. Strategy and Structure[M]. Cambridge City：MIT Press，1973.

[3] Ramos-Rodriguez A R，Ruiz-Navarro J. Changes in the intellectual structure of strategic management research：a bibliometric study of the strategic management journal，1980～2000[J]. Strategic Management Journal，2004，25(10)：981～1004.

[4] Nerur S P，Rasheed A A，Natarajan V. The intellectual structure of the strategic management field：an author co-citation analysis[J]. Strategic Management Journal，2008，29(3)：319～336.

[5] Drucker P F. Management's new paradigms[J]. Forbes，1998，162(7)：152～177.

[6] Porter M E. Competitive Strategy：Techniques for Analyzing Industries and Competitors [M]. New York：The Free Press，1980.

[7] 刘林青．作品共被引分析与科学地图的绘制[J]．科学学研究，2005，23(2)：155～159.

[8] 夏晖．关于战略管理理论发展历程的综述[J]．中南民族大学学报(人文社会科学版)，2003，23(8)：91～93.

[9] Prahalad C K，Hamel G. The core competence of the corporation[J]. Harvard Business Review，1990，68(3)：79～91.

[10] Prahalad C K，Hamel G. The Theory of the Firm[M]. London：Oxford Press，1990.

[11] Markides C C，Williamson P J. Related diversification，core competencies and corporate performance[J]. Strategic Management Journal，1994，15(8)：149～165.

[12] Chandler A D. Scaleand Scope：The Dynamics of Industrial Capitalism[M]. Cambridge：Harvard University Press，1990.

[13] Teece D J，Pisano G P，Shuen A. Dynamic capabilities and strategic management[J]. Strategic Management Journal，1998，18(7)：509～533.

[14] Barney J B. Firm resources and sustained competitive advantage[J]. Journal of Management，1991，17(1)：99～120.

[15] 大卫・J. 科利斯，辛西娅・A. 蒙哥马利．公司战略：企业的资源与范围[M]．王永贵，杨永恒译．大连：东北财经大学出版社，2005.

[16] 霍国庆．企业战略信息管理[M]．北京：科学出版社，2001.

[17] 张云岗．战略管理——西方企业战略管理案例分析简介[J]．科研管理，1982(3)：75～79.

[18] 金占明，杨鑫．改革开放三十年：中国战略管理的理论与实践之路[J]．清华大学学报(哲学社会科学版)，2008，23(S2)：18～25.

[19] 许德音，周长辉．中国战略管理学研究现状评估[J]．管理世界，2004，(5)：76～86.

[20] 武常岐．中国战略管理学研究的发展述评[J]．南开管理评论，2010，13(6)：25～40.

[21] 李垣，陈浩然，谢恩．战略管理研究现状与未来我国研究重要领域[J]．管理工程学报，2007，21(1)：1～5.

第 7 章

知识管理学的演进与研究前沿

知识管理学自创生以来，作为管理学门类中一门全新的管理理论和方法的分支学科，经过 30 余年的发展，得到了广泛传播。本章在回顾知识管理发展脉络及重要理论演进的基础上，借助科学计量学中的科学知识图谱方法，探索知识管理学的研究前沿和热点问题以及未来的发展趋势。

7.1 知识管理学的创生

7.1.1 知识管理与知识管理学

知识管理是一项历史悠久的实践活动。公元前 3000 年左右，楔形文字的出现是人们进行知识管理活动的最早表现。“知识”被刻写在用潮湿的黏土所制作的泥版上，晾干后再进行烧制；古代原始人类的结绳记事，用所结的绳结数量来记录所获得的收成或拥有的财产等信息。这是当时人类朦胧的知识保存手段，同时也是一种知识管理活动的客观存在。

13 世纪的手工业行会以及“学徒工—熟练工—师傅”的模式也是基于系统和实用的知识管理观念[1]。数百年来，新技术的应用不断改变着知识管理活动的方式和过程。在 19 世纪以前，知识的获取主要通过人工和原始的工具来复制和保存，人们不断寻找更好的存储载体。虽然当时处于无意识的知识管理活动当中，但知识已开始小规模的在世界范围内传播。

进入 20 世纪，随着知识经济时代的来临，知识已成为组织和个人发展的最重要资源。同时信息技术的出现与使用，丰富了知识的获取、保存、传播的方式与途径。众多企业广泛开展知识管理实践活动，引发了管理理论界对知识管理理论的关注及探讨，知识管理理论越来越丰富。

知识管理是一个新兴的跨学科研究领域，目前对于知识管理概念认识不统一，众多学者分别从不同角度对知识管理进行了定义。总体来说，目前的定义可包括以下几类[2]：

（1）面向知识过程的定义。这种定义将知识管理分解为子过程，并分别对其进行管理。知识管理的目标是改进这些子过程。如加拿大公共服务委员会(Public Service Commission of Canada，PSCC)认为知识管理是指创造、获取、传递和应用知识来提高组织行为的过程[3]；韦德纳(D. Weidner)认为知识管理是对组织内整个知识过程(生产、获取、集成等)的处理[4]；达佛斯(A. Daghfous)认为知识管理是控制与管理组织内知识的创造、编码(codification)、传播和影响的过程组合[5]。

（2）面向战略或管理的定义。这种定义从管理角度详细说明知识管理，集中关注知识管理先导计划、程序或议程的战略相关性。如马尔霍特拉(Y. Malhotra)认为知识管理是当企业面对日益增长的非连续环境变化时，针对组织的适应性、生存和竞争能力等重要方面的一种迎合性措施[6]；纳普(E. Knapp)认为知识管理是把信息与智力资产(intellectual assets)转化为组织内客户与员工的长期价值的艺术[7]。

（3）面向信息或技术的定义。这种定义建立在数据与信息管理的基础上，是一种管理信息系统的观点。欧勒锐(D. O'Leary)认为知识管理是利用先进技术对知识进行的有效管理，以便促进知识的创造、存取与再利用[8]；凯斯勒(R. M. Kesner)认为企业知识管理是发现与运用内部和外部信息来通告行动的过程[9]。

（4）面向集体或组织知识的定义。这种定义视集体或组织为一个社会系统，并把集体或组织知识作为知识管理的主要对象。如托马斯·H. 达文波特(Thomas H. Davenport)认为知识管理是为促进组织目标的实现所进行的组织知识资产的开发，发生在知识的识别、共享与创造的所有过程中[10]；拉格尔斯(R. Ruggles)认为知识管理是一种积极利用组织内外的技能、经验和看法，为组织增加或创造价值的方法[11]。

（5）面向个人/集体无形资产(知识资产)的定义。这种定义认为知识管理主要是对人的智力/智慧的管理，开发与共享个人的隐性知识，提高个人与集体的智慧，壮大个人或集体的无形资产(知识资产)是知识管理的目标与任务。如奎达斯(P. Quitas)认为知识管理是连续管理各种知识以满足现在和将来出现的各种需要，识别和探索现有已获得的知识资产并开发新机会的过程[12]；斯威比认为知识管理是从无形资产创造价值的艺术[13]。

（6）综合论观点。这种定义是对与知识的生产、传播、利用过程相关的技术、人员和管理问题所作的综合性概括。如吉普塔(B. Gupta)认为知识管理是帮助组织发现、选择、组织、传播、转移，如问题解答、动态学习、战略计划和决策制定等活动所需的重要信息与专门技术的过程[14]。

7.1.2 知识管理学创生的背景

1. 人类社会进入知识经济时代

从实质上来说，知识经济时代的出现是知识管理学创生的根本原因，知识管理学是知识经济创生和发展的产物。20 世纪中期，包括管理学家、经济学家及未来学家在内的众多学者，都已预测到知识经济时代的来临。

在人类社会的历史进程中，经历了两次重大的转变：第一次是农业经济通过工业化及现代化向工业经济转变；第二次是工业经济通过后现代化及信息化向知识经济转变。知识经济以现代科学技术为核心，以电子化、数字化、网络化为表现形式，智力资本取代金融资本成为社会进步最主要的动力。创新是知识经济社会的重要特征。知识创新包含制度创新、技术创新、管理创新、观念创新，是各种创新的相互结合。随着经济发展中知识含量的增加，知识管理成为社会实践活动中各个领域越来越重要的话题。

彼得·德鲁克是最早感知和预言知识经济时代来临的重要人物之一。他在1959 年发表的文章《明天的里程碑》(*Landmarks of tomorrow*)中提出知识劳动、知识工作者(knowledge worker)、知识经济和知识社会等全新概念，并预言知识将成为“唯一重要的资源”。1993 年，德鲁克在《后资本主义社会》(*Post-Capitalist Society*)一书中指出，我们已经进入了知识经济社会，“知识”是最基础的经济资源，知识劳动者将在知识经济社会中发挥核心作用。2005 年，在德鲁克生前发表的最后一篇论文《管理自我》(*Manage oneself*)中，他强调知识经济到来后，成功是属于那些知道自身能力和价值，并懂得如何做得最好的人们的。

1973 年，美国著名社会学家丹尼尔·贝尔(Daniel Bell)出版了专著《后工业社会的来临》(*The Coming of Post-Industrial Society*)，引起了学术界的广泛关注。贝尔以工业社会为中轴，把人类文明划分为三个时期，即前工业社会、工业社会和后工业社会。贝尔认为：“不同政治制度的国家，在实现工业化以后，都将从工业社会发展到后工业社会。”[15]他提出了著名的“中轴原理”，从各个方面预测阐述了“后工业社会”的特征。他同样预见到信息技术的发展，以及技术主导的工业形态。未来学家阿尔文·托夫勒(Alvin Toffler)在 1980 年出版的《第三次浪潮》(*The Third Wave*)中，将经济演化划分为农业社会、工业社会和信息社会三个阶段。威廉·E. 哈拉尔(William E. Halal)在《无限的资源》(*The Infinite Resource: Creating and Leading the Knowledge Enterprise*)一书中指出，世界各国的企业正在经历以知识为基础的“革命”，这种革命将创造出生产力更高、盈利能力更强的新型企业。

2. 企业竞争日趋激烈，知识成为最重要资源

知识经济的发展对人类社会的生产、生活以及企业的运作方式产生了一系列重大影响。传统企业管理以资源稀缺性原理和投资收益递减规律为理论基础，而知识经济时代的企业管理将以知识的无限性和投资收益递增为理论根基[16]。知识管理是知识经济条件下，在网络化、信息化和全球化中孕育而形成的一种新的管理概念及模式。知识管理不仅是管理知识，更是通过管理知识，去创造新的价值和财富，它将大幅度地提高企业的竞争能力。

经济全球化中知识和技术更新速度的加快以及非连续变化的环境，对社会经济活动的主体——组织机构造成巨大压力。企业间竞争日益激烈，知识成为企业间竞争的重要因素之一，所以企业不得不思考如何对组织及个人的知识进行有效管理及运用，以增强竞争优势。相对于企业以往重视对有形资产、产品、劳动力的管理，如何对组织的知识进行有效的获取、存储、整理、分类、共享和应用，如何管理员工和组织的知识，进行知识创新，被摆在了越来越重要的位置。在知识经济时代不进行知识管理的企业，就像工业经济时代不进行标准生产管理的企业一样，很快会走向失败。

知识管理要求组织实现知识共享，运用集体的智慧提高组织灵活性和创新能力，使企业能够对外部需求做出快速反应，并利用所掌握的知识资源预测外部市场的发展方向及其变化。在知识经济时代，知识已成为经济增长、社会发展和企业成长的关键性资源，越来越多的组织通过知识管理来塑造自身的核心竞争力。无论是知识密集型行业，还是资本密集型行业，知识的创造、转移和利用都是企业持续成长的关键，是企业持续竞争优势的源泉。

为提高企业竞争优势，生产更多的知识产品以满足人们的需要，众多企业已广泛开展知识管理实践活动，由此也引发了理论界对知识管理学的关注及探讨。

3. 信息技术的出现与发展

信息技术的出现与发展(如 Internet、Intranet、知识库、数据库、文件管理系统、搜索引擎等)改变了人和组织的生存方式，也为知识管理的创生与发展提供了技术支持，使知识管理学不同于传统管理学，更注重对知识管理技术或工具的研究。面对信息爆炸的时代，信息技术的运用使得信息的获取、存储、整理、分类、分享及保护更为便利，为企业提供了有效利用知识的工具。

如何由信息产生知识，即如何利用数据信息取得知识、再利用知识以获得最大的利润或效益，成为企业思考的新问题。在信息社会和知识经济社会，信息、知识和专业技术是获取利润的重要手段和工具，把信息转化为知识，用知识指导决策最终获得利润是知识管理的最终目的。

7.1.3 知识管理学创生的学科溯源

知识管理思想的形成受到多种学科和实践领域的影响，包括哲学(界定知识)、认知科学(了解知识工作者)、社会科学(了解动机、人、互动、文化及环境等)，管理科学(优化操作和整合企业内部资源)、信息科学(建设相关知识的能力)、知识工程(引出和编纂知识)、人工智能(自动化程序和知识密集的工作)和经济学(确定优先次序)[17]。知识管理学是上述学科交叉融合发展的产物。一方面作为管理学的一个主要分支，知识管理学是知识系统工程与管理学交叉融合所创生的；另一方面，知识管理学也是在知识经济时代，由企业管理实践需求的拉动下而逐渐形成的。在我国学者王续琨的《交叉科学结构论》一书列出的 18 个交叉学科门类——知识科学学科体系中，知识管理学被视为介于哲学科学、社会科学、思维科学与数学科学、自然科学、系统科学之间的知识科学的一门分支学科。

1. 知识演进的哲学视角

虽然哲学上对于“知识管理”没有严格意义上的阐述，但从哲学上关于“知识”的探讨，却有利于认识知识管理所蕴涵的哲学思想，对深入探究知识管理的深刻本质具有指导意义。自古希腊以来，人类对“知识”的研究一直是东西方哲学和认识论的一个核心问题。东方的哲学家，如曾子、孔子以及与他们同时代的印度哲人，一直强调用知识指导精神生活和现实生活；在西方，从苏格拉底和柏拉图(C. Plato)时代到马克思主义，“知识”都是哲学研究的重要课题之一。无论是唯心论还是辩证唯物主义，都贯穿着探究关于“什么是知识”这一问题答案的过程。

在知识管理发展的过程中，关于知识最重要的哲学论述莫过于隐性知识的提出。迈克尔·波兰尼(Michael Polanyi)在 1958 年出版的《个人知识》(*Personal Knowledge*)是西方学术界第一部对隐性知识及隐性认识与科学研究进行较为系统的探讨和分析的著作。他从哲学领域提出了隐性知识这一概念，明确将知识分为隐性知识/暗默知识和显性知识/形式知识。波兰尼认为人类的知识有两种，通常被描述为知识的，即以书面文字、图表和数学公式加以表述的，只是一种类型的知识；而未被表述的知识，像我们在做某事的行动中所拥有的知识，是另一种类型的知识。他把前者称为显性知识，将后者称为隐性知识。隐性知识的提出对知识管理理论的发展起到了关键作用，个体中隐性知识如何能被组织成员和组织所共享，从而增强隐性知识的获取和传递能力，也是知识管理的目标之一。

1979 年，英国哲学家卡尔·波普尔(Karl Popper)在《客观知识：一个进化论的研究》(*Objective Knowledge*: *An Evolutionary Approach*)中提出了著名的“知识进化论”和“三个世界”的理论。波普尔将达尔文主义引入知识领域，把进化论同认识论结合起来，并使前者成为后者的基础。他认为，人类的知识是长期进化的产物，知识的增长是通过竞争和选择实现的，进而他提出了世界 3 理论，即物理的世界(世界 1)；人的精神活动世界(世界 2)；人类精神活动的产品即知识、思想和科学理论所组成的世界(世界 3)。波普尔把认识论研究转向对科学知识增长的研究，对知识论的发展具有深远的影响。

2. 组织知识演进的经济学视角

新古典经济学派(neoclassical economics)的创始人艾尔弗雷德·马歇尔是最早明确地表达知识在经济事物中具有重要性的先驱之一。1905 年，他提出资本大部分是由知识和组织构成的，知识是生产组织最强大的引擎，组织需要借助知识的力量来发展。20 世纪 30 年代弗里德里希·冯·哈耶克(Friedrich A. von Hayek)在其论著《个人主义与经济秩序》(*Individualism and Economic Order*)中专门论述了“知识在社会中的利用”，指出社会的经济问题可以看做“不只是如何分配所‘赋予’的资源，而是如何确保充分利用每个社会成员所知道的资源”。他认为“人类的知识不可能是完全的，因此需要一种不断交流和获得知识的途径”，并且指出不同种类知识的地位及重要性是不同的，强调实践知识的重要性[18]。

奥地利政治经济学家约瑟夫·熊彼特(Joseph A. Schumpeter)阐释了经济增长的真正根源——创新。他认为知识是主观的，不能被视为固定的，应通过聚焦每个经济主体所掌握的独特知识来描述经济变化的动态性。熊彼特把创新概括为五种类型：第一，生产新的产品；第二，引入新的生产方法、新的工艺过程；第三，开辟新的市场；第四，开拓并利用新的原材料或半制成品的供给来源；第五，采用新的组织方式。他认为，所谓创新就是要“建立一种新的生产函数”，即“生产要素的重新组合”。这种组合也被看做是对形式知识进行的重要组合。他实际上指出了新产品、制造方法、市场、材料及组织的涌现均源自知识的新“组合方式”。

潘罗斯(E. T. Penrose)于 1959 年出版的《企业成长理论》(*The Theory of the Growth of the Firm*)标志着动态企业理论的形成。潘罗斯继承了熊彼特的创新思想，认为企业是生产性资源的集合体，资源本身不是生产过程的“投入”，利用企业资源提供的服务才是“投入”，服务是特定企业积累的经验和知识的一个功能。尼尔森和温特在 1978 年提出的经济演化理论则为动态企业理论的进一步发展提供了重要的理论基础。他们认为，组织或个人意愿对具有价值的创新项目进行编码，创建知识库。在特定的时间，特定的企业是相当具体范围的生产性知识的知识库，这些知识存储在商业企业“常规的可预测的行为模式”中。同时，他们还将技术的实质归结为知识。

大多数经济理论将知识视为经济现象的一个重要因素，经济学家强调显性知识及组织“既存知识”，善用数学模型进行分析，对知识的探讨集中于资源分配的顺序及知识对经济增长的贡献等。经济学家们从经济学角度对“知识”进行探索与剖析，利用经济模型强调知识的重要性，虽然没有认识到“经验”等隐性知识的重要性，忽视了知识作为资产的价值及组织对知识的创造过程，但这些理论从经济学的角度引起了人们对知识管理的关注。

3. 知识管理研究与信息科学

国内著名管理学专家乌家培认为："知识管理是信息管理的延伸，是信息管理发展的新阶段，是信息转换为知识，并用知识提高特定组织的应变能力和创新能力。"[19]知识管理从信息管理发展而来，是继信息管理之后又一次对人力资本价值的回归，是对智力资本价值的重新审视，是在数据管理、信息管理之后登上的又一个新台阶。从信息管理走向知识管理，从信息资源开发走向知识资源开发是信息管理的两大发展趋势。信息管理只是将各种各样的信息以一定的方式进行汇总、组织，以方便人们用计算机进行查询和检索；知识管理则是信息管理的延伸和发展，知识管理不仅仅是搜集、整理和传递知识信息，更重要的是挖掘存在于人脑中的知识，实现知识的分享、创造和利用，实现个体的创新能力与信息技术的有机结合。信息管理与知识管理的区别见表 7.1。

表 7.1　信息管理与知识管理的区别[20]

类项	信息管理	知识管理
含义	借助现代信息技术，对信息资源进行开发和应用的管理活动	全部管理建立在知识与信息的生产、传播和应用的基础上
目的	为经营活动提供信息支持，实现信息共享，实现外部形态整合	知识和人的活动结合，实现知识共享，用知识创造知识，达到内容的过滤、分析与综合
对象	信息：可编码化的信息，以文献为核心	知识和信息：信息化显性知识；非信息隐性知识，以用户为核心
内容	按任务建立管理信息系统，以资料组织为中心，主要是一种构建智力库的过程，主要是收集和处理企业常规运作的基础数据	构建以技术创新和市场创新为焦点的内部、外部知识网络，以解决问题为中心，一种激励创新并实现市场价值的战略思想，是一种通过集体智慧与知识共享来提高竞争力的过程，同时也是一种可以操作的技术手段
作用	获取信息的工具，经营管理的手段，注重加工与保存，它强调的是人的智力转化与技术管理，偏重创造成果的管理	创造知识的手段，技术创新的基础，经营战略的支持；注重应用与交流，倡导人的主动性，是人的智力开发与激励的管理，是智力成果的创造过程即创新的管理，智力开发、共享、应用成为核心
关系	信息管理是知识管理的基础、手段、平台、组成部分	知识管理是信息管理的深化与发展

4. 组织知识演进的管理学视角

对于人类来说，管理学的出现是人类飞跃式进步的一个重要成果和标志。与此同时，知识管理思想的兴起和发展贯穿于管理学思想的发展过程。不同历史阶段出现的管理学理论中都在一定的程度上包含了知识管理思想。

1911 年，"科学管理之父"弗雷德里克·温斯洛·泰勒在他的经典著作《科学管理原理》中提出了科学管理理论。其核心是运用动作时间研究方法进行工作分析，采用科学的方法来提高生产效率。“科学管理”是一种希望对公认的经验和技能进行表出化，从而使之成为科学的“知识”尝试。此后，管理学理论进入蓬勃发展的时期。法国亨利·法约尔的一般管理理论和德国马克斯·韦伯的古典组织理论，都重点分析了管理工作的运行机制和基本原则，强调了在企业生产过程中成熟的生产经验对于管理工作运行机制的重要性，这同样也是一种知识管理过程的体现。

20 世纪 20 年代，乔治·埃尔顿·梅奥、亚伯拉罕·哈罗德·马斯洛等具有丰富心理学知识的管理学家开始从心理学角度对企业的管理进行分析。著名的霍桑实验形成了人际关系行为科学理论，其研究内容主要包括人的本性和需求行为的动机，生产中的人际关系，等等。人际行为科学理论中对生产中的人际关系的研究可以看成是对影响员工自主创造、获取及共享知识资源的一种因素的探索。

第二次世界大战以来管理理论得到了飞速发展与繁荣，美国著名管理学家哈罗德·孔茨最早提出了管理丛林的概念，并分别于 1961 年和 1980 年发表了两篇颇有价值的学术论文《管理理论的丛林》(*The management theory of the jungle*)和《再论管理理论的丛林》(*The management theory jungle revisited*)，引发了不同学者从不同的角度探讨管理理论的思想潮流。在此期间，形成了如经验或案例学派、人际关系学派、决策学派、管理科学学派、权变学派、社会系统学派及数学学派等管理理论丛林，这些管理学学派都在各自的理论中渗透了对“知识”的理解。

20 世纪 60 年代初，美国著名管理学家艾尔弗雷德·D. 钱德勒的《战略与结构》一书出版，首开企业战略研究的先河。他首次将知识资源的管理工作融入企业战略结构中来进行管理，把知识资源提高到战略地位，强调企业战略问题包括知识战略。知识资源的管理决定了一个企业的兴衰成败，企业在生产经营中应将知识资源作为一项战略资源进行管理。在该书中，他同样强调了在企业结构中应该建立一套知识管理的结构体系，从而使企业的知识资源得到充分利用。

20 世纪七八十年代至今，知识管理得到越来越多管理学家的重视，知识管理也被认为管理学的重要发展方向之一，不断推动着管理理论与实践的丰富与发展。

7.2　知识管理学的早期发展

虽然知识管理作为一项实践活动早已存在，但真正从知识管理视角来形容组织的知识活动过程，还是始于美国的管理大师彼得·德鲁克。彼得·德鲁克最早提出了“知识工作者”这一称谓。基于 20 世纪的经济和社会发展主要依赖于产业工人劳动生产率的极大提高这一事实，他指出 21 世纪最大的管理挑战是如何提高知识工作者的劳动生产率。德鲁克在《哈佛商业评论》上发表的《新型组织的出现》(*The coming of the new organization*)一文中指出，以知识为基础的新型组织的出现，使其组织形态和整个商业模式都将发生巨大变革。

但也有学者认为知识管理的本源可以追溯到 20 世纪中期北美洲的商务实践。50 年代威廉·艾伦·怀特(William Allan Whyte)的专著《组织人》(*The Organization Man*)和斯隆·威尔逊(Sloan Wilson)的《穿灰色法兰绒制服的人》(*The Man in the Gray Flannel Suit*)，对知识管理的理由和定义做了深入的诠释。沃纳·赫希(Werner Zvi Hirsch)于 1965 年 4 月在《加州管理评论》发表的文章《转化新知识以实现经济增长》(*Transformation of new knowledge for economic growth*)中指出，知识是促进经济增长的因素之一，组织应重视对知识的管理。1974 年，美国南乔治亚大学的尼古拉斯·亨利(Nicholas L. Henry)在《公共管理评论》上发表了《知识管理：公共管理一个新的问题》[21]，从公共管理角度强调需对知识进行管理。

20 世纪 70 年代，哈佛大学商学院教授克里斯·阿吉里斯(Chris Argyris，1923—1999 年)提出了组织学习的类型分为单环型学习(single loop learning)和双环型学习(double loop learning)。同时，斯坦福大学的艾沃瑞特·罗格斯(Everett M. Rogers)教授关于创新扩散的研究、麻省理工学院的托马斯·艾伦(Thomas Allen)教授关于信息和技术转移的研究，可视为知识管理研究的发轫，他们为理解组织内的知识如何产生、利用和扩散做出了重要贡献。

☞扩展阅读

双环型学习

1978 年，克里斯·阿吉里斯和唐纳德·舍恩(Donald Schon)在《组织内学习：行动前景的理论》(*Organizational Learning：A Theory of Action Perspective*)中提出学习行为可分为单环型学习和双环型学习。这本书的出版也标志着系统研究组织学习的学者开始出现。

单环型学习提出单面问题，做出单面的解答，而双环型学习还会将问题反馈给发问者，要求对问题的跟进。双环型学习不仅考虑事实本身，而且也涉及这些事实背后的原因及动机，是一个学习和理解的循环，属于创新型学习和认知性学习，适应于动态的环境。例如，在组织中，双环型学习倡导对造成现状原因的反思：除了发现并改正组织错误外，并且对组织现有的规范、流程、政策以及目标提出异议并修正。

1975 年，美国得克萨斯州的丛林钢铁公司(Chaparral Steel)组织实施了全球第一个知识管理项目。在缺乏信息技术支持的情况下，该公司完全依靠其内部结构和公司战略，通过明确的知识管理活动来保持公司在技术和市场上的领先地位。该公司至今仍是全球钢铁行业的质量与效率领袖，其知识管理仍然保持不过分依赖技术的风格。多萝西·伦纳德-巴顿(Dorothy Leonard-Barton)于 1995 年通过对 Chaparral 钢铁公司著名案例的研究，撰写了知识管理的经典著作《知识之源：建立和维持创造之源》(*Wellsprings of Knowledge*：*Building and Sustaining the Sources of Innovation*)。

到 20 世纪 80 年代，依赖于人工智能和专家系统的管理知识的信息系统有所发展，有着计算机知识背景的专家们提出了"知识获取"、"知识工程"、"以知识为基础的系统"和"基于计算机的存在论"等观点。知识管理的理念和实践活动正是源于这一时期，"知识"作为竞争性资产的重要性已经逐渐明确化。1980 年，为支持其配置工程(configuration engineering)和销售工作，美国 DEC 公司建立了世界上第一个大型知识库系统 XCON。知识管理作为一个概念出现于 1986 年，由卡尔·维格(Karl M. Wiig)在联合国国际劳工大会上首次提出。

☞ 扩展阅读

DEC 公司与知识管理

美国 DEC 公司曾为世界上历史最悠久，规模最庞大的计算机公司，其成功依赖于所推出的比主机型电脑便宜且有弹性的迷你电脑产品。

戴布拉·艾米顿(Debra Amidon)是 DEC 公司一个研究小组的负责人，主要研究如何通过技术促进学习。在 1987 年，随着第一次知识管理圆桌会议"为 21 世纪管理知识资产" (Knowledge Assets into the 21th. Century)研讨会的胜利召开，艾米顿掀起了一场运动，并最终成立了一个不断扩充的"知识实践者联盟"，随后她于 1988 年在普渡(Purdue)大学的 *Research Consortia* 上发表了《管理知识资产进入 21 世纪》一文。在她 1997 年出版的创造性著作《知识经济的创新战略——智慧的觉醒》一书中，对知识管理的发展趋势进行了阐述。戴布拉·艾米顿促进了"价值网络"、"战略商业网络"、"客户成功"等概念和理论的发展。她也曾经提出了一系列问题以评价某一个组织的知识管理和实际创新能力。

DEC 公司另一个研究小组由卡尔·维格(后任美国知识研究学会董事长兼 CEO)带领，在人工智能领域展开研究。一般认为，是卡尔·维格于 1986 年在苏黎世国际劳工组织(International Labour Organization，ILO)会议的报告中第一次使用了"知识管理"这一术语。1990 年，他在国际知识公司工程师协会(International Association of Knowledge Engineers，IAKE)第二届国际年会的会议报告中发表了第一篇以"知识管理"为标题的论文——《知识管理绪论》。1993 年卡尔·维格出版了第一本有关知识管理的专著《知识管理基础》(*Knowledge Management Foundations*：*Thinking about Thinking—How People and Organi-*

zations Create, *Represent*, *and Use Knowledge*)，此书与后来出版的《智力的中心管理重点——行动组织》(*Knowledge Management*: *The Central Management Focus for Intelligent—Acting Organizations*, 1994)、《知识管理方案知识管理的实践途径》(*Knowledge Management Methods*: *Practical Approaches to Manage Knowledge*, 1995)构成了卡尔·维格的“知识管理三部曲”，为需要进行知识管理的实践者、中层管理者、决策者提供广泛而深入的研究成果。

后来由于DEC公司忽视顾客需求、不够重视配件生产、定价过高及专利费昂贵等原因，经营不善，于1998年1月被康柏公司以96亿美元的价格收购，2001年惠普和康柏宣布合并，但DEC公司及其工程师们为知识管理所做出的杰出贡献，为后世留下了宝贵的经验。

7.3 知识管理学的积累成长期

知识管理的高度复杂性，使它兼有技术与人文两种属性，而且两种属性是交互作用的，使得知识管理具有跨学科特点，涉及的学科有管理科学、认知科学、心理学、社会学、信息科学与技术与系统工程等。概括来讲，目前关于知识管理的研究，是沿着两条主线进行的，一条把重点放在信息管理上，致力于信息系统、人工智能等工具方面的研究。知识是一种企业资源，可以被管理和控制，这就是知识管理的资源观。以达文波特为代表的学者们认为，知识可以编码并通过计算机和网络进行存储和传播。资源论主要是在美国IT界发展起来的，强调“数据—信息—知识”的递进概念，使得知识管理与信息管理紧密相关，IT技术在其中起到了很大作用。

另一条主线则把重点放在对人的管理上，着重研究人的行为、技巧和思维方式以及组织行为。知识不同于信息，知识管理的对象是知识而不是信息。信息可以收集、存储和利用，而知识是一个过程，是人行动的能力，信息经过人的大脑吸收、处理后才能变成知识，变成人们解决问题的能力。人与人的交流和解决问题的实践中，进行着知识的共享和创造。斯威比是这一类型观点的典型代表，认为信息技术对知识管理的实施有利有弊，不利用信息技术也可以实施成功的知识管理；仅仅依靠信息技术或软件系统的知识管理项目很可能会以失败而告终。也就是说，知识不能用“技术”来管理，不要过分强调技术在知识管理中的作用。

根据我国学者陈远等的观点，20世纪90年代中期可以看做知识管理学科的一个快速成长时期。在此期间，既有管理大师的经典体系思想，也有“百家争鸣”的各家之言。他们围绕知识管理的六要素(获取、储存、共享、复用、学习、创新)、三形态(人力形态、资产形态、知识信息形态)、四职能(计划、组织、领导、控制)阐述各自的观点。本节将对该时期的知识管理的重要理论及企业重要的知识管理实践进行简要阐述。

7.3.1　知识管理实践的发展

20 世纪 90 年代中后期，随着互联技术的进步、Web 的应用和普及，知识管理已经开始摆脱信息管理的阴影，Web 使知识管理的界面趋于统一，人工智能和搜索引擎技术使知识管理获得快速发展和大面积普及。

随着知识管理理论的成熟和方法体系的日益完备，各企业也将其视为对已失败的全面质量管理(total quality management，TQM)和业务流程重组的一个补救措施，从而大大刺激了对知识管理产品与服务的需求，全球顶尖的咨询公司，如安永(Ernst & Young)、阿瑟・安德森(Arthur Andersen)和 Booz-Allen & Hamilton 等知识管理类咨询业务量显著增加。与此同时，基准研究、最佳实践、风险管理、变革管理、情报学等领域的专业学术性组织也开始研究知识管理与其专业领域间的关系，具有代表性的是全美生产力与质量委员会(American Productivity and Quality Council，APQC)和美国情报学会(American Society for Information Science，ASIS)。从此，知识管理迎来了一个快速大发展的时期。

1994 年，安永咨询公司第一次知识管理大会在美国召开。同时，成立于 1989 年的国际知识管理网络(International Knowledge Management Network，IKMN)在互联网上建立主页，将知识管理规模扩展到互联网，并吸收了美国的知识管理联盟和其他一些相关组织与出版机构，随后发表了其对欧洲公司知识管理活动的调查报告，IKMN 一度成为知识管理领域最重要的网站之一。

1995 年，欧盟通过欧洲信息技术研究和开发战略计划(ESPRIT)首次为知识管理的相关项目提供资助。1997 年，知识管理国际联盟在美国成立，汇集了 IBM、惠普、施乐等 46 家大公司和机构的代表，共 200 多名成员；同年，英国出版商 Emerald 出版了第一种知识管理专刊 *Journal of Knowledge Management*。1998 年，Teleos 公司和 KNOW Network 公司共同创办了每年一度的全球最卓越知识型企业(Most Admired Knowledge Enterprise，MAKE)评选活动，由全球财富 500 强的高级主管人员和知识管理专家通过德尔菲法进行评选；同年，以"知识管理"命名的期刊在英国出现。1999 年，美国有 80%的企业已经或正在实施知识管理计划。2000 年后，Lotus 公司率先推出适应 e-learning 时代的教育网站开发系统 Learningspace，代表了运用知识管理理论建设教育网络资源的最新趋势。紧接着微软公司提出数字神经系统 DNS 的概念，各大企业开始重视知识管理标准化、正规化。2001 年，标准澳洲协会出版了《知识管理：知识时代成功的框架》，英国标准协会出版了《知识管理：实践指南》。2002 年 1 月 15 日，美国知识管理国家标准 GKEC(Global Knowledge Economics Council)正式颁布实施。2002 年被确认为知识管理元年，知识管理已在全球管理学理论界与实践者中间形成热潮。据国际数据公司的统计，2003 年全世界公司用于知识管理的支出将达到 1 200 万美元，整个知识管理软件和服务的市场规模将达到 60 亿美元。

知识管理是适应知识经济时代要求的新型管理方法和模式，知识的获取、整理、融合与创新将成为企业发展的强大推动力。目前一些国际著名的公司，如通用电气、朗讯科技、摩托罗拉、惠普、施乐和西门子等都已着手实施知识管理，建立整套 KM 体系，并纷纷在企业中设立了“首席知识长官”(chief knowledge officer，CKO)，希望通过知识资源的开发来获取更大的竞争优势。从 2000 年左右开始，我国国内如联想集团、中国农业银行等企业也开始实施和建立知识管理体系。

7.3.2 知识管理主要理论的演化

进入 20 世纪 90 年代有关知识管理研究的学术论文开始在《斯隆管理评论》、《组织科学》、《哈佛商业评论》以及其他刊物上出现。1991 年，《财富》杂志的特约评论员托马斯·A. 斯图尔特(Thomas A. Stewart)在该杂志上发表了第一篇有关知识管理的论文《脑力风暴：智力资本是如何正成为美国最有价值的资产的》(*Brainpower：how intellectual capital is becoming America′s most valuable asset*)，介绍美国的智力资本如何成为最有价值的资产，从此掀起了知识管理研究与实践的高潮。

在这期间，瑞典企业家与财经分析家卡尔·爱立克·斯威比博士、美国麻省理工学院斯隆管理学院教授彼得·圣吉(Peter M. Senge)、日本管理学教授野中郁次郎和美国波士顿大学教授托马斯·达文波特等管理学大师的理论，对知识管理思想的研究都产生了巨大影响，为知识管理领域的开拓和发展做出了杰出贡献。作为时代先驱，他们提出的具有前瞻性及创造性的知识管理观点在知识管理理论和学科发展史中具有标志性的意义。

1. “世界知识管理之父”——斯威比

被誉为“世界知识管理之父”的卡尔·爱立克·斯威比是世界上最早在著作中使用“知识管理”一词的人，并对知识和知识管理的基础性问题进行了深入研究。斯威比既是企业家又是企业分析家，他对知识管理的研究具有浓厚的实践色彩，更着重帮助企业家有效地认识和管理核心资产——无形资产，创造更大的价值，经营知识经济时代的成功企业。

1987 年，斯威比和英国知识管理专家汤姆·劳埃德(Tom Lioyd)合作出版了《知识型企业的管理：通过鼓励创造性来增加价值》(*Managing Knowhow：Add Value—by Valuing Creativity*)一书，提出一整套知识型企业管理的理论和实用方法，成为知识型企业管理研究的开山之作。1990 年，斯威比又出版了《知识管理》一书，是世界上第一部以"知识管理"为题的著作。该书并没有局限于某种信息技术，而是进一步探讨了"基于能力的战略"和如何管理知识资源的问题，特别是对于知识员工的管理。

斯威比从 1989 年就开始进行智力资本方面的研究，并出版了他和康莱德小组(Konrad Group)的研究成果《知识型企业的分析与评价：用于知识型企业财务、控制和评价的重要指标》(*The Invisible Balance Sheet*：*Key Indicators for Accounting Control and Valuation of Know-How Companies*)，针对智力资本的有效管理，提出了与智力资本发展过程有关的"流量"概念。斯威比将智力资本分为三类：顾客资本(customer capital)、个人资本(individual capital)和结构资本(structural capital)，对应无形资产中的外部结构、个人能力和内部结构。

1997 年，斯威比在《新组织财富——管理与度量以知识为基础的资产》(*The New Organizational Wealth—Managing and Measuring Knowledge-Based Assets*)一书中提出以知识为核心的企业发展战略框架，并将关于知识型企业的组织理论，包括有形和无形资产在内的监测信息系统统一在知识战略框架之下，形成完整的知识型企业的管理理论和方法体系。斯威比开发的测量和监控无形资产的理论和方法激励了一大批北欧企业监测其无形资产。

☞ **扩展阅读**

智力资本

智力资本，亦称知识资本。美国经济学家约翰·肯尼思·加尔布雷思(John Kenneth Calbraith)于 1969 年首次提到智力资本的概念，指出智力资本在本质上不仅仅是一种静态的无形资产，而且是一种思想形态的过程，是一种达到目的的方法。遗憾的是他没有给出智力资本完整的定义。美国学者托马斯·斯图尔特是最早系统地界定智力资本的含义及内容的学者，他将智力资本定义为，"公司中所有成员所知晓的能为企业在市场上获得竞争优势的事物之和"。他提出了智力资本的"H—S—C"结构，即企业的智力资本价值体现在企业的人力资本、结构资本和客户资本三者之中。

1996 年，英国科技中介公司(The Technology Broker)的创办人及人工智能专家安妮·布鲁金(Annie Brooking)在《智力资本：第三资源的应用与管理》(*Intellectual Capital*：*Core Asset for the Third Millennium Enterprise*)中，系统阐述了智力资本的含义及构成，并总结了储存、评估及管理智力资本的流程。她认为，智力资本是"对使公司得以运行的所有无形资产的总称"，具体包括市场资产(market assets)、人才资产(human-centered assets)、知识产权资产(intellectual property assets)及基础结构资产(infrastructure assets)。

帕特利克·沙利文(Patrick H. Sullivan)与加州大学伯克利分校的教授蒂斯

则认为智力资本的价值在于企业在广义的技术创新中能提供价值(value extraction)，尤其是新技术(包括各种专利)的商品化，他们将智力资本与结构资本及商务资产(business assets)并列为产生收入的要素之一，并定义了智力财产(intellectual property)、智力资产与智力资本的差别。

其他关于智力资本的研究有：瑞典“斯堪地亚保险财务公司”(Skandia Assurance and Financial Services，AFS)智力资本小组的主管爱德文森(L. Edvinsson)，被评为1998年度“世界大脑”(The Brain of the World)的称号，从财务管理角度提出智力资本管理；休伯特·圣特昂格(Hubert Saint-Onge)将智力资本定义为三个方面，即人力资本、顾客资本及结构资本，着重从培育人力资源的角度，运用知识资产的架构进行了企业管理的整合。

2. 圣吉与学习型组织

1990年，彼得·圣吉出版了《第五项修炼——学习型组织的艺术与实务》(*The Fifth Discipline*：*The Art and Practice of the Learning Organization*)一书，在书中全面阐述了“学习型组织”的内部结构和运作规律。学习型组织具有以下特征：组织结构扁平化、组织交流信息化、组织开放化、员工与管理者关系由从属关系转为伙伴关系、组织能够不断调整内部结构关系等[22]。学习型组织力求精简、扁平化、弹性化、终生学习、不断自我组织再造，以维持竞争力。学习型组织不存在单一的模型，它是关于组织的概念和个体作用的一种态度或理念，是用一种新的思维方式对组织的思考。同时，圣吉提出了改善个人和组织思维模式的“五项修炼”：自我超越、改善心智模式、建立共同愿景、团队学习和系统思考。“五项修炼”也是组织建设学习型组织的方法和技术，紧密联系，缺一不可。其中“系统思考”的思考最为重要，它是整合其他各项“修炼”于一体的关键环节。

学习型组织通过强调组织的创新来自于组织的不断学习，凸显出知识在组织中的核心地位，促进了知识管理在组织中的实施；而知识管理通过强调显性知识与隐性知识的互相转化、知识的共享、使用与创新，为学习型组织的构建提供了具体的方法，是建设学习型组织的最重要手段之一。

3. 野中郁次郎与知识创造理论

野中郁次郎是知识管理领域被引述最多的学者，被誉为“知识管理理论之父”、“知识管理的拓荒者”。他带领的一个研究小组从20世纪80年代早期开始就关注创新和如何加速日本大型企业的创新问题。1991年，野中在《哈佛商业评论》11～12月号发表的《创造知识的企业》(*The knowledge-creating company*)一文，初步提出了知识创造理论及知识转换的四个阶段，并强调了隐性知识在知识创造中的重要作用，标志着他进入了知识创造领域的前沿。这篇经典论文是《哈佛商业评论》编选的《知识管理》论文集的首篇文章，是现代知识管理研究的代表作之一。1994年，野中发表了《组织知识创造的动态理论》，提出了一种管理组织知识创造动态过程的范式，系统论述了知识创造理论，并将知识转换的四个阶段用模型的形式表现出来。

在此基础上，1995 年野中与竹内弘高(Hirotaka Takeuchi)用英文所著的《创造知识的企业》(*The Knowledge-Creating Company*)一书扩展了同名论文的观点和实例。该书从柏拉图、笛卡尔(R. Descartes)、波兰尼的知识哲学谈起，融入日本企业的实务经验，开发了一种融合日本和西方管理实践经验的普遍性管理模型。他提出“承上启下”式管理过程与“超文本”式组织更能适合组织进行知识创新的需要。同时，书中提出的 SECI 模型是知识管理领域最重要的模型之一。

关于“隐性知识”与“显性知识”相互转化 SECI 模型的“社会化(socialization)、表出化(externalization)、组合化(combination)、内在化(internalization)”过程，完成一次螺旋上升的每一个阶段都有一个“场”(ba)存在。相应于知识转换四个过程阶段的“场”，分别为“创始场”(originating ba)、“对话场”(interacting/dialoguing ba)、“系统化场”(cyber/systemizing ba)、“练习场”(exercising ba)。

野中郁次郎受到哲学认识论，特别是迈克尔·波兰尼及他的“隐性知识”理论的启发。他认为隐性知识是指特定情境下的个人知识，难以形式化也难以交流或共享，并在波兰尼的基础上对隐性知识进行了分类：技术维度和认知维度。技术维度包括非正式和难以明确的技能或手艺，常常可以称之为“秘诀”(know-how)，源自亲身的体验、高度主观和个人的洞察力、直觉、预感或灵感等，就属于这个层面。认知维度包括信念、领悟、理想、价值观、情感及心智模式。这些知识的内容很难用语言符号表达出来，但却始终影响着人们对周围世界的感受方式。

到目前为止，野中郁次郎的 SECI 模型和 BA 理论等关于知识创造的观点堪称对知识创造过程的最为深入、透彻的分析。它们准确揭示了知识生产的终点和起点，清晰地辨识了知识生产模式的常规类别。野中郁次郎的理论前期侧重于两种知识之间的转化，后期向知识创新倾斜，开始考虑网络技术的存在和应用，并注重对知识转换和知识创新发生的场合——BA 的研究。

野中还出版了《日美企业的经营比较》、《失败的本质》、《企业的自我创新》、《知识创造的螺旋》、《创新的本质》、《日产，这样赢得世界》等著作，对知识创新理论的丰富与企业管理实践做出了杰出贡献。

但野中郁次郎的理论也存在一定的不足，这是因为他只对日本企业进行案例研究，没有考察其他文化背景下的企业。他的研究方法带有浓厚的日式风格，其理论深度还有挖掘的空间[23]。

4. 达文波特与“知识管理两阶段论”

20 世纪 90 年代初期，托马斯·H. 达文波特与迈克尔·哈默以及詹姆斯·钱皮创造了流程再造理论。同时，他也是这个时期兴起的知识管理运动的缔造者之一。他针对知识管理的前景及价值，提出了指导知识管理实践的“知识管理的两阶段论”和知识管理模型，在知识管理的工程实践和知识管理系统方面做出了开创性的贡献。

1999年，达文波特发表了一篇谈及知识管理前景的文章，他指出：现在知识管理已非常“流行”，企业不断推出各种知识管理解决方案，包括像IBM及微软这样著名的公司在内的几乎所有的IT企业都在推销自己的知识管理理念及技术与产品，而“知识经理”(知识主管)也成为一种非常正式的职位，并提出了“知识管理两阶段论”。

第一阶段：企业像管理其有形资产一样来对其知识资产进行管理，并建立存放知识资产的“知识库”，而企业对知识库的管理也需要相应的“供应链管理”；第二阶段：当公司意识到它们的知识库中已经拥有太多的“知识资产”时，必须要考虑知识工作业务本身的改进与提高。如果希望企业内的知识的供需实现基本平衡，则必须首先考虑知识工人是如何开展工作的。

1998年，达文波特和劳伦斯·普鲁萨克(Laurence Prusak)在合著的《营运知识》(*Working Knowledge: How Organizations Manage What They Know*)中提出了企业内部的“知识市场”这一概念，认为市场机制像作用于有形商品一样推动着知识的运行。在企业内部存在着一个进行知识交流、知识积累和知识创造的“知识市场”。知识市场由知识创造者(卖方)、知识消费者(买方)以及信息组成，并对内部知识市场的参与者(买方、卖方和经纪商)、价格体系、信号体系、失效原因等进行了分析，这一概念后来被该领域的学者普遍认可。同时，他们把知识的概念定义为：知识是结构性经验、价值观念、关联信息及专家见识的流动组合。达文波特和普鲁萨克认为知识是流动组合，企业必须克服知识交易壁垒来不断识别和获取知识，知识管理的重要环节在于知识运用，并明确了影响知识传递的因素和解决办法，提出“雇佣聪明的人，并让他们相互交谈”是有效的知识传递的办法。

7.4 知识管理学多元化繁盛发展期

7.4.1 知识管理学的研究基础及其演化

21世纪以来，在知识管理实践发展基础上，知识管理学的发展进入多元化繁盛发展时期。为进一步梳理知识管理学的研究基础，探测知识管理学的研究前沿和热点问题，对下载于Web of Science检索平台的“知识管理”研究文献，进行科学计量分析，通过CiteSpace信息可视化软件系统展现这一学科研究基础的演进和主流的研究前沿问题。

研究使用的数据全部来源于美国科学情报研究所出版的Web of Science数据库(SCI-EXPANDED、SSCI、CPCI-S、CCR-EXPANDED、IC)中的文献，为进行知识管理学领域本身的研究，即“知识管理学元研究”，将检索式设定为以“knowledge management”为主题词检索，语种为 English，文献类型为 Article，时间范围是 2000～2012 年，然后选择“management”领域进行检索，共检索到符合条件的学术论文 1 399 篇。通过 CiteSpace 软件运行，得到知识管理元研究共被引关键节点文献(表 7.2)。

表 7.2　知识管理理论文献共被引网络中的被引频次前 9 的文献信息列表(共被引频次≥120)

共被引频次	中心度	作者及出版年份	题目	主要内容
385	0.1	Ikujiro Nonaka and Hirotaka Takeuchi (1995)	*The Knowledge-creating Company: How Japanese Companies Create the Dynamics of Innovation*	系统论述知识创造理论及 SECI 模型
221	0.06	Ikujiro Nonaka (1994)	*A dynamic theory of organizational knowledge creation*	初步构建组织知识创造理论的框架与 SECI 模型
195	0.09	Robert M. Grant (1996)	*Toward a knowledge-based theory of the firm*	探讨企业内整合员工个人专业知识的协调机制
190	0.08	Wesley M. Cohen and Daniel Levinthal (1990)	*Absorptive capacity: a new perspective on learning and innovation*	首次提出企业的知识吸收能力的概念
177	0.07	Maryam Alavi and Dorothy E. Leidner (2001)	*Review: knowledge management and knowledge management systems: conceptual foundations and research issues*	强调信息技术在组织知识管理过程中的潜在重要性和知识管理系统的构建
152	0.05	Bruce Kogut and Udo Zander (1992)	*Knowledge of the firm, combinative capabilities, and the replication of technology*	强调知识组合能力在知识创造及转移中的重要性
150	0.06	Thomas H. Davenport and Laurence Prusak(1998)	*Working Knowledge: How Organizations Manage What They Know*	深入地阐述了知识的定义、知识市场的特征、知识活动、知识管理技术等基础知识
141	0.05	Gabriel Szulanski (1996)	*Exploring internal stickiness: impediments to the transfer of best practice within the firm*	基于知识转移的内部粘性，提出并检验了一个最佳实践转移模型
120	0.04	M. T. Hansen, N. Nohria and T. Tierney(1999)	*What's your strategy for managing knowledge?*	知识管理的两种策略：编码化策略和个人化策略

由表 7.2 可以看出，野中郁次郎的著作 *The knowledge-creating Company: How Japanese Companies Create the Dynamics of Innovation* 与文献 *A dynamic theory of organizational knowledge creation* 是 2000～2012 年共被引频次最高的

两个关键节点。上文提到达文波特的著作*Working Knowledge：How Organizations Manage What They Know*也在其中。除此之外，其他关键节点文献分别从不同角度阐述了知识管理的方法、策略及企业成功实施知识管理所要具备的能力等一系列问题。

1996年，罗伯特·格兰特(Robert M. Grant)在《战略管理学报》上发表《基于知识的公司理论》[24](*Toward a knowledge-based theory of the firm*)一文，认为公司是知识整合的机构。该文阐述了知识管理理论的基本观点并确立了知识学派在企业理论中的地位。格兰特认为知识(尤其是隐性知识)是企业最重要的战略性资源。这是由知识的价值性，难以转移、难以模仿和难以替代的特点所决定的；企业是知识协调机构，通过应用一系列高层次的组织原则，个人和社会经验被转化为具有经济价值的产品和服务；企业的竞争优势来自对知识资源的获取、创造、组合、整合和应用。

1990年，卫斯理·科恩(Wesley M. Cohen)和丹尼尔·利文索尔(Daniel A. Levinthal)在《吸收能力：学习与创新的新视角》(*Absorptive capacity：a new perspective on learning and innovation*)[25]中第一次提出企业知识吸收能力的概念。企业知识吸收能力是指组织评价、吸收外部知识以及商业化运用外部知识的能力。员工个人吸收能力是企业知识吸收能力的基础，个人以往的知识、经验都与他们自身的知识吸收能力密切相关。因此两位学者主张以企业在R&D经费的投入，研发工程师的教育程度及数量来评断一个企业的知识吸收能力。他们认为企业知识吸收能力不仅依赖组织和外部环境的直接互动，也依赖已累计的相关知识、背景的多元化程度及组织内部单位间的知识移转，因此内部单位间的沟通制度可促进知识的流动及移转。

2001年，阿拉维(M. Alavi)和莱达(Dorothy E. Leidner)在《知识管理与知识管理系统》(*Review：knowledge management and knowledge management systems：conceptual foundations and research issues*)[26]中强调了信息技术在组织知识管理过程中的潜在重要性，只有通过IT的进步，知识管理的进步才能有加速的动力。两位学者在对知识本质研究的基础上，总结了理解知识的五种视角：心智状态视角、客体视角、过程视角、信息获取视角及能力视角。同时提出了知识管理系统(knowledge management system，KMS)这一概念。知识管理系统是指可以用以支援知识管理的信息科技，是支持和强化组织知识管理流程(包括知识创造、知识储存与获取、知识转移和知识应用)的强大工具，主要包括最佳实践的固化和共享、知识目录的创建以及知识网络的建立。

1992年，布鲁斯·科格特和赞德(U. Zander)发表了*Knowledge of the firm，combinative capabilities，and the replication of technology*[27]，将企业定义为专门从事知识创造和内部转移的社会团体。企业之所以存在，是因为它能比

市场更有效地组织企业内部个人与群体间创造、分享和转移知识的过程。他们认为通过知识组合，可以增加企业竞争优势。所谓知识组合能力，是指企业有效获取、整合、利用企业内外部知识资源的能力，知识组合不仅依靠知识库中的知识，还需要依靠个体之间的沟通及良好的企业文化。

1996 年，欧洲工商管理学院战略学教授加伯利·苏兰斯基(Gabriel Szulanski)在 *Exploring internal stickiness: impediments to the transfer of best practice within the firm*[28] 中认为内部粘度(internal stickiness)是指组织内部转移知识的难度。他研究了企业内部最佳实践的转移，基于知识转移的内部粘度，提出并检验了一个最佳实践转移模型。他使用 8 个公司 122 个最佳实践转移的 271 个观察样本，发现内部知识转移障碍主要来自于与知识相关的因素，如知识接受者缺乏吸收能力、因果模糊、知识传送者和接受者之间关系不佳等。

1999 年，哈佛大学教授莫滕·汉森(Morten T. Hansen)、尼廷·罗利亚(Nitin Nohria)和托马斯·铁尔尼(Thomas Tierney)发表了 *What's your strategy for managing knowledge*[29] 一文，把知识管理分为编码化策略(codification strategy)和个人化策略(personalization strategy)。前者基于显性知识，通过信息技术的方法对知识进行编码、贮存在数据库里，公司任何人都可以通过计算机网络直接调用；后者指隐性知识局限于承载知识的个体，不易表述，无法进行编码，常常需要通过人员的直接交流得到传播和分享，计算机只是知识交换的中介。

这些关键节点文献或对知识管理学基本观点与流派进行梳理总结；或为知识管理学提出新方法与新思路，如对知识创新、组织吸收能力、知识管理系统、知识组合能力、知识管理策略等问题的研究，为之后的知识管理学后续研究如知识转移、战略联盟中的知识传递、知识管理测评以及适应性企业的知识管理等问题提供基本理论和研究框架，是知识管理学的研究基础。

7.4.2 知识管理学的研究热点

21 世纪以来，野中郁次郎、格兰特等发表的经典著述和其中所蕴涵的代表性学术思想为知识管理学元研究奠定了重要的知识基础，是 21 世纪以来知识管理学形成多元化繁盛发展的重要前提和理论基础。为进一步展现近年来知识管理学领域的研究热点问题和研究的前沿领域，重新对美国科学情报研究所的 Web of Science 数据库(SCI-EXPANDED、SSCI、CPCI-S、CCR-EXPANDED、IC)中的知识管理相关学术文献进行检索，检索策略是选择 2010 年 JCR Social Sciences Edition 提供社会科学领域中影响因子大于 2.5 的管理类(management)与商业类(business)期刊(表 7.3)，在这 42 种期刊中搜索主题中含“knowledge *”的文献，文献类型为 Article，时间范围是 2000～2012 年，共检索到符合要求的论文

2 363 篇。

表 7.3　2010 年 JCR Social Sciences Edition 中影响因子大于 2.5 的管理类与商业类期刊

排名	影响因子	期刊全名
1	6.720	*Academy of Management Review*
2	5.853	*Journal of Supply Chain Management*
3	5.440	*Academy of Management Annals*
4	5.250	*Academy of Management Journal*
5	5.093	*Journal of Operations Management*
6	5.041	*MIS Quarterly*
7	4.833	*Research in Organizational Behavior*
8	4.423	*Organizational Research Methods*
9	4.184	*Journal of International Business Studies*
10	3.905	*Journal of Business Logistics*
11	3.866	*Journal of Business Economics and Management*
12	3.817	*Journal of Management Studies*
13	3.800	*Organization Science*
14	3.770	*Journal of Marketing*
15	3.758	*Journal of Management*
16	3.684	*Administrative Science Quarterly*
17	3.583	*Strategic Management Journal*
18	3.467	*Omega-International Journal of Management Science*
19	3.367	*Personnel Psychology*
20	3.358	*Information Systems Research*
21	3.355	*Asia Pacific Journal of Management*
22	3.269	*Journal of the Academy of Marketing Science*
23	3.256	*Business Ethics Quarterly*
24	2.993	*Technovation*
25	2.989	*Journal of Environmental Economics and Management*
26	2.975	*Journal of International Marketing*
27	2.907	*Journal of Information Technology*
28	2.902	*Leadership Quarterly*
29	2.806	*Management and Organization Review*
30	2.800	*Journal of Marketing Research*
31	2.796	*Human Resource Management Review*
32	2.753	*Corporate Governance-An International Review*
33	2.727	*Strategic Organization*
34	2.662	*Journal of Management Information Systems*

续表

排名	影响因子	期刊全名
35	2.641	*International Journal of Management Reviews*
36	2.627	*Information & Management*
37	2.620	*Tourism Management*
38	2.617	*International Journal of Physical Distribution & Logistics Management*
39	2.615	*International Journal of Strategic Property Management*
40	2.590	*Journal of Consumer Research*
41	2.533	*Academy of Management Learning & Education*
42	2.508	*Research Policy*

同样使用 CiteSpace 软件系统运行建立 2000～2012 年国际核心期刊中知识管理研究文献的关键词共现网络知识图谱，如图 7.1 所示。结合网络知识图谱中的高共现频次关键词和它们相对应的网络节点指标，探测知识管理学研究的热点问题。

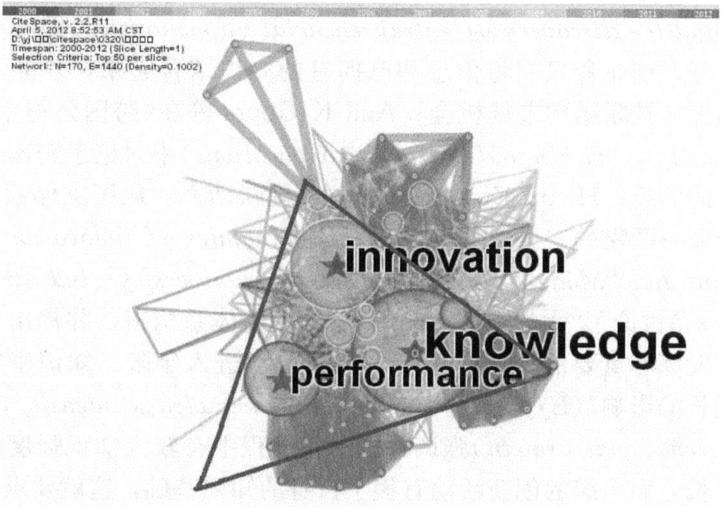

图 7.1　国际核心期刊中知识管理研究文献关键词共现网络知识图谱(2000～2012 年)

1. 知识管理研究的“黄金三角”

知识管理理论共现频次前 10 的关键词如表 7.4 所示，发现关键词共现网络中，共现频次最高的 3 个关键词依次为“知识”(knowledge)、“创新”(innovation)、“绩效”(performance)，这 3 个词构成了知识管理学研究的“黄金三角”。知识管理是对“知识”的管理，“知识”是知识管理学研究的首要对象，也是研究的基础。知识管理学的研究必须提及“知识”。

表 7.4 知识管理学共现频次前 10 的关键词

共现频次	中心度	关键词	共现频次	中心度	关键词
781	0.16	knowledge	256	0.08	technology
607	0.1	innovation	225	0.08	perspective
483	0.19	performance	214	0.03	competitive Advantage
282	0.05	firm	208	0.11	model
282	0.04	management	193	0.05	firms

1)知识创新研究

自野中郁次郎提出 SECI 模型以及关于组织知识创造的一系列理论后，知识创造与创新逐渐成为知识管理的研究重点。知识创新理论不再局限于对现有知识的收集、整理、分类与运动等，而是更加关注于知识的产生与更新以及个体知识组织化。知识创新也不同于知识创造，更注重新知识的市场价值与经济效益，强调新知识的实用性。知识创新与组织活动和发展有着密切的关系，众多学者从不同的角度展开讨论。例如，Scott Shane 的《创业机会的重要知识与发现》(*Prior knowledge and the discovery of entrepreneurial opportunities*)提出基于创业机会的识别展开，创业者只有将信息和已拥有的知识结合起来，才能发现创业机会，个人知识应被联结到市场机会；Anil K. Gupta 等在《跨国公司中的知识流》(*Knowledge flows within multinational corporations*)中讨论了跨国公司内部知识的转移中的创新；Henry Etzkowitza 等在《创新动力：从国家体系与“模式 2”到大学—产业—国家的三角螺旋关系》(*The dynamics of innovation: from national systems and “Mode 2” to a triple helix of university - industry - government relations*)讨论了“大学—产业—国家”的创新体系构建，并提出国家组织在创新体系中发挥着重要的作用；Autio 等的论文《进入年限、知识密集度与模仿度对国际增长的影响》(*Effects of age at entry, knowledge intensity, and imitability on international growth*)强调在国际化过程中有较大知识强度的企业有较快的国际增长，而组织的创新活动有赖于自身的知识基础，这就要求组织在进行技术创新决策之前要对已有的知识存量进行测度和评价。

2002 年，野中郁次郎与帕特里克基于 SECI 模型，将 BA 与信息技术的运用相结合，提出了知识创造与应用的动态业务系统(dynamic systems for knowledge creation and utilization，DKCU)。他们认为组织需要建立一个整合组织“结构要素”(信息技术系统和组织系统等)和“程序要素”(综合 BA 中的情境)、“内部资源”与“外部资源”以及“共时过程”(现在)与“历时过程”(过去和将来)的开放性的 DKCU 系统，以此提高组织进行创新的能力，适应不断变化的环境[30]。

2)知识管理绩效研究

知识管理中关于绩效的研究可包括以下几类：①基于知识管理对组织绩效的

影响研究；②评价知识管理的绩效及绩效的测量与指数分析；③组织绩效中的知识循环过程；④分析影响知识管理绩效的因素；等等。组织通过关注知识管理活动的效率，可以增强其在复杂多变环境下的灵活性和适应性。

知识管理中的绩效度量是某一个组织对其进行知识管理和实际创新能力的一种测度方法。绩效度量问题是许多企业家与知识管理专家共同关心的问题。如著名管理大师彼得·德鲁克认为，除了创新能力之外，度量绩效的能力也是相当重要的。阿瑟·安德森和美国质量与生产率中心（American Productivity and Quality Center，APQC）提出了知识管理评价工具 KMAT（knowledge management assessment tool），它用五个维度（领导、文化、评估、技术和学习行为）来评估企业知识管理的成效；KunChang Lee 等学者认为需要建立一个知识管理绩效指数，用以在合适的阶段评价企业在知识管理方面的绩效。它被定义为一个有五个部分的推理函数，可以用来决定知识循环过程：知识创造、知识积累、知识共享、知识利用及知识内化。当知识循环过程的有效性增加时，知识管理绩效指数也将随之扩大，并使得企业成为知识集中式的企业。

"知识"、"创新"和"绩效"这三个关键词的两两结合，无论是知识—创新、知识—绩效，还是创新—绩效，都是知识管理研究的关键问题，关于知识管理的研究也可看做围绕着 3 个关键词和 3 个组合而展开。可以预见，对"知识"、"创新"、"绩效"及三者之间关系的研究不但不会减少，反而会越来越深入，并会整合其他问题或融入其他情景进行研究。

2. 其他热点分析

其他共现频次较高的关键词还有"企业"（firm/firms）、"管理"（management）、"技术"（technology）、"前景"（perspective）、"竞争优势"（competitive advantage）、"模型"（model），表明国际知识管理研究的主要热点领域还包括企业知识管理研究、知识管理技术研究、知识管理的发展前景研究、知识管理与企业核心竞争力研究、知识管理系统研究、知识管理模型研究等方面。

1）知识管理模型研究

野中郁次郎的 SECI 模型具有重大的开创性意义和重要的研究价值。除此之外，不同领域的学者也从不同的角度提出了知识管理模型。

卡尔·维格于 1993 年提出的知识管理三支柱模型。支柱一：对知识和知识充分性的探索；支柱二：评估知识价值和知识相关活动；支柱三：知识管理活动的指导。伦纳德-巴顿提出核心能力与知识构建模型。核心能力包括物理系统、管理系统、员工的知识和技能、价值和规范；知识构建活动包括解决问题、引进知识、执行和整合、实验。阿瑟·安德森和美国质量与生产率中心共同提出的组织知识管理模型，包括组织内知识、知识管理过程和知识管理动力三个方面。知识管理过程包括共享—创造—识别—收集—调整—组织—应用—共享，知识管理动力来源包括领导能力、文化、技术、评估。

其他得到广泛认可的模型还有：Choo 在 1996 年提出的"知"型组织模型；Petrash 在 1996 年提出的知识资本模型（model of intellectual capital）；Szulanakil 在 1996 年提出的知识转移模型；Alavil 在 1997 年提出的知识管理过程模型；Sveiby 在 1997 年提出的无形资产模型；van der Speck 与 Spijk Ervet 在 1997 年提出的知识管理阶段模型；Vito Albino 等在 1999 年提出的知识转移分析框架（knowledge transfer analysis framework）。

进入 21 世纪后，关于知识管理模型的研究除了对之前模型的修改与补充之外，也侧重于对更具有动态性与整合性的知识管理模型的创建，并以此探究新型知识管理的实施模式与实践。例如，对知识流程进行管理的"知识流小车"模型，美国学者 Holsapple 和 Singh 提出了一个系统的知识链模型（knowledge chain model）。知识管理研究已出现了若干模型，这些模型大致可分为三类，即知识分类模型、智力资本模型和社会结构模型，分析这些模型是了解知识管理理论的一种途径[31]。

2）知识管理技术研究

关于知识管理技术的研究者们致力于知识管理技术与工具的开发与研究，除了 Internet 和 Intranet、数据库管理系统（database management system，DBMS）、群件技术（group ware）、数据仓库和数据挖掘技术（data warehouse and data mining）、多维度分析技术（multi-dimensional analysis）、文档管理技术（document management）、联机分析处理技术（on-ling analytical processing，OLAP）和工作流（workflow）等信息技术，也包括一些知识管理工具（tools for knowledge management）。例如，知识地图（knowledge map）、知识引擎（knowledge engine）、知识网络图（knowledge network）、知识历程图（knowledge storyboard）、知识平衡计分卡（knowledge balanced score card，KBSC）、知识战略流程（knowledge strategy process，KSP）。对信息技术及知识管理工具等关于知识管理技术的研究与开发，在使企业知识资源得到最大化开发与利用的同时，也促进了知识管理理论与实践的紧密结合。

同时也存在着关于技术与知识之间的关系探讨，这方面的学者大多希望构建技术知识体系，从技术知识观的视角引入知识管理相关知识，研究技术和知识转化或技术转移中知识的转移问题。例如，肖 · 潘[32]（Shan L. Pan）等学者从社会—技术角度分析了知识管理实践与组织背景的相互作用，提出了一种社会—技术知识管理观点；我国学者朱方伟等[33]提出在技术转移过程中，技术转移效果的关键在于隐性知识的转化程度，从知识管理角度对技术转移中技术成果所隐含的知识进行分类挖掘并尽力将其显性化，探讨了技术成果中隐性知识的有效转化问题。

3）知识管理与企业核心竞争力的研究

1990 年，美国密西根大学商学院教授普拉哈拉德和英国伦敦商学院教授哈默尔，在《哈佛商业评论》上发表的论文《企业核心竞争力》（*The core competence of the corporation*）中，正式提出了企业核心竞争力的概念。核心竞争力理论倡导企业需要围绕自己所有的资源，构建能力体系，以实现竞争优势。将目前管理理论研究的两个热点——知识管理和核心竞争理论相结合进行探讨，有利于企业明确分析知识管理实施的原因、方法及路径，提高自身竞争优势。

德鲁克强调了知识创新的重要性，并认为创新本身就是一种核心能力。因此，核心能力的根本在于其知识属性（特别是隐性知识对核心能力的价值）。核心能力是建立在知识基础上组织特定能力的集合，从知识角度对核心能力开展的研究，有的侧重于知识资本，有的侧重于知识管理系统等[34]。具有代表性的是达佛斯，他认为利用知识这一最有价值的战略资源，来处理问题与市场机会的能力是公司最重要的能力，各种企业可用知识管理获得可持续竞争优势的核心能力[35]。

7.4.3　知识管理学的研究前沿

在关键词共现网络知识图谱的基础上，为进一步探析知识管理学研究的前沿领域，使用 CiteSpace 信息可视化软件对共现网络进行聚类分析和标注。对聚类结果的标注来源主要有施引文献的标题、摘要和索引词三种，而根据研究的需要，进行自动标识抽取词组的算法有 TF＊IDF、LLR 和 MI 三种，进而组合成 9 种可选择的聚类自动标示方法。2000～2012 年知识管理学关键词共现网络的谱聚类分析共形成聚类 21 个，这些聚类标识词展现了知识管理研究领域的知识结构及前沿领域。抽取主要的前 5 项聚类信息进行分析，具体的聚类标识信息如表 7.5 所示。

表 7.5　知识管理理论共现关键词网络的前 5 个聚类信息

聚类号	大小	轮廓值	主题词（TF＊IDF）	主题词（LLR）
0	16	0.946	(8.28) cultural difference; (8.28) international acquisition; (6.68) national cultural difference; (6.68) social conflict; (6.53) knowledge transfer	knowledge transfer (15.46, 1.0E-4); international acquisition (15.46, 1.0E-4); national cultural difference (10.29, 0.005 0)
18	3	0.846	(5.41) patent citation analysis; (5.41) industrial relevant science; (5.41) science-technology interaction; (5.41) domestic utilization; (4.63) utilization	patent citation analysis (15.23, 1.0E-4); industrial relevant science (15.23, 1.0E-4); science-technology interaction (15.23, 1.0E-4)

续表

聚类号	大小	轮廓值	主题词(TF * IDF)	主题词(LLR)
19	17	0.716	(11.01) sectoral technological intensity; (11.01) market competition; (11.01) technological collaboration; (6.18) competition; (5.86) product innovation	sectoral technological intensity (34.51, 1.0E-4); market competition (34.51, 1.0E-4); technological collaboration (34.51, 1.0E-4)
8	5	0.687	(6.68) offshore business process; (6.68) onshore; (6.53) codification; (5.74) knowledge codification; (4.63) competency	knowledge codification (15.18, 1.0E-4); offshore business process (14.5, 0.001 0); onshore (14.5, 0.001 0)
17	20	0.605	(7.63) university-industry-government relation; (7.63) India; (6.71) Latin America; (6.71) power; (6.68) photovoltaic power generation	case (16.93, 1.0E-4); university-industry-government relation (14.98, 0.001 0); photovoltaic power generation (7.48, 0.01)

从聚类信息中可看出，Cluster＃0 的 silhouette 值为 0.946，包含 16 个节点关键词，标识词主要有 knowledge transfer、cultural difference、international acquisition。结合文献分析，Cluster＃0 是基于组织文化及价值观对知识转移问题的研究。现在的研究集中于有关跨国公司内部、虚拟企业与企业联盟等各种形式的知识转移中，组织文化及“文化差异”对知识转移效果的影响分析与促进知识转移的措施探讨，也有关于组织文化变革中知识转移问题的研究等。依次分析可知：Cluster ＃18 是基于专利引文分析的知识产权管理研究；Cluster ＃19 的研究主要是基于资源观的知识管理；Cluster ＃8 为跨国公司的知识管理，尤其是关于知识编码的研究；Cluster ＃17 为知识创新体系的研究。

1. 基于专利引文分析的知识产权管理

随着知识经济时代的到来，国家或企业所拥有专利的数量与质量，直接反映了其技术能力与创新水平。专利是组织的一种知识资源，对专利的管理也属于知识管理的重要组成部分。在知识经济时代，基于专利分析的知识产权管理不仅属于企业知识管理，而且更属于国家知识管理的一个重要组成部分。20 世纪 90 年代以来，一些发达国家将以知识产权为主要内容的知识管理纳入国家知识管理的一项重要内容。美国专利商标局在 1996～2000 年的战略规划中指出：“在这样一个知识产权成为经济发展关键因素的年代，克林顿政府意识到了知识产权是国家资源和美国在全球市场上成功的要素之一。美国经济要保持竞争力，在全球范围内有效保护知识产权是不可缺少的条件。”[36]

由于专利管理的对象是可以授予专利权的技术、方法，而这些技术、方法毫无疑问是知识的重要组成部分，专利管理也存在着对显性知识和隐性知识的管理[37]。随着专利资产的重要价值日益凸显，越来越多的企业设置了专门的专利管理部门来对专利进行管理，并监视与分析竞争对手的专利动向。运用专利管理完善知识管理，不仅可以促进组织创新，提高竞争优势，也可以为经营决策提供重要信息。当前有关基于专利引文分析的知识产权管理的研究集中于专利管理流程、专利管理组织的结构模式、专利计量、专利情报与分析等。如 Carlsson 等[38]的研究，揭示了当前国外企业专利管理机构的三种代表性组织结构：集中管理(centralized)、分散管理(decentralized)和业务单元指派管理(business unit, BU)；Michael K. Fung 等试图用专利数据来衡量知识流的强度；Albert G. Z. Hu 等也用专利引用的情况来衡量韩国和我国台湾地区的国际知识流动情况。

2. 基于资源观的知识管理

知识是一种企业资源，可以被管理和控制，这就是知识管理的资源观。达文波特认为知识是结构性经验、价值观念、关系信息以及专家见识的流动组合。在组织机构里，知识往往不仅仅存在于文件或数据库中，也根植于组织机构的日常工作、程序、惯例及规范中，可以通过计算机和网络进行编码、存储和传播。这种观点主要从美国的 IT 界发展而来。“数据—信息—知识”的递进概念，使得知识管理与信息管理紧密相关，IT 技术在其中起到了很大作用。基于资源观的知识管理与知识管理实践有紧密的联系，在各企业越来越重视知识管理技术运用与框架建立的今天，基于资源角度对知识管理的研究有着重要的实践意义。

基于资源观的知识管理模式从本质上讲是战略层面的组织知识管理模式，目的是提高组织的知识创新能力，最终实现组织的持续性竞争优势。知识管理的资源观认为，知识资源的“价值性、稀缺性、不可完全模仿性和不可等效替代性”四个特征能为企业带来持续性竞争优势。企业是知识的集合体，企业的异质性源于企业所拥有知识的差异性，且这些差异性对企业的竞争优势具有持续性的影响。企业竞争优势的差异性源于知识复制和转移的困难程度。知识的交流、转移、流动和吸收通常依赖于群体主体间的互动，这种互动需要运用独特的语言和编码[39]。

3. 知识创新体系

经济全球化及激烈的市场竞争要求国家与企业通过有效的知识创新来提高对环境的响应能力，增强其竞争力。中国科学院在《迎接知识经济时代，建设国家创新体系》报告中提出知识创新系统、技术创新系统、知识传播系统、知识应用系统四个系统相互关联、密切结合。其中，知识创新系统是指与知识的生产、扩散和转移相关的机构和组织构成的网络系统，通过科学研究，获得新的基础科学与技术科学知识。其核心组成部分为国家科研机构与科研型大学。我国学者王众托[40]指出，企业的知识创新系统包括企业中从事产品创新、过程创新、市场创新、组织创新等活动的机构与人员。对各个层次知识创新体系的研究已成为知识管理的研究热点，包括国家层面、区域经济层面、产业层面与企业层面等。

例如，弗尔曼(J. L. Furman)、波特与斯特恩(S. Stern)在《国家创新能力决定因素》(*The determinants of national innovative capacity*)中从国家层面的专利合作条约研究知识创新体系，并提出国家创新能力的强弱取决于一国的创新基础设施建设情况、国家产业集群的创新环境及两者之间关系的强弱；Feldman、Francis 与 Bercovitz 等在《创建集群与建立公司：企业家与产业集群形成》(*Creating a cluster while building a firm: entrepreneurs and the formation of industrial clusters*)中通过案例研究提出集群发展的理论模型，强调企业在集群创新体系中的重要作用，说明了企业内部因素如何影响高新技术集群的形成与定位；Xielin Liu 和 Steven White 在《比较创新体系：中国过渡背景下的框架与应用》(*Comparing innovation systems: a framework and application to China's transitional context*)中建立了一种创新体系，主要是从创新要素、创新过程来分析创新活动的完成，在此创新体系中主要包含三类创新要素：主要实施者、辅助实施者和规章制度；Miles[41]、Hauknes[42]、Muller 和 Zenker[43]等学者对知识密集型商业服务(knowledge-intensive business service，KIBS)企业开展了深入的研究，Muller 和Zenker详细阐述了 KIBS 企业在知识创新体系中及在知识产生、传播、扩散等过程中的作用，并提出中小企业(small and medium-sized enterprises，SMEs)与 KIBS 间通过知识产生与扩散而紧密相连。

7.5 知识管理学在中国的发展

20 世纪 60 年代开始，国内的一些学者已经开始意识到知识对于新经济时代的重要价值，并展开了对知识运转规律的系统研究[44]。随着知识经济和信息时代的到来，信息和网络技术大大推进了知识和信息数量的迅速更新和发展，高效的知识和信息管理越来越成为企业获取核心竞争力的重要手段，知识管理的理论和实践得到了快速传播，随之一门边缘综合性的交叉学科——知识管理学，在国内悄然兴起。

7.5.1 知识管理学在中国的引进与传播

20 世纪 80 年代末，信息化和全球化已经将人类推向一个崭新的时代。知识经济的概念，开始迅速进入中国学术界的研究领域并得到快速的发展和应用。国内学者开始引入西方知识管理学研究的先进成果，翻译有关知识管理学理论内容及战略方法的著作，知识管理学在这一时期开始逐渐引入国内，并在企业管理实践中得到推广。

20 世纪 80～90 年代，知识管理学在中国属于引进培育期。中国期刊全文数据库中收录较早的一篇关于知识管理系统应用的文章是 1987 年由 Charles Kellogg、曹德贤发表在《计算机工程与应用》的《从数据管理到知识管理》一文。1997 年，波士顿大学信息管理学家达文波特所著的《营运知识》一书标志着知识管理正式登上历史舞台，此后知识管理在国际上引起了强烈反响[45]。从 1998 年开始，国内对知识管理的研究不断升温。同年，由 Paul S. Myers 主编、蒋惠工等翻译的《知识管理与组织设计》是国内出版的第一部介绍知识管理的著作[46]。这些学术论文与著作从不同角度分析论述了知识管理的基础理论、使用方法和相关技术与应用等问题。1998 年 5 月 8 日北京市长城企业战略研究所和北京科技网(当时域名为http://www.bsti.cn)正式签订协议，共同开发建设国内第一个专业中文知识管理栏目[47]。20 世纪末又陆续出版的一些专著，如李华伟等的《知识管理的理论和实践》、王德禄的《知识管理的 IT 实现》、王方华教授等编著的《知识管理论》，对知识管理理论和实践在中国的发展起到了重大的推动作用[48]。

1998 年，全球最具影响力的中文知识管理网站——中国知网正式成立。此网站的建立对中国知识管理的推动与发展具有不可磨灭的功绩。该网在内容上致力于对国外先进的知识管理理论和案例的翻译和国内学者知识管理方面论述的介绍，其中设立了多板块知识论坛，为有志于从事知识管理的人士提供了充分的知识交流和共享平台。另外，国内一些软件公司，如蓝凌公司、金蝶公司，在产品上开始独立研制知识管理软件，这为企业实施知识管理奠定了较强的软件基础[49]。与此同时，在知识管理思想发展的推动和知识管理理论的发展下，国内一些咨询公司及企业，开始把知识管理作为一项咨询业务，并在企业中实施知识管理。这些举措都极大地推动了知识管理理论在中国的生根发芽和广泛传播。20 世纪 80～90 年代不仅是中国知识管理学术研究的入门时期，同时也是企业推行知识管理实践的萌芽和发展时期。

2003 年 2 月 28 日，国内关于知识管理的专家高峰会，由中国知网举办、IBM 赞助的“2003 年中国知识管理专家研讨会”在京隆重召开。2004 年 7 月 9 日，中国知识管理专家高峰论坛在北京胜利召开[47]。由此，知识管理学在国内被推向了研究和传播的高峰，相关学者积极地投入到该领域的研究，发表了一系列的学术文章。

在中国期刊全文数据库中的哲学与人文科学、社会科学、信息科技及经济与管理科学领域中，以主题词为“知识管理”进行检索，共检索相关文献 27 121 篇，以关键词检索结果为 20 377 篇；检索学位论文数据库(包括博士学位论文和硕士学位论文)，主题词检索结果为 4 135 篇，关键词检索结果为 2 012 篇(检索时间 2013 年 6 月)。各数据库中相关文献的逐年分布情况如图 7.2、图 7.3 所示。

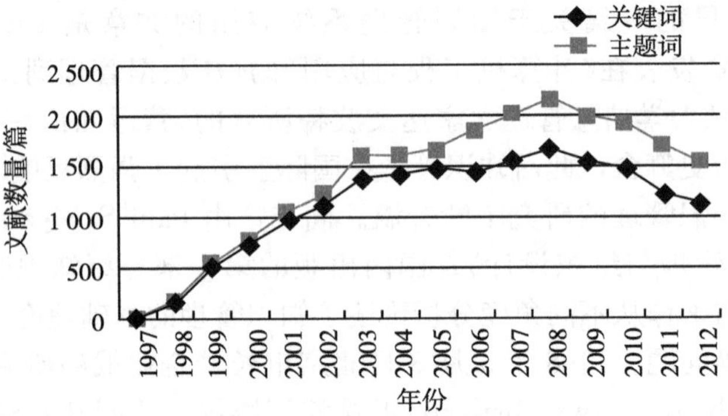

图 7.2 学术期刊文献量逐年分布

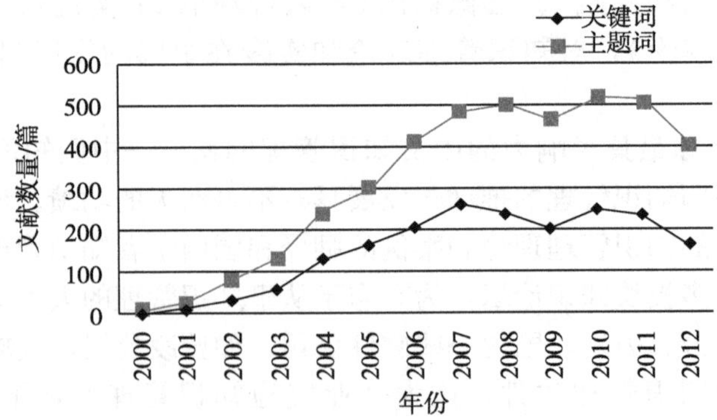

图 7.3 学位论文文献量逐年分布

从期刊学术论文发表的年度分布来看，从 1999 年开始该领域研究的文献产出量出现了一次跃升，呈现迅速增长的趋势，尤其是从 2000 年开始，知识管理的期刊文献量开始现出逐年成倍增长的势态，到 2004 年左右达到一个增长的峰值，2005 年以后开始出现下降的趋势。2007 年，论文总量攀升到以往论文数量的最高值。之后，每年的论文产出量出现了波浪式的走势。另外，从学位论文的分布情况来看(包括博士学位论文和硕士学位论文)，2000 年中国开始出现以“知识管理”为研究主题的学位论文，随后学位论文数量开始逐年持续增长，同样是在 2004 年，论文数量对比上一年有了成倍增长且超过百篇，论文产出有了量的飞跃。从 2008 年开始，出现了平稳甚至下降的趋势。学位论文的数量逐年分布与期刊论文的分布态势具有基本的一致性。按照文献量的逐年分布情况，我们将 2000 年之前，中国知识管理研究的发展阶段界定为引进培育期；2000～2006 年界定为成长积累期；2006 年以来的时期界定为蓬勃发展期。

7.5.2　知识管理学在中国的积累成长期

知识管理在国内起步虽较西方稍晚一些，但近些年来的发展显然是非常迅猛的，并在中国不断深化知识管理体制改革实践基础上逐步成长起来。知识已经成为社会不可缺少的资源，研究知识管理对企业变得越来越重要。2000 年，国家自然科学基金管理科学部将“企业知识管理问题研究”作为鼓励研究领域，以此为标志，国内学术界关于知识管理的研究掀起了一个高潮，企业知识管理成为此阶段的研究热点[44]。因此许多企业把知识管理引入组织内部，以通过知识管理增强其核心竞争力。企业不仅要注重知识共享以及知识创造和融合，而且要使知识管理为企业和社会持续不断地创造价值[49]。从企业的实际情况出发，企业主要的研究领域包括：企业知识管理的内容、实施策略及企业知识管理的微观研究等，以此进一步扩大中国知识管理的新发展空间。

自 21 世纪初开始，知识管理理论在中国得到了空前的重视和发展。从学科的角度去研究知识管理学可发现，2005 年邱均平教授在《论知识管理学的构建》一文中，对知识管理学形成的背景、发展现状、学科体系进行了论述。2002 年，张润彤曾经写过一本《知识管理学》(中国铁道出版社)。中国多所高校也纷纷设置了知识管理研究的硕士学位点及相关知识管理的理论课程，还有专门的教材如林榕航编著的《知识管理原理》(厦门大学出版社)，进行专门的知识管理教学与研究。由中国台湾中山大学的林东清编著的《知识管理理论与实务》、中国大陆学者樊治平编著的《知识管理研究》两本书中，它们的内容也都是按照学科模式、分层面、多角度对知识管理进行分析。这些学术成果极大地推动了知识管理学的学科建设和人才培养，见证着知识管理学在中国的稳步成长。

7.5.3　知识管理学在中国的蓬勃发展期

1998 年，世界银行发表了题为《知识促进发展》的年度报告，标志着以知识为基础的经济发展战略全面形成，知识经济时代已经到来。知识管理在中国企业实践中得到了更广泛的应用，从而进一步促进了知识管理学在中国的确立与发展。自 2006 年开始，中国知识管理研究进入蓬勃发展期。

在国内，也有研究者采用矢量动态模型、多维尺度分析和 K-core(K 核分析)等算法，通过 UCINET 和 Netdraw 等软件工具，对中国知识管理研究领域不同发展阶段研究前沿和热点进行共词网络分析，并将研究结果用可视化的形式形象地表现出来[50]。

为进一步展现近来中国知识管理学研究的热点问题，对中国期刊全文数据库中收录的 2008～2012 年知识管理文献数据，使用 CiteSpace 软件系统绘制文献信息可视化知识图谱。对关键词共现网络进行分析，对中国知识管理学领域的热点研究主题进行探讨(表 7.6)。

表 7.6 国内知识管理领域研究热点领域和主题词列表(2008～2012 年)

年份	研究主题	聚类号	节点数	主题标识词(TF＊IDF)
2008	知识共享	25	11	(12)“地方高校”；(12)“知识创新能力”；(12)“地方高校”；(10.98)“知识交流”；(9.72)“知识利用”
	组织创新	15	9	(12)“结构模型”；(11.43)“知识组织”；(10.62)“组织学习”；(10.62)“组织学习”；(8.49)“研究生管理”
	知识型企业	38	9	(12)“功能”；(11.23)“知识整合”；(10.53)“学习型企业”；(10.53)“学习型企业”；(10.27)“建设”
	知识资源	37	8	(9.7)“核心能力”；(9.66)“企业内部”；(8.41)“知识地图”；(7.03)“知识资源”；(7.03)“知识资源”
	教育知识管理	66	7	(8.87)“教育知识管理”；(8.87)“教育知识管理”；(8.7)“教师”；(8.55)“可持续发展”；(8.55)“可持续发展”
	知识管理	22	6	(12)“技术支撑”；(9.78)“知识管理平台”；(9.78)“知识管理平台”；(9.68)“知识主管”；(9.68)“知识传递”
	企业创新与档案管理	87	5	(10.63)“企业创新”；(10.13)“协同”；(9.72)“企业档案管理工作”；(9.3)“实证研究”；(8.17)“数字档案馆”
	隐性知识管理	24	5	(10.34)“隐性知识管理”；(10.34)“隐性知识管理”；(6.29)“知识结构”；(6.29)“共享”；(5.64)“知识管理理念”
	高新技术企业管理	46	5	(9.22)“人力资源管理”；(8.14)“施工企业”；(7.79)“高新技术企业”；(7.79)“高新技术企业”；(6.38)“管理模式”
	知识转化	26	4	(11.38)“知识转移”；(9.68)“工作人员”；(9.02)“知识创造”；(9.02)“知识创造”；(8.7)“知识分享”
	企业管理与知识经济	42	4	(11.66)“企业管理”；(11.5)“企业管理”；(8.61)“知识经济”；(8.61)“知识经济”；(7.29)“管理方式”
	项目管理	80	3	(12.68)“项目知识管理”；(12.68)“项目知识管理”；(10.62)“项目管理”；(8.49)“项目知识”
2009	集团企业	5	74	(14.92)“集团企业”；(13.65)“系统架构”；(12)“搜索引擎”；(12)“可拓学”
	企业办公自动化	16	7	(12.54)“中国企业”；(11.01)“办公自动化”；(11.01)“办公自动化”；(10.98)“跨国企业”；(10.98)“理解”、“图书情报机构”
	知识传媒	44	7	(13.65)“企业知识资源”；(13.09)“管理理念”；(12)“多媒体”；(12)“传媒行业”；(12)“受众”
	客户知识管理	63	7	(12.28)“客户知识”；(12.28)“客户知识”；(12.02)“客户知识管理能力”；(11.97)“出版社”；(11.97)“出版社”

续表

年份	研究主题	聚类号	节点数	主题标识词(TF * IDF)
2009	知识型企业	35	6	(10.62)"竞争力";(10.16)"现代企业";(10.16)"现代企业";(9.82)"知识型企业";(9.82)"知识型企业"
	知识管理过程	84	6	(10.95)"影响因素";(10.84)"知识管理过程";(9.72)"知识流";(9.72)"知识流";(9.66)"障碍"
	高校知识转换	73	5	(14.92)"知识转换";(14.92)"知识转换";(13.09)"高职院校";(13.09)"高职院校";(12)"变革"
	知识管理模型与企业文化	39	4	(9.82)"知识管理模型";(9.82)"知识管理模型";(8.05)"企业文化";(8.05)"企业文化";(7.5)"客户关系管理"
	知识创新与企业核心竞争力	49	4	(9.22)"知识创新";(9.22)"知识创新";(8.17)"企业核心竞争力";(8.17)"企业核心竞争力";(7.79)"协同知识管理"
2010	知识管理战略	12	6	(13.65)"环境压力";(13.56)"组织绩效";(12)"知识缺口";(12)"知识缺口";(10.91)"知识管理战略"
	数据挖掘	77	6	(11.02)"数据挖掘";(10.65)"数据挖掘";(10.53)"产品质量";(9.68)"数据分析"
	案例研究	78	6	(10.53)"案例研究";(9.72)"危机管理";(9.7)"高等学校";(9.7)"高等学校";(9.68)"物业服务企业"
	产品开发与知识管理	55	5	(14.92)"新产品开发";(14.92)"新产品开发";(8.87)"知识管理框架";(8.87)"知识管理框架";(8.55)"知识联盟"
	员工竞争力	18	4	(7.44)"竞争优势";(7.3)"员工";(5.84)"竞争力";(4.62)"知识管理战略";(4.62)"知识管理战略"
	政府知识管理	19	3	(10.13)"政府知识管理";(10.13)"政府知识管理";(9.26)"企业培训";(7.7)"新知识";(7.29)"政府决策"
	知识审计	21	3	(12.01)"知识审计";(12.01)"知识审计";(9.03)"内部控制";(9.03)"模糊评价";(8.49)"实时监控"
	知识管理能力与企业绩效	59	3	(11.43)"知识管理能力";(11.43)"知识管理能力";(9.68)"创业导向";(9.68)"组织因素";(7.29)"企业绩效"
2011	档案开发	86	8	(11.43)"档案人员";(11.01)"企业档案工作";(10.84)"档案开发利用";(10.63)"企业档案信息";(10.53)"档案管理人员"
	企业知识管理	7	3	(13.65)"价值";(13.65)"平台建设";(12)"房地产";(4.23)"企业知识管理";(3.87)"企业知识管理"
	吸收能力	56	3	(12)"维基";(12)"维基";(8.49)"政府";(6.9)"吸收能力";(6.9)"吸收能力"
	知识分类	27	2	(6.99)"知识分类"
	质量管理	11	2	(9.66)"质量管理";(9.66)"质量管理"

续表

年份	研究主题	聚类号	节点数	主题标识词(TF * IDF)
2012	图书馆创新服务	67	4	(8.49)"服务创新";(2.97)"图书馆";(2.52)"图书馆"
	隐性知识管理	32	2	(6.05)"档案馆";(1.66)"隐性知识";(1.66)"隐性知识"
	项目知识管理	69	2	(12.13)"高校知识管理";(11.08)"文献综述";(10.4)"项目管理"
	网络自主学习与实践社团	110	2	(12)"网络自主学习";(12)"网络自主学习";(10.53)"实践社团";(10.53)"实践社团"

从关键词共现网络图谱和研究主题词的分布来看，近年来中国知识管理学研究的热点主要集中在隐性知识与显性知识的转化研究；知识管理在企业具体的应用研究，如企业员工的知识交流和获取、企业核心竞争力研究、企业管理模式等；组织学习与组织结构研究；人力资本及竞争优势等方面。2008 年，对知识管理学的研究在中国主要侧重于知识创新能力、隐性知识管理、项目成果转化与管理、企业知识管理模式等核心研究。2009 年，开始出现大量关于知识型企业管理与规划，知识转化与科技成果转化等为核心的研究。2010 年，是以高等学校、图书馆人员、科研团队为依托进行知识管理研究，融入了政府对知识管理的决策，并再次出现以知识创新为核心的研究。2011 年，以企业档案开发利用、企业绩效、学科体系、质量管理等研究为主。2012 年，开始以网络的自主学习为知识管理研究的手段，并再次出现了挖掘隐性知识的研究潮流。

研究表明，中国的知识管理研究热点呈现出明显的阶段性差异，从最初的基础理论概念解析和企业技术实践的研究，到知识创新及知识转化研究导向的形成和新的研究视角的出现。2008 年以来，中国知识管理的研究热点向多元化方向发展的趋势明显。2008 年研究文献的主题分布非常广泛，涉及社会各个领域和部门的知识管理问题。从 2010 年起，随着中国知识管理学研究文献产出量趋于平缓，研究主题相对集中并出现了有一定研究深度的新研究方向和研究主题。

7.6 本章小结

知识管理学的创生与发展是知识经济时代中"知识"日益受到重视的体现。20 世纪 90 年代，斯威比、彼得·圣吉、野中郁次郎与达文波特等知识管理学家不断丰富与发展知识管理学基本理论观点，知识管理实践活动也逐渐开展起来。进入 21 世纪，知识管理学进入了多元化发展阶段，研究多围绕知识管理学研究的

"黄金三角"(知识、创新与绩效)而进行。企业知识管理研究、知识管理技术研究、知识管理的发展前景研究、知识管理与企业核心竞争力的研究、知识管理系统研究、知识管理模型研究等也是知识管理学研究的热点问题。专利管理、基于资源观的知识管理与知识创新体系研究为近年来知识管理学研究的前沿领域。2002 年，赖瑞·普赛克(Larry Prusak)提出"第二代知识管理"，第二代知识管理是第一代知识管理的补充，强调知识的分享、学习，并重视知识创新机制的建立、知识管理的系统性以及知识运动过程的复杂性。总而言之，知识管理正朝着"以人为本"和强调隐性知识创造与共享的方向发展。

最后，本章通过关键词共现网络图谱和聚类分析，探讨了近年来中国知识管理理论的研究热点问题。结果表明，中国的知识管理研究热点呈现出明显的阶段性差异，所涉及的研究热点问题呈现多元化发展趋势。

参考文献

[1] Wiig K M. Knowledge Management Foundations：Thinking About Thinking-How People and Organizations Create，Represent，and Use Knowledge [M]. Arlington：Schema Press，1993.

[2] 孟广均，刘泳洁，高凡，等．国外图书馆学情报学最新理论与实践研究[M]．北京：科学出版社，2009.

[3] Realisation：knowledge management checklist [EB/OL]. http://www.realisation.com.au/sitel/Articles/Knowledge%20management%20cheeklist.html，2008-10-31.

[4] Weidner D. Using connect and collect to achieve the KM endgame[J]. IT Professional，2002，4(1)：18～24.

[5] Daghfous A. How to make knowledge management a firm's core capability [EB/OL]. http://www.tlainc.corn/articl54.html，2008-10-31.

[6] Malhotra Y. Knowledge management for the new world of business [EB/OL]. http://www.Brint.com/km/whatis.html，2008-10-31.

[7] Knapp E，Yu D. Understanding organizational culture：a KM initiative will not take root in a hostile climate[J]. Knowledge Management Review，1999，2：16～21.

[8] O'Leary D. Knowledge management systems：converting and connecting [J]. IEEE Intelligent System，1998，13(3)：30～33.

[9] Kesner R M. Preparing for knowledge management：process mapping [J]. Information Strategy：The Executive's Journal，2001，18(1)：7～17.

[10] Davenport T，Delong D W，Beers M C. Successful knowledge management projects [J]. Sloan Management Review，1998，39(2)：43～57.

[11] Ruggles R. The state of the notion：knowledge management in practice [J]. California Management Review，1998，40(3)：80～89.

[12] Quintas P，Lefrere P，Jones G. Knowledge management：a strategic agenda [J]. Long

Range Planning，1997，30(3)：385～391.
[13] Sveiby K E. What is knowledge management [EB/OL]. http://www. sveiby. com/Portals/0/artieles/KnowledgeManagement. html，2008-10-21.
[14] Gupta B，Iyer L，Aronson J E. Knowledge management：practices and challenges [J]. Industrial Management and Data Systems，2000，100(1)：17～21.
[15] 丹尼尔·贝尔．后工业社会的来临——对社会预测的一项探索[M]. 高铦，等译．北京：新华出版社，1997.
[16] 疏礼兵．企业研发团队内部知识转移的过程机制与影响因素研究[M]. 杭州：浙江大学出版社，2008.
[17] Kakabadse N K，Kakabadse A，Kouzmin A. Reviewing the knowledge management literature：towards a taxonomy[J]. Journal of Knowledge Management，2003，7(4)：75～91.
[18] 冯·哈耶克 F A. 个人主义与经济秩序[M]. 邓正来译．北京：生活·读书·新知三联书店，2003.
[19] 乌家培．信息、知识经济及相关问题[J]. 科学决策，1999，(2)：5～11.
[20] 杨建秀．论知识管理学的创生与发展[D]. 大连理工大学硕士学位论文，2005.
[21] Henry N L. Knowledge management：a new concern for public administration [J]. Public Administration Review，1974，34(3)：189～196.
[22] 刘红军．信息管理概论[M]. 北京：科学出版社，2008.
[23] 方振邦．管理思想百年脉络——影响世界管理进程的百名大师[M]. 北京：中国人民大学出版社，2007.
[24] Grant R M. Toward a knowledge-based theory of the firm [J]. Strategic Management Journal，Winter Special Issue，1996，(17)：109～122.
[25] Cohen W M，Levinthal D A. Absorptive capacity：a new perspective on learning and innovation [J]. Administrative Sciences Quarterly，1990，35(1)：128～152.
[26] Alavi M，Leidner D E. Review：knowledge management and knowledge management systems：conceptual foundations and research issues [J]. MIS Quarterly，2001，(3)：107～132.
[27] Kogut B Z，Zande R. Knowledge of the firm，combinative capabilities and the replication of technology [J]. Organization Science，1992，3(3)：384～386.
[28] Szulanski G. Exploring internal stickiness：impediments to the transfer of best practice within the firm [J]. Strategic Management Journal，Winter Special Issue，1996，(17)：27～43.
[29] Hansen M T，Nohria N，Tierney T. What's your strategy for managing knowledge [J]. Harvard Business Review，1999，March～April：106～116.
[30] Nonaka I，Reinmoeller P. Knowledge creation and utilization：promoting dynamic systems of creative routines，strategies in an entrepreneurial millennium[A]. *In*：Hitt M A. Creating Value：Winners in the New Business Environment [C]. Oxford：Blackwell Publishing，2002.

[31] 周竺，孙爱英．知识管理研究综述[J]．中南财经政法大学学报，2005，(6)：27～33.
[32] Pan S L，Scarough H. Knowledge management in practice：an exploratory case study [J]. Technology Analysis&Strategy Management，1999，11(3)：359～374.
[33] 朱方伟，王永强，唐丽艳，等．技术转移中核心技术的挖掘研究[J]．研究与发展管理，2006，(4)：27～32.
[34] 赵晶媛．区域知识管理[M]．北京：中国经济出版社，2008.
[35] 盛小平，吴菁．知识管理流派浅析[J]．国家图书馆学刊，2007，(1)：55～61，94.
[36] 蒋涵箴．商贸竞争知识之战[EB/OL]．http://www. peopledaily. com，2000-11-15.
[37] 厉宁．知识经济时代国家专利发展战略研究[M]．北京：国家行政学院出版社，2002.
[38] Carlsson B，Dumitriu M，Glass J T，et al. Intellectual property(ip)management：organization processes and structures，and the role of IP donations [J]. Journal of Technology Transfer，2008，33(6)：549～559.
[39] 晏双生，李亚光．基于知识内涵深化的知识管理模式的动态演进论[J]．图书情报工作，2010，14(3)：40～44.
[40] 王众托．知识系统工程[M]．北京：科学出版社，2004.
[41] Miles I，Kastrinos N，Flanagan K，et al. Knowledge-intensive business services [J]. EIMS Publication，1995，(15)：66.
[42] Hauknes J. Services in Innovation-Innovation in Services[R]. The STEP Group Report，No. 13，1998.
[43] Muller E，Zenker A. Business services as actors of knowledge transformation：the role of KIBS in regional and national innovation systems [J]. Research Policy，2001，(3)：1501～1516.
[44] 孟丁磊，王宇．国内知识管理理论的发展[J]．现代情报，2007，26(8)：16～21.
[45] 达文波特 T H，普鲁萨克 L. 营运知识：工商企业的知识管理[M]．王者译．南昌：江西教育出版社，2011.
[46] 盛小平．国内知识管理研究综述[J]．中国图书馆学报，2002，(5)：60～64.
[47] 杨建秀．论知识管理学的创生和发展[D]．大连理工大学硕士学位论文，2005.
[48] 李莉，杨亚晶．国内知识管理研究综述[J]．现代情报，2005，24(10)：9～11.
[49] 师雅洁，高艳．知识管理发展阶段研究综述[J]．企业改革与管理，2012，(8)：23～26.
[50] 赵丽梅，张庆普．我国知识管理研究前沿演进趋势知识图谱[J]．科学学与科学技术管理，2012，(1)：91～98.

第 8 章

运营管理理论的演进与研究前沿

运营管理和生产管理是企业经营和管理实践的重要环节，随着现代服务业的兴起，生产的概念进一步扩展，传统生产管理的概念也逐渐融入到运营管理之中。运营管理理论日益成为工商管理学研究的重要知识领域。本章先对生产管理、运营管理和服务管理等相关概念进行了分析和界定，系统分析了生产和运营管理发展演进的历史进程，然后通过对国际权威期刊刊载的相关文献数据的计量和信息可视化分析，揭示了国际生产与运营管理研究的前沿领域和主要问题；同时使用中文期刊数据，对中国运营管理理论研究的热点问题进行了可视化分析。

8.1 相关概念的界定

8.1.1 生产与运营管理

与运营管理定义相近似的概念有很多，如制造/生产管理（production management）、生产与运作管理（production and operations management），这些名称之所以不同，是因为它们是运营管理这门学科在不同的发展阶段所具备的不同内涵和特点的反映。

首先，生产作为人类社会最基本的活动，指的是人们通过劳动将资源转化为用以满足人们需求的产品的过程。在英国爆发产业革命以后，生产力得到了大幅度的提高，制造业成为国家的主要产业。所以，此时企业的日常经营管理活动主要以制造/生产管理为主。所谓生产管理是对企业生产系统的设置和运行的各项管理工作的总称。其内容主要包括生产组织工作、生产计划工作和生产控制工作。因此，生产管理学所研究的主体一般为产业革命后的工业企业。

后来，随着社会的不断发展和第三产业的逐渐兴盛，生产的概念得到进一步扩展，逐步容纳了非制造的服务业领域，不仅包括了有形产品的制造，而且增加了无形服务的提供。为了区分有形与无形产品生产管理的不同，研究人员以运作管理(operations management)来描述服务行业的生产活动。运作泛指将投入转化为产出的过程，而运作管理则是指对产品制造和提供服务过程中对各种运作活动的计划、协调和控制，其核心在于对生产系统进行有效管理，进而生产管理的概念逐渐被生产与运作管理所代替。这也表明运营管理学的重心开始从第二产业向第三产业过渡。

随着经济与社会的发展至今，企业的生产制造过程与提供服务的过程变得日益紧密。相应的，两个过程的管理活动也变得密不可分，因此以上两种概念已逐渐被运营管理所替代，其内涵也得到进一步扩展。运营包括了企业经营过程中的计划、组织、实施和控制等活动；而运营管理一般被定义为，是对运营过程的计划、组织、实施和控制，是与产品生产和服务创造密切相关的各项管理工作的总称。经过几个世纪的发展，运营管理的主体演变为服务性企业或行业，管理的对象是运营过程和运营系统。现代运营管理的概念更强调以经营为中心，体现了时代发展的要求。

8.1.2　服务管理及其特征

服务作为一种产品，指的是满足顾客需要的行动、过程和绩效。这一概念具有两方面的含义：一方面，服务具有过程属性，这一点与生产概念相似，指的是价值的创造过程，对于服务来说过程就是产品；另一方面，是服务的产品属性，是创造价值活动的结果，也就是服务的产品。同时，服务本身还具有无形性、不可分离性、易变性、易消失性等主要特性。相应的，服务管理所要研究的就是在服务竞争环境中，对企业进行管理并获取成功。而服务管理学最初则产生于 20 世纪 70 年代，其来源于多个学科，是一种涉及企业经营管理、生产运作、组织理论和人力资源管理、质量管理学等学科领域的管理活动。服务产品本身的特殊性，使服务管理具备了传统生产管理所不具备的特征，具体包括以下内容。

(1) 无形性的影响。一方面，服务本身只是一种观念，因此服务的创新并没有专利。企业为了从服务创新中获利，就必须迅速扩张，抢先获得创新的利益。另一方面，服务产品由于缺乏有形依据，消费者在识别和选择服务时，更多凭借的是以往的消费经验，以及服务提供者的声誉。而对于企业来说，也难以进行服务的广告宣传。因此，服务的管理面临着特殊的难题。

(2) 不可分离性的影响。服务本身是由一系列的活动或过程组成的，消费者和生产者之间会直接发生联系。服务人员为顾客提供服务之时，也正是顾客消费服务之时，生产过程也就是消费过程，服务的生产过程与消费过程是同时、同地进行的。因此，顾客参与了服务生产和消费的全过程。顾客的直接参与影响了服务过程的进行，服务质量的好坏还会受到服务人员和环境的影响，这就要求企业必须重视服务生产和消费全过程的管理。此外，服务的不可分离性，也使得服务成为一种不能储存的产品，也就无法像制造业中那样进行产品的预先检测，其必须依靠其他指标来保证服务质量。同时，如果不及时利用，服务就会随时间的流逝而消失。因此，如何充分利用服务能力也是服务管理的一大挑战。

(3) 易变性影响。服务的易变性是指服务的构成成分及其质量水平经常变化，很难统一界定。由于服务是由人来进行提供的，其所处的环境总会存在一定程度的不同。因此，服务的质量很难像有形产品那样用统一的标准进行衡量，进而服务质量品质的优劣也较难发现和完善。服务的提供者、时间、地点等可变因素都会影响服务质量，导致服务质量的不稳定，企业难以实现服务产品的标准化和规范化。

8.2 生产与运营管理研究的演进

从运营管理的定义来看，运营管理学所研究的内容几乎涵盖了企业生产经营管理的全部内容，其发展甚至可以追溯到管理学的起源。同时，运营管理的内容具有多样性和复杂性，导致这门学科不仅受到管理实践的社会需求的拉动，还受到其他学科进步思想方法和社会先进技术的影响。因此，这门学科演进过程涉及了社会背景、实践需求、学科交叉和相关学科发展等多个方面。

8.2.1 生产与运营管理的创生

1. 早期生产管理思想

生产是人类最基本的活动之一，对生产的管理从实践逐渐成为一门学科，其发展经历了100多年的时间。18世纪中叶，英国人詹姆斯·瓦特改良了蒸汽机，自此由一系列技术革命引起的产业革命从英国开始，并逐渐扩展到美国和其他国家。产业革命使得手工劳动被机器生产所代替，大大提高了生产效率，小型的手工作坊制度逐渐被工厂所替代，随之也带来了工厂运作过程的管理问题。这一时期的工厂多属于制造行业，故而生产运营活动主要被称做“制造管理或生产管理”。

在18世纪中叶，生产管理作为运营管理的最初定义，所研究的主要对象是制造业的产品生产活动。当时的大多数制造企业又均以亚当·斯密所提出的劳动分工理论作为组织生产的管理方法，进而大幅提高了劳动生产效率。1776年，亚当·斯密在其所发表的《国富论》中提出了劳动分工的概念并论述了其优越性。亚当·斯密认为，分工的起源是由于每个人的才能具有自然差异，即人类独有的交换与易货倾向，交换及易货均属于私利行为，其利益决定于分工，假定个人倾向于专业化和提高生产力，经过剩余产品的相互交换，个人财富便得到了增加，此过程将扩大社会生产，促进社会繁荣，并实现私利与公益间的调和。亚当·斯密的这一主张为企业管理理论奠定了坚实的理论基础。

继亚当·斯密之后，英国剑桥大学的查尔斯·巴贝奇(Charles Babbage)在其基础之上进一步发展了劳动分工的管理思想。1832 年，他出版了《论机器和制造业的经济学》(*On the Economy of Machinery and Manufactures*)一书，并在书中概述了他的思想。巴贝奇赞同亚当·斯密的劳动分工可以提高劳动效率的理论，但认为亚当·斯密忽略了分工有减少工资支付的作用。此外，通过进行时间研究和成本分析，巴贝奇进一步分析了劳动分工可以带来生产效率提高的原因。

19 世纪末期，由于生产技术的日益进步，生产规模和资本不断扩大，企业的所有权逐渐与管理权分立，管理职能由专门的管理阶层承担，进而有人开始专门研究管理问题，并逐渐产生了被称为管理科学化的运作管理理论。

20 世纪初，弗雷德里克·W. 泰勒于 1911 年，出版了《科学管理原理》一书，通过时间研究和操作研究对生产过程进行标准化的管理，自此生产管理进入了科学管理的阶段。继泰勒的科学管理原理之后，吉尔布雷斯夫妇集中研究了有关工人疲劳方面的问题，进而提出了减少不必要动作的 10 个原则。而亨利·甘特作为人际关系研究的先驱者之一，则关注于非物质利益对激励工人的价值，提出了沿用至今的甘特图。这一工具使企业的生产活动尤其是项目活动的顺序、起止时间，得以通过图表的形式展现出来，有利于提高对生产的时间、成本和质量的监督和控制。

1913 年，亨利·福特在其汽车工厂内安装了第一条汽车生产流水线，将亚当·斯密提出的劳动分工概念转变成了现实，并在 20 世纪初组建了现代化的汽车装配线。在这一阶段，即 20 世纪的 20～30 年代，生产管理的重心是一个生产系统内部的设计和控制。

2. 生产与运营管理研究的兴起

20 世纪 50 年代末 60 年代初，生产管理学在美国开始被看成是一门独立的科学学科。同时，由于第三产业在此时得到了初步发展，研究人员发现服务产品与以往的实体产品有着本质的不同，因此以往应用于制造业的管理方法并不完全适用于服务业的管理。为了更好地研究生产管理的内容，同时也为了区分制造业的生产活动与服务业的运营活动的不同，生产管理逐渐被称为生产与运营管理，专家们开始专门研究生产和运营管理方面的问题。

1957 年爱德华·布曼(Edward Bowman)和罗伯特·法特(Robert Fetter)的著作《生产与运营管理分析》(*Production and Operation Management Analysis*)出版，以及 1961 年埃尔伍德·布法(Elwood S. Buffa)的《现代生产管理》(*Modern Production Management*)的面世，表明研究人员开始注意到生产与运

营管理过程作为一个系统所面临的问题是具有普遍性的，需要被看做一个独立的系统。同时，他们还强调了排队理论、仿真、线性规划的应用。1973 年，蔡斯(R. B. Chase)和阿奎拉诺(N. J. Aquilano)在《生产与运营管理》(*Production and Operation Management*)的初版中提出将管理还原为运营管理，并建议将生命周期法作为生产运营管理教材的主线[1]。

1969 年，美国哈佛大学商学院技术与生产管理系教授威克汉姆·斯金纳在《哈佛商业评论》上发表了《制造——战略中缺失的一环》(*Manufacturing—the missing link in corporate strategy*)，首先提出了制造战略问题，并比较系统地阐述了生产制造与企业总体战略的关系[1]，进而将生产与运营管理提高到了企业的战略层面。

运营管理研究从最初的生产管理实践与研究逐步发展成为一门独立的学科。一方面，是受到了社会整体发展的拉动；另一方面，则是由于管理实践研究的推动。其所关注的重点也从最初的制造行业生产过程的成本和效率问题，逐步扩展到包括服务行业在内的企业生产与运营活动涉及的所有问题。在当时的社会背景下，不仅可以满足社会的发展需求，而且更推动了企业自身的发展。

8.2.2 运营管理学的发展

1. 第二次世界大战后到 20 世纪 60 年代：复杂数学方法的应用以及管理重心的转变

在第二次世界大战期间，诞生了一门新的学科即运筹学，这一学科的创建为生产与运营管理提供了可以定量分析问题并制定决策的工具，丰富了运营管理学的内容。如早在 1915 年，福特·W. 哈里斯(Ford W. Harris)提出了第一个数量模型即库存管理的数量模型，也称做经济批量模型(economic order quantity)。1924 年，沃特·阿曼德·休哈特(Walter A. Shewhart)首创了质量控制图(quality control chart)，其在 1931 年出版的《制造工业产品的质量的经济控制》(*Economic Control of Quality of Manufactured Product*)一书中，提出在生产过程的关键地方进行抽样检查，进而对质量进行控制的方法。20 世纪 20～70 年代，以美国和欧洲的学者为代表相继提出了各种数量模型，如仿真、排队理论、决策理论、数学规划、项目计划评审技术(project evaluation and review technique, PERT)和关键路径法项目计划工具，这些理论和工具在促进运筹学的创立与发展的同时也演变成强大的管理工具。

运筹管理的创立及发展给生产管理带来了定量分析的工具，而行为科学的研究成果则使得运营管理的重点由物转向了人。其中，对推动行为科学研究和发展起着重大作用的就是在 1924～1932 年，西方电器公司在其霍桑工厂进行了著名的霍桑实验，哈佛大学的乔治·埃尔顿·梅奥作为顾问参与了实验。在霍桑实验的基础上，梅奥于 1933 年出版了《工业文明的人类问题》(*The Human Problems of an Industrial Civilization*)一书，梅奥认为工人是复杂的社会系统的成员，其劳动生产率不仅受到环境等客观因素的影响，而且更多地受到社会、心理等方面的左右；企业中除了正式组织外，还存在非正式组织，而非正式组织对工人的影响是不可忽略的[2]。

2. 20 世纪 70 年代：计算机的广泛应用以及服务行业日益兴起

20 世纪 70 年代，计算机的出现及其在商业中的广泛应用，推动了运营管理学中技术应用的发展，其中的一个重大突破就是在生产控制中运用了 MRP。60 年代中期，约瑟夫·奥利奇(Joseph Orlicky)和奥利弗·怀特(Oliver W. Wight)等在 IBM 公司研究利用计算机进行生产计划和存货管理，首次提出了 MRP。1972 年，美国生产和存货控制协会(American Production and Inventory Control Society，APICS)发起了 MRP 运动，而约瑟夫·奥利奇于 1975 年出版的著作《物料需求计划》是 MRP 形成的标志性文献。最初的“物料”是泛指所有的材料、在制品、半成品、外购件和产成品。只用于计算需求量，这是一种开环的形式。随着在实际应用中的逐渐发展，到了 70 年代中后期，在 MRP 的基础上添又加了能力需求计划和执行计划情况的反馈，形成了闭环的 MRP。80 年代初，闭环 MRP 得到了进一步的改进，最终形成了 MRPⅡ，从而解决了 MRP 中未考虑企业的高层长远经营规划，以及只对物料的实物管理而没有价值管理等问题。1982 年，奥利弗·怀特出版的专著《成功的 MRPⅡ的实用指南》标志着 MRPⅡ的形成。

与此同时，服务行业开始兴起，大量的服务公司不断涌现并活跃在市场中，企业的管理者开始将运营管理的理论与方法应用于服务行业。但是由于服务行业的构成相当复杂，从餐饮到娱乐，其类型多种多样。因此，很难找到一个具有普遍适用性的管理模型。然而，麦当劳作为一家餐饮服务公司却以其独到的方式在服务、质量和生产率方面领先于其他服务公司，它通过制定高度标准化的服务模式，进而形成了服务竞争力。麦当劳将自己的企业理念和经营方针浓缩为“QSCV”(quality，service，cleanness & value)，意即麦当劳为人们提供品质一流的产品、周到的服务、清洁的就餐环境以及让人们感到在麦当劳就餐是物有所值的。它的产品、加工和烹制程序乃至厨房布置，都是标准化的，并有严格的控制。这样的管理理念和模式使得麦当劳成为世界上最大的快餐集团。

3. 20 世纪 80 年代：质量和时间管理的迅速发展

随着社会物质的不断丰富，人们的需求也开始变得多样化，过去品种单一、大批量生产的产品已无法满足市场的需求，加之人们对产品质量的要求也不断提高，生产逐渐转变为多品种、小批量或多品种、大批量的生产。因此，为了满足人们的个性化需求，企业开始采用单件或批量生产方式，相应的对生产与运营过程质量和时间的管理，成为了企业关注的重点。此时，运营管理不再仅仅是对单个生产设备和生产线的管理，更多的是需要借助生产管理信息系统，实现动态、及时的生产并对其进行控制。面对这样的变化，美国通用电器公司质量经理费根堡姆(A. V. Feigenbaeem)最早提出了全面质量控制的概念。他在 1961 年出版的 *Total Quality Control* 一书中指出：全面质量控制是一个企业的各个部门对质量开发、保持和提高进行综合管理，使企业以最经济的手段进行生产和服务，以达到用户的最大满意程度[3]。后来，美国管理专家戴明(W. E. Deming)和朱兰(J. M. Juran)把统计质量控制技术和工人参与质量管理改进的思想传播到了日本。通过 20 世纪 60～70 年代的实践，日本企业丰富并发展了这一思想，在 60 年代以后推行全面质量控制并取得了丰硕的成果，引起世界各国的瞩目。

此外，在 20 世纪后半期，整个汽车市场也同样面临着一个市场需求多样化的新问题。1953 年，日本丰田公司的副总裁大野耐一综合了单件生产和批量生产的特点和优点，创造了一种在多品种小批量混合生产条件下高质量、低消耗的生产方式即准时生产(just in time，JIT)，经过 20 余年的努力后使其逐步完善成为一种新的生产模式。

准时生产的基本思想是：以恰当数量的物料，在恰当的时候，进入恰当的地方，生产出恰当质量的产品[4]。通过消除一切无法增加产品价值的活动，尽一切可能降低成本，并融合了全面质量控制的理论和方法，实现了零缺陷生产。在经受住了 1973 年石油危机的考验后，准时生产被认为是一种具有新管理哲学的生产方式，在 20 世纪 80 年代得到发达国家的承认和普通重视，并逐步取代了以美国福特公司为代表的大批量生产运作方式。

在这期间，面对产品更新换代周期越来越短，复杂程度也随之增高，以及传统的大批量生产方式开始向小批量生产方式转变等种种变化，企业和管理研究人员开始探索以工厂自动化为目标的新生产方式。例如，1974 年美国的约瑟夫·哈林顿(Joseph Harrington)博士在其论文 *Computer integrated manufacturing* 中首先提出的 CIMS，它综合应用了信息技术和生产技术，能够实现使企业更快、更好、更省地制造出市场需求的产品的目标；还有为了在保证产品质量的前提下，同时提高制造工业的柔性和生产效率等目标而逐渐发展并完善的柔性制造系统(flexible manufacturing system，FMS)等，这些生产方式进一步促进了运营管理的发展。

20 世纪 80 年代，以色列物理学家艾利·格劳亚特(Eliyahu M. Goldratt)博士提出了最优生产技术(optimized production technology，OPT)。OPT 被用做安排企业生产人力和物料调度的计划方法，同时它还综合了生产计划，成为市场策略的一部分。后来，格劳亚特在 OPT 的基础上，通过对企业整体的经营进行研究，初步提出了追求持续优化的管理思想，并于 1987 年以约束理论(theory of

constraint，TOC)重新命名了这一理论，从而开启了同步制造理论(synchronous manufacturing，SM)的先河。同步制造是指为了实现企业的目标而使整个生产过程协调一致的一种方法，即是一种很好的生产计划与库存控制系统。

4. 20 世纪 90 年代初期：质量管理的进一步发展和业务流程重组理论的提出

20 世纪 80 年代末 90 年代初，美、日两国相继爆发了严重的经济危机。经济增长持续低迷，国家负债规模空前增大，企业大量倒闭，失业人数不断率攀升。面对经济危机，企业需要精简运行结构以提高竞争力，并寻找新的管理理论和方法。在这一时期全面质量控制理论再次受到人们的关注，并得到了进一步的发展，逐渐演化成为全面质量管理，其含义也不仅仅局限于一般意义上的质量管理的领域，而是成为一种更加综合全面的经营管理方式和理念。

此外，为帮助组织实施并有效运行质量管理体系，成立于 1946 年的国际标准化组织(International Organization for Standardization，ISO)于 1987 年制定了 ISO9000 组标准。该组标准针对组织的管理结构、人员、技术能力、各项规章制度、技术文件和内部监督机制等提出了一系列体现组织保证产品及服务质量的管理措施的标准，使得运营管理中的质量管理更加的标准化。

同一时期，越来越多的企业组织虽然规模不断扩大，但组织内的效率日益低下，用于企业内部管理的费用日益增加。面对 90 年代的全球性经济衰退，企业需要精简运行机构以获取敏捷应对市场变化的能力，只有在更高水平上进行一场根本性的改革与创新，才能在经济低速增长时代增强自身的竞争力。

在这种背景下，1993 年美国麻省理工学院的计算机学教授迈克尔·哈默和美国计算机科学公司管理顾问公司董事长詹姆斯·钱皮在其共同出版的《公司重组——企业革命宣言》一书中指出，200 年来，人们一直遵循亚当·斯密的劳动分工思想来建立和管理企业，即注重把工作分解为最简单和最基本的步骤，组织内部的分工越来越细，组织也变得越来越庞大，业务流程也随之越来越长，一项业务可能要经过 20 多个部门才能完成，而各部门又仅对自己的分工负责，没有人对整条业务流程负责，更没有相应的监控措施。因此，目前应围绕这样的概念来建立和管理企业，即把工作任务重新组合到首尾一贯的工作流程中去。他们提出了业务流程重组并将其定义为："为了飞跃性地改善成本、质量、服务、速度等现代企业的主要运营基础，必须对工作流程进行根本性的重新思考并彻底改革。"它的基本思想就是必须彻底改变传统的工作方式，也就是彻底改变传统的自工业革命以来，按照分工原则把一项完整的工作分成不同部分，由各自相对独立的部门依次进行工作的工作方式。

1995 年，钱皮又出版了《再造管理》一书，提出从管理的全过程出发，去掉多余的环节，简化过程，并采用计算机管理，以期达到预想的产出，使企业更适应未来的生存发展空间。业务流程重组是国外管理学界在全面质量管理、准时生产、工作流管理(workflow management，WFM)、团队管理(team management)、标杆管理等一系列管理理论与实践全面展开并获得成功的基础上产生的。这一全新的思想震动了管理学界，一时间“企业再造”、“流程再造”成为大家谈论的热门话题。

5.20 世纪 90 年代后期：信息技术全面介入，推动电子企业的出现及供应链管理的快速发展

始于 20 世纪 60 年代的第五次信息技术革命，使计算机得到了广泛的普及，同时计算机与现代通信技术有机结合的产物，即现代网络工具，改变了人们收集、传播信息的方式。到了 90 年代，现代信息通信技术更是有了飞速的发展，其在企业生产与运营管理中的应用，不但产生了电子企业这种新的运营模式，而且推动了运营管理技术的发展，使得供应链管理得以持续兴盛。

互联网以及随后出现的万维网是由美国高级研究计划署(Advanced Research Project Agency，ARPANET)发展而来的。在 20 世纪 90 年代后期，两者的迅速普及为电子企业的出现奠定了基础。现代的网络工具改变了人们以往收集信息、商务交易和交流的方式，进而对企业的整体运营管理产生了巨大的影响，越来越多的企业开始了自身的信息化建设过程，将企业的生产过程、物料移动、事务处理、现金流动、客户交易等业务过程数字化，通过各种信息系统网络加工生成新的信息资源，提供给各层次的人们洞悉、观察各类动态业务中的一切信息，以做出有利于生产要素组合优化的决策，使企业资源合理配置，进而适应瞬息万变的市场经济竞争环境，求得最大的经济效益。

而所谓供应链管理是指围绕核心企业，从采购原材料开始，经制造过程制成中间产品以及最终产品，最后由销售网络把产品送到消费者手中，将供应商、制造商、分销商、零售商、直到最终用户连成一个整体的功能网络结构模式。而供应链管理的核心思想是运用集成系统理论来管理整条链上的活动。现代信息技术使得供应链中信息快速有效的交流成为可能。

供应链管理的发展最早可追溯于迈克尔·波特在 1985 年出版的《竞争优势》一书中所提出的“价值链”概念。之后，供应链管理的概念、基本思想和相关理论从美国得到了迅速发展。到 20 世纪 90 年代初，关于供应链管理的文献大量出现，相关的学术组织也开始涌现[5]。此外，供应链管理的发展与制造业自动化的发展、企业经营管理的演进以及企业信息系统的演化密不可分。其发展大致可分为三个阶段：第一阶段是 20 世纪 60～70 年代，主要是物流的独立配送和成本的管理，通过对产品配送过程的管理以降低成本，提高运输效率；第二阶段是 20 世纪 70～80 年代，开始将企业内部物流和外部物流进行整合，研究企业之间进行采购和供应的整体战略，强调企业间应从传统的买卖关系转变为合作关系；第三阶段是 20 世纪 90 年代以来，主要思想是对从供应商的供应商到客户的整体供

应链研究，注重整体价值链及效率的提高和价值的增加。

6. 21 世纪：电子商务的兴起

到了 20 世纪 90 年代中末期，由于信息技术的进一步发展以及互联网的日益普及，从 1995 年起，以 Web 技术为代表的信息发布系统，呈爆炸式地成长起来，Internet 的商务用途得到了迅速发展，一种全新的商业运营模式，即电子商务受到了人们的日益关注。

电子商务通常是指在全球各地广泛的商业贸易活动中，在互联网开放的网络环境下，基于浏览器/服务器应用方式，买卖双方不谋面地进行各种商贸活动，实现消费者的网上购物、商户之间的网上交易和在线电子支付以及各种商务活动、交易活动、金融活动和相关的综合服务活动的一种新型的商业运营模式。其作为一种新型的交易方式，将生产企业、流通企业以及消费者和政府带入了一个网络经济、数字化生存的新天地。在这一环境中，人们不再受地域的限制，客户能以非常简捷的方式完成过去较为繁杂的商务活动，如通过网络银行能够全天候地存取账户资金、查询信息等，使企业对客户的服务质量得以大大提高。同时，电子商务可以将人工操作和电子信息处理进行集成，进而形成一个整体，提高了资源的使用效率。此外，电子商务在运营过程中，对企业内部、供应商以及批发商和零售商间的协调性提出了较高的要求，往往需要如银行、物流部门、通信部门、技术服务等多个单位的通力协作，使得各个部门形成一个有机的系统，得以更好地满足市场需求，协调发展。

8.3　运营管理学研究前沿领域

综观运营管理理论的发展历程，不难发现该理论的发展和演化，在很大程度上受到了社会发展环境和先进技术发展的影响。因此，本书在借助于 CiteSpace 信息可视化软件对运营管理理论研究的前沿问题进行分析的同时，综合考虑了现代社会环境发展状况、企业发展趋势以及运营管理相关技术的运用。

首先，从 Web of Science 数据库中以 TS（“operat * management” or “product * management”）为检索词，收集了 1945～2012 年共 8 934 条相关文献数据(图 8.1)。利用 CiteSpace 信息可视化软件对 2008～2012 年的 3 354 条运营管理学领域文献进行文献共被引网络分析和聚类分析，通过聚类分析结果并结合源文献分析，探测运营管理学研究的前沿领域和问题，对文献共被引网络的聚类结果，抽取施引文献的关键词进行聚类标注，共得到 5 个聚类的标识信息和文献共被引网络图谱，如表 8.1 和图 8.2 所示。

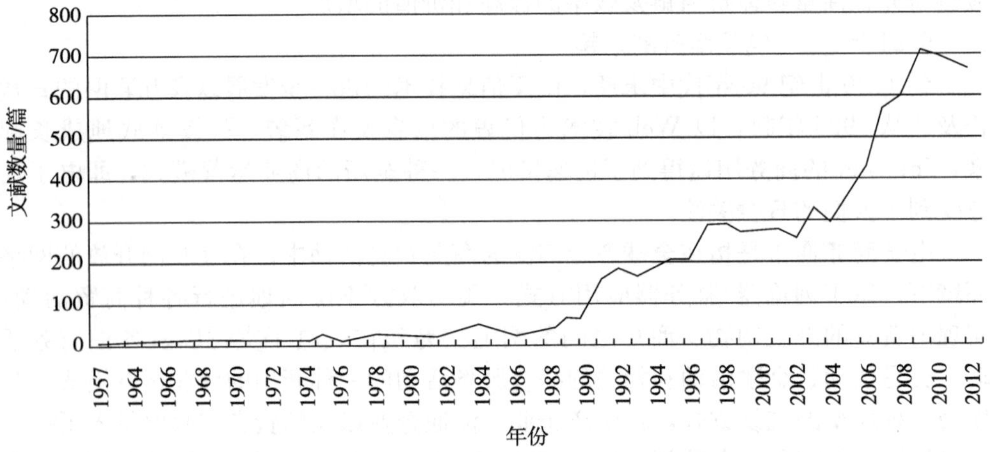

图 8.1 运营管理领域研究文献的逐年分布图

表 8.1 运营管理理论文献共被引网络的 5 个聚类信息

聚类号	大小	轮廓值	年份	主题词（TF＊IDF）	主题词（LLR）	主题词（MI）
3	74	0.524	1991	(10.66) equation models; (10.66) issues; (10.66) organizational innovation; (10.42) structural equation models; (10.16) measurement error	operations management (4 770.16, 1.0E-4); manufacturing(4 666.92, 1.0E-4); performance (4 406.82, 1.0 E-4)	Asia
0	20	0.647	1996	(8.32) task-technology fit; (8.11) sustainable development; (7.88) architecture; (7.03) duality; (6.66) process architecture	research (1 408.32, 1.0E-4); operations management (1 403.26, 1.0E-4); management (1 286.13, 1.0E-4)	〈b〉William
2	10	0.929	1987	(7.03) balanced scorecard; (6.66) performance measurement(quality); (6.23) management control-systems; (6.23) top management; (6.23) accounting	measurement(663.04, 1.0 E-4); performance(637.76, 1.0E-4)	operations management
4	5	0.857	1995	(5.01) discipline; (4.04) disciplines; (2.95) science; (2.38) system dynamics; (2.38) field	service(416.7, 1.0E-4); journals(149.08, 1.0E-4); approaches(133.45, 1.0E-4)	operations management

续表

聚类号	大小	轮廓值	年份	主题词（TF * IDF）	主题词（LLR）	主题词（MI）
1	3	0.932	1989	(1.25) scale；(1.25) quality assessment；(1.25) job-satisfaction；(1.25) roots；(1.25) extension	approaches (246.82，1.0E-4)；perceptions-only (174.65，1.0E-4)；service (167.87，1.0E-4)	operations management

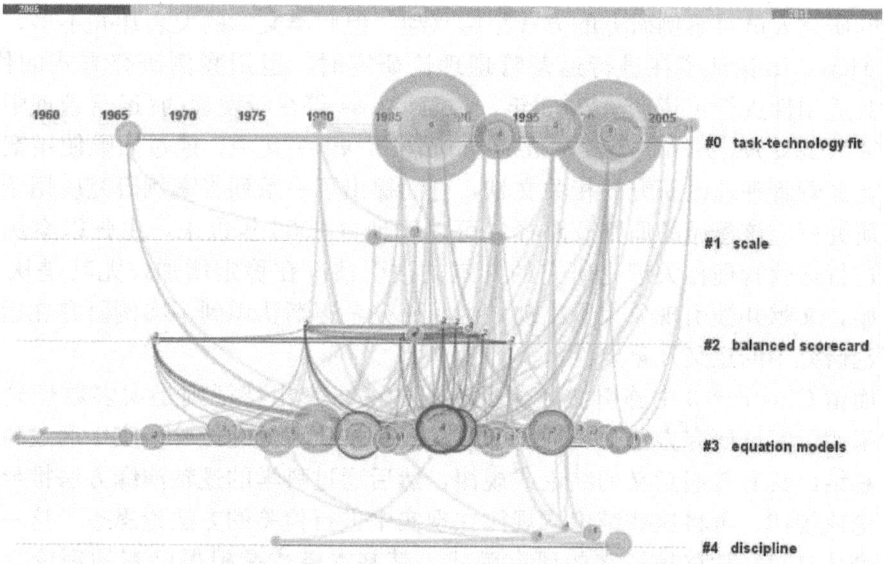

图 8.2　运营管理理论文献共被引网络图谱

在表 8.1 中，size 值的大小表示的是不同聚类所包含的施引文献文数量；silhouette 值则说明了施引文献之间研究内容的相关程度；silhouette 值越大说明相关程度越高，分析的价值也就越大。表格的后三列分别列示了以 TF * IDF、LLR 和 MI 三种算法，对关键词进行抽词所得到的标识词。结合聚类标识的主题词和对源文献的分析，总结出以下三类运营管理学研究的前沿领域和问题。

8.3.1　运营管理的基础理论和研究方法

Cluster＃0 和 Cluster＃3 分别反映了当前运营管理理论研究所使用的两种研究方法，即案例研究和实证研究。

案例研究方法是一种通过访谈、观察等定性和定量方法收集数据，并运用相关技术对一个事件或者一定数量的案例进行深层次的剖析与探讨，从而得出带有普遍性结论的研究方法。艾森哈特于 1989 年发表了一篇名为《案例研究者构建理论》(*Building theories from case study research*)的文章，指出案例研究作为一种研究方法，其目的是了解在某一环境下的动态现实。此外，文中对案例研究这一理论研究方法的操作过程进行了详细描述。而后，在 1998 年 Jack Meredith 发表了一篇名为《在案例研究中构建运营管理理论》(*Building operations management theory through case and field research*)的文章。文中首先指出，尽管运营管理的研究人员对案例研究的方式很感兴趣，但此类文章的发表却并不多。随后 Jack Meredith 论证了在进行运营管理理论研究时，运用案例研究方式的优势，并对其适用性进行了说明。2002 年，Chris Voss 等在所发表的《运营管理中的案例研究》(*Case research in operations management*)一文中，通过回顾使用案例研究进行运营管理理论研究的相关文献，进而提出了一系列将案例研究应用于运营管理研究所应该遵循的原则及路径。可以看到自 2006 年以来，主张以案例研究方法进行运营管理相关理论研究的文献共被引情况在稳定增加，尤其是从 2008 年开始，文献共被引现象大量出现，说明研究者逐渐认识到了案例研究在运营管理理论研究中的意义及重要性。

而由 Cluster＃3 中施引文献所反映出的一个突出特征则是大多数理论的构建均采用了实证研究方法。实证研究方法，是指从大量的经验事实中通过科学归纳，总结出具有普遍意义的结论或规律，然后通过科学的逻辑演绎方法推导出某些结论或规律，再将这些结论或规律在现实中进行检验的方法论思想。这一研究方法是从自然科学移植过来的研究模式，其基本模式是根据已有的理论提出假设、确定变量、收集数据、证实或否定假设，肯定或发展已有理论。1990 年，Barbara B. Flynn 等在其发表的《运营管理中的实证研究》(*Empirical research methods in operations management*)一文中，论述了实证研究在运营管理研究中的必要性，鼓励研究人员使用实际数据进行研究，并提出了指导实证研究的系统方法。

8.3.2 服务运营管理

随着人类社会的发展，人们生活方式的转变以及新技术的传播，以服务这种无形商品为主要产品的服务产业，已从人们眼中的低端、低档产业逐渐变为具有高附加值、高增长性的明星产业，其产值在整个国民经济中所占的比重越来越大，一些发达国家服务业占国民生产总值的比重超过了 60%，部分国家更是接近 80%。Cluster＃1 和 Cluster＃4 的文献内容及其时间分布情况说明，服务运营管理从 20 世纪 80 年代以来也受到运营管理专家们的持续关注。而在服务运营管理这一领域中，研究人员所关注的主要问题是服务质量管理。

提到服务质量则多指服务行业的服务质量，这是一个主观范畴，是指顾客对获得或体验到的服务满意程度的评价和反映。它取决于顾客对期望得到的服务质量同实际体验到的服务质量的对比[6]。

国外对服务质量的研究大体可分为三个阶段。第一阶段始于 20 世纪 80 年代初，由芬兰学者格鲁诺斯(C. Gronroos)于 1980 年在瑞士杂志上发表的一篇关于服务质量的文章，将质量初次引入了服务领域。第二阶段始于 1986 年，研究者开始开发服务质量的衡量模型。主要研究成果有 SERVQUAL 评价模型和其他相关的衡量模型，即 Cluster＃1 中的两篇主要共被引文献，是由 Parasuraman 等分别发表于 1985 年的 *A conceptual model of service quality and its implications for future research* 和 1988 年的 *SERVQUAL a multiple-item scale for measuring consumer perceptions of service quality*。在第一篇文章中作者们对服务行业的服务品质问题进行了调查研究，并建立了一个服务质量模型；第二篇文章则是介绍了一种服务品质量表，用于测量顾客对服务品质的满意程度。两篇文章为其他研究者提供了对于服务质量管理研究的有力工具。目前的服务质量研究正处于第三阶段，其研究领域正不断拓宽和深入，服务质量的能动模型和衡量方法，顾客期望的衡量方法以及企业形象对顾客感知的服务质量的影响，成为本阶段研究的前沿问题。

除了对服务质量评价方法的研究之外，Cluster＃4 所反映出的另一个前沿问题就是对企业服务体系的研究。1978 年，Richard B. Chas 在其发表的 *Where does the customer fit in a service operation*？一文中指出，顾客与企业的服务体系接触越少，那么企业的服务系统的运营效率越好。1997 年，詹姆斯 · 赫斯克特(James L. Heskett)和 W. E. Sasser 出版了 *The Service Profit Chain*：*How Leading Companies Link Profit and Growth to Loyalty*，*Satisfaction*，*and Value*一书，书中提到了“服务价值链”这一概念。“服务利润链”是由詹姆斯 · 赫斯克特等 5 位哈佛商学院教授组成的服务管理课题组，在“服务价值链”模型中提出的。他们认为，服务利润链可以形象地理解为一条将盈利能力、客户忠诚度、员工满意度和忠诚度与生产力之间联系起来的纽带，它是一条循环作用的闭合链，其中每一个环节的实施质量都将直接影响其后的环节，最终目标是使企业盈利[7]。服务利润链表明了利润、顾客、员工、企业四者之间的关系，指出利润是由客户的忠诚度所决定的，忠诚的客户(也就是老客户)给企业带来超常的利润空间；客户的忠诚度是靠客户满意度来取得的，企业提供的服务价值(服务内容加过程)决定了客户满意度；最后，企业内部员工的满意度和忠诚度决定了服务价值。企业可以通过建立有效的利润链来完善自身的服务运营管理。

8.3.3 面向全球化的供应链管理

图 8.2 中 Cluster＃0 和 Cluster＃2 的标记词分别为“task-technology fit”和“balanced scorecard”，即技术适配和平衡记分卡。结合相关文献以及目前运营管理的实际，这两大聚类一方面反映了运营管理的另一前沿领域，即面向全球化的供应链管理；另一方面则揭示了这一前沿领域的两个主要研究热点问题，即全球化供应链的技术适配问题和绩效管理问题。

供应链管理最早源于后勤学，自 20 世纪 80 年代至今经历了三个阶段：①80 年代供应链管理萌芽阶段，这个时期注重企业内部和外部的过程集成；②90 年代上半期供应链管理初步形成阶段，这个时期实践取得了长足发展，但信息不能完全共享成为最大障碍；③90 年代后半期至今，供应链管理开始强调合作伙伴关系[8]。

近年来，随着全球经济一体化趋势的加剧，越来越多的企业开始在全球范围内进行业务扩张，商业活动变得日益国际化。为了寻求更大的市场，并充分利用世界各地的资源优势，谋取企业自身的进一步发展，企业间的跨国合作频频发生，致使企业间的竞争不仅在范围上从地区扩大到了全球，竞争主体也将会超越企业与企业、产品与产品之间的竞争，以往单个企业之间的竞争将被企业联盟间的竞争所替代。为了有效地应对内外部环境的变化，面向全球化的供应链管理成为各企业的主要运营方式。

全球化的供应链管理可以通过获取世界各地企业的优势和资源，以企业间的整体合作和协调为基础，提升物流速度，减少供应链上各环节的库存量，进而避免许多不必要的成本消耗。同时，全球化供应链的形成消除了非供应链合作关系上下游之间的成本转嫁，从整体意义上降低了各自的成本，使得企业将更多的周转资金用于产品的研制和市场的开发等，以保证企业获得长期发展。此外，全球化的供应链能够适应全球市场快速反应的要求，实现在供应链的各环节上即时出售、即时生产和即时供应。

全球化的供应链管理可以为企业带来诸多的优势，但想要建立有效的全球化供应链管理机制并不容易。全球化供应链管理得以建立并付诸实施的一个重要基础就是现代信息技术的飞速发展。以 Internet 为代表的信息技术为供应链管理提供了大量削减成本和改善服务的机会。但信息技术的飞速发展，在满足了企业间的跨区域、跨国合作的技术要求，被广泛应用于企业的运营管理的同时，也对运营管理提出了新的难题，如 Cluster＃0 中文献所反映出的先进技术与企业自身的匹配度问题。

任务技术适配理论是由 Good Hue 和 Thompson 于 1995 年提出的，该理论通过描述认知心理和认知行为来揭示信息技术如何作用于个人的任务绩效，进而反映了信息技术和任务需求之间存在的逻辑关系，即用于解释信息技术对工作任务的支持能力。

现代信息技术是企业构建全球化供应链管理机制的一个重要工具。因此，如何依据企业自身和供应链的特点，对相应的信息技术进行选择；如何利用信息技术系统地规划企业内、外部资源，保障内部及供应链上信息资源、资金流和物流的高效运作等一系列技术适配性的问题，将会不可避免。所以，面向全球化供应链管理的任务技术适配成为目前运营管理的一个研究前沿。

Cluster＃2 的相关文献反映了对全球化供应链的绩效管理问题，聚类的标示词 balanced scorecard 代表了平衡计分卡(balanced score card)理论。平衡计分卡理论来源于哈佛大学教授 Robert Kaplan 与诺朗顿研究院的执行长 David Norton 于 20 世纪 90 年代所建立的一种“未来组织绩效衡量方法”的绩效评价体系，当时该计划的目的是找出超越传统以财务量度为主的绩效评价模式，以使组织的“策略”能够转变为行动；经过将近 20 年的发展，平衡计分卡已经发展为集团战略管理的工具，在集团战略规划与执行管理方面发挥着非常重要的作用。平衡计分卡是从财务、客户、内部运营、学习与成长四个角度，以图、卡、表的形式将组织的战略落实为可操作的衡量指标和目标值的一种新型绩效管理体系。设计平衡计分卡的目的就是要建立“实现战略制导”的绩效管理系统，从而保证企业战略得到有效执行。

全球化供应链中的企业遍布世界各地，企业间的有效沟通比以往变得更加困难，企业之间文化、战略和政策的差异也将给供应链管理带来新的难题。如何对全球化的供应链进行有效管理，最大限度地发挥供应链的优势，提升运作绩效，也就成为运营管理研究者和企业管理者所关注的问题。平衡计分卡理论作为衡量绩效的有效工具，因其可以将企业绩效进行量化，增强可控性，并与企业的宏观战略管理相结合，有助于供应链管理，从而受到了企业管理人员及运营管理研究人员的关注。

8.4 中国运营管理理论的研究热点

8.4.1 数据的统计性分析

选取中国知网中的哲学与人文科学、社会科学、信息科技及经济与管理科学领域，分别在期刊数据库和学位论文数据库中进行文献检索。在期刊数据库中，以主题词“运营管理”或含“生产管理”进行检索，共检索相关期刊文献 22 518 篇，以关键词“运营管理”或含“生产管理”检索的结果为 8 760 篇；在学位论文数据库(包括博士学位论文和硕士学位论文)中，主题词检索结果为 6 721 篇，关键词检索结果为 803 篇(2013 年 5 月检索)。

其中，数据库中收录最早的几篇期刊论文是在 1950 年，但文章均未涉及生产运营管理的具体实施方法及管理理论，没有过多地介绍生产运营管理的概念和重要性。经过近 30 年的发展演进，至 1979 年，数据库开始大量收录有关生产运营管理的期刊文献。其中发表年份较早、被引频次较高的是由蒋学栋所发表的《日本丰田汽车公司的“准时生产制”》。文中详细介绍了生产管理制度是如何创建并在日本丰田汽车公司运营的，对提高生产的效率和促进公司的发展起到了相当大的作用。

图 8.3 展示了期刊学术(会议)论文数量逐年分布情况。以 1994 年为分界线，在此之前运营管理的期刊论文数量普遍较少，呈现平稳的态势。1994 年该领域研究的文献产出量出现了一次跃升，此后呈现迅速增长的趋势。到 2000 年，期刊文献量出现第二次跃升，并以更快的增速逐年上升，至 2008 年前后增速达到一个峰值，增速趋缓。从图 8.4 学位论文的分布情况来看，1998 年中国出现最早的以“生产管理”为研究主题的学位论文，系浙江大学李歧强的博士学位论文《生产过程的智能决策与调度》。此后，论文数量整体呈现逐年递增的态势。2000 年前后，该领域学位论文数量增速逐渐提升，2000～2004 年论文数量增速较缓；而 2004～2007 年，论文数量呈现倍增趋势，并同样于 2008 年达到一个峰值，此后增速趋缓。

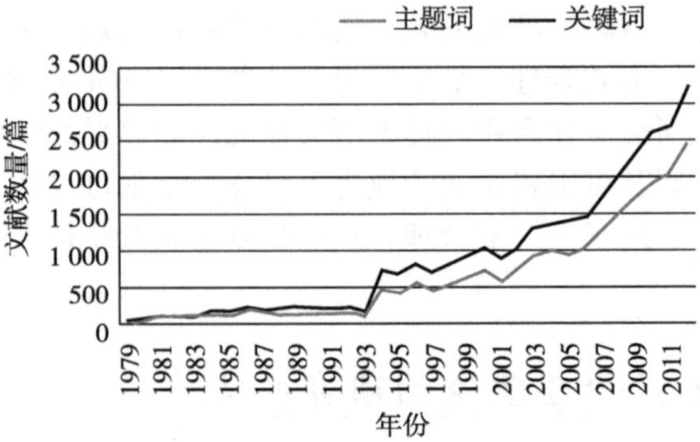

图 8.3　学术期刊(会议)文献量逐年分布

综上分析，该领域期刊(会议)论文与学位论文数量逐年分布态势具有高度的一致性。因此，根据论文数量的逐年分布情况，我们将 2000 年之前，中国生产运营管理理论研究的发展阶段界定为引进培育期；将 2000～2004 年界定为成长积累期；2004 年以来的时期界定为蓬勃发展期。

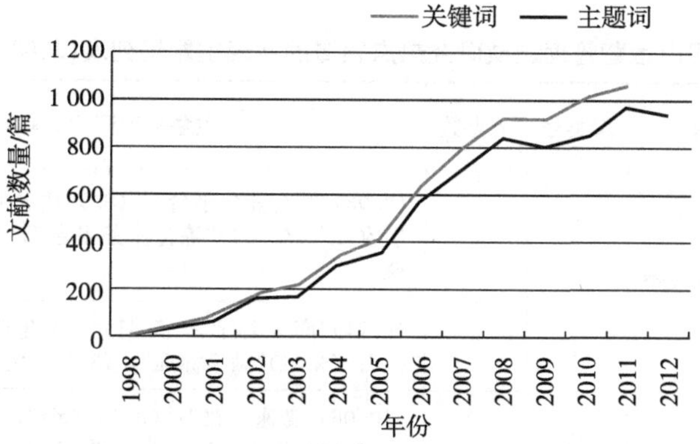

图 8.4　学位论文文献量逐年分布

8.4.2　近年来中国运营管理研究的热点问题

为进一步展现近年来中国运营管理理论研究的前沿问题，对中国社会科学引文数据库中收录的 2008～2012 年运营管理理论文献数据，使用 CiteSpace 软件系统绘制文献信息可视化知识图谱(图 8.5)，整理出国内运营管理理论的主要研究热点领域的共现关键词(表 8.2)。

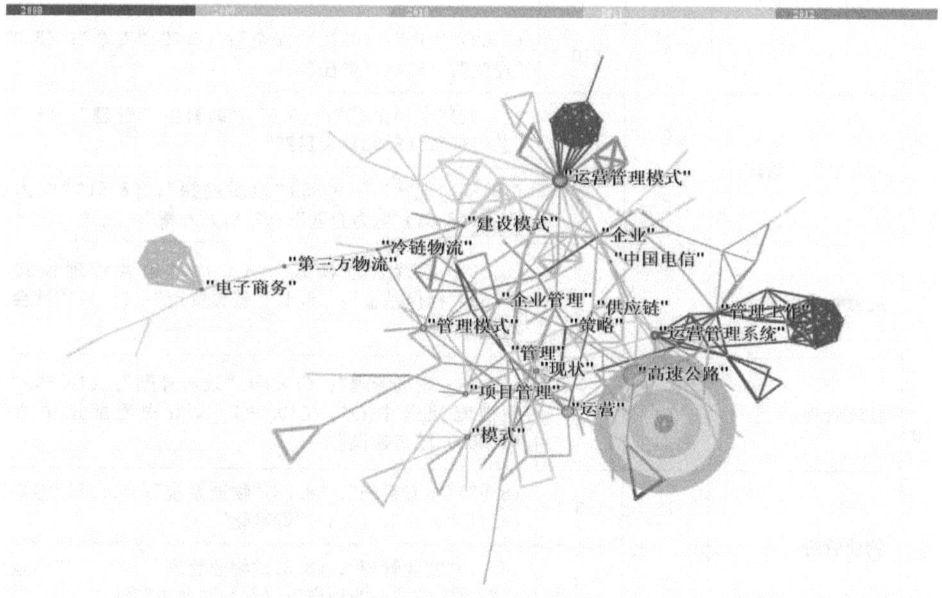

图 8.5　国内运营管理领域研究文献的关键词共现网络图谱(2008～2012 年)

表 8.2 国内运营管理领域研究热点领域的共现主题词列表(2008～2012 年)

平均年份	研究主题	聚类号	节点数	主题标识词(TF * IDF)
2008	银行运营管理系统	3	2	(8.93)“综合业务平台”；(8.93)“水平架构”；(8.93)“分层收敛”；(8.34)“综合业务平台”；(7.63)“业务能力抽象”
		4	5	(6.71)“商业银行”；(5.41)“产品生产”；(5.01)“管理规范”；(4.04)“国家标准”；(3.13)“实施”
	高速公路运营管理	10	4	(10.06)“高速公路”；(9.45)“gis”；(8.95)“高速公路”；(8.63)“特许定价”；(8.63)“高速公路运营管理成熟度”
		11	3	(7.54)“对策”；(4.45)“运营”；(4.45)“运营”；(4.08)“高速公路”；(3.59)“高速公路”
	体育馆运营管理模式	1	24	(8.34)“第三方物流”；(7.63)“生产管理系统”；(7.63)“生产管理系统”；(6.71)“体育场馆”；(6.71)“体育场馆”
	乳制品生产质量管理	2	6	(10.56)“奶牛养殖”；(9.42)“养殖户”；(8.34)“状况调查”；(8.34)“主产区”；(8.34)“奶牛饲养”
2009	生产安全管理	6	67	(13.85)“企业安全生产”；(12.93)“渔业安全”；(12.93)“渔业安全”；(12.61)“建筑施工企业”；(12.61)“建筑施工企业”
		7	10	(7.63)“生产”；(6.72)“安全”；(6.72)“安全”；(5.41)“经验”；(5.41)“责任”
	企业生产管理	8	4	(10.22)“专利工艺”；(9.85)“饲料生产管理”；(8.93)“总经理”；(8.93)“天目湖”
		9	2	(10.86)“现状”；(9.85)“地质勘探”；(8.51)“电力企业”；(8.51)“电力企业”；(7.87)“对策”
2010	运营管理模式	0	9	(8.93)“运营管理模式”；(8.93)“运营管理模式”；(7.63)“社保基金”；(5.41)“基金资产”；(5.41)“社会福利保障”
	物流管理	12	5	(12.16)“现场管理”；(10.69)“政府补贴”；(10.69)“大型物流配送中心”；(10.69)“大型物流配送中心”；(10.69)“城市建设”
	物业管理	15	3	(8.63)“物流系统”；(8.63)“物流系统”；(8.31)“客户”；(6.71)“客户”；(5.44)“标准化”
		23	3	(8.31)“物业管理”；(8.31)“物业管理”；(7.67)“商业地产”；(7.67)“商业地产”；(7.42)“业主”

续表

平均年份	研究主题	聚类号	节点数	主题标识词(TF＊IDF)
2010	基础设施投入	17	4	(10.21)“运营机制”；(9.45)“基础设施建设”；(9.2)“生产发展”；(9.2)“投入机制”；(9.2)“建设社会主义”；(7.29)“企业绩效”
	企业资本运营与产业链管理	16	6	(11.44)“企业发展”；(10.69)“企业资本运营”；(9.54)“提升”；(9.45)“产业链”；(9.45)“产业链”
	三网融合与安全管理	19	5	(10.69)“三网融合”；(10.69)“信息系统”；(8.63)“安全管理”；(7.42)“安全生产”
	运营策略与资金筹集	26	4	(12.16)“资金筹集”；(10.69)“运营策略”；(10.69)“企业资金”；(8.63)“全过程”
2011	公共租赁住房	18	4	(13.29)“建设模式”；(12.16)“夹心层”；(11.44)“公共租赁住房”；(10.46)“公共租赁住房”；(8.63)“市郊铁路”
	云计算	20	3	(8.63)“云计算”；(8.63)“m2m”；(8.63)“云计算”；(8.63)“物联网”；(7.42)“运营商”
	供应链管理	21	2	“冷链物流”(19.65，1.0E-4)；“供应链管理”(19.65，1.0E-4)；“库存决策”(11.64，0.001)
2012	企业生产管理	5	4	(5.41)“中小企业”；(5.41)“实施途径”；(4.04)“持续改进”；(3.3)“精益生产”；(3.3)“精益生产”
	一体化运营管理模式	22	2	(12.16)“投融资”；(10.69)“城际轨道交通网”；(8.63)“珠三角地区”；(8.63)“一体化管理模式”；(6)“运营管理模式”
	国际石油公司	25	4	(15.01)“国际化经营”；(15.01)“业务板块”；(14.22)“国际石油公司”；(14.22)“大石油公司”
	航空公司	14	3	(9.2)“民航局”；(9.2)“支线航空”；(9.2)“航空公司”；(9.2)“民用机场”；(9.2)“枢纽机场”

2008年间，银行运营管理体系的建立和支持问题成为运营管理的研究热点。据中国人民银行发布的《2007年国际金融市场报告》指出，截至2007年年末，在华外资法人银行共26家，外国银行分行共117家；在华外资银行资产总额为1 714.63亿美元，占全国金融机构资产总额的2.4%。外资银行的强势驻入，加剧了国内银行业的竞争，为了解决传统垂直化的业务管理系统给运营商在运营管理上所带来的诸多弊端，进而以更低廉的成本、更有效地服务构建自身的竞争优势，我国银行开始探索新的运营体系。现实的需求推动了运营理论的进一步发展，如以信息技术为核心，通过构建综合业务平台，为运营商的业务网络转型和网络融合提供解决的途径；通过国内外商业银行运营管理现状的对比，探讨中国

商业银行运营管理工作的发展方向和实现路径等。此外，高速公路运营管理也是研究者所关注的热点问题之一。

2009 年，中国运营管理理论依旧紧密结合社会实践背景，分析企业生产与运营管理中的现实问题，并提出相应的应对措施。如 2008 年奥运会结束后，通过构建系统的运营模式来有效使用为举办奥运会所建设的大量体育场馆，保证项目成果可持续盈利；对供应链的分析与整合，以解决由于供应环节过长而产生的乳制品质量难以控制的问题；煤矿、电力、石化等企业的生产与运营过程中暴露出的安全问题；以及对中国众多企业的运营管理现状的分析和改进等。

2010～2011 年，中国运营管理学主要以运营管理模式为研究重点，涉及的行业范围广，如煤矿、铁路、社保、电力、机场、物业、公共租赁住房、云计算、基础设施建设等。其通过对具体行业或典型企业运营管理模式的分析与探讨，在进一步完善理论的基础上，提出适合于该行业或典型企业的运营管理模式。

2012 年，对具体行业和领域的运营管理研究主要集中在国际石油公司、民航公司等的运营管理。中国中小企业的生产与运营过程中的管理、安全、制度等问题，制造类企业的生产模式、管理系统等问题，以及企业文化、一体化运营、持续改进等问题，成为中国运营管理学的研究热点。

综上分析，可以发现近年来中国运营管理学的研究热点主要集中在运营管理系统研究、运营管理模式和企业生产管理等方面，并呈现出与社会和企业实践紧密联系的特征。尤其是 2010 年以来，中国运营管理理论出现了较多元化蓬勃发展的态势，研究文献的主题分布也较为广泛，涉及社会各个领域和企业各部门的运营管理问题。同时，也出现了有一定规模的新研究方向和主题。

8.5 本章小结

本章首先对生产管理、生产与运作管理和运营管理以及服务管理的内涵及其之间的关系进行了辨识和梳理。随后又回顾了生产与运营管理理论的演进历程。运营管理理论经历了半个多世纪的发展，从最初的生产管理到生产与运作管理，再到现今的运营管理，这一学科所研究的内容不断得到了丰富，相应的管理活动也变得日益复杂。在综合了社会发展背景、企业发展趋势以及运营管理相关技术的基础上，运用 CiteSpace 信息可视化软件对运营管理的前沿领域进行了较为客观的分析，发现案例研究和实证研究两种实验方法在运营管理的理论研究中得到了广泛的应用。同时，服务运营管理已成为大多数运营管理研究者关注的重点领域。在全球化的大背景下，供应链的全球化将成为企业间合作的主要形式之一，如何解决全球化供应链的技术适配和绩效管理问题也同样受到了理论研究者的重视。最后，本章通过关键词共现图谱及聚类分析，探讨了近年来中国运营管理理论的研究热点问题。结果表明，中国运营管理学的研究具有很强的实践性，所涉及的问题呈现出多元化趋势。

参考文献

[1] 方爱华，张光明．生产与运营管理[M]．武汉：武汉大学出版社，2005.
[2] 马风才．运营管理[M]．北京：机械工业出版社，2007.
[3] 张明．TQC 与 TQM[J]．经济管理，1994，(5)：64.
[4] 吴桂花，车玉芬．MRPⅡ、JIT 的比较与集成研究[J]．邢台职业技术学院学报，2004，21(6)：61～64.
[5] 刘丽文．供应链管理思想及其理论和方法的发展过程[J]．管理科学学报，2003，6(2)：81～88.
[6] 李明．服务质量管理的研究与应用[J]．现代经济信息，2010，(23)：76～77.
[7] Heskett J L，Sasser W E. The Service Profit Chain：How Leading Companies Link Profit and Growth to Loyalty，Satisfaction，and Value[M]. New York：Free Press，1997.
[8] 张美华．EVA 优化供应链战略管理研究[D]．武汉理工大学硕士学位论文，2003.

第 9 章

供应链管理理论的演进与研究前沿

随着科学技术的进步和经济的发展，企业管理和运营的有关理论也在不断演进。20 世纪 80～90 年代，随着全球经济一体化和信息技术的发展，跨国经营越来越普遍，企业面临的竞争环境也更加激烈。企业仅凭自己的资源和能力已经很难在市场竞争中取胜，企业间的协同和信息共享则变得更加重要。因此，联合上下游企业，形成企业间的合作关系网络系统，整合系统中所有的信息流、资金流和物流，从而降低成本、提高质量，已经成为企业的发展趋势。在这样的背景下，供应链管理及其理论逐渐产生并发展起来。供应链管理理论是工商管理知识体系适应新的竞争环境和全球化竞争战略而提出的关系到企业生存和发展的重要管理理论，是工商管理学的重要分支和组成部分，是现代工商管理学的主流学科。供应链管理理论的创生和演进历程折射了 80 年代后工商管理知识体系的演进历程。

9.1 供应链与供应链管理

供应链的概念是从“扩大的生产”(extended production)概念发展而来的，它将企业的生产活动进行了前申和后延。对于供应链概念的起源，大多数学者的意见是一致的，他们认为 1985 年，迈克尔·波特在其出版的《竞争优势》一书中提出的“价值链”的概念是供应链概念的起源[1]。20 世纪 80 年代以前，市场相对稳定，大多数企业通过采取“纵向一体化”战略，或者建立自己的零部件配套基地来扩大企业规模、提高企业竞争力。但随着经济的发展和技术的进步，企业间的竞争日益加剧，市场的需求也越来越显现出多变性和多样性，“纵向一体化”战略已无法快速准确地对市场做出反应。因此，学者们和企业开始关注“横向一体化”，即形成一条从供应商到制造商再到分销商最后到客户的完整链条，这就是供应链。

对于供应链的定义，是一个发展的过程，而且不同学者对其有着不同的理解。但大多数国内外学者大都是从供应链的结构与流程运作两个方面对供应链进行描述的。主要有以下几种说法。

Stevens 指出供应链是从原始供应商到最终消费者的一条链，始于供应的源点，终于消费的终点，这个过程是通过分销渠道和价值增值过程来控制的[2]。

Turner 将供应链定义为从原材料供应商开始，经过生产、保管、流通等各个阶段到最终顾客等整个过程的连接[3]。

斯坦福大学的华裔教授李效良认为供应链是由各种功能实体组成的网络，其职能在于获取材料，把原材料加工成中间产品和产成品，并通过分销系统把产品送到顾客手中[4]。

Christopher 指出供应链其实是从上游到下游的一个组织网络，每个组织都对最终交付给消费者的产品产生增值[5]。

Harrison 认为供应链是执行采购原材料、将它们转换为中间产品和成品、并且将成品销售到用户的功能网，强调了供应链的战略伙伴关系问题[6]。

国外学者分别从生产、供应、营销、物流、信息、渠道、协作、价值链、结构、系统等一个或几个方面对供应链进行描述和定义。中国学者对供应链的认识也不尽相同，但基本都没有超出这些范围。

林福仁等指出，供应链是一个企业网络系统，其内容涉及信息流、资金流和物流，成员包括零售商、供应商、制造商等[7]。

马士华等认为，供应链是围绕核心企业，通过对信息流、物流、资金流的控制，从采购原材料开始，制成中间产品以及最终产品，最后由销售网络把产品送到消费者手中的将供应商、制造商、分销商、零售商直到最终用户，连成一个整体的功能网链结构模式[8]。

程霞等认为，供应链是上游的原材料供应商、零部件提供商、制造商、分销商、零售商等成员企业所构成的一条价值增值链。

2001 年发布实施的《物流术语》国家标准(GB /T18354—2001)是这样定义供应链的：供应链是生产及流通过程中所形成的一种网链结构，其中涉及原材料供应商、产品生产商和将产品交付给最终消费者的零售商。

综上所述，所谓供应链，是指产品到达消费者手中之前，由供应商、生产商、批发商、零售商以及最终消费者组成的整体性功能供应网络结构模式，由物料获取、物料加工，并将成品送到客户手中这一过程所涉及的企业和部门组成的一个网络，围绕核心企业，通过对信息流、物流、资金流的控制，从采购原材料开始，到中间产品及最终产品，最后由分销网络送到消费者手中。

关于供应链管理的定义，至今仍没有一个统一的说法。不同的学者从不同的角度对供应链管理进行了解释。

1996年成立于美国的供应链协会将供应链管理定义为“供应链管理是为了生产和提供最终产品，包括从供应商的供应商，到顾客的顾客的一切活动”。

伊文斯(G. N. Evens)认为：“供应链管理是通过前馈的信息流和反馈的物料流及信息流，将供应商、制造商、分销商、零售商，直到最终用户连成一个整体的管理模式。”[9]

大卫·辛奇-利维(David Simchi-Levi)等认为：“供应链管理不是供应商管理的别称，而是一种新的管理体制策略，它把不同企业集成起来以增加整个供应链的效率，注重企业之间的合作。”[10]

鲁马斯(R. R. Lummus)等认为，供应链管理可以表述为：涉及从原材料开始直到将产品递送给顾客的所有活动，包括获取原材料和部件，制造和装配，仓储和库存追踪观察，订单进入和订单管理，穿过所有渠道的配送，传递到顾客手中，以及这些活动的监控系统[11]。

日本的学术团体供应链管理研究会从顾客的角度出发，提出了供应链管理的定义，即“将整个供应链上各个环节的业务看做一个完整的、集成的流程，以抬高产品和服务的顾客价值为目标，跨越企业边界所使用的流程整体优化的管理方法的总称”。

中国的《物流术语》国家标准(GB/T18354—2001)对供应链管理是这样定义的：供应链管理是利用计算机网络技术全面规划供应链中的商流、物流、信息流、资金流等，并进行计划、组织、协调与控制。

9.2 供应链管理理论的创生与发展

9.2.1 供应链管理产生的背景

供应链的产生是经济全球化、信息技术和管理实践共同发展的结果。由于经济的发展，信息技术的进步和管理水平的不断提升，企业发展面临的内、外部环境都发生了重大变化。企业为了适应这些变化，必须进行相应的调整。

从20世纪80年代开始，经济全球化浪潮席卷了世界上几乎所有重要的经济体。经济全球化成为世界经济的重要特征之一，也是世界经济发展的重要趋势。进入90年代后，世界经济全球化的进程大大加快。经济全球化有利于资源和生产要素在全球的合理配置，促使资本和产品在全球流动，推动科学技术在全球性扩张，促进不发达地区经济的发展，是人类发展进步的重要体现，也是世界经济发展的必然结果。但是，经济全球化对企业来说却是一把双刃剑，它既给企业带来发展机遇，也给企业管理带来挑战。一方面，经济全球化可以使企业在全世界范围内获得所需资源，并将其产品推向全世界范围的市场，为企业的发展提供了有利的市场环境；另一方面，经济全球化也使得企业必须面对来自全世界的优秀企业的竞争压力，这对企业来说是一个巨大的挑战。

信息技术主要是用于管理和处理信息所采用的各种技术的总称。它主要是应用计算机科学和通信技术来设计、开发、安装和实施信息系统及应用软件，也常被称为信息和通信技术。自 20 世纪末以来，以信息技术为代表的科学和技术革命使得企业的生存和发展环境发生了重大变革。信息技术的发展和更新换代，使得企业能够更快、更全面地获得所需要的技术和知识资源，从而取得更快的发展速度和更广阔的发展空间。但同时由于信息技术的快速发展，企业的信息和技术很难长期占据优势，企业间的同质化竞争越来越激烈[12]。

随着经济的发展和技术的进步，企业管理也在不断发展。企业管理的许多新理论被提出并实际应用到企业中。在生产管理领域，面向需求的“拉式”生产理论、准时生产制造理论、柔性生产理论等被相继提出，并应用于企业管理实践。在产业模式方面，“横向一体化”继续发展，企业联盟和协同理论逐步形成。另外，随着计算机技术的发展，业务流程重组也引起了管理研究者和企业管理者的关注。越来越多的新管理理论应用到实践中，使得企业面对的生存环境和竞争环境以及企业的经营方式都发生了重大变革，企业的管理实践也不断进步，这为供应链的产生提供了良好的企业环境。事实上，供应链管理的实际应用比其理论的发展要早。

总之，经济的全球化和信息技术的发展使得企业的管理不断进步，新的适应时代发展的管理理论和方法不断涌现。正是由于经济全球化和信息技术的突飞猛进，企业之间的依赖关系越来越紧密，如何寻找合作伙伴以及以什么方式进行合作，成为学术界和企业都必须思考的问题。在这种背景下，供应链及其管理的思想逐渐形成。

9.2.2　供应链管理理论的形成

供应链管理理论是工商管理学适应 21 世纪全球化竞争战略下，企业生存和发展的重要管理理论。为适应 21 世纪企业管理发生的重大变化，从 20 世纪 80 年代末 90 年代初开始，有学者对国际上一些著名企业，如康柏、惠普、沃尔玛等的管理实践进行深入研究，并分析其管理实践上取得重大成就的根源，逐渐产生了供应链管理的概念。供应链管理概念的提出一方面提高了企业间协同和信息共享的程度；另一方面也降低了企业运营成本，提高了顾客的满意度。

关于供应链管理理论的起源，学术界的主张并不一致。一般认为，对供应链问题进行正式研究始于 20 世纪 60 年代。福瑞斯特(J. W. Forrester)被认为是“供应链设计之父”，因为现代许多有关供应链的设计原则可以追溯到他提出的生产分配系统。最初有关供应链方面的论文是由卡尔吉克·皮特于 1983 年发表在《哈佛商业评论》上的《采购必须成为供应链管理》[13]（*Purchasing must become supply management*）一文。其后，供应链的概念、基本思想和相关理论在美国得到了迅速发展。到 90 年代初，关于供应链及其管理的相关文献开始大量出现。

关于具体的供应链的起源，克鲁姆(Croom)等认为供应链管理的起源主要可以从两个方面进行分析：一是建立在福瑞斯特的工作基础之上，即应用产业动力学的方法，供应链管理理论沿着实体分销和运输的发展而发展；二是随着对分销和物流中全面成本的研究而发展起来的。它是建立在赫克特、迈纳和刘易斯的研究基础之上的。虽然这两个发展方向的路径和研究方法是不同的，但是它们有一个共同点，即仅仅关注供应链中的单一企业是不能提高供应链整体效率的。而坦(Tan)等也认为供应链管理是由两个不同的方面发展而来：一是从工业企业的采购和供应发展而来的；二是从批发商和零售商为提高竞争优势而整合物流功能的领域发展而来的。最近十年来，传统的公司战略沿着这两个方向不断发展，并最终融合成具有历史意义和战略意义的供应链管理。

随着信息技术的发展和全球一体化程度的不断提高，跨国经营越来越普遍，企业越来越多地意识到企业间的协同和信息共享的重要性。卡尔吉克·皮特和夏皮罗·罗伊于 1983 年和 1984 年在《哈佛商业评论》上发表的文章中首先使用了“供应管理”一词，但他们并没有给出明确的定义[14]。

1989 年，美国的史蒂文斯提出供应链管理的概念[3]，认为通过增值过程和分销渠道控制，从供应商的供应商到客户的客户的流就是供应链，它始于供应的源点，终于消费的终点。供应链管理的宗旨就是要保证上述价值增值过程的有效性，通过企业内部集成以及和企业外部组织间的积极合作，形成一种更加有效利用各种资源的合作方式，利用集成产生的优势，在市场竞争中获胜。其后，供应链管理的概念、基本思想和相关理论在美国开始迅速发展。

9.2.3 供应链管理理论的发展

供应链管理是在物流管理的基础上发展而来的，是物流管理适应新时代的发展形势而创生的。若从这个角度讲，供应链管理理论的发展大概可以分为三个阶段；第一阶段为独立的物流配送和物流成本管理阶段，主要研究实体分销和对下游厂商的配送系统；第二阶段为整合的物流管理阶段，注重企业内物流和外部物流的整合，并研究企业间采购和供应战略，强调合作关系的加强；第三阶段为整合供应链管理阶段，主要研究从供应商的供应商到客户的客户的整体供应链研究，注重整体价值效率的提高和价值增值，详见表 9.1。

表 9.1　供应链管理主要发展阶段

阶段	年段	研究方向和重点
第一阶段	20 世纪 60 年代及 70 年代	分离的物流配送和物流成本管理
第二阶段	20 世纪 70 年代及 80 年代	整合内、外部物流管理和企业间关系管理
第三阶段	20 世纪 90 年代及以后	整体价值链效率和价值增值的提高

供应链管理的发展与制造业自动化的提高、企业经营管理实践的演进以及企业信息系统的演化密不可分。在 20 世纪 50～60 年代，制造商强调大规模生产以降低单位生产成本，即大规模生产的运营战略。当时的企业生产较少考虑市场因素，生产、制造缺乏柔性，新产品的开发缓慢，几乎完全依靠企业内部技术和能力。因此，企业的运营瓶颈是通过加大库存量来解决，很少考虑企业间的合作和发展。当时的采购仅仅被认为是生产的支持活动，管理人员很少关心采购活动。

从 20 世纪 60 年代开始，福瑞斯特在供应链的概念还没有明确提出之前，就开始对供应链成员企业之间的相互关系进行了初步研究，福瑞斯特在研究工业动力学的过程中提出了供应、生产、分销的链路。关于供应链更早的研究还可以追溯到实物分销和物流中的成本分析方法。但这两种研究都强调单个企业的利润，不强调系统整体的有效性。到 20 世纪 70 年代，随着 MRPⅡ被引入，管理人员才逐渐意识到存货数量给制造成本、新产品开发和生产提前期带来重要影响，所以通过转向新型的物料管理来提高企业绩效。

20 世纪 80 年代后，全球竞争加剧，一些大型跨国企业面对市场竞争的加剧，只有通过提供低成本、高质量、可靠的产品和更加柔性的设计来保持领先地位。制造企业开始导入准时生产生产力理念[15]，日本企业通过实施准时生产来提高制造效率、缩短生产周期和降低库存。准时生产的快节奏制造环境和低库等优势不仅缓解了生产效率低的问题，也使制造商意识到战略合作伙伴关系的重要性。所以，当制造商和供应商开始发展战略供应关系时，供应链管理的概念也随即出现。而采购、物流和运输过程的专业化，推动了物料管理概念的进一步发展。MRPⅡ强调企业内部各功能、资源的整合，而企业内部资源计划的整合需要外部供应商和分销商的合作。制造企业将企业内部物流和外部物流系统整合，导致了整合物流概念的产生。

在 20 世纪 90 年代，供应链管理理论与实践都得到了进一步发展，供应链扩展为由供应商、制造商、分销和客户组成的整体价值链。采购和供应的效率要求更多地考虑成本与质量间的协调。制造商通过选定的少数几家供应商或者已认证的供应商那里采购原料，以消除非增值活动。很多制造商和零售商通过紧密合作来提高跨企业的价值链的效率。而分销商和零售商则将自己的分销与运输提供商进行无缝连接，以达到直接交货、消除物品检查等增值活动。在这一时期，关于供应链管理的文献大量出现，与供应链管理相关的学术组织也开始涌现。

9.3 供应链管理理论的知识基础与主流研究方向

供应链管理是迄今为止企业物流发展的最高级形式。虽然供应链管理理论产生的时间有限，并且非常复杂、动态、多变，但众多企业已经在供应链管理的实践中获得了丰富的经验并取得了显著的成效。

供应链管理的实践应用比理论发展更早一步，早在20世纪80年代末90年代初，美国许多企业已经开始应用供应链管理的方法整合供应链资源，而这时供应链管理理论并不是很丰富。随着供应链管理应用的不断成熟，其理论也逐渐发展繁盛起来，相关的科学研究成果逐渐出现。

9.3.1 供应链管理理论的知识基础

科学文献在一定程度上反映出了相关理论和科学研究的演进过程和知识的传播过程。在美国科学情报研究所 Web of Science 的检索数据库中，以主题“supply chain”或“value chain”或“supply chain management”或“value chain management”为检索式，检索数据库中截至2012年的全部文献数据共25 784篇，精简出 management 和 business 分类中的文献，共8 298篇。其中，最早的文献出现在1987年。20世纪90年代以后，相关的文献开始慢慢增多。2000年以后，每年的文献数达到了百篇以上。具体的文献数量分布情况如图9.1所示，从图中可以看出，2008年文献产出数量达到了最高(1 200篇)，之后两年的文献数量有下降的趋势。

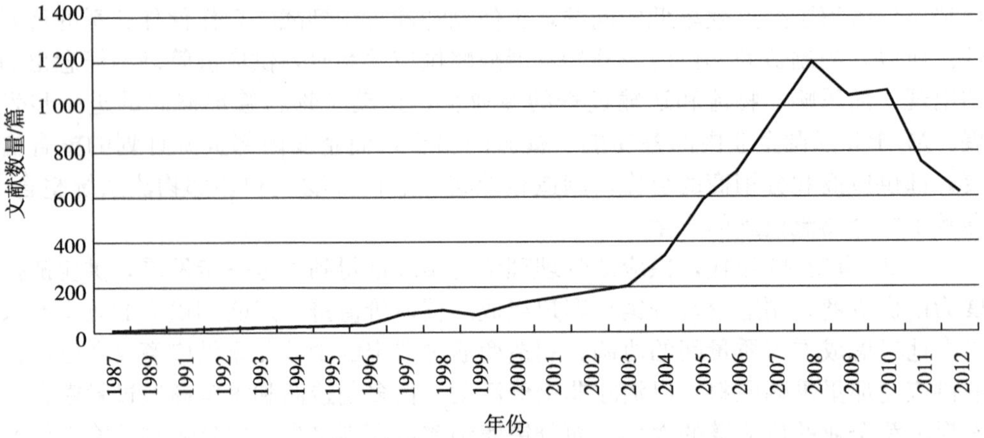

图 9.1 供应链管理相关研究文献数量的逐年分布图

运用 CiteSpace 信息可视化软件，对供应链管理领域的研究文献进行可视化分析，寻找该领域的关键知识节点文献，以探究该领域研究的知识基础和研究前沿，梳理供应链管理理论的知识演进过程。

将在 Web of Science 中精简出的 6 467 篇文献输入到 CiteSpace 可视化软件中，进行文献共被引分析，得到运行结果(图 9.2)。

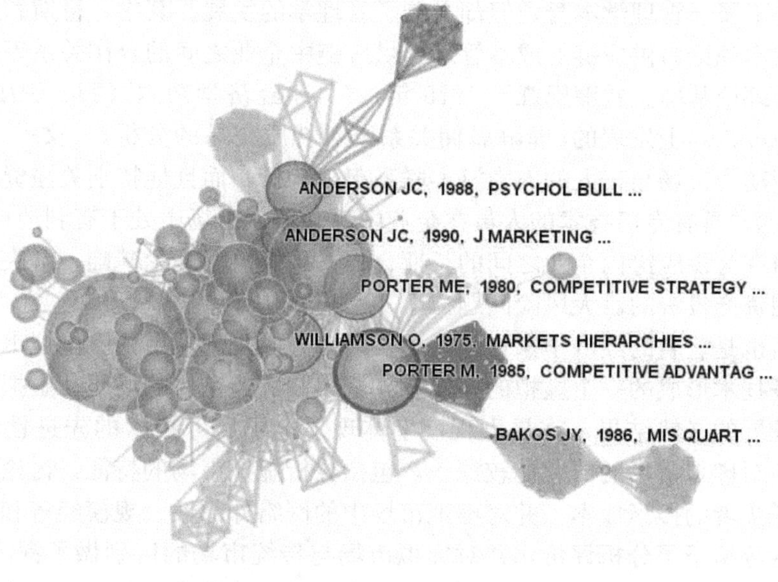

图 9.2　供应链管理理论文献共被引网络图谱

根据网络中的中介中心度指标，选出了 6 个关键节点。这 6 个关键节点的中心度都大于 0.1，是供应链管理研究领域的重要文献。这 6 篇关键节点文献分别是波特于 1985 年出版的《信息如何给你竞争优势》(*How Information Gives You Competitive Advantage*)和 1980 年出版的《在开放经济中的竞争：在加拿大应用的一个模型》(*Competition in the Open Economy ：A Model Applied to Canada*)；巴克斯于 1986 年出版的《信息技术和经营战略》(*Information Technology and Corporation Strategy：A Research Perspective*)；安德森于 1990 年发表的《一个经销商和制造商工作伙伴关系的例子》(*A model of distributor firm and manufacturer firm working partnership*)和 1988 年发表的《结构方程模型在实践中的应用：对两步法的回顾和推荐》(*Structural equation modeling in practice：a review and recommended two-step approach*)；威廉姆森于 1975 年发表的《理解雇佣关系：对特质交易的分析》(*Understanding the employment relation：the analysis of idiosyncratic exchange*)。

经济学对管理学有着重大的影响，回顾管理学的发展历史不难看出，许多管理学中的思想和理论都是从经济学中借鉴发展而来的。其中，经济学对管理学的影响以制度经济学最为突出。无论是旧制度经济学家凡勃伦、康芒斯(J. R. Commons)，还是新制度经济学家科斯、威廉姆森，他们都致力于探讨工业化的社会意义和发展趋势，解读企业的性质，论证市场和企业的关系，诠释管理的作用和价值，这为管理学的发展提供了新的视角和方向。虽然制度经济学的研究内容并不属于管理学本身，但却影响了管理学的发展。其中，科斯和威廉姆森的交易成本理论为供应链的成本管理、供应链中企业之间的合作关系等研究奠定了重要的理论基础。威廉姆森于1975年在《贝尔经济学杂志》(*The Bell Journal of Economics*)上发表的《理解雇佣关系：对特质交易的分析》一文[16]，将企业的内部劳动力市场与工人的人力资本联系起来分析，而且他特别关注资产专用性问题，认为"具有专门技术的人员在企业内部劳动力市场中处于有利地位"。专用资产的研究为供应链内企业之间的长期合作关系提供了理论基础，解决了合作企业间专用资产投资的巨大风险问题。

巴克斯也是著名的经济学家，他的主要研究方向是虚拟市场。虚拟市场是应用电子商务技术形成的一个虚拟的买卖双方聚集并进行交易的场所。虚拟市场是电子商务发展的必然结果，在最大程度上体现了电子商务技术的先进性与有效性。巴克斯对虚拟市场的研究比较深入，包括分析虚拟市场的特征，讨论虚拟市场可以降低买者的搜索成本，并对虚拟市场中的网络外部性、规模经济和运行中的不确定性等给予了分析评价，并对虚拟市场与传统市场的区别做了深入分析。之后，巴克斯又将网络纳入了虚拟市场分析中，并在分析中引入了个性化产品和捆绑等问题。在一定意义上，供应链管理是将企业的物流、信息流和资金流进行有效整合，从而实现供应链价值最大化。虚拟市场的研究是电子商务发展的必要内容，而电子商务又是供应链管理发展的必要技术和手段。所以，虚拟市场的研究为供应链的发展奠定了重要基础。

20世纪80年代初，以哈佛大学商学院的迈克尔·波特为代表的竞争战略理论取得了战略管理理论的主流地位。波特的战略理论不仅为战略管理的发展做出了贡献，也推动了管理学的其他领域的发展。波特被称为"竞争战略之父"，他提出的"五种竞争力量"和"三种竞争战略"的理论观点使他获得了管理学界崇高的地位。同时，波特对供应链管理的发展也做出了重要贡献，他在1985年出版的《竞争优势》一书中提到的"价值链"的概念被认为是供应链概念的起源[1]，他提出的价值链理论认为企业的任务是创造价值。企业的各项活动可以从战略重要性的角度分解为若干组成部分，并且它们能够创造价值，这些组成部分包括公司的基础设施、人力资源管理、技术开发和采购四项支持性活动，以及运入后勤、生产操作、运出后勤、营销和服务五项基础性活动，这九项活动的网状结构便构成了价值链。

波特认为，“每一个企业都是在设计、生产、销售、发送和辅助其产品的过程中进行种种活动的集合体。所有这些活动可以用一个价值链来表示”。企业的价值创造是通过一系列活动构成的，这些活动可分为基本活动和辅助活动两类。基本活动包括内部后勤、生产作业、外部后勤、市场和销售、服务等；而辅助活动则包括采购、技术开发、人力资源管理和企业基础设施等。这些互不相同但又相互关联的生产经营活动，构成了一个创造价值的动态过程，即价值链。波特的“价值链”理论揭示了企业与企业的竞争，不只是某个环节的竞争，而是整个价值链的竞争，整个价值链的综合竞争力决定了企业的竞争力。用波特的话来说：“消费者心目中的价值由一连串企业内部物质与技术上的具体活动与利润所构成，当你和其他企业竞争时，其实是内部多项活动在进行竞争，而不是某一项活动的竞争。”这是供应链管理理论的主要核心思想，为供应链管理的发展奠定了重要的理论基础。

詹姆斯·安德森是一位心理学家，他侧重在建立商业营销关系和结构方程模型方面的专门研究。结构方程模型是社会科学研究中一种实用的方法，是多元数据分析的一个非常重要的工具。结构方程模型不仅可以同时处理多个因变量，而且容许因变量和自变量含测量误差，并且能够同时估计因子结构和因子关系，容许更大弹性的测量模型，估计整个模型的拟合度。这些优点都使得结构方程模型非常适合于供应链管理的研究，对于供应链价值网络的优化研究非常有用，在研究方法上推动了供应链管理研究的发展。

为进一步展现供应链管理理论发展演进的动态过程，在分析关键节点文献的基础上，根据网络中文献的共被引频次，选取共被引频次较高的节点文献，这些节点文献的具体信息如表 9.2 所示。

表 9.2　供应链管理理论文献共被引频次较高的节点文献信息

频次	突现率	中心性	sigma	作者	年份	题目
323	—	0.06	1	H. L. Lee	1997	*Information distortion in a supply chain: the bullwhip effect*
241	—	0.06	1	J. B. Barney	1991	*Firm resources and sustained competitive advantage*
201	6.83	0.56	20.9	M. E. Porter	1985	*How information gives you competitive advantage*
185	—	0.03	1	K. M. Eisenhardt	1989	*Building theories from case study research*
184	10.58	0.01	1.07	C. Fornell	1981	*A resource-based view of the firm*
174	—	0.11	1	O. E. Williamson	1975	*Understanding the employment relation: the analysis of idiosyncratic exchange*

续表

频次	突现率	中心性	sigma	作者	年份	题目
171	—	0.01	1	J. H. Dyer	1998	*The relational view: cooperative strategy and sources of interorganizational competitive advantage*
171	—	0	1	H. L. Lee	2000	*The value of information sharing in a two-level supply chain*
167	5.75	0.01	1.22	M. L. Fisher	1997	*What is the right supply chain for your product?*
167	—	0.14	1	J. S. Armstrong	1977	*Estimating nonresponse bias in mail surveys*
167	—	0.03	1	M. E. Porter	1980	*Industrial organization in a small, open economy*

在这些文献中，有三篇文献属于中心度大于 0.1 的关键节点文献，分别为波特在 1985 年发表的 *How information gives you competitive advantage* 和 1980 年出版的 *Competition in the Open Economy ：A Model Applied to Canada* 及威廉姆森在 1975 年发表的 *Understanding the employment relation：the analysis of idiosyncratic exchange*，说明这三篇文献在供应链管理的发展演进过程中非常重要，为供应链管理理论的发展奠定了理论基础。

此外，对供应链管理的发展起到重要作用的还有美国著名的供应链管理研究专家李效良，他在 1997 年发表的《供应链中的信息失真：长鞭效应》一文被引频次达 323 次，是被引频次最高的文献。另外，他在 2000 年发表的《在两个级别的供应链中信息共享的价值》(*The value of information sharing in a two-level supply chain*)一文的共被引频次达 171 次，排名第 7 位。

李效良是供应链管理方面权威的大师级人物，他任教于美国斯坦福大学商学院，专业领域包括供应链管理、信息技术、全球物流系统设计、清单的规划和制造业的战略。他提出的“3A 供应链”打破了传统的高效低成本的供应链观念，在企业界和学术界引起极大反响[17]。他在过去 15 年中对 60 多家注重供应链管理领先的公司进行了研究，结果发现一流的供应链都具备了三大特点：反应敏捷(agile)、能让各方利益协调一致(aligned)、适应性强(adaptable)。他认为，只要具备了这三个特点的供应链就能为公司创造可持续的竞争优势，他将其称为“3A 供应链”。它要求一条敏捷的供应链自始至终都是高速的，它的敏捷足以使其更快速地适应环境的变化。这种敏捷对于供应链上的各方——从供应商到终端用户名——都很重要。“敏捷性、适应性和协作性”代表了当前供应链管理的最佳状态。“3A 供应链”理论提供了一个衡量供应链状态好坏的标准，也为企业供应链管理的发展提供了方向。

李效良对“长鞭效应”也颇有研究。“长鞭效应”是市场营销中普遍存在的高风险现象，是指供应链上的信息流从最终端客户向原始供应商端传递时候，由于无法有效地实现信息共享，信息扭曲而被逐渐放大，导致需求信息出现越来越大的波动，即营销过程中需求变异放大的现象[18]。“长鞭效应”是销售商与供应商在需求预测修正、订货批量决策、价格波动、短缺博弈、库存责任失衡和应付环境变异等方面博弈的结果，增大了供应商的生产、供应、库存管理和市场营销的不稳定性。“长鞭效应”在如今的供应链管理中表现得最为突出。在整条供应链上，各个环节包括零售商、批发商、分销商和制造商等，每一个节点企业的订单都会产生波动，需求信息都有扭曲发生，通过供应链逐级而上，信息的扭曲越来越严重。最早注意到供应链中这种需求波动被逐级放大现象的人是福瑞斯特。早在 1961 年他就根据系统动力学理论，对一个三阶段四节点的供应链系统进行分析[19]。此后，李效良对需求放大现象进行了全面深入的分析，总结了导致“长鞭效应”的四个原因并提出了“长鞭效应”的量化模型和方法。“长鞭效应”相关理论的提出和发展，为供应链管理的发展提供了理论基础，极大地推动了供应链管理理论的发展。

共被引频次排名第二位的是巴尼于 1991 年发表的《企业资源与可持续竞争优势》一文，虽然是战略管理领域的经典，但对整个管理科学领域都有非常重要的作用。巴尼在研究中做出了这样的假设：战略资源在企业之间分配不均，而且这种差别会长期存在。在这个前提下，他分析了公司资源和持续竞争优势之间的关系，认为持续竞争优势来自于企业资源的四个经验特征，即价值、稀缺性、不可模仿性和不可替代性[20]。巴尼是战略管理领域的大师级学者，也是资源基础理论学派的主要奠基人之一。资源基础理论的研究是 20 世纪 80 年代中期以来战略管理理论研究的一个热点问题，也是当前战略管理理论研究的前沿问题。以巴尼为代表的学者通过对企业资源进行系统的研究，提出了资源依赖理论，用来解释企业间网络的形成与作用[21]。资源依赖理论认为，企业的资源不仅仅限于一个企业的有形资产，还包括帮助企业获取竞争优势的各种有形和无形资产的综合体。因而，资源也可以包括金融方面的(如现金储备和进入金融市场的渠道)、物质方面的、法律方面的(如商标与许可证)、人力资源方面的(如员工的知识技能和相互的协作能力)、组织方面的(如控制能力、制度和企业文化)、信息资源方面的以及公共关系各方面的，所有这些对企业来说都属于一种潜在的实现能力，所以都是资源。供应链管理旨在更好地整合上下游企业的资源，以提高整个供应链的价值。因此，对“资源”的研究是供应链管理的一个重要研究视角。资源理论为供应链管理的创生和发展提供了重要的理论基础。

9.3.2 供应链管理理论的主流研究方向

通过对 Web of Science 中供应链管理领域的文献进行共被引聚类分析，可以总结出该领域的主要研究内容和主流研究方向。CiteSpace 可视化软件可以自动为文献共被引的聚类进行标注，标注的来源主要有标题、摘要和关键词三种，而根据研究的需要，进行自动标识抽取词组的算法有 TF * IDF、LLR 和 MI 三种，进而组合成 9 种可选择的聚类自动标示方法。选择 size＞20 且 silhouette＞0.5 的聚类，共筛选出 5 个聚类。这些聚类大体上可以代表供应链管理的主流研究方向。具体的聚类标识信息如表 9.3 所示。

表 9.3 供应链管理理论文献共被引网络的前 5 个聚类信息

聚类号	大小	轮廓值	主题词 (TF * IDF)	主题词 (LLR)	主题词 (MI)
69	49	0.971	(5.92) marketing; (5.24) marketing channel; (4.31) relationships; (4.12) relationship; (3.34) buyer-seller relationships	supplier relationships(11.18, 0.001 0); interfirm ower (11.18, 0.001 0); coercion(11.18, 0.001 0)	supply chain management
60	35	0.863	(7.03) production/scheduling; (5.24) interorganizational governance; (5.24) ownership structure; (5.24) asset specificity; (5.24) agency costs	value chain(14.09, 0.001 0); supply chain management(11.36, 0.001 0); social networks(8.88, 0.005 0)	supply chain innovation
70	28	0.964	(21.59) communication richness; (21.59) communication frequency; (16.98) innovativeness; (11.67) communication; (11.62) convergence	communication richness (183.62, 1.0 E-4); communication frequency (183.62, 1.0E-4); innovativeness(169.91, 1.0E-4)	long-term orientation
71	23	0.913	(17.93) strategic information systems; (17.93) planning methodologies; (15.53) weapon; (13.12) information systems; (12.87) interorganizational systems	strategic information systems (84.94, 1.0E-4); weapon (84.94, 1.0 E-4); planning methodologies (84.94, 1.0 E-4)	information technology impact
53	23	0.533	(14.07) cost approach; (14.07) transaction cost model; (14.07) electronic integration; (14.07) insurance industry commercial lines; (14.07) 2 models	vertical integration (62.66, 1.0 E-4); cost approach (44.67, 1.0 E-4); transaction cost model(44.67, 1.0E-4)	long-term orientation

Cluster ＃69 是最大的一个文献聚类，包含节点 49 个，silhouette 的值为 0.971。TF * IDF 算法给出的标识词主要有“(5.92) marketing；(5.24) marketing channel；(4.31) relationships；(4.12) relationship；(3.34) buyer-seller relationships"；LLR 算法给出的标识词主要有"supplier relationships；interfirm power；coercion"。结合源文献分析，认定该聚类的研究主题是供应链全球化管理和联盟关系研究。供应链管理主要是用来改善与供应链上游供应商的关系，以实现与供应商建立和维持长久、紧密伙伴关系为目标，并通过对双方资源和竞争优势的整合来共同开拓市场，扩大市场的需求和份额，从而最终降低产品成本，实现共赢。供应商关系管理体现出了供应链管理的主要原理，包括系统原理、多赢互惠原理、合作共享原理、需求驱动原理，同步运作原理等，是供应链管理的主要研究内容之一。

Cluster ＃60 包含 35 个节点，silhouette 的值为 0.863。TF＊IDF 算法给出的标识词主要有"(7.03) production/scheduling；(5.24) interorganizational governance；(5.24)ownership structure；(5.24)asset specificity；(5.24)agency costs"；LLR 算法给出的标识词主要有"value chain；supply chain management；social networks"。结合源文献分析，这个聚类的研究主题是快速反应。根据中国国家标准对快速反应做出的定义，快速反应是指供应链成员企业之间建立战略合作伙伴关系，利用 EDI 等信息技术进行信息交换与信息共享，用高频率小数量配送方式补充商品，以实现缩短交货周期、减少库存、提高顾客服务水平和企业竞争力为目的的一种供应链管理策略。快速反应是供应链管理的主要手段之一，是供应链管理体现其竞争优势的主要途径，一直以来都是供应链管理研究的主要内容之一。

Cluster ＃70 包含 28 个节点，silhouette 的值为 0.964。TF＊IDF 算法给出的标识词主要有"(21.59) communication richness；(21.59) communication frequency；(16.98) innovativeness；(11.67) communication；(11.62) convergence"；LLR 算法给出的标识词主要有"communication richness；communication frequency；innovativeness"；MI 算法给出的标识词是"long-term orientation"。结合源文献分析，该聚类的主要研究主题是沟通。根据供应链的定义可知，供应链是围绕核心企业，通过对信息流、物流和资金流的控制，从原材料采购开始，到最后由销售网络把产品传递到消费者手中的全部过程。它涉及供应商、制造商、分销商、零售商直到最后的消费者。供应链管理就是对这个过程进行计划、协调、操作、控制和优化，所有这些环节和内容都涉及沟通。因此，与上下游企业和客户进行沟通，是供应链管理研究的重要内容之一。

Cluster ＃71 包含 23 个节点，silhouette 的值为 0.913。TF＊IDF 算法给出的标识词主要有"(17.93) strategic information systems；(17.93) planning methodologies；(15.53) weapon；(13.12) information systems；(12.87) inter organizational systems"；LLR 算法给出的标识词主要有"strategic information systems (84.94，1.0E-4)；weapon (84.94，1.0E-4)；planning methodologies

(84.94，1.0E-4)”；MI 算法给出的标识词是“information technology impact”。结合文献分析，该聚类的研究内容是关于供应链信息技术和信息共享管理的研究。在一定程度上，供应链管理是信息技术和经济发展的结果。信息技术的发展，为供应链管理的发展提供了技术保障，使得企业能够在全球范围内快速、准确地获得所需要的各种信息，从而进行资源的协调配置，提高反应速度，降低成本。信息技术的发展是供应链管理的硬件保障。

Cluster #53 包含 23 个节点，silhouette 的值为 0.533。TF * IDF 算法给出的标识词主要有“(14.07) cost approach；(14.07) transaction cost model；(14.07) electronic integration；(14.07) insurance industry commercial lines；(14.07)2 models”；LLR 算法给出的标识词主要有“vertical integration(62.66，1.0E-4)；cost approach(44.67，1.0E-4)；transaction cost model(44.67，1.0E-4)”。结合源文献分析，该聚类的研究内容是交易成本。交易成本最早是由罗纳德·科斯在研究不同经济主体之间权利界定和权利安排的过程中提出的[22]。交易成本是指达成一笔交易所要花费的成本，也指买卖过程中所花费的全部时间和货币成本。根据交易成本的理论，交易成本的变动是企业组织模式变动的原因，从手工作坊到企业，从纵向一体化到横向一体化，最后出现供应链，都是交易成本变化的结果。另外，供应链管理的出现正是为了降低企业的交易成本，而供应链管理的一个重要研究内容便是如何持续降低交易成本。

9.4 供应链管理理论的研究前沿

以前文确定的供应链管理理论研究的文献数据为基础，选择时间为 2007～2012 年的文献，共筛选出 4 239 篇。其中，2007 年有 797 篇；2008 年有 1 022 篇；2009 年有 970 篇；2010 年有 758 篇；2011 年有 605 篇；截止到 2012 年 3 月 31 日，2012 年有 87 篇。运用 CiteSpace 软件对这些文献进行共被引聚类分析，然后结合源文献分析，可以总结出供应链管理的研究前沿。

对 2007～2012 年的文献进行聚类分析，选择 size>5 的聚类，共得到 3 个聚类。得到的聚类信息如表 9.4 所示。

表 9.4 供应链管理理论文献共被引网络的前 3 个聚类信息(2007～2012 年)

聚类	大小	轮廓值	主题词(TF * IDF)	主题词(LLR)
1	57	0.912	(12.54) issues；(12.42) ventures；(12.3) technologies；(12.24) joint ventures；(12.17) culture	supply chain management(429.26，1.0E-4)；performance(330.67，1.0E-4)；competitive advantage(310，1.0E-4)

续表

聚类	大小	轮廓值	主题词（TF * IDF）	主题词（LLR）
5	11	0.95	(8.06)channel coordination；(7.69)buyers perspective；(7.69)negotiating power；(7.69)cooperative game；(7.69)option contract	channel coordination (163.16，1.0E-4)；contracts(158.9，1.0E-4)；supply chain coordination (141.98，1.0E-4)
4	9	0.981	(9.84) system dynamics；(8.34) stability；(8.34) inventories；(7.69) ordering policies；(7.28)ultimatum game	information(113.35，1.0E-4)；system dynamics (72.5，1.0E-4)；simulation (54.33，1.0E-4)

Cluster #1 包含 57 个节点，silhouette 的值为 0.912。TF * IDF 算法给出的标识词主要有“(12.54)issues；(12.42)ventures；(12.3)technologies；(12.24) joint ventures；(12.17)culture”；LLR 算法给出的标识词主要有“supply chain management(429.26，1.0E-4)；performance(330.67，1.0E-4)；competitive advantage(310，1.0E-4)”。结合源文献分析，可以断定该聚类的研究内容是合资企业供应链管理和供应链管理的技术，即供应链管理的全球化和技术化。

随着经济全球化的发展，企业面临的市场竞争环境也发生了巨大变化，企业的生存和发展压力越来越大，企业的供应链管理也越来越受到重视。尤其是全球化供应链管理，是企业应对全球化市场竞争所必须具备的能力。供应链管理的全球化发展趋势是一种新型的合作竞争理念，全球化供应链管理是企业竞争的有力武器，可以大大提高企业的国际竞争力。

随着科学技术的不断进步，供应链管理也越来越趋向于技术化。现代供应链管理也是建立在各种先进技术之上的一种管理模式。从最初的条码技术到现在的 RFID 技术的应用，每一次新技术的引进都极大地促进了供应链管理的发展。如今，供应链管理已经离不开这些技术。如何通过技术的进步来解决供应链管理中的问题，从而更好地为企业服务，依然是学者们所关注的问题。供应链管理的技术化成为供应链管理研究的前沿问题之一。

Cluster #5 包含 11 个节点，silhouette 的值为 0.95。TF * IDF 算法给出的标识词主要有“(8.06)channel coordination；(7.69)buyers perspective；(7.69) negotiating power；(7.69)cooperative game；(7.69)option contract”；LLR 算法给出的标识词主要有“channel coordination(163.16，1.0E-4)；contracts (158.9，1.0E-4)；supply chain coordination(141.98，1.0E-4)”。结合源文献分析，可以断定该聚类的研究内容体现出了集成化供应链管理的思想。供应链是以核心企业为中心，连接上下游企业组成的系统，供应链管理就是站在整个供应链

的高度，实现整个供应链利益的最大化。而供应链集成的目的在于通过合作伙伴之间的有效合作，提高整个供应链的通畅性和快速响应性，促使所有与企业经营活动相关的人、技术、组织、信息以及其他资源有效地集成，形成整体竞争优势。供应链各节点上的企业间通过契约建立合作伙伴关系，通过协调建立有效的合作模式，同时各企业通过合作博弈，在实现供应链利益最大化的基础上，实现各自利益的最大化。集成化供应链管理体现出了供应链管理的系统性和相关性，是供应链管理研究的前沿问题之一。

Cluster ＃4 包含 9 个节点，silhouette 的值为 0.981。TF * IDF 算法给出的标识词主要有“(9.84) system dynamics；(8.34) stability；(8.34) inventories；(7.69) ordering policies；(7.28) ultimatum game”；LLR 算法给出的标识词主要有“information(113.35，1.0E-4)；system dynamics(72.5，1.0E-4)；simulation (54.33，1.0E-4)”。结合源文献分析，可以断定该聚类的研究内容是供应链管理的信息化。供应链管理的信息化是指利用现代信息技术，提高供应链上的信息共享程度，缩短响应时间，从而增强供应链上节点企业的竞争能力。为了实现供应链成员绩效最大化、顾客满意程度最高的目标，供应链管理必须实现信息资源的共享和供应链各节点企业的多赢，而系统动力学为供应链管理信息化的发展提供了重要手段。系统动力学是由美国麻省理工学院的福瑞斯特教授于 1956 年提出的，是一种分析生产管理和库存管理等企业问题的系统仿真方法。系统动力学是一门分析研究信息反馈系统的学科，它基于系统论，同时吸收了控制论、信息论的精髓。因此，系统动力学为供应链管理信息化的发展提供了一种非常有效的研究方法，使信息化成为供应链管理的研究前沿之一。

随着国际社会对绿色环保的重视，绿色供应链也逐渐引起学者们的关注。绿色供应链又称为环境意识供应链，它考虑了供应链各个环节中的环境问题，将环保意识与可持续发展的思想纳入供应链管理中。在供应链管理中考虑环境问题最早出现在 20 世纪 70 年代，但直到 90 年代，大规模的、有意识的绿色供应链研究才正式出现。随着人类社会的进步和供应链管理理论的发展，越来越多的学者在关注供应链的效率和经济效益的同时，也开始关注供应链过程中涉及的环境问题。绿色供应链正在成为供应链管理研究的前沿问题之一。

从供应链管理研究的前沿分析，我们可以看出，供应链管理的前沿研究仍然没有脱离供应链管理的基础研究。企业通过供应链管理来降低企业的风险，提高企业绩效，进而提高企业的竞争能力，这是企业在日益激烈的市场竞争中取得竞争优势的重要途径。随着全球化和信息时代的到来，供应链管理全球化、信息化的趋势也越来越明显。另外，企业尤其要重视与供应链上其他节点企业间的协调合作，在管理过程中要积极运用集成化供应链管理的思想，通过合作伙伴之间的有效合作与支持，提高供应链的整体竞争力。面对激烈的市场竞争，新技术的应用能够有效提升供应链管理的水平，提高供应链的竞争能力。因此，供应链管理的技术化对供应链管理的发展是非常重要的一个研究问题。最后，随着人们环保意识的增强，绿色供应链也越来越受到学者们的重视，并逐渐成为供应链研究的一个前沿分支方向。总而言之，全球化、技术化、集成化、信息化和绿色化是学者们集中关注的供应链管理的前沿问题。

供应链管理是物流管理发展的结果，从一定意义上可以认为供应链管理是物流管理发展的高级形式。供应链的概念最早来源于波特的“价值链”概念，到 20 世纪 90 年代，供应链管理在美国企业中得到普遍的应用。随后，其研究文献也开始增多。经济学尤其是制度经济学、心理学、战略管理理论等都为供应链管理的发展提供了理论基础和研究视角。时至今日，供应链管理已经成为相对成熟的一门学科，并且得到了企业的重视，新的供应链管理理论和思想也在不断出现。许多管理实践证明，供应链管理是提高企业竞争力，实现供应链中各企业共赢的有效途径。

9.5　供应链管理理论在中国的演进

随着全球经济一体化程度的加深，企业所面临的市场竞争也越来越激烈。为了在激烈的市场竞争中保持优势，企业既要通过降低成本、提高质量、保证服务等手段提高企业自身的竞争力，又要将管理的重点从企业内部扩展到产品供应链的各个环节，从而提高企业所在供应链的竞争力。在这样的实际需求下，自 20 世纪 80 年代开始，供应链管理理论便逐渐产生并发展成为学术界研究的热门之一。20 世纪 90 年代，随着改革开放的推进，中国经济迅速发展，对管理理论和知识的需求也越来越强烈。由此供应链管理理论被引入中国，顺应经济发展的要求，并在理论研究和企业实践等方面取得了显著发展。

9.5.1　供应链管理理论在中国的引进与传播

20 世纪 90 年代，中国市场经济迅速发展，西方现代管理理论和经营方式不断涌入。供应链管理便是在这样的时代背景下引入中国的。此后，国内许多企业都积极学习、应用供应链管理理论，学术界亦结合中国的具体情况对其理论进行研究和进一步发展。

在中国知网的中国期刊全文数据库和重要会议论文全文数据库中，以“供应链管理”为主题词进行检索，共检索出 30 130 篇论文；以“供应链管理”为关键词进行检索，共检索出 23 255 篇论文(其中包括博士学位论文和硕士学位论文以及国内学术会议论文)；在中国优秀博、硕士学位论文全文数据库中，以“供应链管理”为关键词进行检索，共检索出 4 146 篇论文；以“供应链管理”为主题词检索出 7 075 篇学位论文(2013 年 5 月 15 日检索)，各数据分布情况如图 9.3、图 9.4 所示。

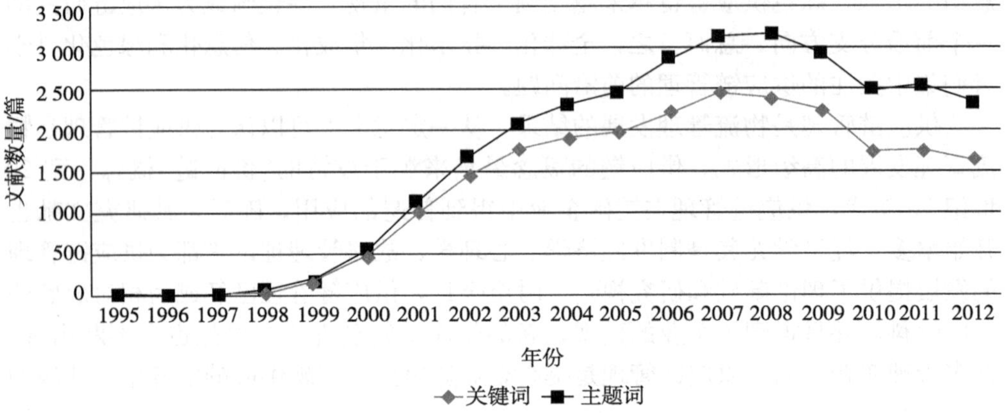

图 9.3 学术期刊(会议)文献量逐年分布图

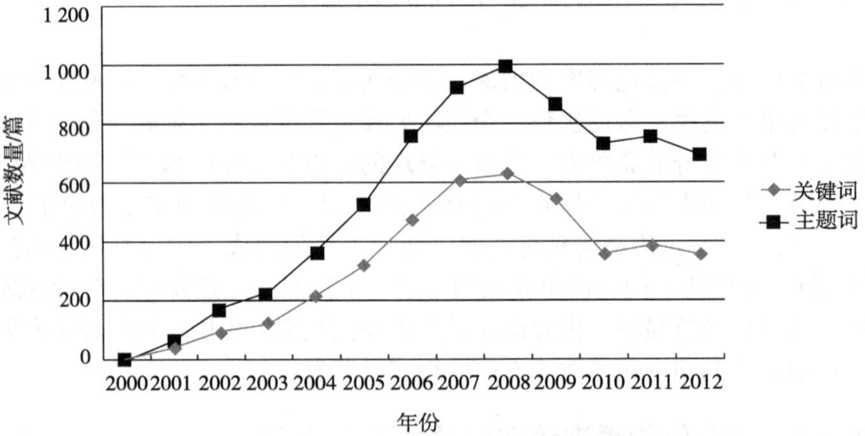

图 9.4 学位论文文献量逐年分布图

从中国学术期刊全文数据库和重要会议论文全文数据库中以“供应链管理”为关键词和主题词进行检索发现，中国最早涉及供应链管理理论的相关论文出现在 1995 年。从文献数量分布来看，从 1999 年开始，供应链管理理论研究的论文数量开始上升，且增长态势迅猛；特别是 2000 年后，论文数量急速攀升，并在 2007 年达到了文献产出数量的峰值，分别为 2 452 篇和 3 146 篇；2008 年后，供应链管理相关论文数量呈现平缓发展的态势，但文献的产出数量仍然保持着较高水平。从中国优秀博、硕士学位论文全文数据库中的检索结果来看，中国最早关于供应链管理理论的学位论文发表于 2000 年。此后，关于供应链管理学位论文的数量增长迅速，且在 2008 年达到峰值，数量为 627 篇。同样在 2008 年以后，有关供应链管理学位论文的产出数量呈现缓慢下降的趋势，这也体现了学位论文产出量与期刊(会议)文献发表量具有较高的一致性。

一般认为，1989 年，美国史蒂文斯提出供应链管理的概念，被认为代表着供应链管理理论的产生，但国际上对供应链管理问题进行正式研究始于 20 世纪 60 年代。在中国，随着经济的发展，供应链管理理论也被引入并逐步发展。国内对供应链管理的研究兴起于 1997 年，国内学者发表了很多代表性文章，如黄培青的《供应链管理本质》、冯国安的《论采购管理向供应链管理的发展研究、教育及专业实践的影响》等，这些理论研究为国内供应链管理的发展起到了重要的推动作用。

从期刊(会议)论文的数量和学位论文数量的分布情况分析，中国供应链管理理论研究与经济发展有着密切的联系。改革开放以来，中国经济取得了显著发展，尤其是 20 世纪 90 年代后，中国经济进入高速发展阶段，许多大型跨国公司也开始进入国内，受这些跨国公司的影响，国外许多先进的管理理念和方法也传入国内，供应链管理理论便是其中之一，并且在学术研究和企业实践等方面都开始迅速发展。到了 20 世纪末，随着中国加入世界贸易组织(WTO)，供应链管理研究也开始引起更多学者的关注。2000 年，中国不仅出现了第一篇关于供应链管理的学位论文，而且《管理科学》期刊从第四期起增设了供应链管理专栏，为供应链管理的发展提供了更好的平台。此后，中国的供应链管理快速发展，论文数量显著增长。2008 年，美国经济危机席卷全球，中国也受到一定的影响，关于供应链管理的文献数量增势放缓，甚至出现下降趋势，但文献总量仍处于较高水平。

9.5.2　供应链管理理论在中国的发展及热点领域分析

供应链管理问题从正式提出至今已经历了半个多世纪，传入中国也有近 20 年的时间。为了分析供应链管理理论的演进过程，辨识供应链管理理论研究的主要分支领域，探测这些分支领域与供应链管理之间的关系，找出学科发展过程中的关键节点作者和这些作者对供应链管理理论发展的影响。中国学者也对这方面进行过研究，如卢江平的《中国供应链管理研究的元分析》等。

为进一步展现近年来中国供应链管理研究的热点问题和前沿领域，本书对中国期刊全文数据库中收录的 2008～2012 年供应链管理学文献数据，使用 CiteSpace 软件系统绘制文献信息可视化知识图谱(图 9.5)。在关键词共现网络的基础上进行聚类分析，按照聚类大小和研究的相关度，结合 TF * IDF 算法抽取的聚类标识词，整理出国内供应链管理理论的主要研究热点领域和共现关键词(表 9.5)。

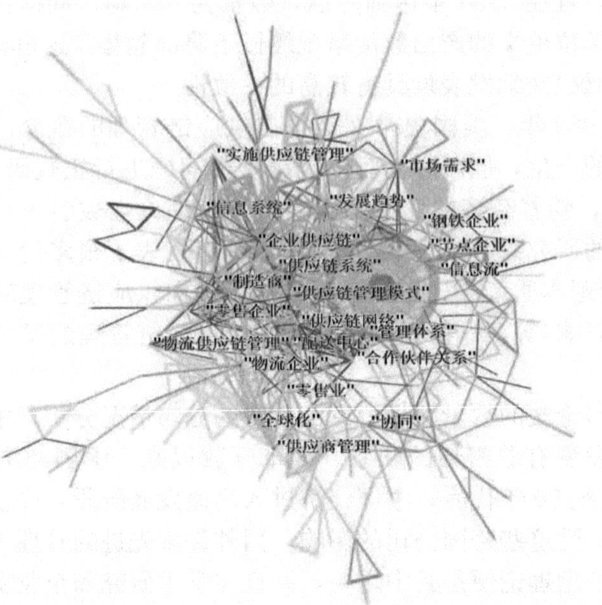

图 9.5 国内供应链管理理论研究文献的关键词共现网络知识图谱(2008～2012 年)

表 9.5 国内供应链管理理论研究的热点领域和主题词列表(2007～2011 年)

出现时间	研究主题	聚类号	节点数	主题标识词(TF * IDF)
2008 年	纵向一体化	29	12	(11.75)"纵向一体化";(11.31)"戴尔公司";(10.5)"三个时期";(10.5)"零部件";(10.36)"原材料"
	跨国公司	40	8	(8.77)"企业社会责任";(7.71)"跨国公司";(7.36)"跨国公司";(7.36)"中国企业"
	消费者需求	42	6	(9.24)"沃尔玛";(8.37)"零售企业";(8.37)"零售企业";(8.13)"配送中心";(7.71)"消费者需求"
	可持续发展	73	6	(11.5)"循环经济";(9.36)"可持续发展";(9.35)"工程项目建设";(9.35)"战略价值"
	战略联盟	35	6	(13.55)"企业选择";(12.48)"战略联盟";(12.48)"合作伙伴关系";(11.5)"采购计划";(11.5)"材料库存"
	供应链管理环境	26	4	(6.95)"管理环境";(6.22)"供应链环境";(2.42)"供应商"
	供应链管理战略	50	3	(13.18)"组织绩效";(10.5)"供应链管理战略";(9.23)"结构方程模型";(3.78)"信息技术"
	工程项目	89	3	(11.59)"材料供应";(9.35)"工程项目";(9.35)"工程项目";(7.45)"施工企业"
	全球供应链	33	3	(8.4)"全球供应链";(7.71)"加拿大";(7.45)"经济发展"

续表

出现时间	研究主题	聚类号	节点数	主题标识词(TF * IDF)
2009 年	供应链质量管理	85	34	(13.18)“gscm”；(11.59)“矿山企业”；(11.59)“延迟策略”；(11.59)“供应链质量管理”；(11.59)“大型企业”
	一体化供应链管理	79	14	(18.76)“一体化供应链管理”；(18.24)“主要表现”；(18.24)“加强”；(18.24)“系统思考”；(18.24)“结构性问题”
	绿色供应链	65	6	(9.35)“闭环供应链管理”；(8.96)“管理模式”；(6.55)“戴尔”；(4.11)“物流”；(4.11)“绿色供应链”
	业务流程重组	48	5	(12.09)“业务流程重组”；(11.5)“优化配置”；(11.5)“过程控制”；(11.5)“面向对象”；(11.5)“建设与管理”
	流程再造	72	5	(10.29)“绩效评价”；(9.35)“流程再造”；(8.61)“趋势”；(8.16)“指标体系”；(4.11)“绿色供应链”
	采购供应链	3	4	(14.41)“人才培养”；(13.18)“采购与供应链”；(10.7)“建议”；(7.45)“必要性”
	信息技术	52	4	(9.35)“流通企业”；(7.14)“信息技术”；(7.14)“信息技术”；(4.23)“零售商”
	共性连系统	45	4	(12.57)“系统”；(11.5)“物流服务商”；(11.5)“供货商”；(11.5)“主导”；(11.5)“生产”
2010 年	供应商评价和绿色供应链	82	4	(9.79)“层次分析法”；(7.36)“供应商评价”；(3.12)“绿色供应链管理”；(2.95)“绿色供应链管理”
	教学过程	55	11	(16.79)“学生”；(16.37)“合作问题”；(16.37)“教学过程”；(16.37)“课程特点”；(13.45)“管理课程”
	产品质量	59	8	(12.57)“瘦肉精”；(11.5)“产品”；(10.7)“质量”；(10.7)“质量”；(10.11)“环节”
	供应链的物流管理	27	6	(10.82)“物流业务”；(10.7)“客户满意”；(10.11)“服务能力”；(10.11)“中小型物流企业”；(10.11)“客户开发”
	需求驱动	44	5	(13.18)“可视性”；(13.18)“需求驱动”；(9.18)“制造业”；(8.73)“中小企业”
	战略合作伙伴	30	4	(10.5)“战略合作伙伴”；(10.26)“系统集成”；(9.35)“煤炭供应链管理”；(9.35)“备件供应链”；(9.24)“航空物流”
	信息技术	61	3	(8.74)“电子商务”；(7.71)“互联网”；(5.28)“对策”；(1.95)“供应商”
	智能信息化	81	3	(9.35)“课程设计”；(9.27)“信息化”；(8.61)“智能”；(8.16)“服装供应链”；(8.16)“纺织服装企业”

续表

出现时间	研究主题	聚类号	节点数	主题标识词(TF * IDF)
2011年	业务重整	77	5	(11.59)“业务重整”；(11.59)“产品创新”；(11.59)“电信”；(11.45)“逆向物流”；(8.37)“VMI”
	绿色供应链管理	2	4	(11.59)“绿色度”；(7.36)“绿色物流”；(6.55)“农产品加工企业”；(3.12)“绿色供应链管理”
	供应链联盟	13	4	(9.24)“库存成本”；(8.61)“供应链联盟”；(8.16)“长效机制”；(8.16)“隐性成本”
	质量安全	68	4	(9.79)“质量安全”；(9.35)“食用农产品”；(9.24)“协同”；(8.12)“集成”；(6.11)“农产品”
2012年	优化	71	3	(14.41)“建模”；(13.45)“系统动力学”；(10.09)“仿真”；(5.69)“优化”；(4.4)“绿色供应链管理”
	物流模式	16	2	(13.18)“农产品物流”；(11.59)“物流模式”；(4.23)“核心企业”
	绿色供应链管理	22	2	(6.79)“绩效”；(5.94)“碳排放”；(5.69)“低碳”；(3.12)“绿色供应链管理”；(2.95)“绿色供应链管理”
	信息技术	56	2	(11.59)“中间件”；(11.59)“联网技术”；(9.35)“计算机”；(9.35)“智能化”；(8.16)“企业生产”
	物流外包	75	2	(8.16)“电子行业”；(7.45)“物流外包”

从关键词共现网络图谱和研究主题词的分布来看，近年来中国供应链管理理论研究热点主要集中在供应链的设计与优化问题、信息技术在供应链管理中的应用问题、供应链中的物流管理问题、供应链中的库存管理问题、供应链的成本问题、绿色供应链问题、供应链战略合作关系问题、供应链全球化问题、食品供应链质量安全问题等。

(1)供应链的设计与优化。供应链的设计与优化是有效运行供应链的基础，不合理的供应链设计会给企业带来不必要的浪费，甚至导致经营的失败。对于供应链的设计和优化，应该紧紧围绕市场对产品的需求来进行，以满足用户需求为目标。供应链的设计与优化问题是供应链管理的主要研究内容之一，根据企业面临的内、外部环境以及企业所处供应链的实际情况，对供应链进行重新设计和优化，是近年来学者和企业都十分关注的问题。

(2)信息技术在供应链管理中的应用。供应链管理的产生在一定程度上是信息技术发展的结果，信息技术的发展为供应链管理在技术实现上提供了保障。信息技术的应用，不仅为供应链管理创造了削减成本和改善服务的机会，也使得企业内部各个部门之间和不同企业之间分散的信息能够得到共享，实现供应链上信息的及时、准确传递。此外，信息技术还使供应链摆脱了地域限制，使得企业能够在全球范围内选择最合适的供应链，大大提高了企业的选择范围，也在一定程度上提高了供应链的质量。总之，供应链管理的效率和效益都依赖于信息技术的有力支持。随着信息技术的发展、电子商务等平台的应用，都将促进供应链管理更好地发展。

(3)供应链中的物流管理。供应链物流管理是指以供应链的核心产品或者核心业务为中心的物流管理体系。物流管理在供应链管理中的重要性得到了普遍的认同，物流贯穿于整个供应链的各个环节，是供应链上企业间联系的纽带。供应链中的物流管理与通常的物流管理没有本质区别，但它是以供应链管理为前提的，即在组织物流活动时，要充分考虑供应链的特点，以供应链上的核心企业为物流的核心，充分利用供应链上各个企业的资源，实现物流的最优化。物流管理是供应链管理的重要组成部分之一。

(4)供应链中的库存管理。库存管理是传统供应链研究的重要问题，很多学者都对其进行了深入研究。一般情况下，库存被认为是对企业经营不利的因素，企业总是想降低甚至消除库存以降低成本，但随着供应链管理的发展，学者们逐渐认识到，不能简单地认为库存对企业都是有害的。对于企业生产经营过程中所产生的合理库存，是保证企业正常生产运作所必需的，因此应当保留；对于由于供应链上企业合作缺陷或者企业内部生产系统缺陷所造成的库存，则应该尽量消除。目前供应链库存技术主要有面向供应链库存管理设计、供应商管理库存等。

(5)供应链的成本。供应链成本是指供应链在运作的整个流程和周期内所涉及的成本，主要包括物料成本、劳动成本、运输成本、设备成本和其他变动成本等。人们对于供应链成本的认识经历了一个很长的过程，从最初的分销成本，到将供应链成本等同于后勤成本，再到现在的供应链成本。到目前，学者们对供应链成本的界定仍然没有达成共识，之所以出现这种情况，是由于供应链成本较为复杂多变，且缺乏透明度，供应链成本的计算非常困难，所以对供应链成本的研究一直是学者们所关注的焦点之一。

(6)绿色供应链。绿色制造是近年来研究十分活跃的课题，不管是国外还是国内，都有学者进行了大量研究。绿色供应链是绿色制造和供应链的学科交叉，是实现可持续制造和绿色制造的重要手段。绿色供应链要求在整个供应链实施过程中综合考虑环境影响和资源效率，以绿色制造理论和供应链管理技术为基础，目的是使产品从物料获取、加工、包装、仓储、运输、使用到报废处理的整个过程中，对环境的副作用最小、资源效率最高。近年来，虽然我国经济快速增长，但对资源的消耗也十分巨大，资源浪费和环境破坏事件时有发生，绿色供应链也越来越引起学者们的广泛关注。

(7)供应链战略合作关系。随着战略管理的兴起，越来越多的学者把供应链管理也看做是一种战略性的管理体系，将研究的重点转向结点企业间的战略合作关系，偏向于企业长期计划的研究，而不再局限于短期的、基于某些业务活动的经济关系研究。所以，供应商同制造商之间的战略合作伙伴关系变得越来越受到重视，其中合作伙伴的选择问题是研究的重点。对供应链战略合作关系的研究，强调的是供应链上企业之间的相互协作和战略管理的重要性，在供应链的运行过程中，对合作伙伴的绩效及时进行评价，动态调整合作伙伴，以达到供应链的最优。

(8)供应链全球化。随着经济全球化的发展，供应、生产和销售的关系日益复杂，这个过程中涉及的不同地域和国家的企业越来越多，呈现出全球化的趋势，这就对供应链全球化发展提出了实际需求。供应链全球化使得物流、资金流和信息流的运转更加顺畅，这样不仅提高了整个供应链的总体效益，还能使供应链上的单个企业借助于供应链的整合优势，在竞争中更加主动。然而，供应链全球化也会带来一些问题，如导致采购和运输的时间更长、国外企业的进入导致本地市场竞争更加激烈等。随着我国经济的发展，我国企业也越来越多地参与到全球供应链中，所以供应链全球化是不可避免的发展趋势。如何发挥供应链全球化的优势、避免其带来的问题，是学者们研究的热点之一。

(9)食品供应链质量安全。近年来，我国不断发生食品质量安全问题，给人们的生命健康带来极大损害，引起了社会的广泛关注，学者们也从各个方面进行研究。然而，食品安全问题并不是单一环节的问题，而是整条食品供应链的问题，由于食品供应链在运行的环节中出现了严重问题，最终产生食品安全性无法得到保证的问题。所以，如何采取有效措施，加强对食品供应链各个环节的质量控制，建立多层次的监督管理和检测机制，以加大对食品质量安全的管理，是学者和企业都十分关注的问题。

供应链管理理论是工商管理学在新形势下为适应社会发展而兴起的理论，自然与经济、社会发展密不可分。我国近年来供应链管理理论研究主要集中在对供应链管理理论本身较强的理论性研究上，并与经济、国情相融合，研究新形势下供应链管理发展趋势。虽然近年来文献产出量相对缓和，但在很大程度上完善了自身理论研究的同时与其他学科形成了交叉研究领域并不断发展。

9.6 本章小结

供应链管理理论是20世纪80年代末90年代初才兴起的一种管理理论，随着全球经济一体化、信息技术以及管理科学自身的发展，供应链管理的实践应用越来越普遍，其理论在管理实践的基础上也逐渐发展起来。供应链管理理论虽然才出现短短的二三十年，但其发展十分迅速。供应链管理理论是从物流管理理论发展而来的，在一定程度上可以认为是物流管理在全球一体化背景下的新发展。供应链管理理论在物流管理理论的基础上，吸收了制度经济学、虚拟市场和竞争战略等学科的精华，并借鉴了结构方程模型等研究方法，在实践应用中不断总结经验，逐步发展兴盛起来。

供应链管理的研究内容涉及多个方面，根据 CiteSpace 可视化软件的分析，供应商关系管理、快速反应、沟通管理、信息技术及信息共享和交易成本管理等方面都是供应链管理研究的主流方向，而近几年对供应链管理的研究主要集中在全球化、技术化、集成化、信息化以及绿色供应链管理等方面。随着供应链管理理论和相关技术的不断发展、成熟，供应链管理对企业和社会发展做出的贡献将会越来越大。我国从 20 世纪 90 年代中后期开始在管理学界引进供应链管理相关理论的研究，该理论在我国得到了快速发展和广泛传播。本章通过以中国知网中收录的相关研究文献为主体，分析了供应链管理理论在我国的发展和演进情况，并使用 CiteSpace 软件对下载的中文文献数据进行关键词共现网络分析，探测了近年来我国供应链管理理论研究的主要热点问题。

参考文献

[1] Porter M E. Competitive Advantage：Creating and Sustaining Superior Performance[M]. New York：Free Press，1985.

[2] Stevens G C. Successful supply chain management[J]. Management Decision，1990，28(8)：25～30.

[3] Turner J R. Integrated supply chain management：what's wrong with this picture?[J]. Journal of Industrial Engineering，1993，(12)：52～55.

[4] Lee H L，Billington C. Material management in decentralized supply chains[J]. Operations Research，1993，41(5)：835～847.

[5] Christopher M. Logistics and competitive strategy[J]. European Management Journal，1993，11(2)：122～145.

[6] Ganeshan R，Harrison T P. An introduction to supply chain management[J]. Working Paper，1997，(183)：50～56.

[7] Lin F R，Shaw M J. Reengineering the order fulfillment process in supply chain network[J]. International Journal of Flexible Manufacturing Systems，1998，10(2)：197～239.

[8] 马士华，林勇，陈志祥．供应链管理[M]. 北京：机械工业出版社，2000.

[9] Evens G N，Towill D R，Naim M M. Business process re-engineering the supply chain[J]. Production Planning and Control，1995，6(3)：227～237.

[10] Simchi-Levi D，Kaminsky P，Simchi-Levi E. Designing and Managing the Supply Chain：Concepts，Strategies，and Cases[M]. New York：McGraw-Hill，1999.

[11] Lummus R R，Vokurka R J. Defining supply chain management：a historical perspective and practical guidelines[J]. Industrial Management and Data Systems，1999，(1)：

11～17.

[12] 楼高翔．供应链技术创新协同研究[D]．上海交通大学博士学位论文，2009.

[13] Kraljic P. Purchasing must become supply management[J]. Harvard Business Review，1983，61(5)：109～117.

[14] Shapiro R D. Get leverage from logistics[J]. Harvard Business Review，1984，(3)：119～127.

[15] Andreas I. Nicoblaou：Adoption of JIT and EDI system and perceptions of cost management system effectiveness[J]. Management Science，2000，43(6)：832～848.

[16] Williamson O E，Wachter M L，Harris J E. Understanding the employment relation：the analysis of idiosyncratic exchange[J]. The Bell Journal of Economics，1975，18(1)：250～278.

[17] 李效良．3A 供应链——决胜于速度之外[J]．哈佛商业评论，2005，(2)：110～124.

[18] 赵金实．引进期权定价三因素的供应链协调机制研究[D]．上海交通大学博士学位论文，2008.

[19] Forrester J W. Industrial Dynamics[M]. Cambridge：Productitive Press，1961.

[20] Barney J B. Firm resources and sustained competitive advantage[J]. Journal of Management，1991，17(1)：99～120.

[21] 刘君．基于资源依赖理论的 PC Home 分站联盟成因分析及发展策略[D]．上海交通大学硕士学位论文，2008.

[22] Coase R H. The nature of the firm：origin，meaning，influence [J]. Journal of Law，Economics and Organization，1988，4(1)：3～47.

第 10 章

会计学的演进与研究前沿

会计的历史颇久，古已有之。据记载，我国从周代就有了专设的会计官职，掌管赋税收入、钱银支出等财务工作，进行月计、岁会。亦即，每月零星盘算为“计”，一年总盘算为“会”，两者合在一起即成“会计”。会计学是经济学和管理学家族中最古老的学科之一。1494 年，意大利数学家卢卡·帕乔利(Luca Pacioli)出版的《算术、几何、比与比例概要》，阐明了复式记账的原理及其应用，标志着会计在西方发达国家已经开始作为一门学科来发展。会计学也是一门实践性很强的学科，它的发展受组织的运营性质、商品或市场经济发育程度等多种因素的影响。它既研究会计的原理、原则，探求能揭示会计发展规律的理论体系与概念结构，又研究会计原理和原则的具体应用，并提出科学的指标体系和反映与控制的方法技术[1]。作为颇具实务性和可操作性的知识体系，会计学从理论和方法两个方面为会计实践服务，成为人们改进会计工作、完善会计系统的指南。

10.1　基本概念的界定

一般认为会计包含三重含义，即会计人员、会计工作和会计学。会计与企业或营利性组织有关。企业运行的过程由管理活动和生产作业活动组成，会计工作是管理活动的一种。管理活动包括决策和信息两个层面，会计工作属于管理活动中的信息层面。用信息论的观点看，会计在本质上是一个信息系统。会计信息的生产者和使用者是会计信息系统的两个基本支点。生产者之所以向使用者提供会计信息，是因为两者之间存在着特定的社会关系，而其中最重要的社会关系是委托代理关系。会计学是一个知识体系，是会计工作理论化和系统化的结果。会计人员在会计工作中创造了会计学。反过来，会计学又指导着会计人员更好地从事会计工作。

(1) 会计。会计是以货币为主要计量单位，以提高经济效益为主要目标，运用专门方法对企业、机关、事业单位和其他组织的经济活动进行全面、综合、连续、系统的核算和监督，提供会计信息，并随着社会经济的日益发展，逐步开展预测、决策、控制和分析的一种经济管理活动，是经济管理活动的重要组成部分。

(2) 会计学。我国对会计的解释有“管理活动论”、“工具方法论”和“经济信息系统论”三种不同的观点。按照“管理活动论”，会计是一种管理活动，会计学就是一门经济管理科学；按照“工具方法论”，会计是一个反映和控制生产过程的方法和工具，会计学应当视为一门为经济管理服务的方法学或方法论的科学；按照“经济信息系统论”，会计是一个以提供财务信息为主的经济信息系统，会计学应当既是一门经济管理科学，又是一门方法论的科学。

会计学主要是由会计学原理、专业会计学和会计发展史组成。专业会计学可按不同的标志进行分类：按国民经济各部门对会计知识的不同要求和特点，可分为工业会计学、农业会计学、商业会计学等；按照会计知识所包括的不同内容，如对不同性质、不同用途的会计信息的研究，可分为财务会计学、管理会计学和成本会计学等；按照会计知识涉及不同范围的会计主体，又可分为微观会计学(企业会计学)、宏观会计学(社会会计学)、国际会计学等[1]。

10.2 会计学的发展演进

10.2.1 会计学的创生

会计学的产生与近代会计实践及其基础学科的发展密不可分，会计学科的出现晚于会计活动，它是会计这种社会实践活动发展到一定阶段的产物。经过中世纪文艺复兴和启蒙思想运动的洗礼，地中海沿岸的经济得到迅猛发展。资本主义经济关系的萌芽，尤其是地中海沿岸金融、商业和手工业方面所发生的巨大变革对于传统单式簿记发起了挑战。早在12～13世纪，在意大利的商品货币经济比较发达的背景下，借贷复式簿记就已出现于热那亚、威尼斯等城市。其中，标志性的会计实践事件体现为1211年意大利的佛罗伦萨银行开始采用借贷复式记账法记账，这种记账方法在当时被称之为“威尼斯簿记法”。

在这样的生产实践活动和社会背景下，会计学的创生具备了相应的实践基础。另外，科学知识体系的发展也在理论和方法层面上为会计学的创生奠定了重要的学科基础。同时，在研究对象方面，会计问题已成为一个专门的研究领域；在使用的概念和范畴方面，形成了专门反映会计本质和规律的会计概念、范畴以及概念和范畴的体系；在学术研究方面，产生了一些有影响的会计学家，出现了一些专门的、系统的会计学著作。1494年，意大利数学家卢卡巴其阿勒的《算术、几何、比与比例概要》的问世揭开了簿记史上新的一页，从而将古代簿记推进到近代簿记甚至是近代会计，成为国际范围内会计学科的起点。《算术、几何、比与比例概要》的出版被视为是会计学发展史上的第一个里程碑，书中的第 1 部第 9 篇第 11 节，以“计算与记录详论”为题，系统介绍了当时流行的“威尼斯簿记法”，并结合数学原理从理论上加以概括，为会计学的创生奠定了重要的理论和方法论基础，卢卡巴其阿勒也被视为是“现代会计之父”。因此，这本书的出版成为了会计学科孕育和诞生的重要标志。在此之后，帕乔利建立了世界上最早的簿记准则，解决了簿记原理中的基本理论问题，如簿记的地位与作用、账户的设置与账户体系，定期结算与转账关系的确定，以及现金管理的重要性及其方法等，这些都成为复式簿记理论的精华。而荷兰数学家西蒙斯蒂文的《传统数学》则创造性地发展和完善了簿记方法体系。可以认为，会计(簿记)的创立和发展是建立在卢卡巴其阿勒和西蒙斯蒂文的著作的基础之上的。

10.2.2　会计学的发展

随着外部环境的变化以及经济学、管理学等基础学科的不断发展，会计学科的发展演进也实现了不同阶段的跳跃和升级。

1. 由簿记向工业经济时代会计的发展

簿记论的出现标志着会计学科的产生。从 15 世纪到第一次产业革命，德国、英国和荷兰出版了不少会计著作，展开对会计的介绍和研究，但都没有脱离帕西奥里“簿记论”的窠臼，只是在记账技术上有所改进。当时的会计理论主要是由“拟人学说”统一借贷的含义，建立账户体系。

从 18 世纪 60 年代开始的产业革命，在促进生产力发展的同时，也大大提高了生产的社会化程度。随着人类社会步入工业经济时代，簿记的发展也开始进入完善阶段：簿记立法受到重视，并很快在国家经济、法制中占据重要地位；簿记在政府与公司的管理中所发挥的作用也越来越大；围绕资产负债表的研究在完善簿记理论的同时，也为法定性审计奠定了基础；大陆式簿记和英式簿记体系也初步形成。这个阶段的簿记实质上已经发展为会计。其间，以工厂制度和股份有限公司的形成为代表的现代企业制度的创立，奠定了现代会计赖以存在的四大基本前提——会计主体、持续经营、会计分期和货币计量；同时，使得会计对“受托责任”(accountability)的处理比以往任何时候都更为重要，它要求会计定期向股东提供会计报表，说明企业的财务状况和经营成果。从此，会计就在簿记的基础上，向资产、负债与资本的计量，收益的确定，报表的编制、审查、分析和解释等新的内容发展。会计假设与原则也在这一时期明确起来，同时产生了一系列有利于加强工厂管理的成本管理会计方法，促进了公司对外报告的财务会计与对内报告的管理成本会计的分离。

另外，英国《公司法》的修订则促成了1853年世界上第一个会计师公会——爱丁堡会计师公会的成立。爱丁堡会计师公会的成立被视为会计发展史上的第二个里程碑。此后，爱丁堡会计师公会制定了专业会计师的准入、考试和培训标准，并在破产清算一级市场审计等立法方面发挥了重要的作用，会计学科以及会计师职业团体开始得到社会广泛的认可和专业化的发展。

19世纪末20世纪初的科技、经济、政治及文化的发展对会计发展的历程产生了深远的影响。特别是在会计学科成长的历程中，经济学为会计学科的发展提供了研究理念、思路、方法和可类比的概念范畴，对会计学科的发展也产生了重要影响[2]。这一时期会计的发展主要体现出了以下几个特征：①以一系列会计概念及其逻辑关系为研究起点的会计基础理论已经建立；②从管理方面研究会计问题的趋势已经出现；③成本会计理论已经从单纯的成本计算发展为科学的成本控制系统；④管理会计的雏形也已初步形成；⑤一些公司已经建立了财务会计和管理会计分工协作的关系。

2. 由工业经济时代会计向现代会计的发展

步入20世纪后，工业经济时代的会计也逐步发展成为现代会计。在这一阶段，会计规范体系开始建立；20世纪20年代末30年代初爆发于美国的经济危机则促成了《证券法》和《证券交易法》的颁布及对会计准则的系统研究和制定。这一时期，会计职业在西方已经得到了较大的发展，但对会计理论的研究仍然没有受到足够的重视。查尔斯·以斯拉·斯普拉格(Charles Ezra Sprague，1842—1912年)是20世纪初期美国杰出的会计学家，被誉为现代会计理论研究的开创人和奠基人之一，特别是他于1907年所著的《账户原理》(*The Philosophy of Accounts*，又译《账户的哲学》)一书，被学界认为是构建现代会计理论的最初尝试与肇始性著作。该书不再仅仅是对会计方法与实务的罗列与介绍，而是从一定的理论高度来讨论账户原理，并且对资产、负债、所有者权益和资产负债表等基本概念进行了详细的讨论。从这一意义上讲，该书"是构建会计理论最初的尝试"。另外，在产业革命发源地的英国，先后出版了狄克西的《高等会计学》、里斯尔的《会计学全书》等著作。这几部会计著作的出版，说明会计理论研究已从局限于记账、算账的簿记向包括记账、算账、报账、查账的会计转变，标志着现代会计学的初步建立。

威廉·安德鲁·佩顿(William Andrew Paton，1889—1991年)是一位杰出的会计学家和会计理论先驱，被誉为美国"现代会计理论之父"，是首批被列入会计名人堂(The Accounting Hall Of Fame)的会计大师之一。佩顿是密歇根大学的终身教授，他具有渊博的学识和一流的理论水平，创办了享誉会计学界的《会计评论》杂志并亲任第一任主编。他不仅对会计理论的发展做出了突出贡献，还通过美国注册会计师协会的研究公告对会计实务产生了深远影响。佩顿一生著述较广，将会计理论研究推向了一个新的高度，在会计理论发展史上的地位非常重要。其中，《会计理论》和《公司会计准则绪论》被美国会计学会 1977 年发表的“会计理论与理论认可”报告选定为传统会计理论的代表文献。在《会计理论》一书中，佩顿使用了经济学的收益概念，即企业真实经济状况的全部净增长。佩顿将会计学引入到经济学的范畴以改变会计学无理论、概念混乱、实用主义思想浓重的弊端。

阿纳尼亚斯·查尔斯·利特尔顿（Ananias Charles Littleton，1886—1974 年）在会计理论上的成就与造诣足以同佩顿等少数最杰出的会计思想家相提并论。1953 年，《会计理论结构》（*Structure of Accounting Theory*）一书的出版标志着会计从一种方法发展为一门学科，书中比较深入地阐述了会计的本质、会计理论的含义与作用以及会计原则和规则及其应用等一些重要的会计理论问题，是会计界第一部完整论述会计理论体系与结构的专著[3]。上述有影响、有贡献的会计教育家和会计学家，其本身就是最好的基础学科载体，都无一例外地将经济学的学科概念引入会计思想史和会计学科的建设之中，推动了会计实务由程序和方法走向科学。

20 世纪以来，会计表分析和成本会计学等新的会计学分支相继出现。到了 50 年代，由于生产规模的日益社会化和生产技术与经营管理的迅速现代化，在工业发达的西方国家，一方面，电子计算机被引进到学会计领域，促进了会计数据处理电算化的研究；另一方面，传统的企业会计学分化为财务会计与管理会计两门相对独立的学科。财务会计准则体系的形成不仅奠定了现代会计法制体系和现代会计理论体系的基础，而且促进了传统会计向现代会计的转变。进入 20 世纪 50 年代以后，在会计规范进一步深刻发展的同时，适应现代管理科学的发展，以决策会计为主体，为全面提高企业经济效益服务的现代管理会计建立了。1952 年，国际会计师联合会（International Federation of Accountants，IFAC）正式通过“管理会计”这一专业术语，标志着会计正式划分为财务会计和管理会计两大领域。

财务会计主要是针对企业已经发生的交易或信息事项，通过确认、计量、记录和报告等程序进行加工处理，并借助于以财务报表为主要内容的财务报告形式，向企业外部的利益集团提供以财务信息为主的经济信息。这种信息是以货币作为主要计量尺度并结合文字说明来表述的，反映了企业过去的资金运动或经济活动历史。财务会计主要阐述会计处理各项资产、负债和所有者权益的基本理论和方法，研究如何进行资金管理，以提高企业经济效益，它主要包括资产会计、负债会计、所有者权益会计、收入费用及利润确定和分配会计等。同时也包括财务会计的新问题，如租赁业务、涉及外币的业务、分支机构和联营业务，改组、破产和清算以及物价变动会计等。财务会计的特点是比较真实和可验证。财务会计对外提供的信息反映了企业与投资者、债权人等有关方面的利益关系，受到这些信息使用者的普遍关注；他们往往要以财务会计提供的信息为主要依据，做出有关经济决策。财务报告是由经营者领导下的会计部门提供的，即信息的提供者与使用者是分离的。为保证信度，就需要对信息的加工、形成和传递的全过程进行严格的规范，期间催生了会计原则、会计准则、会计制度等财务会计的规范形式。

管理会计又称"内部报告会计"，是以泰勒科学管理原理为基础形成和发展起来的，主要研究如何根据内部管理需要提供信息，它包括成本会计和管理控制系统两大组成部分。根据 1986 年美国会计师协会下属管理会计实务委员会《管理会计公告 1A》的定义："管理会计是向管理当局提供用于企业内部计划、评价、控制以及确保企业资源的合理使用和经营责任的履行所需财务信息的确认、计量、归集、分析、编报、解释和传递的过程。"管理会计主要阐明如何结合企业经营管理，综合利用企业内部会计信息和有关外部信息的基本理论和方法，以提高经济效益[4]。管理会计研究在不同的时期有不同的特点，并且都受到其技术方法沿革的影响。它大致经历了以下四个阶段：第一阶段强调成本确认，主要注重成本核算的真实和精确；第二阶段强调成本相关性，主要注重不同目的的不同成本信息要求；第三阶段强调成本决策分析功能，主要强调成本管理的战略价值；第四阶段强调成本的行为层面，主要强调多人决策情形下各行为层面的激励和考评。20 世纪以来，管理会计的快速发展为会计学科的深入发展和完善提供了重要的技术和方法论基础，使传统的会计学科研究技术和方法创新得以不断丰富和发展，出现了资本预算的折现现金流量分析方法(discounted cash flow approach)、利润和投资中心的剩余利润(residual in-come)考核方法、内部转移价格制定的机会成本法、规划和控制问题的定量分析方法等。同时，在会计学科的发展中引入了信息经济学理论、代理理论、交易成本理论等。

3. 信息化时代的会计

20 世纪末以来，会计学科面临着许多挑战和冲击。特别是在信息时代日益取代机器大工业时代并开始步入知识经济时代的社会背景下，会计学面对生产方式的变革、企业组织结构的变化及企业管理创新等问题，显得无能为力或无所适从。对通货膨胀、商誉的计量确认、金融创新工具的产生等经济现象，实际处于束手无策状态。同其他的学科相比，会计科学技术还处于相当落后的水平[5]。会计学的发展必须要适应科学技术的不断变革，特别是信息科学和计算机技术快速发展的需求。现代科学技术革命对会计学科的影响，主要表现为两个方面：一是因为现代科学技术革命所带来的技术创新对传统会计模式的冲击和影响；二是信息技术的发展本身就是以会计信息生产和交换为研究对象的当代会计理论与方法体系的革命。

现代科学技术革命所带来的经济生活中的一系列技术创新，已被公认为是主导当代经济发展与增长的关键因素。然而技术创新使得“企业的风险(无论是经营风险还是财务风险)和不确定性水平大为提升，资产的盈利能力和财务状况更难捉摸”[6]；技术创新使得传统会计模式所提供的信息不能够再真实与公允地反映企业的财务状况和经营业绩；技术创新使得仍然保持着独立、客观与公正立场的注册会计师不能够再确保其所鉴证信息的真实性与公允性；同样使得企业经营失败的风险与审计过失风险之间的界限已变得越来越难以区分。究其根本原因，是因为从工业革命时代成长起来的传统会计模式对技术创新的不适应。建立在借贷记账法、历史成本原则和权责发生制基础上的传统会计，主要是应对企业有形资产流动的确认、记录、计量和报告等问题，但对于因技术创新而产生的、重要性日显突出的企业专利权、专营权、版权、技术秘方、商标权、品牌权、商誉、回避竞争协议、计算机软件、研究与开发、广告与促销、市场开发、技术引进、人才引进与职工培训等无形资产的揭示却是显得苍白无力。这直接导致传统会计下的财务信息逐渐失去了其与企业真实财务状况和经营业绩之间的相关性，逐渐失去了其与投资者决策之间的相关性。因此，技术创新呼唤着与之相适应的新的会计模式和具有全新观念的新的会计学科体系的诞生[7]。

现代信息技术的发展同样向传统会计领域发起了强烈的、前所未有的冲击和挑战。所谓信息技术，也就是研究信息生产、传递和处理的技术，它包括有关信息的产生、收集、交换、存储、传输、显示、识别、提取、控制、加工和利用等技术。电子计算机的发明、全球性卫星通信的实现和互联网络的开通，则将会对以采集、处理和报告与企业财务活动相关的信息为主要职能的传统会计学科形成最为直接、最为深刻和最为广泛的革命。然而现代会计学科体系仍然局限于讲解如何在账户左方记借、在账户右方记贷；仍然局限于如何运用 3 个世纪以前的反向抵减技术来实现会计信息中的正、负数表达；仍然局限于在纸张、笔墨加算盘等技术支撑下所提供的“只读寄存”(ROM)功能下，来构造和完善现有的会计理论与方法体系；仍然局限于用现代信息技术所提供的“随机寄存”(RAM)来仿真手工会计系统下的会计循环等。总而言之，现代会计理论与方法的研究并未能充分考虑现代信息技术所提供的强大信息处理能力[7]。

会计史学家迈克尔·查特菲尔德(Michael Chatfield)曾经说过，“会计的发展是反应性的，会计主要是应一定时期的商业需要而发展的，并与经济的发展密切相关”[8]，由信息技术时代的到来所产生的上述会计环境的巨大变化，当然要求会计对此做出相应的反应，否则便会阻碍经济的发展和人类社会的进步。因此，在逐步向会计实务信息化发展的过程中，由于社会环境的变迁和人们对企业人力资源、生态环境、社会责任、公司税务、物价变动、企业破产等问题的普遍关注，又引起会计学科内的一系列分化，逐渐从财务会计转向财务管理、内部控制与治理结构、管理会计、人力资源会计、环境会计、社会责任会计、税务会计、通货膨胀会计以及清算会计等一系列分支学科领域的研究。另外，世界经济的一体化、金融工具的创新、社会保险业和融资租赁业的发展，又导致了如国际会计、企业集团会计、跨国公司会计、合并会计、外币业务会计、衍生金融工具会计、社会保险会计、租赁会计等新兴学科领域的涌现，从而使会计学科体系得以不断壮大和丰满[7]。

10.3 会计学的研究前沿

会计学是社会、经济、管理的重要工具，研究会计学的前沿和热点问题可以为会计的发展提供科学论证和理论支持，更好地推动经济和社会的发展。传统的确定学科前沿和热点的研究方法需要学者查阅该学科领域几乎所有文献，需要耗费大量的时间和精力，而且难以避免研究结果的主观性。通过科学学研究中的科学计量学方法，对会计学领域的文献进行信息可视化分析，可以更科学、有效地确定会计学科的研究前沿和热点问题。

以会计学界研究公认的五大权威学术期刊[9]（*Accounting，Organizations and Society*；*Contemporary Accounting Research*；*Journal of Accounting & Economics*；*Journal of Accounting Research*；*Accounting Review*）的文献数据为分析的主要数据源，对美国科学技术信息情报所的 Web of Science 平台中，相应引文数据库中的文献进行检索。为了数据分析的精确性，我们对检索结果数据（引文）只保留学术论文和会议论文等文献类型，选取 2001～2010 年的数据作为分析数据样本，经过数据的标准化和剔除重复数据等处理后，共得到有效样本数据 1 760 条，其中共包括引文 80 661 条。

在建立上述数据样本的基础上，主要应用科学计量学和引文分析理论对国际会计学领域的文献数据进行计量分析，使用当前国际最先进的信息可视化技术手段，绘制会计学领域研究的科学知识图谱。文献共被引的概念于 1973 年由苏联情报学家依林娜·马沙科娃和美国情报学家亨利·斯莫分别提出[10]。文献共被引分析是继引文分析方法提出之后科学计量学领域的又一个重要方法，也是引文分析理论的重要补充。共被引分析又称为同被引分析，作为引文分析的一个重要内容，受到了国内外学者的广泛关注。文献的共被引关系反映了文献之间的研究方向和研究主题具有密切的联系，两篇文献共被引的频次越多说明它们学术研究方向的关联性越强。由此推而广之，由多篇文献间的共被引关系形成的文献共被引聚类，反映了聚类文献之间共同的研究方向和关注的热点主题。通过信息可视化的科学图谱表现出来的文献共被引聚类，揭示了科学知识领域中主流研究的知识结构和热点问题。由 CiteSpace 信息可视化系统绘制的分时、多元、动态网络知识图谱可以揭示科学知识领域研究前沿及其知识基础之间的互动演进规律[11]。

绘制共引网络图谱是共引分析的一个重要内容。其中，一个重要方面是如何对共引网络图谱进行聚类分析。在共引网络中，共引的连接表示两篇文献同时被另一篇文献引用的频次，两篇文献之间的共引强度是文献间共引频次的度量指标。因此，在共引网络图谱中可以通过文献节点的中心度和被引频次等指标进行最大期望的聚类分析。由美国德雷克塞尔大学的陈超美博士开发的 CiteSpace 信息可视化软件可用于探测和分析学科研究前沿随时间相关的变化趋势以及研究前沿与其知识基础之间的关系，并且发现不同研究前沿之间的内部联系。对学科领域的文献信息可视化使研究者能够直观地辨识出学科前沿的演化路径及学科领域的经典基础文献[12]。

10.3.1　会计学研究的关键节点文献

运用 CiteSpace 信息可视化软件，对国际会计学研究领域的文献数据进行可视化分析，以探测其知识结构与研究热点、研究前沿的演进和发展趋势。运行结果如表 10.1 所示，在最终结果的文献共被引网络图谱（图 10.1）中，共包含节点 239 个，连线 9 839 条。

表 10.1　会计学文献共被引网络节点信息

时间	阈值	引文数	节点数	连线数
2001～2002 年	top 100	8 533	100	2 945
2003～2004 年	top 100	10 935	100	2 300
2005～2006 年	top 100	10 768	100	2 619
2007～2008 年	top 100	13 359	100	2 664
2009～2010 年	top 100	11 709	100	2 199

在文献共被引网络图谱的基础上，我们对网络中的关键节点文献、突现文献（burst article）等分别进行了详细分析。其中，CiteSpace 软件系统引入了一个新的科学计量指标，即 sigma(Σ)，它被定义为新颖性指标，用来探测同时具备高突现性和高中介中心性的节点，旨在突出一些在知识演化网络中占据重要节点位置且能明显吸引研究者注意力的科学文献[13]。其中，以文献共被引网络中的 sigma 值最大的节点文献为例，在文献共被引网络中 sigma 值排序第一的文章是由弗朗西斯（J. Francis）等于 1994 年发表在 *Journal of Accounting Research* 上的《股东诉讼与公司披露》（*Shareholder litigation and corporate disclosures*）一文（表 10.2）。文章研究因 10b-5 规则而遭受诉讼的公司，研究导致诉讼的报表和所谓误导市场的相关披露，探讨导致诉讼的披露动机并给出解释性实例。

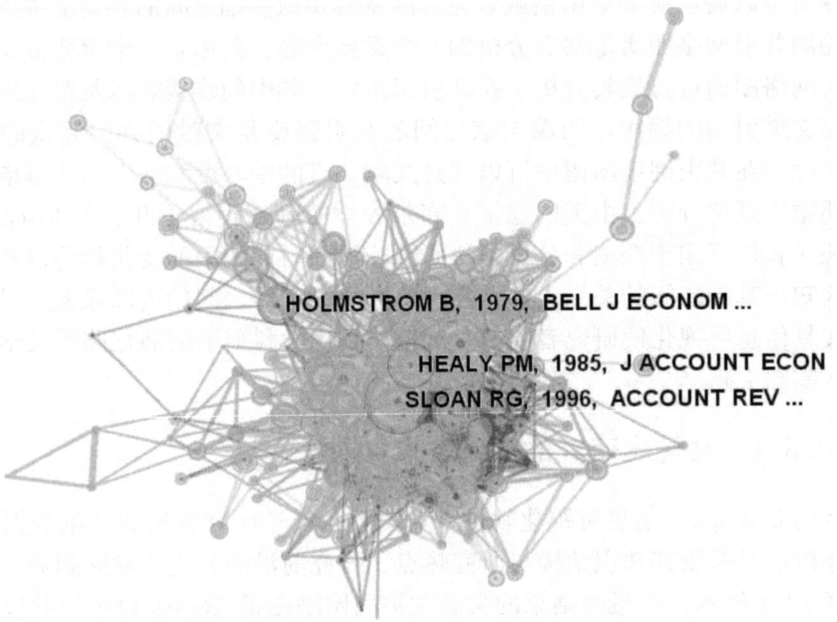

图 10.1 国际会计学领域研究文献共被引网络图谱(2001～2010 年)

表 10.2 会计学领域研究文献 sigma 值排序前 10 位

频次	突现率	sigma	作者	年份	来源	聚类
1	4.66	1.32	J. Francis	1994	J ACCOUNTING RES	10
2	9.83	1.25	J. R. Graham	2005	J ACCOUNT ECON	10
3	8.57	1.24	S. P. Kothari	2005	J ACCOUNT ECON	10
4	2.82	1.16	C. A. Botosan	1997	ACCOUNT REV	2
5	2.68	1.11	R. M. Bushman	2001	J ACCOUNT ECON	2
6	4.6	1.11	A. Beatty	1995	J ACCOUNT RES	10
7	2.51	1.09	B. Lev	1996	J ACCOUNT ECON	8
8	5.66	1.08	J. Francis	2005	J ACCOUNT ECON	3
9	4.48	1.07	P. M. Dechow	2002	ACCOUNT REV S	10
10	2.75	1.07	H. Ashbaugh	2003	ACCOUNT REV	5

10.3.2 会计学的研究前沿

在文献共被引网络图谱的基础上，我们利用 CiteSpace 中的谱聚类算法对文献共被引网络进行聚类分析，共标示出网络中的 14 个文献聚类。在此，我们分别结合应用 CiteSpace 所提供的“TF * IDF”、“LLR”和“MI”等信息论中三个有效的信息检索算法和技术，对上面的文献聚类网络进行分析和标注，以下为聚类结果的时间线视图(图 10.2)。

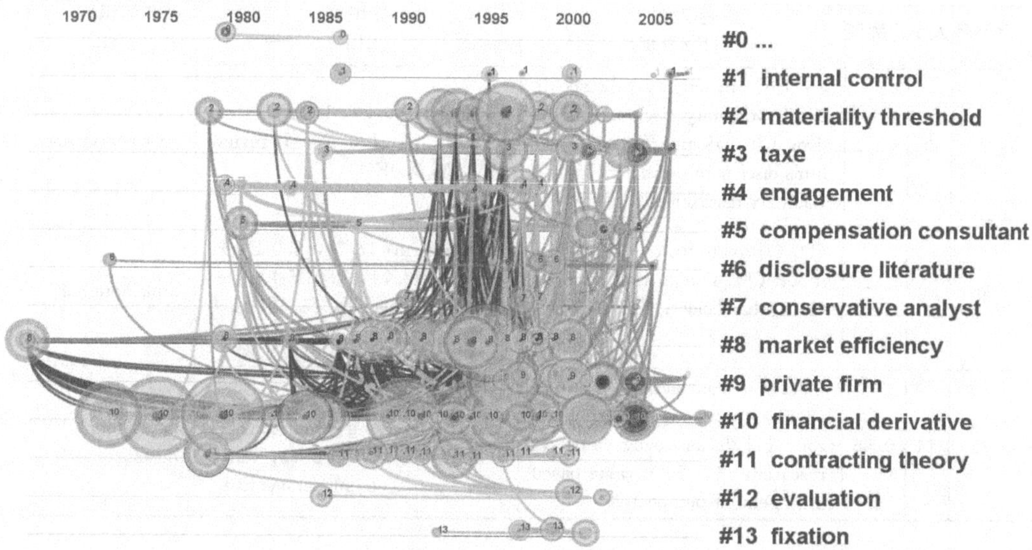

图 10.2　国际会计学文献共被引网络聚类分析的时间线视图(2001～2010 年)

我们共标示出网络中的 14 个文献聚类，在表 10.3 中列示出前 5 个，结合聚类大小和轮廓值对其进行分析，有意义的聚类包括 8、2、9、11(聚类号)。可以将这些聚类中研究的问题作为会计学研究的热点问题。Cluster＃8，主要讨论资本市场相关问题，包括市场效率、市场反应预测等；Cluster＃2，主要讨论会计披露问题，包括重要性、自愿披露动机、披露决策等；Cluster＃9，主要讨论公司治理问题；Cluster＃11，讨论会计具体准则中的会计实务处理问题。

表 10.3　会计学领域文献共被引网络中主要文献聚类结果

聚类号	大小	轮廓值	标识词 (TF * IDF)	标识词 (LLR)	标识词 (MI)
10	71	0.15	(9.22) financial derivative; (9.22)earnings management decision; (8.51) modeling tax shelter; (8.51) using financial statement information; (8.51) seeking shelter	empirical research(48.85, 1.0 E-4); accounting choice(48.85, 1.0E-4); auditor litigation(27.41, 1.0E-4)	monitoring
8	52	0.52	(11.77) market efficiency; (10.5) kothari; (10.5) prediction; (10.5) capital market research; (8.95)reversal	capital markets research(46.7, 1.0E-4); accoun-ting (35.92, 1.0E-4); market efficiency	operational measure

续表

聚类号	大小	轮廓值	标识词 (TF * IDF)	标识词 (LLR)	标识词 (MI)
2	25	0.51	(7.79) materiality threshold; (7.79) voluntary disclosure incentive; (7.79) joint effect; (7.79) firms disclosure decision; (6.77) voluntary disclosure	disclosure(40.23, 1.0 E-4); essay(21.84, 1.0 E-4); review (21.53, 1.0E-4)	poor performance
9	16	0.73	(11.4) private firm; (11.4) Europe; (11.4) reporting demand; (11.4) shareholder; (11.4) creditor	private firm(47.74, 1.0 E-4); Europe(47.74, 1.0 E-4); reporting demand (47.74, 1.0 E-4)	multinational
11	14	0.66	(9.22) contracting theory; (8.51) agent employment horizon; (7.79) assessing empirical research; (7.79) value-based management perspective	contracting theory(54.91, 1.0 E-4); assessing empirical research(33.46, 1.0 E-4); value-based management perspective	operational measure

10.3.3 会计学的发展方向和趋势

总的说来，会计学科的发展主要受会计运行环境变化的推动。在这里，环境是指会计实务赖以进行的政治、经济、社会、技术、文化等方面。其中经济的全球化、区域化和集团化，证券市场发展，信息和制造技术，经济权利在少数公司的集中等，在会计学科的发展中将发挥着举足轻重的地位。据此，会计学科发展中的下列几种方向和趋势特别值得注意。

(1)学科交叉是会计学发展的新增长点。会计交叉学科是将其他一门或两门以上学科的理论、方法与会计学科的理论、方法相结合进行研究，使其相互渗透、融合而形成的新会计学科。会计交叉学科不是多门学科简单相加而拼凑的学科，而是两门或两门以上学科依存于内在的有机联系，经过渗透和融合，从而形成新的理论、方法或学科。科学发展的学科交叉化趋势，促进会计学科的交叉化发展，是会计学未来发展和建立新兴会计学科的新增长点。另外，学科交叉化发展也使得会计学的学科体系进一步完善和丰富。

(2)信息技术的融入提高会计管理的效率。现代信息技术的发展及其在会计中的应用、普及和推广，大大提高了会计信息收集、整理、传输、反馈的灵敏度和正确度，进而提高了会计的分析决策能力，更好地满足管理的需要，提高经济效益。与此同时，会计信息系统成为一个崭新的信息系统。会计工作通过记录、计算、分类、汇总、整理、传递等会计方法对输入的会计原始数据进行加工，最后编成会计报表输出决策所需的信息终端。会计信息系统的引入大大提高了会计和企业管理的效率。

(3)定量与定性方法、实证与规范方法的并重。会计学研究的对象——会计实务具有质和量两个方面，实证研究和规范研究本来就是相互补充的。例如，对实证性研究结果的解释以及对规范研究前提的证实、管理会计中以代理人说为基础的激励制度研究等反映了这一趋势。

(4)研究方法和理论基础多样化。会计学研究对象、研究对象的层面以及研究目的的多样化决定了会计学研究方法和理论基础的多样化。目前常用的研究方法包括分析性的问卷调查、实验分析、文献考证、案例/现场研究法、行为模拟法、综合性研究方法等；可以罗列的理论基础包括经济学、组织行为、心理学、生产于作业管理、战略管理、历史学和社会学等。严格的理论建设与贴近实务、解决实务问题的研究趋于统一。

10.4　会计学理论在中国的演进

中国现代会计含义的争论始于 20 世纪 80 年代，当时一些会计学家认为会计不仅仅是一种管理经济的工具，其本身也具有管理职能；而另一些人则认为会计是以提供经济信息以提高经济效益的经济信息系统。但是，从根本上来讲，会计管理活动论和会计信息系统论只是从不同侧面来揭示会计的本质。前者从管理工作角度揭示，后者从技术和方法的角度来揭示，二者并不矛盾[14]。会计作为经济管理活动，必须注重信息的收集与整理；而会计作为信息系统，也能为企业管理和决策提供有价值的信息。但随着经济社会的发展，会计信息成为企业与投资者沟通的纽带，会计在经济活动中更多的是扮演经济信息提供者的角色。因此，国际会计界较为一致的看法是：会计是一个经济信息系统，其主要特点是将企业各种经济活动的数据转换为货币化的价值信息。

10.4.1　中国会计发展的几个阶段

会计的产生和发展经历了漫长的历史时期，在中国会计活动的实践可追溯到久远的时代。它为顺应管理生产而产生，随着市场经济和科学技术的发展而经历着不同的发展阶段。会计发展历程大致可分为古代会计、近代会计和现代会计三个阶段。

1. 古代会计阶段

早在公元前 5 世纪，希腊已经有了简单的会计制度；公元前 200 年，罗马政府中已有专项会计人员对政府的收入和支出作相应地记载；而中国也在远古时期就有了“结绳记事”、“刻契记数”的记录。据《周礼》记载，早在 3 000 多年前的西周就出现了“会计”一词。在这一时期，由于生产力的发展，西周还设立了专门管理钱粮税赋的官职——“司会”和独立的会计部门，掌管国家和地方的财产物资，即官厅会计[15]。随着生产力的不断发展，唐、宋两代成为中国古代会计的全面发展时期，特别是“四柱结算法”的出现，使得古代会计形成了记账、算账的基本模式。“四柱”，指“旧管”、“新收”、“开除”、“实在”，其关系是：“旧管 ＋ 新收 - 开除＝实在”，演化到现在的关系式为：“期初结存＋本期收入-本期支出＝期末结存”[16]。在这个公式中，体现了经济活动中各因素相互影响、相互制约的关系，同时又可综合反映经济活动的全貌。“四柱结算法”作为中国会计历史上的一个杰出成就，为后来的收付记账法奠定了基础。

2. 近代会计阶段

在14～15世纪，地中海萌生了商品经济，并随着新航路的开辟、海上贸易的繁荣促使社会经济活动变得日趋复杂。于是，与复杂经济活动相适应的复式记账法便取代了之前的简单记账法。一般认为从单式记账法过渡到复式记账法是近代会计形成的标志。

明朝时，中国会计记账方式从单式记账法向复式记账法过渡。在“四柱结算法”的影响之下，明代出现了中国固有复式记账法的早期形态——“龙门账”，同时其在民间会计中产生了中国固有的复式记账法——“四脚账”。“龙门账”和“四脚账”的出现，标志着中国会计记账方式向复式记账法的迈进和发展，只是碍于封建社会后期落后的经济和长期的闭关锁国政策，导致其在未来没有得到进一步的发展。其实中国的会计记账方法曾一度领先世界水平，但是介于中国被自给自足的自然经济统治了几千年，生产力的发展受到阻碍，从而也使会计的发展滞后。直到19世纪中后期，中国被迫打开国门，开始接受来自西方资本主义会计模式的“英式会计”和“美式会计”，再到20世纪从日本引进借贷复式记账法，中国才算正式在会计中使用复式记账法。

3. 现代会计阶段

随着第二次世界大战的结束，新科技革命的开展，科学技术得到了快速的发展和实际运用，这无疑对会计信息有了新的要求——完整性、精确性、精密性。中国现代会计阶段始于20世50年代。新中国成立后，为适应计划经济体制发展的要求，主要是以借鉴苏联的会计模式为主。经过一段时间的努力，建立了与国家财政制度相适应的会计核算制度体系，统一了国家机关、事业单位的会计核算工作；适应了国营企业的建立与发展，建立了国营企业的会计制度[17]。70年代末，中国开始引进和推广管理会计以及随后发展起来的会计电算化。1985年颁布的《中华人民共和国会计法》，标志中国会计工作进入法治阶段。1992年，党的十二大提出发展社会主义市场经济，为适应需求，中国于1993年7月1日实施《中华人民共和国企业会计准则》，这标志着中国建立了符合中国特色社会主义道路的会计模式。跨入21世纪，经济全球化进一步发展，会计学发展也将面临新的起点。为顺应时代发展，中国于 2006 年实施新的企业会计准则，会计准则逐渐与国际会计准则接轨。

10.4.2　中国会计学研究的基本产出状况

随着研究的深入，中国现代会计理论研究不断深化，在国家图书馆以会计学理论为题进行检索，共有 43 本专著。其中，最早的是 1987 年北京大学出版社出版的陈颖源所著的《现代会计学中外合营工业企业会计理论与实务》；以会计学为题名共检索出 3 600 本专著，收录最早的是汪育春所著的《成本会计学》，于 1949 年由商务印书馆出版。在中国期刊全文数据库、国内会议论文数据库和学位论文数据库中，以“会计学”为关键词检索出 5 508 篇文献，作为主题词检索结果为 12 726篇文献，作为篇名检索出 2 691 篇文献；单在学位论文数据库中的关键词检索结果为 42 篇，主题词检索结果为 1 125 篇，篇名检索共 20 篇(2013 年 5 月 17 日检索)，整理学术期刊(会议)近 10 年的文献量逐年分布情况(图 10.3)。

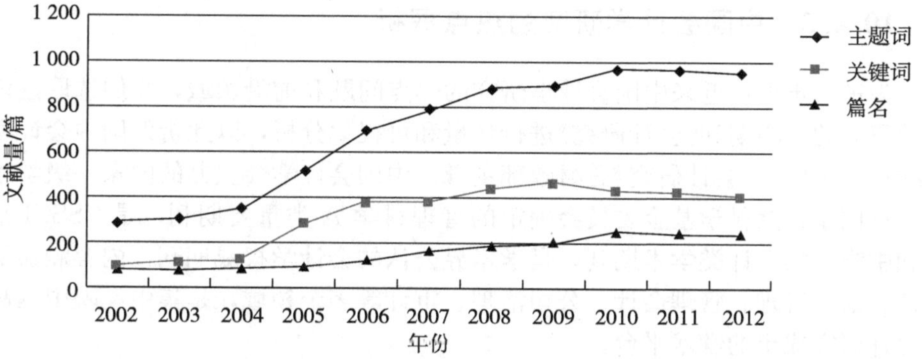

图 10.3　学术期刊(会议)文献量逐年分布

从学术期刊(会议)文献发表的年度分布来看，文献量呈现出整体稳步上升的趋势，其中 2004 年以前增长平缓，之后文献量增长速度有所提高，并在 2009 年达到增长的峰值，随即转为缓慢增长甚至稍有下降。其中收录最早的文献是 1935 年余肇池发表在《清华大学学报自然科学版》的《折耗与折旧》，文中对折耗与折旧做了系统的阐述；而收录最早的学位论文是赵宇龙在 1999 年完成的博士学位论文《会计盈余与股价行为》，其通过对深沪股市中上市公司会计盈余(及其披露)的市场反应的实证研究，回答了会计盈余信息在中国证券市场是否具有决策有用性这一基本问题[18]。

会计随着社会生产的发展应运而生，同时其发展也依赖于社会生产和科学技术的发展；会计的发展对社会生产的发展有着重大影响，会计源于生产，同时也服务于生产，促使社会生产不断向前迈进，经济效益不断提高。21 世纪是发展知识经济的时代，相应的，会计的角色也会随之改变以顺应社会生产的需求。2001 年 12 月 11 日，中国正式加入 WTO，意味着中国相应要遵守与 WTO 相关的各种协定，并以此促进中国会计工作与国际接轨。依据数据库检索资料可知，收录的关于会计学方面的学位论文主要都发表于 21 世纪初，研究的重点学科排在前 5 位的分别是企业经济、会计、宏观经济与可持续发展、金融以及投资，这刚好与发展知识经济的时代要求相吻合。就学术期刊(会议)数据库的资料显示，会计学在 20 世纪 50～80 年代发展相对缓慢，90 年代有了较快发展，而进入 21 世纪以来，则呈现出强劲的发展势头，这正好印证了会计发展与社会生产发展相互影响、相互促进的关系。进入 21 世纪，科学交叉发展趋势日趋明显，科技进步为科技创新创造了更好的物质条件，科学研究、经济发展和管理要求为科学交叉提出了更多要求。各大学科的交叉发展又必将给会计学带来重大影响，这将会对会计学的发展提出新的挑战，同时也会为实现会计创新，营造积极环境。

10.4.3 中国会计学研究的热点探析

为进一步展现近来中国会计学研究的热点问题和前沿领域，我们选取国内会计学研究的核心期刊《会计研究》进行计量和可视化分析，以此折射国内会计学研究的热点主题。《会计研究》是财政部主管、中国会计学会主办的国家一级学术期刊，是国家自然科学基金委员会确定的管理科学 A 类重要期刊，是 CSSCI 来源期刊中唯一的会计类学术期刊，是学术界公认的会计学权威期刊，内容涵盖财务会计、财务管理、管理会计、公司治理、审计等多个领域，是集中反映中国高质量会计研究成果的学术平台。

在中国全文期刊数据库中对其收录的《会计研究》的文献进行检索，数据库收录的 1980～2012 年的全部文献共计 4 660 篇。下载《会计研究》刊载的 2008～2012 年的文献数据 900 条，使用 CiteSpace 软件系统绘制关键词共现网络的信息可视化知识图谱(图 10.4)。

通过 CiteSpace 软件系统的运行结果，统计出相关文献各个节点的计量指标，按照节点在网络中的出现频次指标 frequency 统计出关键词共现频率在 15 次以上的节点信息表(表 10.4)。表 10.4 中频次越高，意味着该词在文献中共现的频次越多；突现率代表着某一时期内该关键词出现频次的陡增情况，突现率越大，意味着该词在某一时期的相关文献中次数增多的程度越明显。

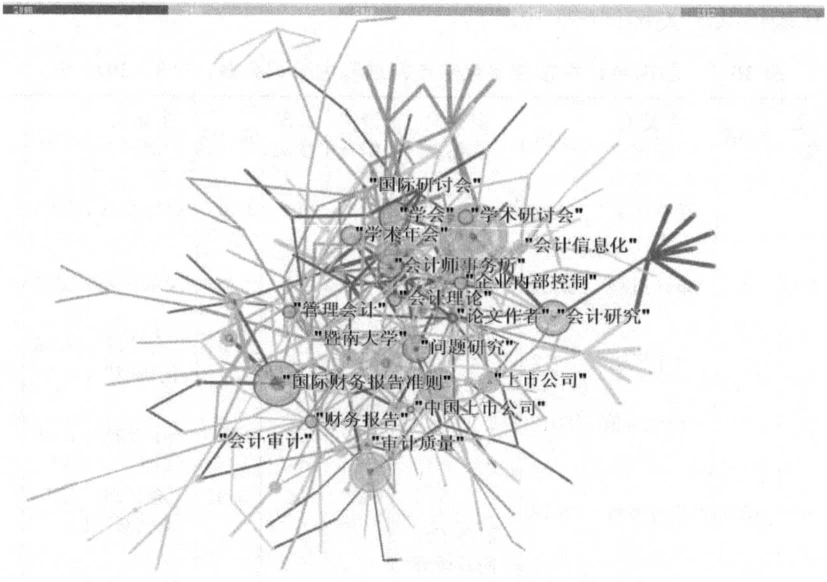

图 10.4　会计学研究关键词共现网络知识图谱

表 10.4　中国会计学研究高频共现关键词表

排序	频次	突现率	关键词	排序	频次	突现率	关键词
1	78	—	“中国会计”	17	24	2.38	“国际趋同”
2	60	—	“内部控制”	18	23	3.51	“国际会计准则”
3	49	—	“国际财务报告准则”	19	23	—	“学术年会”
4	46	—	“公司治理”	20	22	—	“盈余管理”
5	46	—	“公允价值”	21	20	—	“会计信息化”
6	39	—	“会计研究”	22	17	—	“概念框架”
7	34	—	“学会”	23	17	—	“学术研讨会”
8	30	—	“会计学”	24	17	—	“政府会计”
9	30	—	“专业委员会”	25	17	—	“企业内部控制”
10	29	—	“问题研究”	26	17	—	“审计质量”
11	27	—	“会计师事务所”	27	16	3.9	“改革开放”
12	27	—	“上市公司”	28	16	—	“金融工具”
13	26	—	“会计改革”	29	16	—	“会计理论”
14	25	—	“会计准则”	30	16	—	“管理会计”
15	25	—	“企业会计准则”	31	15	—	“公允价值会计”
16	24	4.95	“金融危机”	32	15	—	“价值计量”

在关键词共现网络的基础上进行聚类分析，按照聚类大小和研究的相关度，并结合 TF * IDF 算法抽取的聚类标识词，整理出国内会计学研究的主要热点领

域及其代表性共现关键词(表 10.5)。

表 10.5 国内会计学领域研究热点领域和主题词列表(2008～2012 年)

聚类编号	共现频次	中心度	主要关键词	年份	研究关注热点
4	3	0	“融资约束”	2012	财务审计问题研究
4	3	0	“审计风险”	2011	
4	3	0	“信用风险”	2012	
4	3	0	“公允价值计量”	2010	
4	3	0	“盈余预测”	2012	
4	3	0	“社会资本”	2012	
4	3	0	“审计定价”	2012	
4	2	0	“环境”	2010	
4	7	0	“股权激励”	2012	
4	6	0	“评价”	2012	
55	49	0.15	“国际财务报告准则”	2008	国际会计准则相关问题研究
55	24	0.07	“国际趋同”	2008	
55	23	0	“国际会计准则理事会”	2008	
55	9	0.06	“会计准则制定机构”	2008	
55	9	0.01	“会计准则委员会”	2008	
22	26	0.05	“会计改革”	2008	中国会计相关问题研究
22	16	0.06	“改革开放”	2008	
22	14	0.04	“会计理论研究”	2008	
22	4	0	“会计监管”	2009	
22	4	0.01	“会计理论创新”	2012	
22	3	0	“中国特色”	2011	
21	16	0.11	“会计理论”	2008	
21	8	0.01	“理论与实务”	2008	
21	4	0.01	“科学发展观”	2008	
16	20	0.1	“会计信息化”	2009	会计信息系统问题研究
16	4	0	“信息技术”	2009	
16	3	0	“内部控制体系”	2011	
16	3	0	“山西财经大学”	2011	
16	2	0.01	“会计电算化”	2009	
16	2	0.01	“标准体系”	2011	

续表

聚类编号	共现频次	中心度	主要关键词	年份	研究关注热点
55	5	0	“论文”	2009	国际会计准则相关问题研究
55	4	0	“财务会计准则”	2008	
55	2	0	“印度”	2009	
55	2	0	“工作人员”	2008	
55	2	0	“策略”	2012	
55	2	0	“基金会”	2008	
39	10	0.05	“会计信息质量”	2009	会计代理相关问题研究
39	9	0.02	“注册会计师”	2009	
39	7	0.12	“中国上市公司”	2009	
39	7	0	“价值相关性”	2009	
39	7	0.03	“稳健性”	2010	
39	6	0	“代理成本”	2008	
39	5	0	“财务报告内部控制”	2011	
39	5	0.04	“经验证据”	2008	
39	5	0.07	“财经大学”	2011	
60	24	0.04	“金融危机”	1999	“金融危机”背景下的会计公允问题研究
60	16	0.02	“金融工具”	2004	
54	9	0.08	“高质量会计准则”	2009	中国会计准则问题研究
54	8	0.04	“会计准则体系”	2009	
54	6	0	“我国会计准则”	2009	
54	3	0	“独立性”	2010	
54	3	0.01	“金融监管”	2010	
57	7	0.02	“会计基础理论”	2010	会计基础理论问题研究
57	7	0.04	“国际金融危机”	2009	
57	6	0	“中国会计准则”	2009	
57	4	0	“会计确认”	2010	
57	2	0	“中国企业”	2010	
33	7	0	“会计学专业”	2010	会计人才培养问题研究
33	6	0.02	“高等工科院校”	2011	
33	5	0	“学院院长”	2011	
33	5	0.02	“系主任”	2011	
33	4	0.03	“会计教育国际化”	2010	
34	8	0.07	“会计教育”	2008	
34	4	0.01	“会计人才”	2012	

续表

聚类编号	共现频次	中心度	主要关键词	年份	研究关注热点
60	15	0.05	“公允价值会计”	1999	“金融危机”背景下的会计公允问题研究
60	15	0.06	“价值计量”	1995	
60	11	0.06	“征求意见稿”	1999	
60	5	0	“国际准则”	2008	
60	4	0	“改革”	1995	
60	2	0	“欧盟委员会”	2004	
36	46	0.07	“公司治理”	2008	公司会计职能问题研究
36	27	0.08	“上市公司”	2008	
36	17	0.1	“企业内部控制”	2009	
36	3	0	“代理问题”	2010	
36	3	0	“对策”	2009	
36	2	0	“内部控制效率”	2012	
8	5	0	“产权”	2008	
8	5	0	“国有企业”	2008	
8	3	0	“产权理论”	2011	
34	2	0	“经验”	2008	会计人才培养问题研究
65	7	0.06	“高管薪酬”	2010	政府宏观调控的审计与会计政策
65	5	0.01	“资本结构”	2011	
65	3	0	“政府控制”	2011	
65	1	0	“st 公司”	2011	
66	5	0	“投资者保护”	2010	
66	3	0	“案例”	2010	
66	3	0	“控股股东”	2010	
66	2	0	“审计客户”	2010	
7	4	0.04	“财务会计”	2012	财务信息披露问题研究
7	4	0	“可靠性”	2012	
7	3	0.01	“相关性”	2012	
7	2	0	“信任”	2012	
41	5	0	“案例研究”	2010	
41	5	0	“环境信息披露”	2012	

从关键词共现网络图谱和研究主题词的分布来看，近年来中国战略管理学研究热点主要集中在：财务审计问题研究；国际会计准则相关问题研究；会计代理相关问题研究；“金融危机”背景下的会计公允问题研究；公司会计职能问题研究；财务信息披露问题研究；政府宏观调控的审计与会计政策；会计人才培养问

题研究；会计基础理论问题研究；中国会计准则问题研究；会计信息系统问题研究；中国会计相关问题研究。这些研究主题构成了中国会计学研究的主流知识结构。从时间上来看，会计学研究呈现基础加强，内容扩展的趋势。近两年对会计师社会责任、会计师职业素质的研究已经成为当前会计学研究的新热点。

10.5　本章小结

会计学是一门实践性很强的学科，它从理论和方法两个方面为会计实践服务，成为人们改进会计工作、完善会计系统的指南。作为颇具实务性和可操作性的知识体系和学科领域，会计学经历了从无到有、从小到大、从弱到强的发展历程。

在美国科学情报研究所的 Web of Science 数据库中，检索被国际会计学研究公认的五大权威学术期刊的文献数据，利用 CiteSpace 信息可视化软件系统对检索的文献数据进行计量分析，绘制会计学研究的文献共被引网络图谱，以关键节点文献和高 sigma 值的文献为基础，分析了会计学领域研究演进的知识基础文献。利用 CiteSpace 软件系统的谱聚类算法，对国际会计学研究的文献共被引网络进行聚类分析，展现了国际会计学研究的热点和前沿问题，分析了中国会计实践和研究的发展历程。在中国期刊全文数据库、国内会议论文数据库和学位论文数据库中进行检索，对检索的文献进行计量和可视化分析，展现了近年来中国会计学研究的主要热点问题。

参考文献

[1] 刘威．会计学[M]. 上海：同济大学出版社，2008.
[2] 张立．会计学科建设理论问题研究[M]. 北京：中国财政经济出版社，2009.
[3] 葛家澍，刘峰．《会计大典》会计理论卷[M]. 北京：中国财政经济出版社，1998.
[4] 张俊民．关于我国会计学科体系的研究[J]. 会计研究，1994，(5)：34～36.
[5] 罗福凯．会计学科的创新与发展思考[J]. 经济科学，1998，(6)：64～69.
[6] 汤云为，陆建桥．财务会计发展所面临的挑战与出路——国际动态和我们的思考[J]. 会计研究，1997，(1)：9～17.
[7] 薛云奎．论当代会计学科的发展与变革[J]. 会计研究，1998，(1)：11～19.
[8] 迈克尔·查特菲尔德．会计思想史[M]. 文硕，董晓柏译．北京：中国商业出版社，1989.
[9] Bonner S E，Hesford J W，van der Stede Wim A，et al. The most influential journals in academic accounting[J]. Accounting，Organizations and Society，2006，(31)：663～685.
[10] Small H. Co-citation in scientific literature：a new measure of the relationship between publications[J]. Journal of the America Society of Information Science，1973，24(4)：265～269.

[11] Chen C M, Ibekwe-SanJuan F, Hou J. The structure and dynamics of co-citation clusters: a multiple-perspective co-citation analysis[J]. Journal of the American Society for Information Science and Technology, 2010, 61(7): 1386～1409.
[12] 侯剑华，陈悦．战略管理学前沿演进可视化研究[J]. 科学学研究，2007，25(Z1)：15～21.
[13] Chen C M, Chen Y, Horowitz M, et al. Towards an explanatory and computational theory of scientific discovery. Journal of Informetrics, 2009, 3(3): 191～209.
[14] 李爱华，程培先．会计学基础[M]. 北京：科技出版社，2009.
[15] 王明吉，高景霄．会计学原理[M]. 北京：清华大学出版社，2012.
[16] 袁广达，姚辉．会计学原理[M]. 北京：经济科学出版社，2009.
[17] 于玉林．会计学发展 60 年的回顾与展望[J]. 会计之友(中旬刊)，2009，(10)：7～11.
[18] 赵宇龙．会计盈余与股价行为[D]. 上海财经大学博士学位论文，1999.

第 11 章

市场营销学的演进与研究前沿

20 世纪初，工业革命对资本主义经济的发展起到了重要的推动作用。商品经济和社会化大生产使美国出现了供大于求的买方市场现象。与此相适应，市场营销这门学科开始创生。20 世纪的 30～50 年代，第一次世界性的资本主义经济危机的出现为市场营销理论的应用提供了重要的实践土壤。50～70 年代是市场营销学从传统理念向现代市场营销理念的过渡时期。一方面，市场营销的理论研究与经济学、管理学、心理学、社会学等相关学科的联系更加紧密；另一方面，尤其是进入 90 年代以来，信息科学、计算机科学和互联网技术被广泛应用于企业的市场营销管理之中，不仅催生了新的营销技术和手段，更重要的是促成了营销管理思想的转变。市场营销观念随着社会生产力水平的提高而逐步演进，经历了生产导向阶段、销售导向阶段、市场导向阶段，目前正逐渐步入到社会导向营销阶段。

11.1 市场营销学概述

11.1.1 市场营销学的界定

起源于西方的市场营销学，中文有"市场营销学"、"市场学"、"行销学"、"营销学"等多种译法，作为一门学科的市场营销学不同于作为一种营销活动过程的市场营销。这里需要区别几个概念。

(1)市场：买卖双方聚集在一起进行交易的场所。

(2)营销：根据市场需要组织生产产品，并通过销售手段把产品提供给需要的客户。

(3)市场营销：1985 年，美国市场营销学会提出，"市场营销是引导产品及劳务以生产者流向消费者或用户的企业活动"。

1984 年，美国学者菲利普·科特勒(Philip Kotler)提出，“市场营销是指企业的这种职能，认识目前未满足的需要和欲望，估量和确定需求量大小，选择和决定企业能最好地为其服务的目标市场，并决定适当的产品、劳务和计划(或方案)，以便为目标市场服务”。

哈佛大学教授马尔科姆·麦克纳(Malcolm McNair)提出，“市场营销创造与传递生活标准给社会”。

通俗地说，市场营销就是商品或服务从生产者手中移交到消费者手中的一种过程，是企业或其他组织以满足消费者需要为中心而进行的一系列营销活动。市场营销学即为研究在市场中以消费者需求为中心的有关商业活动及其规律性的应用性学科。

11.1.2 市场营销学的研究对象

市场营销学的研究对象主要包括市场环境、交易买卖等活动和相关的各个环节。市场营销学所研究的市场，是指某种商品或劳务的现实购买者和潜在购买者需求的总和。而市场营销是指企业为实现一定目标，主动适应和利用环境，通过市场达到交易，满足现实或潜在需要的综合性经营销售活动过程。在对研究对象的深入剖析中，几组市场营销的要素关系需要加以辨识，即需要、欲望和需求；产品；价值和满足；交换和交易；市场和营销者。

人类是受需要和欲望支配的。需要是有机体感到某种缺乏而力求获得满足的心理倾向；欲望是对具体满足物的愿望，需要和欲望要通过获取某些产品来得到满足。当人类有能力去满足，则称为需求，无论是否需要，而在对产品进行选择时，要以价值和期望满足作为指导。交换是市场营销学中的核心概念，但交换作为社会再生产的一个环节，不能离开其他环节(生产、分配、消费)孤立地进行研究。交易在此基础上又包含了货币中介过程。市场是由一组有相同需要的人组成的，营销包括与市场有关的那些活动，即为使潜在交换成为现实而进行的一系列活动[1]。

有关市场营销学研究对象的特征，从市场营销活动的运行中可以归纳出以下几点：

(1)现代市场营销学研究的是买方市场条件下企业的营销行为及其规律，而并非是在研究任何市场状态下企业的营销行为。只有在买方市场的条件下，才会存在作为卖方的企业的相互竞争，才会促使企业从满足顾客需要出发有效开展营销活动达到利润最大化的目标。

(2)现代市场营销学研究的是从微观的角度研究问题，侧重于实践与应用，这一点与主要研究宏观经济运行规律的市场经济学不同。

(3)满足消费者的需求是企业营销的出发点和中心，因此要有效地组织企业的营销活动，关注消费者的需求、行为变化，制定各种营销策略的组合和搭配，合理规划营销活动与管理。

(4)市场营销学研究的范围：市场、消费者、市场营销策略、制定与实现市场营销策略的方法。

我国的贺名仑教授对市场营销学的研究对象有过这样的描述："市场营销学所研究的是以消费者需求为中心的市场营销关系、市场营销规律及市场营销策略。"他指出营销理论研究要剖析企业所面临的各种营销关系，探索、认识和驾驭市场营销领域的规律。在此基础上，制定、执行和控制企业自身的营销战略与策略。研究企业的市场营销活动，并为企业的营销管理服务[2]。

综上所述，市场营销的研究对象，即为在买方市场条件下以满足消费者需求为中心的市场营销活动过程及其规律性。

11.1.3　市场营销学的性质与特点

基于对市场营销学界定与研究对象的分析，可以看出市场营销学有以下性质与特点：

(1)全过程性。市场营销学所研究的范围从流通领域延伸到生产领域以及消费领域，包括了产品的构思和设计开发、市场调查、市场预测与一系列售后服务活动。因此，市场营销学的研究领域已经扩展到社会生产和社会再生产的全过程。随着现代市场的发展，市场营销学的研究重点已从研究单纯的广告、产品推销转移到研究整个企业营销的战略和策略上。

(2)动态性。随着社会的发展，市场营销需要面对的是一个日趋复杂多变的动态市场；随着市场环境的变化，消费者群体日趋成熟以及买方市场等现象的出现，使得市场营销学研究对象的范围不断扩大。因此，决定了市场营销学的研究方法必须是动态过程研究法，基本条件就是必须重视企业与市场之间的信息沟通。

(3)综合性。市场营销学的不断改革与发展，使其日益成为综合性的新兴学科。它以经济科学为基础，吸收、借鉴并融合了行为科学、现代管理科学、社会学、心理学等，自成一体，具有综合性研究特征。

(4)实践性。与其他学科相比，市场营销学具有很强的社会实践性。市场营销学的基本理论、方法和策略是市场营销学专家和广大市场营销实践工作者对其思想和实践经验的高度概括和总结，市场营销学的重点是研究整个企业营销的战略和策略，二者相结合，能更好地指导如何实现企业的营销价值。

(5)科学性与艺术性的有机统一。市场营销学作为一门多学科的综合体，拥有自己明确的研究对象、原则和方法。在实际工作中，运用市场营销学的基本理论、方法进行策略分析与解决问题时，必须分析市场营销环境和竞争对手的情况来识别、选择和利用市场机会。通过分析消费者的需求差异来确定市场目标和市场定位，不断满足消费者的需求，也就是运用科学性的理论知识来教会人们如何做出营销决策的一种艺术。它的科学性和艺术性源于实践，并归于实践，使其具有强大的生命力。

11.1.4 市场营销学的研究方法

市场营销学的研究方法，主要包括定量研究方法和定性研究方法两大类。其中，定量研究方法主要有针对于市场战略相关研究常用的问卷调查法和针对于消费者相关研究常用的实验法等；定性研究方法主要包括扎根理论方法、案例分析方法等。

此外，基于市场营销学的特征与研究对象的性质，在具体的研究中，也运用其他一些研究方法，常见的有以下几种方法。

(1)管理研究法。管理研究法是从管理决策的角度研究市场营销管理。与传统营销学的研究方法相比，它脱离了具体的产品和业务，而把市场营销管理的概念和规律抽象出来，将这些具有规律性的营销理论与企业的市场营销管理实践相结合，研究企业如何最有效的为目标市场服务，实现既定的战略目标。这种方法非常重视和强调营销战略、营销策略的制定，以及营销计划的执行、控制和调整等。

(2)系统研究法。系统研究法主要应用了系统工程的原理和方法，从市场营销管理系统的角度出发，分析各系统之间相互影响、相互制约和相互作用的关系，认为系统各层次只有保持相互适应、协调和平衡的状态，才能使整个系统达到有序和平衡运转。具体来说，系统研究法认为企业、行业、社会环境等都是不同层次的系统，并且有相互制约、相互影响的作用，进而强调不同层次之间的变化会影响到企业市场营销。

(3)社会研究法。这种方法主要是研究企业的市场营销管理活动和各种市场营销机构为社会所做出的贡献及付出的成本。

11.2 市场营销学的创生

11.2.1 创生的时代背景

首先，市场营销学产生的实践基础是商品经济的发展。生产力的发展促使社会分工的产生，社会分工是商品经济产生与发展的基础。有了社会分工，不同分工的生产者会生产出不同的劳动产品进行商品交换。随着生产力的发展，生产的社会化程度不断提高，社会分工就越加细化，要求交换的范围越广，次数越频繁，商品经济就越发达。社会分工是商品经济存在的客观需要，尤其是在工业革命爆发以后，以美国为代表的资本主义国家迅速发展，市场规模急剧扩大，这为大工业化生产提供了强有力的物质基础，同时也带来了新的竞争和挑战。

其次，社会化大生产催生了以商品交换为目的的市场营销活动。生产资料属于不同的所有者，相互之间只能通过自愿互利的平等交换才能获得自己所需要的产品。社会生产的组织化和规范化发展，推动了生产资料与劳动力集中在企业中进行有计划、有组织、有规模、有效率的生产。社会分工不断向专业化发展，使得商品间的生产协作更加紧密。人们对商品的需求也在不断提升，交换变得更加频繁，这使人们意识到需要在一个特定的环境与条件下进行这种商品的交换，这种集中进行买卖双方的各自需求的交换，就形成了市场。市场的发展使得人们发现、创造、沟通并将有价值的商品卖给消费者。买卖双方彼此受益，这样的一种组织功能与程序是必要的，这就是市场营销。

再次，市场规模的急剧扩张，使得卖方市场开始向买方市场转化。市场规模的扩大刺激了生产厂商的扩张欲望，科学技术的不断进步和发展使得企业进行大规模生产成为可能。资本主义社会开始由农业经济向工业经济转化，由家庭作坊向大规模工厂转化。这些都有力地推动了社会生产力的发展，但同时供求关系也开始由卖方市场逐渐向买方市场转化，市场营销日益成为企业管理的一项重要职能[3]。

最后，商品流通体系和商品价值构成发生变化。市场规模的迅速扩张，商品的不断丰富和人们对商品需求的多样化程度不断提升，促成了商品流通体系的变化。也就是说在生产厂商和消费者之间出现了一个中间商体系，与此同时，生产企业内部开始出现销售商队伍，而且发展迅速，日益成为与生产者具有同样重要地位的组织构成。

20 世纪初，以美国为代表的资本主义国家的生产体系和商品交换流通体系都发生了重大的变化，导致企业管理思想和理念开始逐渐转变，一门研究企业如何在市场条件下提供有效供给，提高企业绩效的新学科，即市场营销学应运而生。

11.2.2　学科渊源与理论基础

市场营销学的创生和发展与经济学、心理学、社会学、管理学、行为科学等学科有着密切的联系。这些学科的发展为市场营销学的发展奠定了理论基础。

1. 经济学与市场营销学

经济学是研究社会物质资料的生产、交换、分配和消费等的经济关系和经济活动，即研究人类社会生产方式及其发展规律的学科总称。经济学是市场营销学发展的一个重要理论基础。在早期，很多经济学专家都进行过市场营销学方面的研究，市场营销学在很长一段时期内被看做是经济学的一个分支。市场营销学的发展也借鉴了许多经济学方面的概念与理论。市场营销学是经济活动的一个重要组成部分。人与社会怎样将时间花费在选择的物质生产资料上，去生产各种不同类别的商品，并将它们进行合理的分配和用于消费。消费者的满意度是以样式、价位、时间、地点和占有情况等经济效用为前提的。经济学是消费者行为分析研究的前提，而市场营销活动的开始是以消费者行为分析为基础的，只有对消费者的行为有了清晰的分析思路，才能制定出适合企业的市场营销策略。它广泛借用了偏好、无差异曲线、边际效用、机会成本和理性等经济学概念[4]。

市场营销学从经济学中汲取和移植的理论和方法基础主要表现在以下方面：

(1)市场定位理论。通过产品的差异化制造出缺乏弹性的需求曲线，不同的企业就可以根据不同的目标消费市场进行市场定位。制定营销战略时不仅要考虑到目标消费者的需求，同时也要关注竞争对手的发展动向。

(2)市场营销定价理论。经济学上认为不同的消费者对同一种产品具有不同的需求弹性，所以市场营销定价中就采用了差别定价的方法，使企业所生产的商品在不同的目标消费群中可以被接受，从而获取更多的利润。然后，根据信息经济学中“价格—质量”效应的原理，即在信息多元化与不对称的情况下，消费者往往会认为高质量产品的价格相对于同类的其他产品的价格较高，企业就将创立品牌与高价策略相结合，力求在消费者心目中树立一个高品质形象，从而高价出售商品，获得理想的收益。

(3)销售渠道的建立是经济学中的劳动分工原理在市场营销学中的应用。有效的劳动分工可大大降低执行分销本身的成本，不仅使劳动力得到了充分的运用，同时还提高了执行分销的效率。在销售渠道的发展中，批发商、零售商或代理商各自承担了不同的职能，具有制造商所不具备的分销技能。他们通过各种渠道大规模的分销产品以获得规模经济效应，同时其经营的产品的种类比较多样化，范围经济效应也十分明显。另外，根据交易费用理论，垂直一体化销售渠道本身会产生内部交易成本，而借用他人的销售渠道则会形成市场交易成本，企业会通过资产比较这两种成本的多少来选择适合自己企业的销售渠道。具体而言，销售渠道选择的重要标准是专用性和不确定性[5]。

2. 心理学与市场营销学

心理学研究人的心理活动发展规律，而市场营销学的研究群体是目标市场的消费群体，而人是市场销售活动的主体，二者交叉融合发展使市场营销心理学的创生成为可能。

早期的市场营销心理学主要侧重于广告促销心理行为的研究。1903 年，美国心理学家沃尔特·斯科特(Walter D. Scott)的《广告论》是市场营销心理学最早的著作。进入 20 世纪 60 年代后，定价心理研究和消费者心理研究成为市场营销心理学研究的主要内容。70 年代末，以德国学者彼德·萨尔曼(Peter Salman)的《市场心理学》为代表，市场营销心理学进入了一个完善和成熟期，其研究领域几乎涵盖营销活动的全过程。它不仅仅限于研究营销活动中广告促销心理和消费者的心理，同时也研究市场细分和厂商对中间商、推销人员的心理策略。对消费者在购买过程中对产品的满意度研究，消费者对服务知觉、态度、记忆等认知过程以及消费者购买动机的分析，都是对心理学的认知理论与动机理论的应用。

3. 社会学与市场营销学

社会学是一门综合性科学，它所研究的是社会总体的结构、功能及其发展规律，主要内容有社会生活条件、社会化、社会互动、社会群体、社会组织、社会制度、社会问题及社会变迁。它为人们认识和改造社会提供系统实用的科学知识。

社会学中研究的地域、文化、家庭、社会阶层及地位相关理论等是消费者行为分析中的主要理论基础。这些都会影响到消费者的购买力及其行为，也将直接决定企业市场营销策略的制定与实施。组织市场的分析，所涉及的组织、权利、地位、消费群体等概念也是社会学所包含的。市场营销学从这些角度出发研究，并根据组织市场的一些基本特性，形成了一个有别于消费者行为分析的模式。同时，市场营销学的研究者常常借鉴社会学家对未来社会发展状况的预测，来分析未来市场上消费者的变化趋势，并据此进行企业的市场营销战略的制定。除此之外，社会学中的新闻传播理论，是市场营销学中新产品推广营销策略的理论基础，而社会关系和网络理论也是市场营销中的交易和关系营销的理论基石。

4. 管理学与市场营销学

市场营销学是管理学门类的一个重要分支学科。管理学既是市场营销学创生的学科基础，也为市场营销学的形成提供了重要的理论土壤。20 世纪初，随着生产力的发展，一场管理革命应运而生，在管理革命中形成的新管理理论和管理方法应用于社会生产的实践中，使社会生产率得以极大地提高，从而加速了卖方市场转向买方市场的进程。这一时期，行为科学成为管理学研究的焦点之一，它包括一系列以人为中心的激励理论，主要有需求层次理论、强化理论、期望理论、双因素理论等。其中，马斯洛的需求层次理论为市场营销学的形成提供了重要的理论基础。马斯洛的需求层次理论以人的需求为核心展开研究，而需求正是市场营销中的核心概念之一。马斯洛的需求层次理论使得市场营销学中关于需求的理论研究更加完善。此外，行为科学中的其他激励理论，也为市场营销学中营销的顺利实现和理论的最终形成提供了基础。

当前，营销管理已经成为企业管理中非常重要的工作环节，是在企业的经营目标和总体战略之下，根据对经营环境的分析结果，对市场进行细分，选定希望进入的目标市场，据此来制订市场营销计划和营销组合，并且推动计划的落实执行和对执行计划的过程进行监督控制、评估、检讨和修订。市场营销工作必须与企业的产品开发、生产、财务等工作环节相协调。只有这样，企业的整体经营目标才能够得以达成，企业的总体经营策略才得以有效的贯彻落实。

11.2.3 教育发展的推动

早期研究市场问题的学者们一直被“分配”这一问题所困扰。随着“营销”一词的出现，解决了人们对产品与货物如何分配等一系列问题的困惑。据资料记载，美国的密西根大学于1902年开设了关于营销的学科，将其称为“美国的分配和管理行业”；市场营销学首次进入大学课堂是在1905年，宾夕法尼亚大学的一名教授开始讲授以“产品市场营销”为名的课程，这是市场营销学发展的一个里程碑。1906年俄亥俄大学开设“产品分配学”课程。1920年，美国一些知名大学也开始逐步的开设这门课程，如加州大学、密歇根大学、宾夕法尼亚大学、匹兹堡大学等。在这一时期，出现了一些市场营销研究的先驱者，其中最著名的有阿奇·肖(Arch W. Shaw)、巴特勒(R. S. Bulter)、斯威尼(J. B. Swirniy)及赫杰特齐(J. E. Hagerty)。赫杰特齐通过走访大企业主，了解他们如何进行市场营销活动，于1912年出版了第一本销售学教科书，为日后市场营销学的发展奠定了基础，成为市场营销学发展史上重要的里程碑。

市场营销理论和观念的不断发展离不开营销教育的推动。大学和研究所在企业管理和营销实践的推动下，纷纷开设营销学相关课程，开展相关的理论和实践研究。营销教育的发展一方面丰富和发展了市场营销学理论和学科体系；另一方面也为市场营销学理论的研究和实践培养了大批专业化人才和研究队伍。20世纪90年代以来，随着营销教育的国际化发展趋势和互联网技术的迅猛发展，营销教育再一次显示出对市场营销学发展的重要作用。营销教育已经成为市场营销学不断完善和发展的重要基础力量。

11.3 市场营销学的演进

随着时代的进步和市场经济的发展，市场营销学也从根本上发生了变化，从传统市场营销学演变到现代市场营销学，从国内扩展到国际的广泛传播与发展。当前，市场营销学已同企业管理相结合，并同许多的学科相结合，发展成为应用性的综合管理学科。从学科的创生到发展成为相对完善的科学知识体系，其演进历程可总结为萌芽和创生、形成和巩固、蓬勃发展和走向成熟四个阶段。

11.3.1　萌芽和创生阶段

20 世纪初期，各主要的资本主义国家经过工业革命的洗礼，在生产力和城市经济的发展上都得到了迅速提升，消费者对商品的需求量也急剧上升，并出现了供不应求的卖方市场现象，企业的产品价值得到了充分体现。与此同时，市场营销学也逐步开始形成与创立。

最早与市场营销有关的文献当属 1901 年的约翰·克罗威尔(John F. Crowell)所写的产业委员会分销报告。而最早从理论上研究市场营销问题的学者是阿奇·肖，他在 1915 年撰写了《关于市场分配的若干问题》一书，全面论述了有关推销、分销、广告等方面的问题，在书中他还没有提到"市场营销"一词，认为分销和营销是同一概念。阿奇·肖的思想是将原料采购、中间商、广告、市场、价格政策等商品分销活动率先从生产活动中分离出来，并从全局出发来考虑分销的职能及应用，形成了较系统的具有生产观念特点的销售学[6]。与此同时，部分高校的学者和研究者开始讲授与市场营销相关的课程和理论，为市场营销学更广泛的推向社会奠定了基础。高校开设市场营销课程是市场营销初创阶段最为瞩目的成就之一。这一时期，市场营销学的教学和研究是以产品的生产、分配为主。

11.3.2　形成和巩固阶段

第一次世界大战过后，资本主义国家经济危机造成经济的萧条，为市场营销学者研究市场的发展奠定了实践基础。一方面生产过剩，产品大部分积压；另一方面消费者的潜在需求未得到满足，迫使企业不得不采取各种方式加大产品的推销力度，使企业尽快摆脱危机和萧条的影响。1932 年，弗雷德·E. 克拉克(Fred E. Clark)和韦尔德(L. D. H. Weld)合著的《农产品市场营销》一书，全面深入地论述美国农产品市场营销，指出市场营销系统的目标是"使产品从种植者那里顺利地转移到使用者手中"。1940 年，亚历山大(Ralph S. Alexander)等在《市场营销原理》一书中，对市场营销的职能进行了研究。1942 年，克拉克(Fred E. Clark & Peter Clark)在《市场营销原理》一书中，把市场营销的功能归纳为三类：交换职能——销售和采购；物流职能——运输和储存；辅助职能——融资、风险承担、市场信息沟通和标准化等[7]。这一阶段市场营销学以功能研究为主，主要包括交换功能、实体分配功能和辅助功能。

第二次世界大战结束以后，世界范围内的资本主义势力急剧下降，经济发展也被大大削弱。在战争中，急剧膨胀起来的美国大企业集团急着寻求新的出路来解决生产过剩的商品，市场竞争日趋激烈。市场营销的发展迎来了一次机遇。这一时期，市场营销理论侧重职能研究。威利(Rorand S. Vaile)、格雷瑟(Edwald T. Grether)、考克斯(Reavis Cox)、梅纳德(H. H. Maynard)和贝克曼(Theodore N. Beckman)是这一时期典型的代表人物。1952年，由威利、格雷瑟和考克斯合著的《美国经济中的市场营销》一书，反映了经济学对市场营销思想的影响，详细论述了市场营销如何影响资源配置，指导资源的使用，尤其是指导稀缺资源的使用。同年，梅纳德和贝克曼在出版的《市场营销学原理》一书中，提出了市场营销的定义——影响商品交换或商品所有权转移以及为商品物流服务的一切必要的企业活动，并且提出了研究市场营销的五种方法——产品研究法、机构研究法、历史研究法、成本研究法、职能研究法[7]。

从20世纪初期到第二次世界大战以前是市场营销学的形成和巩固时期，通过将多种市场营销原理整合在一起，形成新的市场营销理论，并作为一门学科创立。市场营销的原理及研究方法在此期间得到研究，传统市场营销学开始形成。与此同时，市场营销在企业经营活动中受到广泛重视，市场营销的社会效益也开始受到人们的关注。

11.3.3 蓬勃发展阶段

第二次世界大战后是经济的恢复期，20世纪40年代美国又兴起了新一轮的科技革命，由于战后初期美国拥有雄厚的物质基础、众多优秀的科技人才、优越的地理环境和巨大的市场容量，美国政府高度重视科技，积极采取措施推动科技事业的发展。这次的科技革命推动了科学知识与技术知识的融合，一批新兴工业也随之产生，美国经济的发展一度达到繁盛时期，这也使企业的经营经历了前所未有的繁荣发展，市场营销的发展也进入了一个新的发展阶段。

罗·奥尔德逊(Wraoe Alderson)、约翰·霍华德(John A. Howard)及麦卡锡(E. Jerome Mclarthy)是这一时期市场营销学研究的代表人物。奥尔德逊在1957年出版的《市场营销活动和经济行动》一书中提到市场营销管理的思想。霍华德是将“市场营销”与“管理”两个概念结合在一起的第一人，在其出版的《市场营销管理：分析和决策》一书中，他指出营销管理的实质是企业“对于动态环境的创造性适应”。他率先提出从营销管理角度论述市场营销理论和应用，并从企业环境与营销策略二者的关系来研究营销管理问题，强调企业必须适应外部环境。麦卡锡于1960年在其出版的《基础市场营销》一书中，对市场营销管理提出了新的见解，并对美国市场营销协会所给出的定义略作修正，指出“市场营销就是指将商品和服务从生产者引向消费者和用户所进行的一切企业活动，以满足目标顾客需要和实现企业目标”。他把消费者视为一个特定的群体，即目标市场，企业制定市场营销组合策略，以适应外部环境的发展。麦卡锡所给出的市场营销定义，反映了他独到的营销管理理论，即以消费者为中心，全面考虑企业面对的内、外部环境，以促成企业各项经营目标实现的管理思想。他还提出了著名的“4Ps”理论，他将市场营销组合要素归结为四个基本策略的组合：产品（product）、价格（price）、地点（place）、促销（promotion）。这一理论成为后来市场营销学的基础理论。

经济与科技革命的双重影响，促使市场营销理论又有了进一步的发展，新兴技术的发展使得企业的营销管理导向更加科技化、现代化、规范化。企业在制定方针政策及执行中，更加科学化、全面化和效率化。这一时期的研究重点是市场营销管理的导向，这是市场营销学在企业管理研究中不断发展的方向与趋势，而新兴技术的兴起为这一进步奠定了良好的发展基础。

11. 3. 4　走向成熟阶段

随着经济的繁荣和企业规模的扩张，市场营销学也得到了空前发展。在发展演进中，市场营销学吸收了心理学、社会学、行为科学、管理科学等学科的理论精华，并对一些概念进行了总结、归纳，形成了新的理论和研究方法，市场营销理论进一步成熟，市场营销概念和原理的运用日益普及。这一时期，乔治・道宁（George S. Downing）、菲利普・科特勒等学者对市场营销理论的发展做出了重要贡献。1971 年，乔治・道宁出版的《基础市场营销：系统研究法》一书，提出了一个比较系统的研究方法，认为公司就是一个市场营销系统，“企业活动的总体系统，通过定价、促销、分配活动，并通过各种渠道把产品和服务供给现实的和潜在的顾客”。1967 年，菲利普・科特勒在《营销管理：分析、计划与控制》一书中对市场营销的定义是：“市场营销是旨在促进和完善交换行为的一系列人类活动。”书中全面、系统地发展了现代市场营销理论。同时，他还提出：“营销管理就是通过创造、建立和保持与目标市场之间的有益交换和联系，以达到组织的各种目标而进行的分析、计划、执行和控制过程。”新科技革命的发生使生产部门的工作更加专业化、协作化，人们的消费水平也进一步得到提升，人们的消费习惯、消费方式、消费结构都发生了很大变化，企业的市场营销方向逐渐转向第三产业。

20 世纪 80 年代，美国遭遇了严重的经济危机并引起工业生产急剧下降，迫使政府对经济政策结构进行了一次大的结构调整。经济危机使得传统产业受到一定的打击与挫折，政府将一些新兴技术植入到传统的企业当中，为其注入新的技术力量。这不仅使企业的基础设施与生产技术有了提高，而且在组织结构上也有了优化，使其生产的产品在市场上有了一定的竞争力，企业的经营管理也有了较大的创新与改革。改革与创新观念的倡导，为市场营销学理论的发展提供了前进的动力，使市场营销学领域出现了大量的新概念与新思想，应用范围在不断拓展。1981 年，莱维・辛格（Ravi Singh）和菲利普・科特勒对“营销战”这一概念进行了研究。1983 年，莱维特(Theodore Levitt)对“全球营销”问题进行了研究，指出生产、分销和广告方面规模经济的损失及增加成本，是由于过分强调全球营销对不同当地市场的实用性与适用性，他呼吁跨国公司向世界各地市场提供统一的产品，采用统一的管理、经营、沟通手段。1986 年，菲利普·科特勒又提出“大市场营销”这一概念，它是对传统市场营销观念的新的发展，在原有的“4Ps”的基础上，又提出了权力关系与公共关系。这既是对传统观念的发展又是一种挑战。

20 世纪 90 年代，信息与电子通信技术的发展，又催生了直接营销、营销网络、定制营销、绿色营销、纯粹营销、政治营销、营销决策支持系统、营销专家系统等理论与实践。特别是进入知识经济时代后，网络成为人们消费购物的一种工具，网络营销开始引起学术界的广泛关注，成为当前市场营销学研究的重要领域和热点方向。

11.4 国际市场营销学的研究前沿

市场营销学经历了近一个世纪的发展演化，学科理论基础不断深化，研究方法和研究工具相对成熟，已经形成了相对完善的学科知识体系。在学科演进的过程中，市场营销理论结合时代主题与实践背景，不断与相关学科和知识领域相互借鉴与交融，促使其学科知识体系不断分化，形成了多元化的分支研究领域。尤其是伴随信息科学和互联网技术的飞速发展，市场营销学演化生成了电子商务、网络营销等新兴学科和知识领域。

11.4.1 国际期刊的选择与处理

21 世纪以来，随着国际环境的复杂多变，企业生存的市场竞争日趋激烈，这为市场营销学理论和实践发展提供了重要的机遇和广阔的发展空间。大量关于市场营销理论相关研究的学术文献不断涌现，相关的理论应用也得到了飞速发展。为进一步展现近年来市场营销学研究的前沿和热点问题，应用当前国际科学计量学领域的前沿研究技术，对近十余年国际上权威的市场营销领域核心期刊的文献数据进行信息可视化分析，绘制该领域研究的科学知识图谱，清晰地展现国际范围内这一学科领域研究的前沿问题和热点问题，为相关领域研究者和专家提供客观的研究依据和决策支持。

国际核心期刊数据的选择，主要来源于美国汤姆森路透集团的 Web of Science，它是 SSCI 数据库的入口网站。首先从美国科学情报研究所出版的 JCR 中的 business 领域中选择市场营销领域核心期刊，根据期刊的影响因子和刊载论文的影响力指标，选取期刊 5 年平均影响因子大于 2，并且刊载论文的影响值大于 1 的期刊作为本部分分析的数据来源期刊(表 11.1)。

表 11.1　市场营销国际核心期刊列表

期刊名	影响因子	5 年平均影响因子	即时影响因子	特征因子值	文献影响值
J MARKETING	3.77	7.243	0.449	0.012 29	2.524
J MARKETING RES	2.8	4.011	0.344	0.013 34	2.43
MARKET SCI	1.724	2.996	0.552	0.010 84	1.967
J CONSUM RES	2.59	3.644	0.465	0.010 94	1.659
J ACAD MARKET SCI	3.269	3.606	0.146	0.004 35	1.053
J CONSUM PSYCHOL	2.405	2.691	1.765	0.003 69	1.011

最新美国科学情报研究所引文数据库包括 SCI-EXPANDED、SSCI、CPCI-S、CCR-EXPANDED 和 IC 等。应用的信息可视化分析工具是 CiteSpace 可视化软件系统。检索时间范围为 2000～2011 年，经过数据清洗处理，共获得用于分析的文献数据 3 798 条，包括引文 158 620 条(2012 年 6 月检索)。文献逐年分布情况如图 11.1 所示。整体上来看，与市场营销学相关国际核心期刊文献在 2000 年以来的数量分布较为平均，近年来在平稳中略有上升。

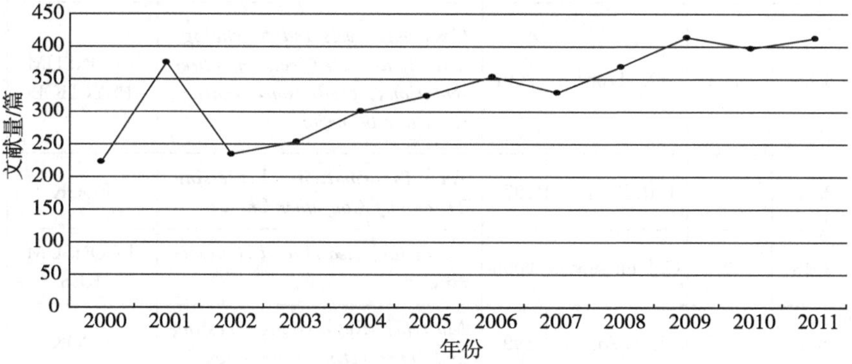

图 11.1　市场营销国际期刊文献量的逐年分布

11.4.2　市场营销学突现节点文献的分析

研究前沿的概念最早是由普赖斯(D. Price)于 1965 年引入的，用来描述一个研究领域的过渡本质的概念。普赖斯观察到利用他定义的即时指数的概念，可以看出科学家引用最近发表文章的趋势。在特定领域，研究前沿指的是科学家积极引用的文章的主要部分。根据普赖斯所说，一个研究前沿大概由 40～50 篇最近发表的文章组成[8]。这样，研究前沿就可以看做是在某一时段内，以突现文献为知识基础的一组文献所探讨的科学问题或专题。研究前沿必须在分析突现词(burst terms)和突现文献的基础上，结合对施引文献的分析，进行综合判断和探测。

在国际市场营销研究的文献共被引网络图谱中形成了若干突现节点文献，这些突现节点文献数据的详细信息如表 11.2 所示。根据前文界定的研究前沿，并结合这些突现节点文献的被引历史情况，分析文献信息，有助于理清国际市场营销领域近年来研究关注的前沿问题。

表 11.2　国际市场营销研究文献共被引网络中突现节点文献信息列表

频次	突现率	中心度	作者	年份	题目	期刊(专著)	聚类号
46	11.63	0.02	D. Muller	2005	*When moderation is mediated and mediation is moderated*	J PERS SOC PSYCHOL	2
36	11.51	0	J. Berger	2007	*Where consumers diverge from others: identity-signaling and product domains*	J CONSUM RES	29
34	9.72	0.01	K. L. Keller	2006	*Brands and branding: research findings and future priorities*	MARKET SCI	20
41	8.86	0.02	Y. Trope	2007	*Construal levels and psychological distance: effects on representation, prediction, evaluation, and behavior*	J CONSUM PSYCHOL	10
25	8.73	0	J. R. Bettman	1979	*An Information Processing Theory of Consumer Choice*	BOOK	16
21	8.48	0	G. J. Fitzsimons	2008	*Editorial: death to dichotomizing*	J CONSUM RES	24
167	8.4	0.05	L. S. Aiken	1991	*Multiple Regression: Testing and Interpreting Interactions*	BOOK	24

当前国际市场营销学领域的研究主要集中在三个方面：一是关于营销战略的研究；二是关于消费者行为的研究；三是关于营销建模方法和理论的研究。从表 11.2 列出的国际市场营销学研究文献共被引网络中的突现节点文献来看，主要是集中在这三大领域的研究，而且基本属于国际市场营销学领域的研究前沿问题的代表性文献。

11.4.3　市场营销学的研究前沿

利用 CiteSpace 信息可视化软件对前文确定的文献数据信息进行可视化分析，绘制国际市场营销研究的文献共被引网络图谱，网络图谱中包括文献节点 238 个，连线 871 条。在此基础上进行聚类分析，得到国际市场营销研究的文献共被引网络知识图谱(图 11.2)。

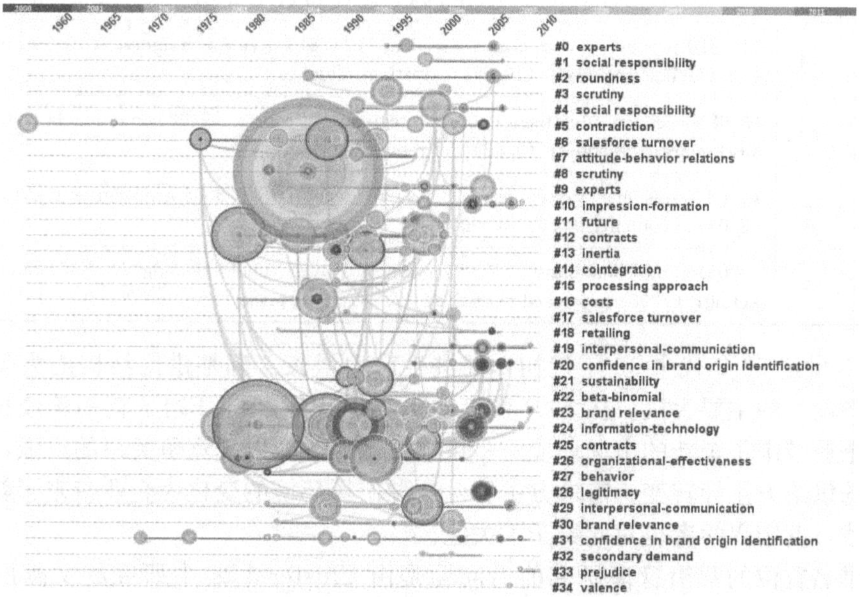

图 11.2　国际市场营销研究的文献共被引网络聚类图谱(2000～2011 年)

国际市场营销研究的文献共被引网络的聚类分析结果中，在 CiteSpace 软件提供的 TF＊IDF 算法下，我们选取聚类节点大于 5 的聚类进行分析，具体的聚类标识信息如表 11.3 所示。这些聚类折射了国际市场营销研究领域的知识基础结构及其研究前沿问题的动态。在标识词的列表中，权值最大的标识词代表了具体聚类的主要研究前沿问题。从本研究选取的 8 项聚类中权值最大的标识词，并结合施引文献的分析，发现当前国际市场领域研究的前沿问题主要包括：营销渠道治理；服务营销；产品分销；市场导向的组织文化；消费者产品选择决策；营销道德、企业社会责任和声誉；消费者感知；网络社区营销等方面。

表 11.3　国际市场营销研究文献共被引网络中节点大于 5 的聚类信息

聚类号	大小	主题词(TF＊IDF)
24	35	(17.85) opportunism；(16.14) governance mechanism；(15.77) alternative governance mechanism；(15.77)managing marketing channel opportunism；(14.95)conceptualization

续表

聚类号	大小	主题词(TF * IDF)
23	21	(14.47)economic worth；(13.33)service encounter；(12.56)service quality；(11.81) technology infusion；(10.77)economic
31	19	(9.5) video；(9.5) sequential distribution channel；(9.5) movy；(7.98) diffusion；(7.98)distribution channel
26	15	(13.25)performance outcome；(13.25)multiple-layer model；(13.25)measurement issue；(13.25)market-oriented organizational culture；(12.6)market orientation
12	14	(11.81) product option choice decision；(11.81) decision framing；(10.8) forgone；(10.37)choice context；(10.37)competing influence
20	11	(9.92)deceptive advertising；(9.92)regulatory report；(9.92)omission bia；(9.92) stock market response；(9.92)firm reputation
21	9	(8.03) consumer perception；(8.03) ad repetition；(8.03) incongruent extension；(8.03)ad content；(7.63)extension
30	9	(9.08)online community；(7.98)meaning；(7.98)understanding word-of-mouth marketing；(7.98)networked narrative；(7.66)public place

20 世纪 80 年代末 90 年代初，促进生产力增长、调整供给结构成为美国提升经济增长的主要手段。从 1991 年 3 月开始，美国经济开始了新一轮增长，这为各企业带来了全新的市场环境——供求关系的改变以及竞争关系的增强，即由原来的供给方主导转变为需求方主导。这种市场环境的变化为企业带来了新的营销挑战，营销界学者也对此给予了关注。

排名首位的营销管理研究前沿问题是由 Cluster # 24 中研究的文献所代表的。这一聚类共包含了 35 个节点。从聚类的标识词，结合施引文献分析，可以总结这一聚类是关于营销渠道治理问题的研究。对企业而言，如何将其货品或劳务的所有权向消费方转移成为一个重要的课题，企业需要关注资源供应商、生产者、中间商、代理商、辅助商以及终端消费者等营销渠道中的所有环节，以建立快速、高效、低成本的营销渠道来面对日益激烈的竞争环境和日益挑剔的消费者。在这个时期，对营销渠道的研究多以管理制度为出发点，并关注顾客体验。

第二个研究前沿问题是由排名第二位的 Cluster # 23 所代表的，该聚类共包含了 21 个节点，代表服务营销相关研究及其对企业绩效的影响。面对日益同质化的商品以及期望日益增加的消费者，服务成为增加商品附加价值的利器。因此，服务质量测量与评估、服务质量提升、服务质量对企业绩效的影响等研究问题变得突出和急切。

排名第三位的聚类是 Cluster # 31，共包含了 19 个节点。从标识词分析，该聚类研究的问题是关于产品分销渠道的相关研究。与营销渠道不同，产品分销渠道的研究抛开了原材料供应商及广告商等辅助商，只关注从商品向消费者转移过程中取得商品所有权或帮助商品所有权进行转移的企业或个人，即包括中间商、代理商、生产者和消费者。主要研究以效率和效益为中心的渠道设计及其影响因素问题、渠道成员间的合作共享、冲突与控制问题、渠道关系以及分销渠道评估及管理等问题。

排名第四位的聚类是 Cluster＃26，共包含了 15 个节点。该聚类主要是基于市场导向的组织文化的研究。由于 20 世纪 90 年代以来生产力的提升，市场供求关系已经从卖方市场转化为买方市场。因此，企业需要改变原有的以生产方为中心的组织文化，建立关注顾客需求、挖掘顾客需求、以顾客需求驱动企业生产、以满足顾客需求为中心的组织文化。在这个研究问题中，主要的研究方向为如何建立市场导向的企业文化以及市场导向的企业文化的建立对绩效和竞争力的影响。

排名第五位的聚类是 Cluster＃12，共包含了 14 个节点。该研究前沿关注消费者的产品选择决策，特别是面对众多可供选择的产品时的购买决策。20 世纪 90 年代初，美国经济好转，市场也开始繁荣，消费者面临着更多的产品选择。此时，探究影响消费者购买决策的因素、消费者进行购买决策时的决策路径等课题具有很强的理论和实践意义。企业可以根据影响消费者决策的个人因素，选择合适的目标市场，并有针对性地选择可以影响其购买决策的广告、服务、购买地点等刺激因素。根据企业自身的情况，对消费者购买决策路径实施影响，提升竞争力和绩效。

排名第六位的研究前沿是 Cluster＃20，共包含了 11 个节点。这个聚类所研究的热点问题是营销道德，企业的社会责任和声誉。21 世纪以来，企业与企业之间的竞争也已经从原来的产品竞争、价格竞争、服务竞争、品牌竞争发展到企业声誉的竞争。好的企业声誉能够增强消费者的感知价值，增强购买意向，提升企业的绩效。哪些因素能够影响企业声誉、企业声誉的评价指标、企业声誉对消费者购买决策及绩效的影响、企业声誉与企业危机管理的关系等成为了企业声誉研究中主要的研究问题。

排名第七位和第八位的研究前沿是消费者感知相关研究(Cluster＃21)以及网络社区营销(Cluster＃30)，均包含 9 个节点。为扩大产品及企业的知名度，让消费者能够了解并购买企业的商品，广告作为一种沟通手段被广泛应用。如何选择广告的内容及定位？广告对消费者产品认知过程中起到什么作用？尤其是关注了循环广告以及广告内容与产品不一致时，广告对消费者认识过程的影响。

20 世纪 90 年代迅速发展的互联网技术改变了人们的生活，也为企业和消费者提供了新的发布产品信息和获取产品信息的途径，网络社区便是这种信息发布和接收的代表。网络社区是指聚集了共同兴趣的网络使用者的网络空间，包括 BBS 论坛、贴吧、个人空间(Blog、SNS)、咨询网站等。由于网络社区具有开放性和自由性等特点，为企业进行口碑营销提供了便利。所以，网络社区口碑营销研究比较突出；同时这种新的营销模式及其价值以及对顾客忠诚的影响也成为学者们关注的问题。

11.5 市场营销学在中国的发展历程

1933 年上海复旦大学丁馨伯教授编写了中国第一本《市场学》教材。1978 年党的十一届三中全会以来，实行改革开放政策，为中国重新引进和研究市场营销学创造了有利条件，部分学者开始着手开展市场营销学的引进和研究工作。

1979 年以后，市场营销学被重新引入中国，暨南大学最早开设市场营销学课程。之后，哈尔滨工业大学、对外贸易部和第一机械工业部所属高校以及中国人民大学、湖北财经学院(现为中南财经政法大学)等院校，也于 1980 年前后开设市场学课程或讲座。市场营销演变实质上是一场社会的变革。中国市场营销的发展是与整个国家的改革开放，特别是与市场经济发展的脉搏一起跳动的，中国市场营销研究历史实际上是伴随着一段由计划经济向市场经济转化和过渡的发展史。经过几十年的发展，中国营销学的教育与实践已从单纯的理论学习阶段步入需要全面创新和拓展的时代。中国对于市场营销学的研究、应用和发展已取得了可喜的成绩。从整个发展过程来看，大致经历了以下几个时期。

11.5.1 引进和传播时期

改革开放初期，我们通过对国外市场营销学著作、杂志和国外学者讲课的内容进行翻译、学习，选派学者、专家到国外访问、考察、学习，邀请外国专家和学者来国内讲学等方式，系统介绍和引进了国外市场营销理论，这是市场营销中国化非常重要的基础性工作。由于当时社会条件的限制，该学科的研究还局限于部分大专院校和研究机构，从事该学科引进和研究工作的人数还很有限，并且对西方市场营销理论的许多观点的认识也比较肤浅，大多数企业对于该学科还比较陌生。这一时期主要是向国外学习营销理论，为中国市场营销学以后的进一步发展奠定了坚实的基础。

20 世纪 80 年代，全国各地从事市场营销学研究、教学的专家和学者开始意识到，要使市场营销学在中国得到进一步的应用和发展，必须成立各地的市场营销学研究团体，以便相互交流和切磋研究成果，并利用团体的力量扩大市场营销学的影响，推进市场营销学研究的进一步发展。1984 年 1 月，全国高等综合大学、财经院校市场学教学研究会成立。在以后的几年时间里，全国各地各种类型的市场营销学研究团体如雨后春笋般成立。各团体通过广泛地开展学术研究和学术交流，对中国市场营销学的传播做出了重要贡献，人们开始逐渐认识和接受这门学科[9]。

11.5.2　应用与扩展时期

1985 年以后，中国经济体制改革的步伐进一步加快，市场环境的改善为企业应用现代市场营销原理指导经营管理实践提供了有利条件。但在应用过程中出现了较大的不均衡，不同地区、行业及机制中的企业在应用营销原理的自觉性和水平上表现出较大的差距，同时应用本身也存在一定的片面性。具体表现为：

(1)沿海的经济特区由于受到进出口商品的影响，在市场营销原理的应用上自觉性较高，发展得也很好；

(2)企业的自主权较小、经营僵化的企业对市场营销理论的应用较少；

(3)由于国家经济政策的影响，市场营销在以纺织、食品、轻工业为主的行业领域发展较快，在市场营销理论的应用上也优于重工业和原材料行业。

在此期间，多数企业在应用市场营销原理时，偏重于分销渠道、促销、市场细分和市场营销调研部分[10]。由于地域、经济、教育的发展存在差异，企业在接受市场营销学的理论与应用上，就会有不同的表现。但总体来说，市场营销从 20 世纪 80 年代开始在企业和经济运行中逐渐得到广泛应用。

20 世纪 90 年代开始，市场营销教学研究队伍、市场营销教学、研究和应用的内容，都有了极大扩展。全国各地的市场营销学学术团体，改变了过去只有学术界、教育界人士参加学术研究的状况，也开始吸收企业界人士加入其中。学者们的研究重点也由过去的单纯教学研究，变成结合企业的市场营销实践进行研究，并对其分支学科的研究日益深入，取得了一定的研究成果。1991 年 3 月，经民政部批准“中国市场学会”(China Marketing Association)在北京成立。1994 年，学会创办《市场营销导刊》，后来创建“中国市场营销网”。这些都极大地促进了市场营销学科的建设与发展，在开展人才培养、学科建设、促进学术交流等方面发挥了积极的作用。自 1995 年起，中国市场营销学的理论研究与实际应用得到进一步拓展，市场营销学在中国进入广泛传播的发展时期。

11.5.3　国际化与本土化并行发展时期

1995 年 6 月，中外大学联合举办的第五届市场营销与社会发展国际会议在北京召开。来自 46 个国家和地区的 135 名外国学者和 142 名国内学者出席了会议，各国加强了学术间的交流，中国市场营销学研究开始进入国际化发展阶段。其中，会议论文集收录了 25 篇国内学者的论文，有 6 篇中国学者的论文荣获国际优秀论文奖[10]。中国研究市场营销学的学者就此开始大踏步地登上国际化研究的舞台，与国际学术界、企业界的合作进一步加强，市场营销学的发展更加专业化、科学化和团队化。在这一时期，中国市场营销学的理论研究受益于国际学术的交流，中国市场营销学的学者开始登上国际学术研究的舞台，并逐渐占据重要地位。1996 年 3 月，在全国人民代表大会和中国人民政治协商会议召开期间，第八届全国人民代表大会第四次会议通过的《中华人民共和国国民经济和社会发展"九五"计划和 2010 年远景目标纲要》中明确指出，国有企业要按市场需求组织生产，搞好市场营销，提高经济效益，建立科研、开发、生产、营销紧密结合的机制。在此期间，中国更加重视市场营销学人才的培养，使得教学与科研水平进一步提升。在人才培养方面中国从 80 年代缺少市场营销学教授，到如今已有数百名博士生导师。

1999 年，国内各大学已普遍开设了市场营销课程，传授关于管理学、经济学和现代市场营销学的基本理论、基本知识，还有市场营销的定性、定量分析方法等方面的知识。教育部也将市场营销学列为工商管理的核心课程。不少学校设置了市场营销本、专科专业。全国有市场营销学教师 4 000 多人，市场营销学课程建设步入相对成熟阶段。这一时期对人才的培养主要是语言与文字表达、人际沟通以及分析和解决营销实际问题的基本能力及熟悉中国有关市场营销的方针、政策与法规以及了解国际市场营销的惯例和规则等。

另外，这一时期国内市场营销学领域研究的文献数量开始迅猛增长。从中国期刊全文数据库中进行检索，分别以主题词和关键词的检索方式对检索结果进行比较分析(图 11.3)。检索结果显示，从 1995 年以后，国内该领域研究文献开始出现迅猛增长的发展态势，2008 年以后文献量略趋于平缓。这表明自 1995 年以来，中国学者对这方面的关注越来越多，投入的研究精力也越来越多，为与国际研究和发展接轨奠定了基础。

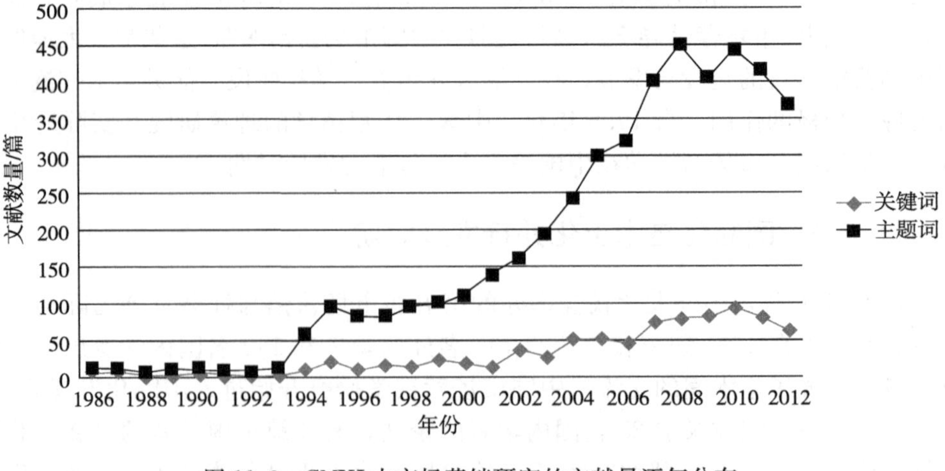

图 11.3 CNKI 中市场营销研究的文献量逐年分布

从图 11.3 中我们可以看出，在 1994 年之前，中国市场营销学的文献产量少，且折线起伏不大。1994 年之后，中国市场营销学文献产量迅速增加并逐年攀升，在 2008 年时，达到了文献产量的峰值共 447 篇。从图 11.3 中我们不难看出，在 1994 年以前，中国的市场营销学研究还停留在较为单纯的理论研究阶段，而且发展缓慢。1994 年之后，随着中国经济的进一步发展，越来越多的学者开始关注市场营销学的发展，并加以研究。特别是 1995 年在北京召开第五届市场营销与社会发展国际会议以后，中国的市场营销学研究开始与国际接轨。从学术研究到理论应用，在这一时期市场营销学都发展迅猛，得到了政府部门的重视，也造就了中国市场营销学这一时期的繁荣发展。

11.5.4　中国市场营销学研究热点分析

为进一步展现近来中国市场营销学研究的热点问题和前沿领域，研究者对中国社会科学引文数据库中收录的 2008～2012 年市场营销学文献数据，用 CiteSpace 软件系统绘制文献信息可视化知识图谱。在关键词共现网络的基础上进行聚类分析(图 11.4)，按照聚类大小和研究的相关度，结合 LLR 算法抽取的聚类标识词，整理出国内市场营销学的主要研究热点问题及其共现关键词列表(表 11.4)。

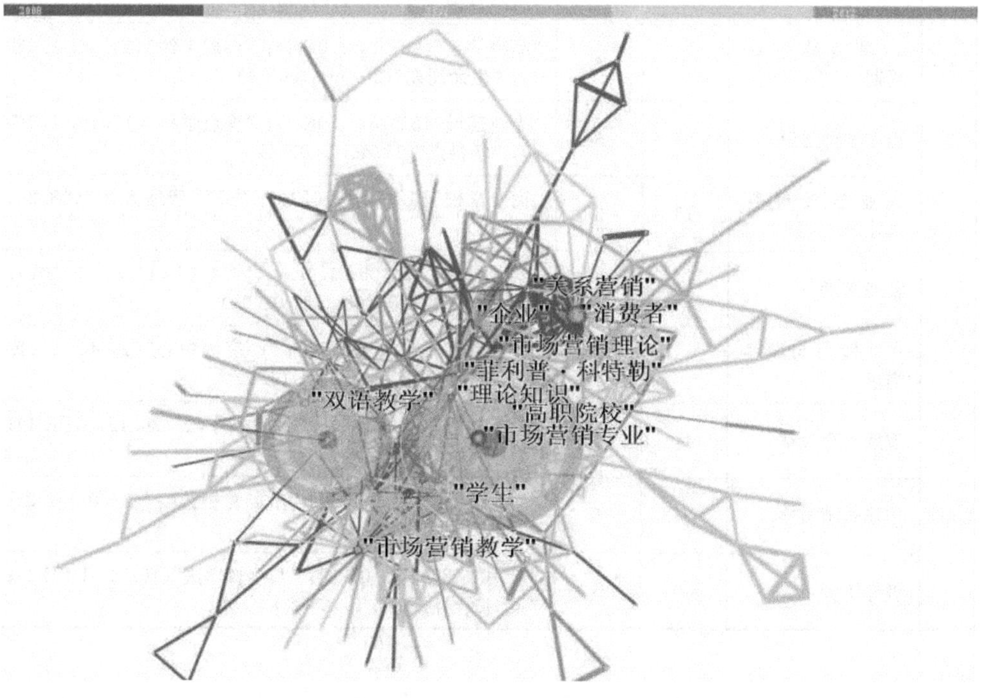

图 11.4　国内市场营销学领域研究文献的关键词共现网络图谱

表 11.4 国内市场营销学领域研究热点领域和主题词列表

年份	研究主题	聚类号	节点数	主题标识词(LLR)
2008	实践性教学	46	6	“中职市场营销”(32.68，1.0E-4)；“实践性教学”(28.33，1.0E-4)；“教学方法”(27.63，1.0E-4)
	现代企业营销渠道	7	6	“现代企业”(15.12，0.001)；“销售渠道”(15.12，0.001)；“竞争对手”(15.12，0.001)
	人才培养模式	33	5	“市场营销”(77.21，1.0E-4)；“市场营销”(68.95，1.0E-4)；“案例教学”(29.69，1.0E-4)
	服务客户	9	5	(7.74)“企业”；(7.74)“企业”；(7.45)“态度”；(5.18)“营销策略”；(5.18)“营销策略”
	市场营销学	50	4	“市场定位”(35.04，1.0E-4)；“营销策略”(23.62，1.0E-4)
	市场营销学改革创新	30	4	“创新”(27.8，1.0E-4)；“课程改革”(23.26，1.0E-4)；“市场营销”(13.48，0.001)
	教育模式改革	29	4	“改革”(58.86，1.0E-4)；“教学模式”(49.52，1.0E-4)；“教学内容”(24.18，1.0E-4)
	关系营销	5	4	“关系营销”(44.17，1.0E-4)；“交换”(29.51，1.0E-4)；“交易营销”(29.51，1.0E-4)
	心理契约生命周期	4	4	“品牌关系”(20.56，1.0E-4)；“心理契约”(20.56，1.0E-4)；“生命周期”(20.56，1.0E-4)
	重点学科建设	57	3	“专业建设”(21.78，1.0E-4)；“重点学科”(17.46，1.0E-4)；“学科点”(17.46，1.0E-4)
	商业学校经管人才	15	3	“商业学校”(18.28，1.0E-4)；“经济管理人才”(18.28，1.0E-4)
	实践探索	15	3	“实践探索”(20.05，1.0E-4)；“思考”(14.53，0.001)；“菲利普·科特勒”(13.36，0.001)
	市场能力与顾客需求	6	2	“竞争者”(35.44，1.0E-4)；“顾客为中心”(19.46，1.0E-4)；“关系营销”(19.46，1.0E-4)
2009	实践教育改革	41	9	“教学过程”(31.99，1.0E-4)；“教学法”(26.15，1.0E-4)；“教师”(25.31，1.0E-4)
	市场营销策略	54	5	“对策”(43.62，1.0E-4)；“市场营销策略”(18.09，1.0E-4)；“问题”(12.59，0.001)
	教育培训	40	5	“应用”(42.44，1.0E-4)；“案例教学法”(16.11，1.0E-4)；“案例教学法”(14.4，0.001)

续表

年份	研究主题	聚类号	节点数	主题标识词(LLR)
2009	教育教学特点探索	28	5	“教学”(44.23，1.0E-4)；“高职教育”(21.72，1.0E-4)；“特点”(17.9，1.0E-4)
	情景教育与教学	27	5	“高职”(19.59，1.0E-4)；“培养”(19.32，1.0E-4)；“情景教学”(15.52，1.0E-4)
	专业兴趣选择	24	5	“专业”(21.31，1.0E-4)；“兴趣”(17.15，1.0E-4)；“选择”(10.5，0.005)
	广告策划	58	4	“广告策划”(27.52，1.0E-4)；“传播学”(22.29，1.0E-4)；“广告文案”(19.3，1.0E-4)
	教学实践	42	4	“课堂教学”(23.43，1.0E-4)；“教学实践”(23.43，1.0E-4)；“物流管理”(15.71，1.0E-4)
	市场营销学	20	4	“市场营销学”(43.92，1.0E-4)；“市场营销学”(22.39，1.0E-4)；“消费者”(21.97，1.0E-4)
	高等职业学院	36	3	“美学”(9.83，0.005)；“心理学”(9.83，0.005)；“市场学”(9.83，0.005)
	服务营销策略	39	2	“策略”(33.65，1.0E-4)；“服务营销”(27.72，1.0E-4)；“过程”(21.36，1.0E-4)
	应用能力培养	34	2	“应用能力”(23.7，1.0E-4)；“人才培养”(18.17，1.0E-4)；“岗位需求”(11.75，0.001)
	案例教学	31	2	“实践”(45.03，1.0E-4)；“传统教学案例”(21.83，1.0E-4)；“全程案例教学”(21.83，1.0E-4)
	媒体与广告	22	2	“广告主”(9.16，0.005)；“广告媒体”(5.91，0.05)
	代理人理论	12	2	“销售人员”(19.46，1.0E-4)；“经销商”(15.66，1.0E-4)；“代理人理论”(9.69，0.005)
2010	职业生涯开发	25	5	“市场调研”(16.09，1.0E-4)；“现状”(12.31，0.001)；“研究人员”(12.31，0.001)
	品牌价值	16	5	“企业营销”(19.35，1.0E-4)；“赞助商”(15.71，1.0E-4)；“市场细分”(11.93，0.001)
	人力资源管理	56	4	“财务管理”(46.63，1.0E-4)；“二级学院”(41.14，1.0E-4)；“管理基础”(41.14，1.0E-4)
	营销教学	47	4	“营销教学”(39.03，1.0E-4)；“中职”(27.85，1.0E-4)；“教学方式”(18.27，1.0E-4)
	理论与实践教学	35	4	“实践教学”(59.73，1.0E-4)；“理论教学”(26.31，1.0E-4)；“现状及问题”(12.31，0.001)
	品牌战略组合	23	4	“经济环境”(26.06，1.0E-4)；“品牌内涵”(19.56，1.0E-4)；“西方国家”(15.81，1.0E-4)
	市场营销学	49	3	“学习兴趣”(37.85，1.0E-4)；“教学能力”(35.99，1.0E-4)；“互动教学”(35.99，1.0E-4)

续表

年份	研究主题	聚类号	节点数	主题标识词(LLR)
2011	营销方式	8	5	“营销方式”(25.13，1.0E-4)；“饥饿”(25.13，1.0E-4)；“创新能力”(20.66，1.0E-4)
	营销学位授予	59	4	“教授”(34.93，1.0E-4)；“理学硕士”(32.18，1.0E-4)；“企业管理”(24.62，1.0E-4)
	消费者需求理论	48	3	“企业市场”(33.57，1.0E-4)；“消费者需求为中心”(33.57，1.0E-4)；“定价”(25.86，1.0E-4)
	课程与教学	37	3	“课程教学”(12.11，0.001)；“关键能力”(7.97，0.005)；“服务项目”(7.97，0.005)
	市场目标定位	17	3	“电子商务专业”(34，1.0E-4)；“目标定位”(34，1.0E-4)；“现代物流”(29.03，1.0E-4)
	个性化营销	11	3	“个性化”(39.2，1.0E-4)；“网络营销”(39.2，1.0E-4)；“客户忠诚”(19.46，1.0E-4)
	营销策划	44	2	“营销策划”(19.02，1.0E-4)；“营销策划”(10.05，0.005)；“内容构成”(9.44，0.005)
	市场营销发展	18	2	“发展”(31.39，1.0E-4)；“传承”(11.75，0.001)；“网络经济”(11.75，0.001)
2012	营销支付能力	21	3	“经济”(27.51，1.0E-4)；“支付能力”(18.28，1.0E-4)；“消费者”(18.28，1.0E-4)
	专业实践教学	10	3	“专业实践教学”(16.24，1.0E-4)；“实践环节”(16.24，1.0E-4)；“创业市场”(9.98，0.005)
	市场营销	61	2	“4ps”(26.49，1.0E-4)；“中医药旅游”(26.49，1.0E-4)；“市场营销”(9.15，0.005)
	教学评价	52	2	“教学评价”(37.31，1.0E-4)；“评价”(24.6，1.0E-4)；“两环节多角度多因素”教学评价”(24.6，1.0E-4)
	高级人力资源	38	2	“工商管理”(30.71，1.0E-4)；“职业经理”(20.38，1.0E-4)

从关键词共现网络图谱和研究主题词的分布来看，中国近年来对市场营销学的研究主要集中在市场营销理论研究、关系营销研究、消费者行为学研究、市场营销学专业的开设、市场营销教学的研究和课程的开展、企业营销实践、理论知识研究等方面。

2008 年，中国对市场营销学的研究主要集中于对中国化市场营销学教育人才的培养；2009 年和 2010 年主要体现在对市场营销学教育模式和教育方法的改变，这也充分体现出中国近年来对市场营销学的充分重视，其渐渐成为各个高校中所培养管理类人才的重点专业；2011 年市场营销学的发展主要体现在对传统营销方式改变的研究，使中国的营销策略更加与国际接轨；2012 年则更加注重实践性教育和社会效应反馈的研究。

时代变迁，社会不断的进步，对市场营销学的发展产生了巨大的影响，而营销学的发展则渗透到社会的各个方面。近年来中国市场营销学的研究在很大程度上是与国家的宏观政策以及自身理论体系的完善展开的。虽然近几年来关于市场营销学的文献产量相对缓和，但在中国，市场营销学已成为发展较为完善的学科并形成一定体系，且向着更为深度的理论研究和前沿问题研究的方向发展。

11.6　本章小结

本章对市场营销学的创生和发展演进做了系统的分析和论述。首先从整体上对市场营销学进行了概述介绍，包括市场营销学的界定、研究对象、研究方法和市场营销学的性质与特点等。社会分工推动的商品经济发展与社会化大生产，是市场营销学创生的实践背景，在学科渊源方面，经济学、心理学、社会学和管理学等相关学科构成了市场营销学创生的理论基础，同时营销学教育的发展也是推动市场营销学创生和发展的重要力量。20 世纪市场营销学的发展演进经历了 1920 年之前的萌芽和创生阶段；1920～1940 年的形成和巩固阶段；1940～1970 年的蓬勃发展时期；1970 年以来的发展成熟时期。

通过对国际市场营销学领域核心期刊文献数据的计量分析，本章探测了当前国际市场营销学领域研究的热点问题，主要包括：营销渠道治理；服务营销；产品分销；市场导向的组织文化；消费者产品选择决策；营销道德，企业社会责任和声誉；消费者感知；网络社区营销；等等。

20 世纪 80 年代，市场营销学开始被引入中国，并得到迅速发展和广泛传播；90 年代，战略管理学进入应用和扩展时期，文献产出量不断增多；90 年代中期以来，在经济全球化和中国市场经济与管理实践需求的拉动下，中国市场营销学进入国际化和本土化并行发展时期，正在建立和形成一个庞大的学科知识体系。通过对中国知网检索平台的多个相关数据库等检索文献进行计量和可视化分析，本章分析了市场营销学在中国的演进发展和近年来的研究热点问题。

参考文献

[1] 阚功俭，张冬梅．营销学原理[M]. 青岛：青岛海洋大学出版社，1999.

[2] 兰苓．市场营销学[M]. 北京：机械工业出版社，2008.

[3] 董大海，李弘．营销管理[M]. 北京：清华大学出版社，2010.

[4] Mcarthy E J, Shapiro S J, Prerreault W D. Basic Marketing [M]. Homuood: Richard D. Irwin, 1993.

[5] 杨智，万后芬．市场营销学与其他学科的联系[J]. 北京工商大学学报(社会科学版)，2003，(5)：54～57.

[6] 李会太，何青，张文杰．美国市场营销发展的七次浪潮[J]. 经济管理，2002，(5)：85～87.

[7] 安祥林，师东菊，赵兴艳．谈市场营销理论的发展过程[J]. 中国科技信息，2007，(1)：240～242.

[8] Price D. Networks of scientific papers[J]. Science，1965，(149)：510～515.

[9] 金永生．营销学的回顾与中国营销学的展望[J]. 商业经济与管理，2003，(7)：5～7.

[10] 程斌武，王辉晖，李瑶．市场营销学在中国的传播、应用与发展[J]. 武汉理工大学管理学院(信息与管理工程版)，2004，(6)：97～102.

第 12 章

技术创新管理理论的演进与研究前沿

"创新"的概念最早出现在美籍奥地利学者约瑟夫·熊彼特于 1912 年发表的德文版的《经济发展理论——对于利润、资本、信贷、利息和经济周期的观察》(*Theorieder Wirtschaftlichen Entwicklung*)中，此书在 1934 年译成英文时，使用了"创新"(innovation)一词，指出"创新"就是建立一种新的生产函数，即实现生产要素和生产条件的一种从未有过的新组合，并将其引入到生产体系中。1939 年，熊彼特在其出版的《商业周期》一书中比较全面地提出了创新理论。20 世纪 60 年代以后，随着新技术革命的迅猛发展，技术对社会经济发展起到越来越重要的作用，美国经济学家华尔特·罗斯托(Walt W. Rostow)提出了"起飞"六阶段理论，将"创新"的概念发展为"技术创新"，把"技术创新"提高到"创新"的主导地位。从管理学的角度对技术创新进行研究，也开始慢慢被重视起来。技术创新管理成为管理学领域研究的一个重要分支，随着技术活动和管理实践的发展，技术创新管理理论已经发展成为一个庞大的学科知识体系，各学派纷繁林立，系统的梳理技术创新管理理论的演进历程，探测该领域研究的热点和前沿问题对技术创新管理理论和实践的发展具有重要的现实意义。

12.1 从创新到技术创新管理

12.1.1 技术创新的界定

迄今为止，关于技术创新尚未形成严格的、统一的定义，技术创新的概念是在经济学家研究经济发展规律中，所提出的创新概念和理论的基础上逐步形成的。自 1911 年奥地利经济学家熊彼特提出创新理论以来，国内外学者分别从不同的角度，对技术创新进行了界定。

熊彼特指出，创新是将生产要素和生产条件以一种全新的组合方式引入到生产体系中，它包括五种情况，即诞生新产品（产品创新）、采用新方法（工艺创新或生产技术创新）、开辟新市场（市场创新）、获取原材料或半成品新的供应来源（材料创新）和实现新产业组织（组织管理创新）。熊彼特的创新概念涉及范围较广，除了包括技术性变化的创新之外，还涉及非技术性变化的管理创新与组织创新等。但他强调的是把技术等要素引入经济，使技术与经济相结合。因此，他所说的创新是一个经济学的概念。他认为，只有当新的技术发明被应用于经济活动时，才能成为“创新”[1]。

20 世纪 60 年代，美国经济学家华尔特·罗斯托在其著作《经济成长的阶段》中提出“起飞”六阶段理论，首次将“技术创新”提高到“创新”的主导地位。1962 年，伊诺思（J. L. Enos）在其《石油加工业中的发明与创新》一文中，从行为集合的角度出发，首次明确指出：“技术创新是集中综合行为的结果。”而同时期的林恩（G. Lynn）则从创新的时序过程角度来定义技术创新，认为技术创新是“始于对技术的商业潜力的认识，而终于将其完全转化为商业化产品的整个行为过程”，从而明确了技术创新是一个全程化的概念。

经济合作与发展组织（OECD）认为技术创新包括新产品和新工艺，以及原有产品和工艺的显著技术变化。如果在市场上实现了创新，或者在生产工艺中应用了创新，那么创新就完成了。

美国国家科学基金会（National Science Foundation of USA，NSF）从 20 世纪 60 年代上半期开始发起并组织对技术变革和技术创新的研究。迈尔斯（S. Myers）和马奎斯（D. G. Marquis）作为主要倡议人与参与者，在其 1969 年的研究报告《成功的工业创新》中将创新定义为技术变革的集合，认为技术创新是一个复杂的活动过程，从新思想和新概念开始，不断地解决各种问题，最终使一个有经济价值和社会价值的新项目得到实际的成功应用。

20 世纪 70～80 年代，随着对创新理论与实践的进一步研究，开始形成系统的创新理论。克利斯·弗里曼（Chrisc Freeman）在 1973 年发表的《工业创新中的成功与失败研究》中认为，“技术创新是技术的、工艺的和商业化的全过程，其导致新产品的市场实现和新技术工艺与装备的商业化应用”。1982 年，他在《工业创新经济学》的修订本中明确指出，技术创新就是指新产品、新过程、新系统和新装备的首次商业性转化。这从经济学意义上明确了技术创新是包括新产品、新过程、新系统和新装备等形式在内的技术向商业化实现的首次转化。

厄特巴克（J. M. Utterback）在 20 世纪 70 年代对创新的研究可谓独树一帜，他在 1974 年发表的《产业创新与技术扩散》中认为创新就是技术的实际采用或首次采用。缪尔塞（R. Mueser）在 80 年代中期对技术创新概念进行了系统的整理和分析。在整理和分析的基础上，缪尔塞将技术创新重新定义为：“技术创新是以其构思新颖性和成功实现为特征的有意义的非连续性事件。”[2]这一定义比较简练地反映了技术创新的非常规性和最终成功实现的两个本质特征。

20 世纪 80 年代以来，中国也开始了技术创新方面的研究。其中，学者傅家骥从企业角度出发以熊彼特的五种创新情况为基础提出技术创新的概念，认为技术创新就是企业以实现经济收益为目标，抓住市场潜在的盈利机会，重新组合生产要素和生产条件，建立新的高效能的生产经营方式，从而开发出新的产品、新的技术工艺，开辟新的市场，获得新的原材料或半成品的供货渠道，建立新的组织机构或是企业重组，它包括了技术商业化的全过程。吴贵生等分析了技术创新的实现途径并着重强调技术创新的商业化运用，将技术创新定义为由技术的新构想、经过研究开发或技术组合，到获得实际应用，并产生经济、社会效益的商业化全过程的活动。

在技术创新概念的发展过程中，学术界对技术创新的定义进行了反复争论，焦点主要集中在三个方面：第一，关于定义的范围，是只限于技术变动还是工艺和产品都包括在内；第二，关于技术变动的程度，有些人主张技术的根本性变动，另一些人主张既包括根本性变动也包括渐进性变动；第三，关于新颖程度，有人主张技术创新只限于“首次”，也有人认为创新的扩散性应用(即在某国或某地区的“首次”应用)也应包括在内。无论各种观点从何种角度定义技术创新，无论存在何种分歧，对于技术创新有一点是共同的，即技术创新必须实现商业化应用。

12.1.2　技术创新管理及其特点

1. 技术创新管理的定义

当前学术界对技术创新管理的界定较多，归纳起来主要有两种：一种认为技术创新管理是以研发管理为主体，兼顾商业化过程的管理，该观点认为技术创新管理可以视为研发管理的延伸，可理解为狭义的技术创新管理；另一种认为技术创新管理是以技术为核心，对各种要素(包括市场、组织结构、战略、价值链等)进行系统创新管理，该观点扩展了技术创新管理的范围，可以理解为广义的技术创新管理。

狭义的技术创新管理定义强调了研发的重要性，但研发在技术创新过程中并不是唯一的主要任务，若忽视了技术的商业化往往会导致技术创新在最后阶段功亏一篑；广义的技术创新管理定义虽然全面，但涵盖了过多的要素，反而削弱了对技术创新管理中技术这一关键因素的管理。

2. 技术创新管理的特点

一般认为，技术创新管理是以技术为核心，为实现各种资源的优化配置、整个企业系统更高效能的运行、生产力得到进一步提高等方面而进行的管理。结合“技术创新”这一概念不同于“技术创造”、“技术进步”、“技术发明”等相似概念的特性，并将技术创新管理与非技术创新管理相比，可总结出技术创新管理的特点：

(1)技术创新管理是基于技术的活动。技术创新管理与非技术创新管理的本质区别在于基本手段。在社会活动中，技术创新是基于技术新构想，进而实现商业化的全过程；而非技术创新包含的与技术相关的组织、制度和管理理念的创新也可能实现商业价值。因此，为避免混淆，将技术创新管理与非技术创新管理在概念上所涵盖的范围加以限定。但这并不是说技术创新管理不包含相关组织制度的变动，相反是有了相关组织制度的配合才能更好地实现商业价值。

(2)技术创新管理中技术变动程度的弹性较大。从技术创新的定义来看，技术创新是以技术活动为核心，但是也包含了新产品的改进，所以在技术创新管理中也就包含了对新产品、新工艺、组织、制度和管理等方面的管理。而且在对新产品进行创新管理的同时，也能对新工艺进行查漏补缺，进而迸发出新的技术构想，进行新一轮的技术创新。

(3)技术创新管理是技术与经济相结合的概念。从本质上讲，技术创新管理是一项经济活动，是一项以技术为手段，实现经济效益为目的的活动。因此，检验技术创新管理成功与否的关键就在于是否成功地实现了从技术创造到商业化应用的转化，是否实现了经济效益(或社会效益)。

12.2 技术创新管理理论的发展历程

12.2.1 技术创新管理理论的创生

1. 技术创新管理理论创生的社会背景

19 世纪末 20 世纪初，世界经济在第二次科技革命的推动下得以迅猛发展，不断出现影响重大并且带来巨大经济效益的科技成果。垄断企业的出现使得企业的数量相对减少，但是企业对于科学技术在生产力中的作用却越来越重视。在这一时期越来越多的企业加大了对科技发展的支持，依托企业建立的科学实验室越来越多，工业流程、产品制造方面的发明与创造也大量涌现。这一时期，除了科技成果在数量上大为增加之外，技术转化成生产力推动生产发展的速度也大为加快。与第一次科技革命相比，第二次科技革命的理论成果转化速度加快，商业化应用广泛，这显示出了科技对于生产力提高的巨大推动作用，人们真正开始重视科技领域的理论研究和技术发明。

伴随着经济不断发展，资本主义的经济危机也呈周期性的出现，资本主义世界经济遭受巨大的打击，陷入衰退。在这种境况下，以熊彼特为代表的经济学家重新思考促进经济增长的原因，提出创新理论，并认为经济增长的动力来自于创新。但由于熊彼特的创新思想被认为具有社会主义的倾向，又受到同时期的“凯恩斯革命”的理论影响，其并没有得到西方学者的广泛重视。

到了 20 世纪 50 年代，伴随着以微电子技术为标志的第三次科技革命浪潮的推进，传统经济理论中的资本、劳动力的等因素已经无法解释与促进经济的高速发展，由此经济学家逐渐认同创新理论的观点。第二次世界大战后，资本主义国家也开始纷纷重视科技创新，以科技的创新来推动整个国民经济的恢复与发展。技术创新管理理论的形成与两次科技革命对经济的推动作用是分不开的，可以说正是两次科技革命的巨大作用，促成了对技术创新理论和创新管理理论的研究与完善。

2. 技术创新管理理论创生的理论基础

在理论方面，技术创新管理理论的创生与经济学、管理学、创新理论等学科和理论有着密切的联系。这些学科的发展对技术创新管理理论的发展奠定了重要的理论基础。

早在 18 世纪，古典经济学的创始人亚当·斯密就已经注意到了技术创新对于经济增长的重要意义。他在其名著《国富论》第一章就论述了“机器的改进”及劳动分工对于专业性发明的促进方式[3]；马克思在《资本论》中更是将技术创新放在资本的核心地位，认为资产阶级不经常改革生产方式就无法生存；马歇尔在《经济学原理》中将知识描述成经济进步的发动机。虽然以上三种观点仅仅是将技术创新作为经济增长的“外生变量”，但其对技术创新的肯定同样是技术创新管理的理论基础。

创新理论对于技术创新管理理论的理论基础作用是不可替代的。创新理论的产生源自经济学家对于经济增长的解释。1912 年，熊彼特在其著作《经济发展原理——对于利润、资本、信贷、利息和经济周期的观察》中首次提出了创新的理论观点。他在 20 世纪 30 年代和 40 年代相继出版的《经济周期》、《资本主义、社会主义和民主》两本书中，对创新理论加以全面、具体地运用和发挥，形成完善的创新理论体系。熊彼特认为，所谓创新就是“建立一种新的生产函数”，也就是说将生产要素和生产条件以一种新的组合引入生产系统。技术创新的主要观点都是取自熊彼特的创新理论，技术创新是创新理论研究的一个分支，它侧重于从技术的变革、创新、扩散的角度对技术创新进行深入研究。

技术创新管理理论的创生从管理学理论和实践中汲取了重要的理论基础。管理活动自有人群出现便有之，与此同时管理思想也就逐步产生。事实上，无论是在东方还是在西方，我们均可以找到古代哲人在管理思想方面的精彩论述。现代管理学的诞生是以弗雷德里克·温斯洛·泰勒的名著《科学管理原理》(1911 年)以及法约尔的名著《工业管理和一般管理》(1916 年)为标志。现代管理学诞生以来，管理学有了长足的进步与发展。技术创新管理是以技术为核心，为实现各种资源的优化配置、整个企业系统更高效能的运行、生产力得到更充分的发挥等方面而进行的管理。也就是说技术创新管理究其根本还是一种管理活动，管理学是技术创新管理的理论基础。

首先，技术创新管理作为一项管理活动同样需要执行计划、组织、领导、控制等管理职能。管理学理论为技术创新管理提供了方法上的指导与思想上的引导。管理学中关于提高生产效率的科学管理方法在技术创新管理中同样适用，技术创新管理强调通过资源的优化配置将技术创新运用到生产中来以提高组织的经济效益，在实际的进行中就需要运用管理的思维控制管理整个过程，在技术创新真正投入到生产中时又需要运用科学管理的方法来提高产出。由此可以得出，科学管理为技术创新管理提供了方法论与指导。

其次，管理学中的组织行为科学理论也是技术创新管理的理论基础之一。技术创新管理的核心是创新，而创新来自于组织中的个人，要获得更多的技术创新就必须了解如何激励组织中的个人来创新。组织行为理论是一种研究组织行为和个人行为，并以人的行为为研究重点的管理理论。它以梅奥教授的霍桑实验为起点，产生于管理实践中。在这一理论中对于人做了深入分析。以霍桑实验为例，实验结果指出，组织不仅是一个经济和技术结构，也是一个社会和心理结构。人不仅是传统组织理论认为的只受物质刺激的“经济人”，而且首先是愿意合群，渴望通过合作取得工作成果的“社会人”。行为科学组织管理包括一系列以人为中心的激励理论，主要有需求层次理论、强化理论、期望理论、双因素理论等。这些激励理论为激励组织中的个人创新提供了理论基础，如马斯洛的需求层次理论以人的需要为核心展开研究，提出人的需求分为生理需求、安全需求、归属与爱的需求、尊重需求和自我实现需求。其中，个人的创新可以使个人获得尊重与自我实现的需求，所以说组织行为科学中的激励理论为技术创新管理提供了理论基础。

在技术创新管理理论的创生和演进过程中，创新管理教育的发展对其理论的发展和传播起到了积极的推动作用。熊彼特的创新理论研究开拓了经济学研究的新领域，是非均衡经济学分析和制度学派的奠基石。美国麻省理工学院较早的开设了技术创新管理课程，是技术创新领域具有重要影响力的研究基地，在技术创新领域产生了大量富有成效的理论成果。国外从 20 世纪 60 年代开始，相关院校已开始聚焦技术创新管理；国内的浙江大学也早在 1986 年就开始了以企业为主体的技术创新管理研究。

相关院校对技术创新管理研究与教育的开展极大地推动了技术创新管理理论的发展，尤其是麻省理工学院在技术创新管理方面的研究为技术创新管理的诞生做出了贡献。相关学科教育的开展更使得技术创新管理理论得以不断完善与发展。

12.2.2　技术创新管理理论的演进

熊彼特在 1912 年出版的《经济发展理论》一书中首次提出了创新的基本概念和思想后，1928 年他又在《资本主义的非稳定性》中提出了创新是一个过程的概念，并在 1939 年出版的《经济周期》一书中比较全面地提出了创新理论。1942 年出版的《资本主义、社会主义和民主主义》，对创新理论加以补充完善，逐步形成了以创新理论为基础的独特的创新经济学理论体系。

西方学者对创新理论的聚焦研究始于 20 世纪 50 年代，他们对创新理论进行分解研究，重构经济理论，使创新研究内容趋于丰富和完善，并将其分解拓展为现代经济学中的两个独立分支：技术创新理论和制度创新理论[4]。

索洛(S. C. Solow)于 1951 年对技术创新理论重新进行了比较全面的研究。在《资本化过程中的创新：对熊彼特理论的评价》一文中，索洛指出：技术的变化，包括现有知识被投入实际应用所带来的具体的技术安排、技术组合方面的变化，可称之为创新；创新发源于精神活动，如概念、构想及对尚未出现的新产品、新事物的发展计划等。索洛提出技术创新成立的两个条件，即新思想来源和以后阶段的实现发展。这一“两步论”被认为是技术创新理论研究上的一个里程碑[5]。

20 世纪 60 年代之后，产业和企业的创新活动逐步成为各国政府和研究机构所关注的热点，对技术创新管理研究也成为学术研究的前沿之一。技术创新引起了除经济学家之外包括社会学家、历史学家、企业家及政策研究人员等的普遍关注。70 年代初之前，技术创新管理理论的研究主要集中于“规划与控制、项目选择及数学模型”研究，这种现象也是当时所有管理类研究中普遍存在的，因为 20 世纪六七十年代正是运筹学研究的鼎盛时期，又由于早期管理学领域的研究者大都来自工程界，擅长用定量的方法来进行研究。但是随着时间的变化，许多定量的方法和手段在实践中遇到了问题，因而转向组织理论以寻求解决的途径，将原有的项目规划管理方法手段与先进的组织理论相结合，就形成研发组织与技术创新的研究基础。

20 世纪 70 年代以后，有关技术创新的研究进一步深入，开始形成系统的理论，并对企业经营活动和政府管理政策产生了直接的积极影响。格罗布(Globe)指出：“技术创新是一个始于初始构想，终于首次商业价值的历史过程。”厄特巴克认为：创新和发明或技术原型有截然的区别，它是指技术的首次应用。按照发生的先后次序，创新过程可分为三个阶段：新构想的产生；技术难点攻关或技术开发；商业价值实现或扩散。

20 世纪 80 年代美国制造业衰退，长期沉寂的制造业工程研究在高等院校复兴，政府部门也对有关制造业的研究提供支持，其中尤其针对日本的制造业战略和技术研究居多。这场制造业危机最终导致了对制造业以及产品开发与制造业之间关系的长期研究。经过近 20 多年的发展，由于运筹学研究的介入将其扩展为复杂的全球供应链管理研究。90 年代初，伴随经济学领域中的一些计量方法的引入，已经逐渐淡出的项目管理等定量方法又有了新的发展，经济学领域的一些计量方法应用于项目选择等研究中，使技术创新管理理论和方法体系进一步完善。

从 20 世纪 90 年代中期以来，相继产生了一些新的技术创新管理发展观和评论，如技术创新生态化理论、技术创新社会资本理论和技术创新博弈理论等。技术创新管理理论的研究逐渐呈现多元化发展的趋势。研究内容已经从侧重于技术、产品的开发转向强调关注市场的创新管理。技术创新理论作为一门新兴学科，涉及哲学、经济学、管理学和系统工程等学科，不同学科从不同的角度来研究技术创新的因素、模式和技术演化规律。从经济学视角看，技术创新理论的发展散见于不同经济学流派之中。目前，国外技术创新理论的研究和发展已经主要形成了新古典学派、新熊彼特学派、制度创新学派和国家创新系统学派四大理论学派。

1. 新古典学派的技术创新理论

新古典学派的技术创新理论主要围绕两个方面进行研究：一是分解技术创新对于现代经济增长的贡献率；二是将技术创新纳入经济增长模型。以索洛等为代表的经济学家认为技术创新是经济增长的内生变量，是经济增长的基本因素，并建立了著名的技术进步索洛模型，专门用于测度技术进步对经济增长的贡献率。1957 年，索洛在其发表的《技术进步与总量增长函数》一文中，对美国 1909～1949 年非农业部门的劳动生产率发展情况进行了实证分析。结果发现，在此期间劳动生产率提高的主要贡献来自于技术进步。新古典学派将“市场失灵”理论用于技术创新的分析，认为技术与其他公共产品一样存在创新收益的非独占性、外部性等市场失灵现象，政府应当采取金融、税收、法律以及政府采购等间接调控手段，对技术创新活动进行干预，以提高技术进步在经济发展中的促进作用，从而为政府干预技术创新提供理论依据[6]。

2. 新熊彼特学派的技术创新理论

新熊彼特学派坚持熊彼特创新理论的传统，强调技术创新和技术进步在经济发展中的核心作用，认为企业家是推动创新的主体，侧重研究企业的组织行为、市场结构等因素对技术创新的影响，提出了技术创新扩散、企业家创新和创新周期等模型。新熊彼特学派认为当市场结构处于完全竞争与完全垄断之间时，该市场结构最有可能促进技术创新，而且可能出现重大的技术创新。其中，代表人物迈克尔·波特的观点为：“技术创新就其本身而言并不重要，但是技术创新影响了企业的竞争优势(相对成本差异或差异化)和产业结构，就举足轻重了；并非所有的技术创新都具有战略上的益处，它可能恶化企业的竞争地位和产业吸引力。'高技术'并不保证盈利，当'高技术'与产业结构不适应时，许多'高技术'产业远不如'低技术'产业盈利，从广义角度看，根本不存在'低技术产业'说法；技术创新对竞争的重要性，并不取决于技术的科学价值，而取决于企业能否取得竞争优势；许多企业把注意力集中在产品技术或者基本操作技术上，他们忽视了其他价值活动中的技术创新(如企业培训技术、包装技术、物资处理技术等)，企业技术创新应集中力量于那些在相对成本差异或差异化方面具有最大持久性影响的技术。"波特还研究了理想技术创新的检验、企业技术创新战略、技术演进的规律等。

3. 制度创新学派的技术创新理论

制度创新学派以兰斯·戴维斯(Lance Davids)和道格拉斯·诺斯(Douglass C. North)等为代表，该学派利用新古典经济学理论中的一般静态均衡和比较静态均衡方法，对技术创新的外部环境进行制度分析，认为："由于技术创新活动存在个人收益与社会收益的巨大差距，改进技术的持续努力只有通过建立一个能持续人们创新的产权制度，以提高个人收益才会出现。"同时，制度创新学派在充分肯定制度创新对技术创新的决定性作用时，也并不否定技术创新对改变制度安排的收益和成本的普遍影响。

4. 国家创新系统学派的技术创新理论

国家创新系统学派以英国学者克里斯托夫·弗里曼(Christopher Freeman)、美国学者理查德·尼尔森等为代表，该学派通过对日本、美国等国家或地区创新活动特征的实证分析后，认为技术创新不仅仅是企业家的功劳，也不是企业的孤立行为，而是由国家创新系统推动的。企业和其他组织等创新主体，通过国家制度的安排及其相互作用，推动知识的创新、引进、扩散和应用，使整个国家的技术创新取得更好绩效，强调国家专有因素对技术创新的影响。弗里曼提出了技术创新的国家创新系统理论，将创新主体的激励机制与外部环境条件有机地结合起来，并相继发展了区域创新、产业集群创新等概念和分支理论[7]。

12.3　技术创新管理理论的研究前沿

一般而言，国际权威期刊的学术论文代表了学科领域研究的最新成果和前沿热点问题。在技术创新管理领域，创刊于 1984 年的 *Journal of Product Innovation Management* 现已经被公认为技术创新管理领域的头号期刊，*IEEE Transactions on Engineering Management* 被认为是工程创新管理的首创期刊。此外，*Research Policy*、*R&D Management*、*Research Technology Management* 等期刊都是国际"创新管理"领域研究公认的权威核心期刊[8]。

为专门探测国际技术创新管理研究的前沿和热点问题，我们在 Web of Science 网络平台的 SCI、SSCI 等数据库中通过关键词检索的方式进行检索，对检索的文献数据进行计量和信息可视化分析，通过国际技术创新管理研究的科学知识图谱展现该领域研究的前沿和热点问题。具体的检索方式是分别检索题名和主题词包含“techn * innovation”或“techn * invention”的文献数据，检索 1950～2012 年的文献数据可知，从 20 世纪 80 年代开始文献产出量出现明显增长的趋势，图 12.1 展示了 1990 年以来文献数据的年度分布情况。

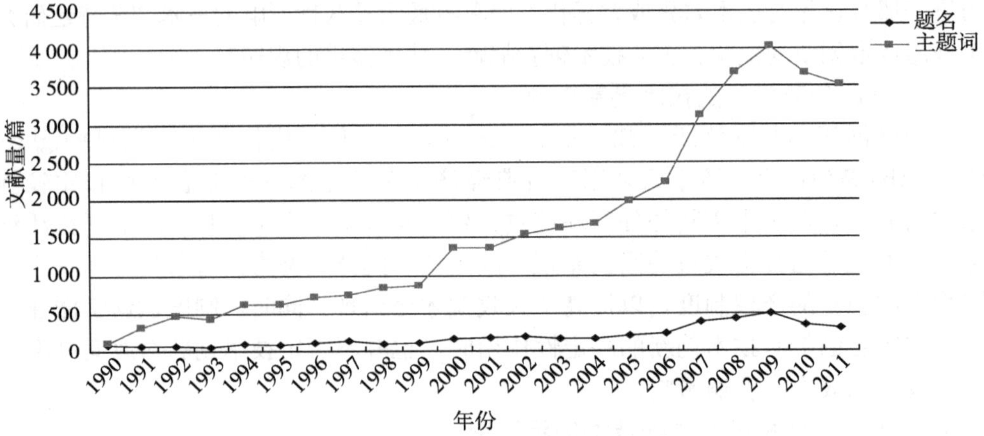

图 12.1 国际技术创新管理研究文献的逐年分布折线图

选取 2000～2011 年的文献数据为样本数据，检索结果中，这一时间段包括有效文献数据 1 787 条。利用 CiteSpace 信息可视化软件对样本文献数据信息进行可视化分析，运行得到技术创新管理研究的文献共被引网络图谱（图 12.2），其中，网络图谱中包括文献节点 294 个，连线 2 149 条。

12.3.1 技术创新管理的知识基础

在文献共被引网络中，我们将节点文献按照共被引频次排序，共被引频次较高的文献群构成了国际技术创新管理领域研究的知识基础（表 12.1）。同时结合网络中节点的中心度和突现率等节点指标，对技术创新管理研究进行分析。

表 12.1 国际技术创新管理研究文献共被引网络中共被引频次前 20 节点信息列表

频次	突现率	中心度	作者	年份	题目
113	—	0.12	W. M. Cohen	1990	*Absorptive capacity: a new perspective on learning and innovation*
112	—	0.12	R. R. Nelson	1982	*An Evolutionary Theory of Economic Change*
71	2.75	0.09	E. M. Rogers	1995	*Diffusion of Innovations*

续表

频次	突现率	中心度	作者	年份	题目
69	—	0.08	R. R. Nelson	1993	*National innovation systems: a comparative analysis*
69	—	0.07	B. A. Lundvall	1992	*National innovation systems*
61	—	0.06	J. B. Barney	1991	*Firm resources and sustained competitive advantage*
59	—	0.08	R. M. Henderson	1990	*Architectural innovation: the reconfiguration of existing product technologies and the failure of established firms*
57	—	0.2	E. von Hippel	1988	*The Source of Innovation*
57	—	0.11	J. A. Schumpeter	1942	*Socialism, Capitalism and Democracy*
57	—	0.04	J. A. Schumpeter	1934	*The Theory of Economic Development*
54	—	0.05	D. J. Teece	1986	*Profiting from technological innovation: implications for integration, collaboration, licensing and public policy*
53	3.19	0.13	G. Dosi	1982	*Technological paradigms and technological trajectories: a suggested interpretation of the determinants and directions of technical change*
53	—	0.02	H. Chesbrough	2003	*Open Innovation: The New Imperative for Creating and Profiting from Technology*
52	—	0.05	D. J. Teece	1997	*Dynamic capabilities and strategic management*
51	—	0.09	Z. Griliches	1990	*Patent Statistics As Economic Indicators: A Survey*
48	—	0.01	I. Nonaka	1995	*The knowledge-creating company: how Japanese companies create the dynamics of innovation*
46	—	0.07	K. Pavitt	1984	*Sectoral patterns of technical change: towards a taxonomy and a theory*
41	—	0.04	J. M. Utterback	1996	*Mastering the Dynamics of Innovation*
39	—	0.11	W. M. Cohen	1989	*Innovation and learning: the two faces of R & D*
39	3.49	0.03	M. L. Tushman	1986	*Technological discontinuities and organizational environments*
38	2.76	0.01	C. Freeman	1997	*The Economics of Industrial Innovation*

从这些高共被引频次文献来看，国际技术创新管理研究的知识基础的理论主要来源包括熊彼特从《经济发展理论》中提出的创新的概念和理论基础和以尼尔森和温特为代表的演化经济学理论。熊彼特是“创新理论”的提出者和开创者，尼尔森与温特的《经济变迁的演化理论》则构建了企业技术变迁、产业演化和经济增长的一般演化模型，从而发展了演化经济学范式，标志着现代演化经济学正式产

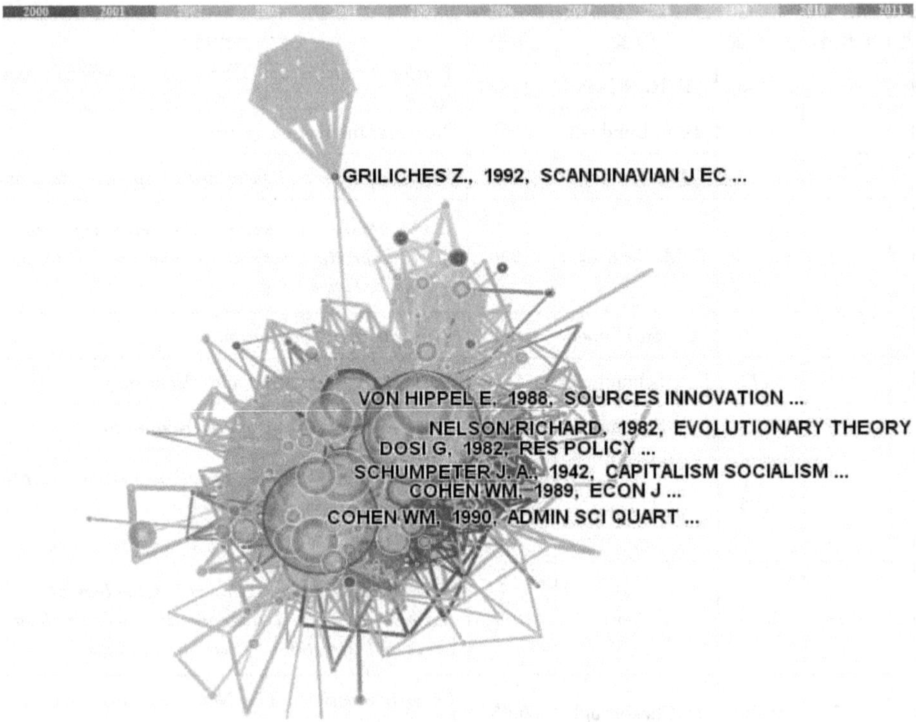

图 12.2 国际技术创新管理研究的文献共被引网络知识图谱

生。20 世纪 80 年代以来，国际技术创新管理研究出现了研究范式的转换，这一转换研究的知识基础主要包括以下方面。

(1)以多西(G. Dosi)和帕维蒂(K. Pavitt)为代表的技术范式与技术变革理论。多西在《技术范式与技术轨道：技术变迁的主导因素与方向的成功解释》中，提出了“技术范式”与“技术轨道”的概念，认为持续性技术常常与由技术范式所定义的技术轨道相关，而间断性技术往往与一个新出现的范式相联系。导致这种方向的解释是创新过程，特别是市场的作用。帕维蒂是英国苏赛克斯大学科学政策研究所的重要学者之一，在《技术变迁的部门模式：一个分类与理论》中，他根据 1945 年以来，英国 2 000 个重要创新的数据，描述与解释了技术变迁的部门模式。

(2)以冯·希普尔(E. von Hippel)为代表的创新源理论。冯·希普尔是用户创新研究的开拓者，其 1988 年出版的《创新源泉》，论述了用户作为创新者、创新功能源泉的变量问题。作为经济现象的创新功能源泉、创新功能源泉与预期创新租金之间关系的检验、竞争间合作问题、创新功能源头的转移问题。

(3)以卫斯理·科恩、蒂斯和巴尼等为代表的技术创新战略理论。1989 年，科恩在《创新与学习—研究与发展的两个方面》中，认为企业 R&D 投资不仅能产生创新，而且能够从竞争者与产业外部知识源得到学习，产业内学习将影响 R&D 支出、R&D 的专用性与技术机会。1990 年，他在文章《吸收能力——学习与创新的新视角》中，提出企业现有知识及对外部新颖信息的理解、消化与应用的能力，对其创新能力而言是至关重要的，进而分析了知识对技术创新研究发挥着重要的作用。蒂斯于 1986 年发表了《技术创新利润：综合、协作、许可与公共政策的内涵》一文，并在该文中主要论述了创新型企业为何不能从创新中获得高额的经济利润，而顾客、模仿者与其他产业参与者却能得益于其商业战略。其中，整合与合作的决策是其成功的一个重要因素。1997 年，蒂斯在《动态能力与战略管理》一文中提出了动态能力的概念，成为战略管理研究的一个重要的前沿问题。巴尼于 1991 年发表的《企业资源与可持续竞争优势》，讨论了企业资源与可持续竞争优势之间的联系，产生可持续竞争优势的企业资源潜力的四个实证指标，提出了激发企业战略资源潜力的实证模型。

(4)以罗格斯等为代表的创新扩散理论。罗格斯在 1995 年出版的《创新扩散》中，提出新事物发展 S 曲线理论，分析了影响创新速度的因素、创新的性质、传播渠道、社会结构与规范和人际关系网络等问题。这本专著也是在文献共被引网络中具有较高突现率的节点文献，说明该问题的相关研究是当前国际技术创新管理理论研究的一个前沿问题。格瑞利彻斯(Z. Griliches)于 1990 年发表的《作为经济指标的专利统计》，通过描述专利与专利数据的主要特征，研究了作为技术变迁指标的专利利用，分析了专利与 R&D 支出之间关系的跨部门与时间序列分析、专利价值与专利权的分布等问题，认为专利数据还是研究技术变迁的唯一资源。

(5)以伦德瓦尔(B. A. Lundvall)和尼尔森为代表的国家创新系统理论。1992 年，伦德瓦尔在《国家创新系统：建立一个创新与交互学习理论》一书中，提出国家文化等因素对于根本性创新和技术范畴变动的阶段尤为重要，也就是说，国家创新体系的存在决定了一国技术创新的能力。尼尔森于 1993 年出版的《国家创新系统：一个比较分析》，将国家创新体系与高技术产业的发展联系了起来，并且将企业、大学体系与国家技术政策之间的相互作用置于国家创新体系分析的核心地位。

(6)以野中郁次郎等为代表的知识创造理论。1995 年，野中郁次郎出版的《知识创造公司》一书，被认为是“日本有史以来最重要的管理学著作”。野中郁次郎也被誉为“知识创造理论之父”。技术的本质是知识，知识创造理论开创了技术创新管理研究的“知识创造”范式。

12.3.2　技术创新管理的研究前沿

为进一步探析国际技术创新管理研究的前沿领域，使用 CiteSpace 信息可视化软件对共现网络进行聚类分析和标注。对聚类结果的标注来源主要有施引文献的标题、摘要和索引词三种，而根据研究的需要，进行自动标识抽取词组的算法有 TF * IDF、LLR 和 MI 三种，进而组合成 9 种可选择的聚类自动标示方法。技术创新管理研究文献共被引网络的谱聚类分析共形成聚类 20 个，这些聚类标识词展现了技术创新管理研究领域的知识结构及前沿领域(2000～2012 年)。具体的聚类信息如图 12.3 所示。

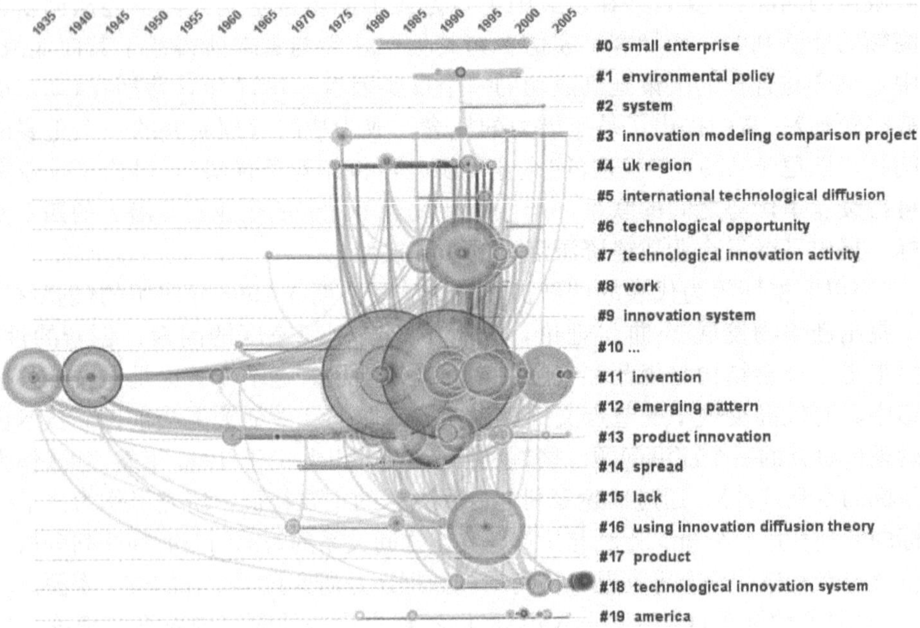

图 12.3　国际技术创新管理研究的文献共被引网络知识图谱——Timeline 视图

国际技术创新管理研究的文献共被引网络的聚类分析结果中，我们选取聚类节点数大于 5 的聚类进行分析(表 12.2)。这些聚类折射了国际技术创新管理研究领域的知识基础结构及研究前沿问题的动态。在 CiteSpace 软件提供的标识词列表中，权值最大的标识词代表了具体聚类的主要研究前沿问题，从国际技术创新管理研究的八大聚类中选取权值最大的标识词，并结合施引文献可以探测当前国际技术创新管理研究领域主要的前沿问题。其中，聚类 ♯11 共包含了 129 个节点，是整个聚类结果中节点最多的聚类，从 TF * IDF 和 LLR 算法给出的聚类标识词分析，这一聚类主要是技术创新战略相关研究主题，由于聚类节点数较多，聚类的轮廓值(即聚类主题的纯度)不高，这一聚类研究以创新管理战略为主，包括柔性战略、吸收能力、互补技术、发展合作与创新产出等研究方向。Cluster ♯13 节点数同样比较多，但聚类的轮廓值相对较高，研究主题相对较为集中，主要是产品创新的(复杂性、信息技术与系统创新)相关研究。其他几个聚类的节点数相对较少，但整体上轮廓值都较高，表明研究的前沿主题相对较为集中，主要包括：技术创新活动与区域创新系统(定量方法)；跨国公司与知识交流(知识创造)；技术创新系统(比较系统方法)；环境政策与环境保护(节能技术创新)；创新模型与技术变革；创新扩散理论与协作技术评价等方面。

表 12.2　国际技术创新管理研究文献共被引网络中节点大于 5 的聚类信息

聚类号	大小	轮廓值	主题词(TF * IDF)	主题词(LLR)
11	129	0.221	(13.08)invention；(12.15)strategic flexibility；(12.15)complementary technology；(12.15)high technology merger；(12.15)invention outcome	innovation(400.04，1.0E-4)；development cooperation(216.78，1.0E-4)；absorptive-capacity(185.96，1.0E-4)
13	44	0.58	(10.22)product innovation；(9.85)succes；(9.42)project complexity；(9.42)information technology/ system innovation；(9.42)novelty	Greece(95.93，1.0E-4)；failure(92.42，1.0E-4)；strategy(75.94，1.0E-4)
7	15	0.626	(8.28)technological innovation activity；(8.28)quantitative approach；(6.71)introduction；(6.68)quantitative approach；(6.68)research partnership	technological innovation activity(49.62，1.0E-4)；regional innovation systems (49.62，1.0E-4)；technology(48.96，1.0E-4)
4	14	0.872	(11.01)UK region；(11.01)location；(11.01)multinational corporation；(7.63)corporation；(7.03) collective knowledge communication	innovation(112.73，1.0E-4)；UK region(99.88，1.0E-4)；creation(99.88，1.0E-4)
18	14	0.839	(12.15)technological innovation system；(11.01)automotive fuel；(11.01) formative stage；(11.01)technological innovation system development	comparing systems approach(143.02，1.0E-4)；complementarily (143.02，1.0E-4)；explorative study(143.02，1.0E-4)
1	10	0.995	(8.34)environmental policy；(8.28) environmental protection；(8.28)instrument choice；(6.71) emission abatement；(6.71)stock externality	pollution-control(114.81，1.0E-4)；incentives(107.52，1.0E-4)；environmental policy(103.71，1.0E-4)
3	9	0.936	(8.28)innovation modeling comparison project；(6.68)atmospheric stabilization；(5.69)modeling；(5.41) overview；(5.01) technological change	innovation modeling comparison project (59.73，1.0E-4)；energy (49.39，1.0E-4)；economic(39.82，1.0E-4)
16	7	0.815	(6.68)innovation diffusion theory；(6.68)collaboration technology evaluation；(6.68)organizational conscience；(5.74)labor；(5.74)collaboration	innovation diffusion theory(41.17，1.0E-4)；organizational conscience(41.17，1.0E-4)；formation(41.17，1.0E-4)

从国际技术创新管理研究文献的聚类结果来看，当前国际技术创新管理研究已经形成了以经济演化理论和组织知识理论为基础、以技术创新系统为条件、以企业及产业联盟和发展战略为主体，从知识、研发、产品到扩散、评价的完整技术创新链。对组织知识相关问题的研究是技术创新管理研究的知识基础。技术创新系统、创新模型与技术变革等问题既是技术创新管理研究的前沿问题，也是技术创新管理实践的重要基础。除此之外，产品创新、技术创新活动与区域创新系统、跨国公司与知识交流(知识创造)、创新扩散理论与协作技术评价等也是当前技术创新管理研究的重要前沿问题。

进入 21 世纪，在知识经济背景下，技术创新管理研究逐渐与相关学科和理论交叉融合，出现多元化发展的趋势。国际技术创新管理也逐渐成为企业生存和经济发展的核心问题，亦上升到企业发展战略的层面，并且涉及企业管理的各个环节。

12.4 技术创新管理理论在中国的演进

随着技术创新理论研究的深入，国外技术创新理论业已形成了新古典学派、新熊彼特学派、制度创新学派和国家创新系统学派四大理论学派。与国外的技术创新研究相比，中国对技术创新的研究起步相对较晚，其理论研究始于 20 世纪 80 年代初对国外技术创新的相关研究成果的介绍。许庆瑞教授、傅家骥教授等是国内最早从事技术创新管理研究的学者，许庆瑞教授于 1986 年出版的《研究与发展管理》被认为是国内最早的创新管理研究著作[9]。经过 20 余年的发展，中国技术创新管理的研究有了长足进步，中国学者研究的视角也从单纯译介西方技术创新理论和研究方法论转向了实证研究国内产业、企业的技术创新活动。在国家技术创新政策的支持和国家自然科学基金等项目的资助下，学界主要就技术创新的层次、机制与模式、扩散与转移、创新与企业家行为、技术进步与技术创新、管理创新与组织创新等主题展开了系统研究，并在此基础上形成了中国的技术创新理论体系，从而直接推动了国家技术创新工程的实施[10]。

12.4.1 技术创新管理理论在中国的引进与积累

中国的技术创新管理理论与其他领域管理理论的发展路径颇为相似，其引进与培育也是始于 20 世纪 80 年代初期，最初的成果主要是对国外理论的翻译与评述，伴随着研究的深入，技术创新管理理论的重要作用在政府、企业的实践中得到体现，其理论发展逐渐走向成熟。

伴随着理论逐渐走向成熟，中国技术创新管理理论体系逐步建立，与此同步的便是国内技术创新管理的文献产出量大幅度增加。在中国期刊全文数据库中的学术期刊论文数据库和重要会议论文数据库以及学位论文数据库中，分别以题名、主题、关键词为“技术创新”进行检索，分别检索到检索相关文献 28 438 篇、115 282 篇和 70 318 篇，其中包含学位论文(包括博士学位论文和硕士学位论文)的数量分别为 2 395 篇、12 946 篇、4 172 篇(检索时间 2013 年 5 月)。其逐年分布情况如图 12.4 所示。其中，数据库中收录最早的一篇期刊论文是 1979 年由厉以宁发表在《世界经济》的《论资本密集型经济和劳动密集型经济在发展中国家现代化过程中的作用》一文，文中论述了资本密集型经济和劳动密集型经济在发展中国家现代化过程中的作用，指出发展中国家应当从本国具体情况出发，选择适合自己的国家技术创新类型[11]。

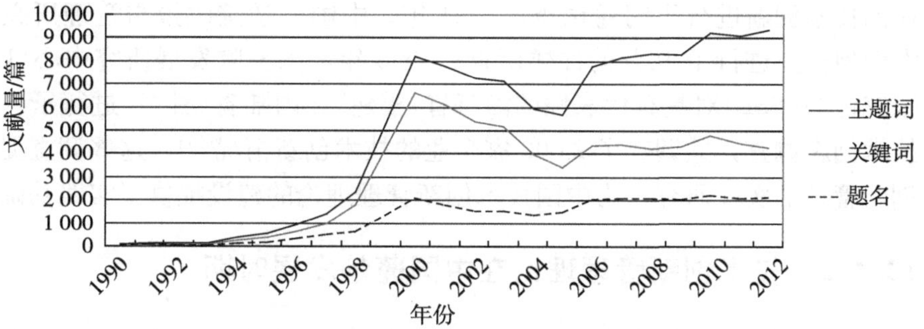

图 12.4　技术创新管理文献量逐年分布

从检索的学术论文发表的年度分布来看，从 1996 年开始该领域研究的文献产出量出现了一次跃升，呈现迅速增长的趋势，尤其是从 1998 年开始，技术创新管理研究的文献产出量更是呈现出急剧增长的态势，到 2000 年达到第一个小的增长峰值，随后文献产出量呈现了第一次小规模的下降，在 2005 年达到了 21 世纪以来的一个最小值。而在 2005 年后相关研究者重新对创新研究进行了聚焦，文献产出量开始呈现缓慢增长趋势。另外，从学位论文的分布情况来看，1999 年中国出现最早的以“技术创新管理”为研究主题的学位论文，系重庆大学董景荣的博士学位论文《技术创新过程管理中的中止决策与扩散模式研究》[12]。从 2000 年开始，学位论文数量增长迅速，同样是 2005 年以后出现了较为平稳的态势。学位论文的数量逐年分布与期刊(会议)论文的分布态势具有一定的一致性。按照文献量的逐年分布情况，我们将 1996 年之前，国内技术创新管理研究的发展阶段界定为引进积累期；将 1996～2005 年界定为蓬勃发展期；2005 以来的时期界定为成熟稳定发展期。

20 世纪 80～90 年代初期，技术创新管理理论在中国属于引进积累期。1978 年改革开放后，中国学者的视角开始拓宽，为了更好地促进社会经济发展，促进企业的经济效益，“创新”被引入中国。中国学者开始在创新领域大量翻译国外的经典著作，研究相关科学文献，并积极评述国外技术创新理论与技术创新管理方法。随后在90年代初，中国学者充分认识到进行技术创新管理中国化研究的重要性，开始尝试本土化的技术创新管理问题研究。

1990年在国家自然科学基金的资助下国家科学技术委员会(以下简称国家科委)研究中心学习OECD的技术创新调查方法，在宜昌和南阳完成了对这两个城市制造业企业技术创新的调查，其分析结果自公开发表以来，就引起理论界的关注，极大地促进了中国技术创新管理研究方法的传播，这次调查为中国的技术创新调查起到了示范作用。1992年，清华大学经济管理研究所对全国乡镇企业技术创新情况进行了问卷调查；1993年，清华大学经济管理研究所对广东省284家企业的技术创新进行了问卷调查；1994年，中国科学院政策与管理研究所对全国大中型企业进行了10%的抽样调查；1995年，国务院发展研究中心(DRC)和国家统计局(SSB)对具有代表性的沿海省(福建)和内陆省(甘肃)进行了各类企业的技术创新调查，共调查了2 000家企业的技术创新情况[13]。这些调查促进了技术创新管理的实证研究，为中国技术创新管理理论的建设提供了实践基础。

12.4.2 技术创新管理理论在中国蓬勃发展时期

随着技术创新管理研究的深入，从20世纪90年代中后期开始，技术创新管理理论在中国得到了快速发展，进入了蓬勃发展时期。1996年1月，国家科委通过了《技术创新纲要》，这成为中国第一个由政府部门制定的技术创新管理文件。该纲要阐述了技术创新计划所包括的主要内容，即技术创新能力建设，技术创新体系和机制建设；技术创新环境建设，技术创新试点与示范工作。1996年8月，国家经济贸易委员会(以下简称国家经贸委)发布了《关于大力开展技术创新工作的意见》和《技术创新工程》提出了中国技术创新工作的目标和基本思路，确立了企业应成为技术创新的主体，这预示着中国“技术创新工程”正式启动。1997年，国家经贸委编制发布了《“九五”全国技术创新纲要》对中国“九五”期间技术发展的重点和重点发展的新产品，做出了明确规定。1998年，国家经贸委明确了技术创新重点，指出中国应该从重大项目入手，组织实施一批国家重点技术创新项目，完善技术创新项目和信息网络，建立和完善专家咨询系统，推动以技术创新中介机构为重点的服务组织体系建设。1999年8月，全国技术创新会议进一步明确和加强了技术创新政策[13]。

在国家宏观的技术创新管理相关政策制定的同时，学术界也积极响应国家号召，大量研究人员转向从事技术创新管理的相关研究。技术创新管理的研究方法、研究理论开始向纵深发展，并注重借用和开发先进的模型对中国的创新管理实践进行深入研究，国际学术界认可的结构化研究方法在中国学术界得到快速发展[14]，中国化的技术创新管理理论体系初现端倪。1996 年，傅家骥提出了基于中国国情的技术创新概念，“企业家抓住市场的潜在盈利机会，以获取商业利益为目标，重新组织生产条件和要素，建立起效能更强、效率更高和费用更低的生产经营系统，从而推出新的产品、新的生产方法、开辟新的市场、获取新的原材料或半成品供给来源或建立企业的新的组织，它是包括科技、组织、商业和金融等一系列活动的综合过程”[15]。1998 年，李垣对不同治理环境下企业技术创新行为对竞争力的影响进行了分析，揭示了治理结构对企业技术创新行为影响的机制，分析了治理结构、创新行为和企业竞争力之间的结构关系[16]。许庆瑞在 2000 年进一步将组合创新理论升华为全面创新管理理论。他精辟地提出全面创新管理的内涵是：以培养核心能力、提高核心竞争力为中心，以价值增加为目标，以战略为导向，以技术创新为核心，以各种创新(组织创新、市场创新、战略创新、管理创新、文化创新、制度创新等)的有机组合与协同创新为手段，通过有效的创新管理机制、方法和工具，力求做到人人创新、事事创新、时时创新、处处创新[17]。这一系列研究理论得到了国内学术界的认同，为中国的技术创新管理注入了新的活力。

12.4.3　技术创新管理理论在中国的稳步发展时期

2005 年以后，中国的技术创新理论基本实现了本土化理论体系的初步构建，研究方法基本实现与国际研究方法的接轨，研究成果开始大量发表在国际期刊上。2005 年以后可被界定为成熟稳定发展期。在这一时期，中国技术创新管理的相关研究文献产出量开始缓慢稳定增长，理论基础不断丰富，研究团队相对稳定。国内技术创新管理的研究主题开始迅速扩展，除了传统的技术创新管理等问题的研究，结合国内当前社会发展现状与未来发展要求的研究明显增加，战略性新兴产业的技术创新问题开始突现。同时，在传统技术创新模式的基础上，基于知识管理视角的技术创新研究也明显加强，隐性知识与显性知识的转化问题成为当前技术创新管理的热点问题。而关于技术创新过程管理的研究也得到不断深化，技术知识产权、技术标准问题的研究在本时期也得到了学术界的重视。

与学术界对技术创新管理的认同同步，企业界也已充分认识到技术创新的重要性，企业技术研发中心的管理问题得到了充分重视。信息技术环境下的技术创新管理信息系统被更多的企业所采用。同时，政府也更加肯定技术创新对国民经济发展的重要性，积极加强宏观技术创新管理工作。其措施可在制定宏观技术创新管理政策、中国技术创新平台建设的推动以及技术创新示范基地等过程中得到体现。

12.4.4 技术创新管理理论的研究热点探析

为进一步展现近来中国技术创新管理研究的热点问题和前沿领域，对中国期刊全文数据库中收录的 2008～2012 年技术创新管理的文献数据，使用 CiteSpace 软件系统绘制文献信息可视化知识图谱(图 12.5)。通过 CiteSpace 软件系统的运行结果，统计出相关文献各个节点的计量指标，按照节点在网络中的出现频次指标 frequency 统计出关键词共现频率在 15 次以上的节点信息表(表 12.3)。表 12.3 中频次越高，意味着该词在文献中共现的频次越多。突现率代表着某一时期内该关键词出现频次的陡增情况，突现率越大，意味着该词在某一时期的相关文献中次数增多的程度越明显。

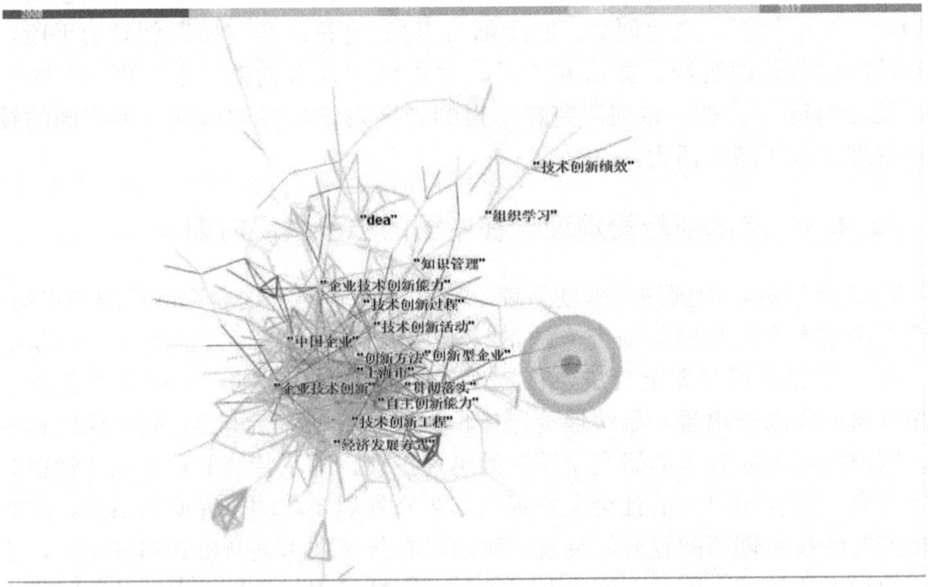

图 12.5 国内技术创新管理领域研究文献的关键词共现网络图谱(2008～2012 年)

表 12.3 我国技术创新管理领域高频共现关键词列表(2008～2012 年)

序号	频次	突现率	关键词	序号	频次	突现率	关键词
1	5 410	—	“技术创新”	5	342	—	“产业技术创新”
2	583	—	“技术创新能力”	6	325	4.16	“战略联盟”
3	559	—	“中小企业”	7	282	—	“企业”
4	488	—	“企业技术创新”	8	248	—	“自主创新”

续表

序号	频次	突现率	关键词	序号	频次	突现率	关键词
9	191	—	“创新”	38	87	—	“产业发展”
10	191	—	“产业集群”	39	87		“影响因素”
11	187	—	“对策”	40	85	—	“技术创新成果”
12	159	—	“技术创新活动”	41	84	—	“技术”
13	155	—	“技术创新体系”	42	84	—	“评价”
14	147	—	“自主创新能力”	43	83	—	“指标体系”
15	147	—	“高新技术企业”	44	72	—	“技术创新网络”
16	143	—	“有限公司”	45	71	1.16	“核心技术”
17	143	—	“科技创新”	46	71	—	“因子分析”
18	133	—	“创新联盟”	47	70	—	“模式”
19	120	—	“技术创新模式”	48	69	—	“DEA”
20	120	—	“创新能力”	49	69	—	“风险投资”
21	119	—	“可持续发展”	50	68	—	“制度创新”
22	118	—	“知识产权”	51	68	—	“解决方案”
23	110	—	“技术创新绩效”	52	68	—	“制造业”
24	109	—	“产学研合作”	53	67	—	“金融危机”
25	106	—	“企业发展”	54	67	—	“技术进步”
26	104	—	“装备制造业”	55	66	—	“技术创新过程”
27	102	—	“技术创新效率”	56	65	—	“技术创新扩散”
28	97	—	“高技术产业”	57	65	—	“创新绩效”
29	96	12.73	“技术创新工程”	58	64	—	“民营企业”
30	96	4.99	“技术创新战略”	59	63	—	“激励机制”
31	96	—	“经济增长”	60	63	1.24	“知识管理”
32	95	—	“企业技术创新能力”	61	62	—	“科技部”
33	95	—	“循环经济”	62	61	1	“产业技术”
34	94	—	“股份有限公司”	63	61	—	“专利”
35	91	—	“科技型中小企业”	64	61	—	“信息技术”
36	88	—	“核心竞争力”	65	60	—	“产业链”
37	88	—2.02	“评价指标体系”	66	60	—	“山东省”

在关键词共现网络的基础上进行聚类分析，按照聚类大小和研究的相关度，并结合 TF＊IDF 算法抽取的聚类标识词，整理出国内技术创新管理的主要研究热点领域和研究热点领域的共现关键词(表 12.4)。

表 12.4 国内技术创新管理领域研究热点领域和主题词列表(2008～2012 年)

聚类编号	共现频次	中心度	主要关键词	年份	研究关注热点
45	325	0	“战略联盟”	2008	产学研联盟技术创新相关问题研究
45	109	0	“产学研合作”	2008	
45	87	0	“产业发展”	2008	
45	57	0	“产学研结合”	2008	
45	53	0	“科研机构”	2008	
45	44	0	“联盟成员”	2009	
45	35	0	“产业联盟”	2009	
45	34	0	“理事长”	2010	
45	32	0	“龙头企业”	2008	
45	30	0	“产业技术创新能力”	2009	
75	488	0.08	“企业技术创新”	2008	企业技术自主创新相关问题研究
75	248	0.03	“自主创新”	2008	
75	155	0.01	“技术创新体系”	2008	
75	147	0.14	“自主创新能力”	2008	
75	143	0.04	“科技创新”	2008	
75	51	0.04	“企业创新”	2008	
75	30	0	“主体地位”	2008	
75	25	0	“重要组成部分”	2011	
75	22	0.02	“相结合”	2010	
75	19	0.01	“构建”	2011	
75	19	0	“企业创新能力”	2012	
43	133	0	“创新联盟”	2009	产业(企业)技术创新联盟问题研究
43	61	0.03	“产业技术”	2009	
43	60	0.03	“产业链”	2008	
43	51	0.02	“广东省”	2008	
43	23	0.02	“对策建议”	2009	
43	23	0	“国家科技”	2010	
43	23	0	“技术联盟”	2009	
43	22	0.01	“北京市”	2010	
43	21	0	“专业镇”	2010	
51	94	0.03	“股份有限公司”	2008	生态化技术创新相关问题研究
51	85	0.02	“技术创新成果”	2008	
51	48	0.03	“减排”	2008	
51	37	0.02	“节能”	2008	
51	35	0.03	“职工”	2009	
51	22	0	“技术改造”	2009	
51	18	0.02	“方式转变”	2010	
51	15	0	“工会”	2009	
51	13	0	“改革开放”	2008	
51	11	0	“造纸行业”	2011	
50	95	0.05	“循环经济”	2008	
50	25	0	“生态化技术创新”	2008	
50	21	0.01	“经济技术创新”	2011	
50	19	0.04	“生态化”	2008	

续表

聚类编号	共现频次	中心度	主要关键词	年份	研究关注热点
14	583	0.01	“技术创新能力”	2008	技术创新能力相关问题研究
14	84	0	“评价”	2008	
14	83	0.01	“指标体系”	2008	
14	31	0	“综合评价”	2008	
13	88	0.06	“评价指标体系”	2008	
13	39	0.03	“层次分析法”	2008	
13	36	0.05	“模糊综合评价”	2009	
13	30	0	“区域经济”	2009	
13	16	0	“民营科技企业”	2008	
74	24	0.1	“技术创新工程”	2009	技术创新体系建设问题研究
74	16	0.12	“创新型企业”	2009	
74	15	0.03	“技术创新体系建设”	2008	
74	96	0.04	“科研院所”	2009	
74	59	0	“共性技术”	2008	
74	50	0.08	“贯彻落实”	2008	
74	50	0	“科学发展观”	2008	
74	45	0.04	“产学研相结合”	2008	
74	42	0	“技术研究”	2010	
74	38	0	“实施方案”	2009	
74	36	0.01	“高新技术产业化”	2010	
74	28	0.01	“加强”	2009	
74	21	0.01	“组织实施”	2009	
10	44	0.02	“吸收能力”	2009	创业技术创新的组织问题研究
10	35	0.01	“知识溢出”	2011	
10	33	0.08	“组织学习”	2008	
10	17	0	“博弈分析”	2011	
10	12	0.01	“结构方程”	2009	
86	48	0.01	“关键技术”	2009	战略性新兴产业的技术创新相关问题研究
86	19	0	“战略性”	2011	
86	16	0	“信息产业”	2011	
86	14	0	“新型工业化道路”	2011	
86	12	0	“重点领域”	2011	
86	12	0.01	“创新规划”	2011	
86	12	0	“技术创新服务体系”	2011	
86	10	0	“加工技术”	2011	
86	9	0	“重点任务”	2011	
79	53	0.01	“技术创新管理”	2008	企业技术创新的风险管理问题研究
79	51	0.01	“转型升级”	2010	
79	46	0.03	“新兴产业”	2010	
79	36	0	“风险”	2008	
79	26	0	“风险管理”	2008	
79	25	0.05	“创新发展”	2010	
79	14	0.01	“创新型”	2011	
79	8	0.01	“创新性”	2010	
85	61	0	“专利”	2008	技术专利与技术知识产权问题研究
85	33	0	“标准化”	2008	
84	118	0	“知识产权”	2008	
84	58	0	“战略”	2008	
84	37	0.02	“技术标准”	2008	
38	50	0.01	“知识产权保护”	2008	
38	28	0	“知识产权战略”	2010	
38	22	0.01	“专利申请”	2010	

从关键词共现网络图谱和研究主题词的分布来看，近5年来中国技术创新管理的研究热点主要集中在：产学研联盟技术创新相关问题研究；企业技术自主创新相关问题研究；技术创新能力相关问题研究；技术创新体系建设相关问题研究；企业技术创新的组织问题研究；产业(企业)技术创新联盟问题研究；生态化技术创新相关问题研究；战略性新兴产业的技术创新相关问题研究；企业技术创新的风险管理相关问题研究；技术专利与技术知识产权相关问题研究等几个研究方向。

近年来，这一知识领域的研究主题很大程度上仍然是围绕中国特色进行的技术创新相关问题的研究。尤其是2009年以来，围绕战略性新兴产业与新兴技术的相关研究呈明显的增长趋势，未来的一段时间战略性新兴产业的技术创新问题仍将是技术创新管理领域相关研究人员关注的热点问题。另外需要注意的是，技术知识产权的保护是近几年的新兴研究主题，技术知识产权相关问题的研究也将会是研究者关注的主要问题。

12.5 本章小结

本章对技术创新管理理论的创生、演进与研究前沿热点等问题进行了系统分析和介绍。技术创新管理的研究源于20世纪初熊彼特提出的创新概念。技术创新管理理论的形成与第二次、第三次科技革命对经济发展的推动作用是分不开的。在学科和理论基础方面，经济学和管理学是技术创新管理理论创生与发展最直接的理论来源。技术创生管理理论自创生以来，特别是20世纪60年代以来，得到了快速发展和广泛传播。90年代中期以后，相继产生了一些新的技术创新管理发展观和理论，如技术创新生态化理论、技术创新社会资本理论和技术创新博弈理论等。技术创新管理理论的研究开始呈现多元化发展的趋势。

在Web of Science网络平台的SCI、SSCI等数据库中通过关键词检索的方式进行检索，对检索的文献数据进行计量和信息可视化分析，通过国际技术创新管理研究的科学知识图谱展现该领域研究的知识基础和前沿问题。当前，国际技术创新管理研究的前沿问题主要包括：技术创新战略(柔性战略、吸收能力、互补技术、发展合作与创新产出等)；产品创新(复杂性、信息技术与系统创新)；技术创新活动与区域创新系统(定量方法)；跨国公司与知识交流(知识创造)；技术创新系统(比较系统方法)；环境政策与环境保护(节能技术创新)；创新模型与技术变革；创新扩散理论与协作技术评价；等等。通过对中国知网检索平台的多个相关数据库等检索文献进行计量和可视化分析，本章揭示了技术创新管理理论在中国的演进发展和近年来的研究热点问题。

参考文献

[1] 张磊，王淼．西方技术创新理论的产生与发展综述[J]．科技与经济，2008，21(1)：56～58.

[2] Mueser R. Identifying technical innovations[J]. IEEE Trans Mangement，1985，(11)：74～88.

[3] 亚当·斯密．国民财富的性质和原因的研究[M]．郭大力，王亚南译．北京：商务印书馆，2004.

[4] 吴贵生．技术创新管理[M]．北京：清华大学出版社，2002.

[5] 周振林．技术创新理论的发展[EB/OL]．http://www.chinavalue.net/General/Article/2006-9-25/44395.html，2006-09-25.

[6] 段平方．技术创新的理论与实践[J]．现代经济信息，2009，(17)：44～46.

[7] 彭靖里，邓艺，李建平．国内外论技术创新理论研究的进展及其发展趋势[J]．科技与经济，2006，(4)：13～16.

[8] 许振亮．国际技术创新研究前沿与学术群体可视化分析[D]．大连理工大学博士学位论文，2010.

[9] 许庆瑞．研究与发展管理[M]．北京：高等教育出版社，1986.

[10] 邵云飞，唐小我，陈光．我国技术创新研究综述[J]．电子科技大学学报(社科版)，2002，(1)：48～52.

[11] 厉以宁．论资本密集型经济和劳动密集型经济在发展中国家现代化过程中的作用[J]．世界经济，1979，(6)：5～14.

[12] 董景荣．技术创新过程管理中的中止决策与扩散模式研究[D]．重庆大学博士学位论文，1999.

[13] 黄鲁成．关于我国技术创新研究的思考[J]．中国软科学，2000，(3)：50～53.

[14] 闫明．中国创新管理研究的知识图谱分析[D]．中国科学技术大学硕士学位论文，2010.

[15] 傅家骥．技术创新学[M]．北京：清华大学出版社，1998.

[16] 李垣．企业技术创新机制论[M]．西安：西安交通大学出版社，1994.

[17] 陈劲．许庆瑞．我国技术创新管理研究的杰出先驱[J]．中国地质大学学报(社会科学版)，2003，(1)：1～4.

第 13 章

中国工商管理学元研究的可视化

一门科学学科的发展程度取决于社会对它的需求程度。同样，一门学科理论体系的完善程度也取决于其对社会需求的满足程度，同时也决定了该学科对社会的影响程度，即该学科的社会地位[1]。工商管理活动的需求与工商管理学研究前沿的交叉点是工商管理知识体系中新学科的生长点。中国的工商管理学科研究起步较晚，但在近 30 年的时间里发展迅速，学科体系日臻成熟，并日益显示出与公共管理学、管理科学以及其他相关学科相区别的专门化特征。中国工商管理学科的大发展是改革开放的伟大实践推动的结果，是建立现代企业制度的重要前提和基础，也是中国现代化企业管理与国际接轨的现实需要。

13.1 中国工商管理学科的现状分析

13.1.1 工商管理学在中国的发展历程

新中国成立后，国内对工商管理学科的研究始于完全照搬苏联的管理模式。20 世纪 50 年代末 60 年代初，中国管理学界对苏联的管理学有了更为客观的认识。当时曾针对苏联管理模式的不足，在对中国管理实践进行调查研究的基础上，对苏联模式进行了必要调整，提出了一系列适合中国国情的管理思想和管理方法，但尚未形成科学的理论体系。“文革”期间，由于“左”的思潮泛滥，否定管理具有两重性，管理类专业被迫取消，关于工商管理学的研究也因此遭到毁灭性的破坏。

改革开放以后，党的十二大正式提出加强管理科学的研究和应用，并第一次把管理科学列入党的政治报告，这是中国管理学发展史上的一个里程碑。1977 年年底，国家成立了“经济管理协作组”，次年成立“中国管理现代化研究会”和“中国技术经济研究会”。从此，国内对工商管理学的研究快速发展起来，并出版了很多著作，其中比较早地对管理学进行全面系统介绍的主要有《国外经济管理名著丛书》(中国社会科学出版社)、《中国工业企业管理学》系列丛书(中国人民大学出版社)和中国工业科技管理大连培训中心编写的一套工商管理教材(企业管理出版社)。自此，中国工商管理学的发展步入了快车道，陆续建立了管理类专业的硕士点、博士点并开展了 MBA 教育。1996 年，国家自然科学基金委员会的管理科学组升格为管理科学部；1997 年 6 月，国务院学位委员会在新的学科目录中将工商管理学科列为独立的学科门类，从而确立了工商管理学在整个管理科学体系中的学科地位[2]。

13.1.2　工商管理学在中国的研究现状

改革开放以来，在建设社会主义市场经济体制目标下，中国的工商管理学科取得了长足进步，一大批高水平的学术论文和专著相继面世，对深化中国工商管理学科的理论和实践研究及传播起到了积极的促进作用。中国工商管理学科的发展已经取得相当的成绩。

第一，学科发展的组织和资源基础有所改善。1991 年，中国开始设立 MBA 教育；1997 年国务院学位委员会在修订研究生学位体系时单独设立了“管理学”门类，并设立了“工商管理”二级学科；2000 年，国家自然科学基金委员会管理科学部设立了工商管理学科组。这些重大事件都是中国工商管理学科发展史上的里程碑，经过了一段时间的运行，积累了一定的经验，使工商管理学科在 21 世纪得到迅速发展。

第二，工商管理学部分分支学科实现了比较好的学术产出，总体学科布局初具雏形。较之 10 年前的萌芽状态而言，经过国家自然科学基金委员会的持续资助，工商管理学研究的整体布局已初步形成，各分支学科的研究水平均不同程度地取得了提高，初步形成了一支稳定的研究队伍；有些分支学科已经具有了比较坚实的研究基础，如企业运作管理，长期以来关注的学者比较多，学术成果的产出也很丰富，如果持续地获得科学基金资助，其研究水平就有可能在未来 5～10 年达到国际前沿水平。

第三，中国工商管理学者具备研究中国问题的“本土”优势。所有工商管理活动都是有“情境”依赖的。中国处在经济体制转轨的特殊时期，期间出现了种种独特的管理现象，是别的国家很少或从未出现的，这将为学者们的研究提供绝佳的研究素材，虽然很多国外学者对中国管理问题产生了浓厚的兴趣，但由于中国的学者谙熟本土文化、历史和体制，如果能辅以规范化的研究方法，将会在发展本土化管理理论与实践以及全球化管理知识体系创新方面做出原创性的贡献。

与其他管理学科所面临的困境类似，目前中国工商管理学的研究现状存在的问题是研究方法不容乐观，与国际工商管理研究前沿水平还存在距离。主要表现为对工商管理理论和方法的研究动力不足，缺少自主创新；学科研究的纵向深度不够，缺乏学科交叉研究。学科基础研究薄弱，缺乏准确而翔实的基础资料和案例积累；学科发展的支撑环境不足，中国工商管理学的研究队伍主要是高等院校的学术团体以及个人。当前，制约中国工商管理学发展的主要因素有以下几点：

第一，中国的工商管理学科发展历史较短，缺乏学术积淀。与国外工商管理学近百年的研究发展历史相比，中国的工商管理学还非常年轻，原创性的理论成果不足，缺乏深厚的学术积淀，这在一定时期内依然是制约中国工商管理学发展的重要历史性因素。

第二，与发达国家强大的研究力量和协调的队伍构成相比，中国工商管理学的研究力量相对比较薄弱。国内的管理咨询公司主要以解决管理实践中的某些具体问题为任务，很少对相关的基础性科学研究给予资源投入；由于总体经济发展水平和体制的约束，民间研究团体的力量也比较单薄；高校的学者队伍虽然近几年吸纳了不少新鲜血液，学术骨干力量也正在成长，但是基于体制上的原因，学者们在走出校门亲赴企业以获取实践经验方面还存在明显的障碍，以致理论研究与实践的结合不够紧密。

第三，学科的研究规范体系尚需进一步完善。在研究方法上，目前尚未完全形成规范研究的浓厚气氛，大部分研究依然单纯采用“思辨”的方法，没有更多地综合采用实证、实验、演绎等科学方法，大胆假设有余，小心求证不足，造成了研究结论推敲不足，无法或较难与国际学术界接轨；在研究的思维模式上，部分研究者受中国的传统文化影响，片面地倾向于“整体”思维，往往偏好于进行“概念的制造和整合”，“理论框架的建立”等空泛的研究，这种大而空的研究习惯，严重影响了工商管理科研水平的提高；在学术评价标准上，高校的管理体制还存在弊端，教师业绩考核方式的不当也引发了一些短视功利行为和学术浮躁情绪，造成学术界陷入低水平竞争的怪圈。

第四，学术界对研究对象的边界共识度不够。中国当前还处在经济体制转轨的阵痛期，各项制度和法律正在不断完善以适应市场经济的需求，而全球经济一体化的趋势正在加剧，企业微观组织活动的环境在不断变化，造成了工商管理学科研究所依据的某些基本前提模糊不清，研究对象的边界共识度不强，从而加大了研究难度。

第五，基础性工作尚需完善。部分学者和管理者对学科基础设施建设与基础性工作的重要性认识不足，对基础设施建设投入不够，导致研究型数据库、案例库的缺乏，限制了研究水平的提高；体制方面的限制，由于缺乏实现知识共享和交流的平台，现有的不少数据和信息被分割封闭在不同的部门内部，甚至被当做“寻租”的工具，专家学者却难以获得；另外，信息系统和技术以及统计体系与方法本身的薄弱也在一定程度上造成了这种基础资料落后的状况。

工商管理学的研究方法主要是定量与定性相结合的科学分析与综合的方法。一般的，管理科学的研究手段均可运用于工商管理学科，包括观察法、案例法、数学模型、现场实验、实验室实验、问卷调查法等。这些研究方法在中国都得到了一定的有效运用。中国管理学家周三多通过对工商管理学研究方法的阐述，将科学研究方法与实验室建设的相关性进行了分析，指出工商管理学科中存在的问题，并提出新形势下对实验室建设的新要求[3]。

从研究假设的论证途径角度，可分为理论研究和实证研究，二者分别反映了归纳法和演绎法的思维方式。归纳法表现为实证方式，透过现象的描述和解释概括出理论命题；而演绎法是从已知的法则、理论出发，演绎出新的知识，包括原创性地提出无法验证的公理以及根据已有公理、理论推演出某种命题。理论研究与实证研究二者可以独立运作，也可相互配合。在现实工作中，多为实证研究，主要是因为管理学科本身实用性很强，研究结果可以直接从实践中检验[4]。

实证研究方法又可分为实验研究和非实验研究。实验研究是一种受控的观测方法，通过一个或多个自变量的变化来评估它对一个或多个因变量产生的效应。实验研究按数据观测地点的差异可分为两种：一种称为实验室实验，是在人为建造的特定环境下进行的；另一种称为现场实验，是在日常工作环境中进行的。非实验研究分为统计调查研究、实地研究和无干扰研究。

13.1.3　中国工商管理学科的设置

工商管理学科是关于工商管理活动的诸多学科的总结，是按照一定的结构而形成的管理科学分支学科。工商管理为一定的企业或实体等营利性组织服务，它所包含的活动内容有生产经营、营销决策、组织行为、战略管理等。工商管理学科在中国先后有过“商科”、“财经类学科”、“商学类学科”、“经济与管理类学科”等称谓。

作为管理学门类下的次级子学科，工商管理学科下设工商管理、市场营销、会计学、财务管理、人力资源管理和旅游管理等几个专业[5]。在中国，管理作为一门专业的历史很短，管理研究队伍以高校教师为主，在过去 20 多年大学的既定格局中，决定了管理的研究与教学密不可分。改革开放以来的整个转型期，受计划经济的影响，工商管理学科中很多学科的研究内容是为计划经济体制下的国家经济运行服务的，而不是为市场经济环境下的企业经营管理服务的。自从 1992 年社会主义市场经济体制改革目标确定以来，中国工商管理学科保持了健康快速地发展，特别是建立了稳定的、有一定研究能力和较高研究水平的学术队伍，并取得了许多可喜的重要成果[6]。

工商管理学作为一门独立的学科，有其普遍的、客观的发展规律。但因为国别地域、历史文化、社会制度、生产力发展水平等差异，工商管理学科在各国的理解和界定也有所区别。中国管理科学的研究队伍以高校为主，管理与教学密不可分，因而工商管理教学在工商管理学科中地位举足轻重。而工商管理教学即指我们常说的工商管理教育，主要包括高校本科教育和硕士(MBA)教育等。工商管理本科教育现阶段着重强调培养出知识面宽，除主修专业知识外，还兼具人文、社科等多方面知识的复合型人才，这也正是近几年来，在世界经济发生深刻变化、社会对工商管理人才素质要求改变的社会背景下，中国工商管理学科教育积极应变的具体体现。如表 13.1 所示，中国部分高校工商管理专业本科生所开设的课程中可见这一特点。

表 13.1 国内部分高校工商管理本科专业开设的主要课程

大学名称	开设课程
南开大学	管理学、管理经济学、物流管理、项目管理、创业投资、企业学、导论管理、信息系统、生产与作业管理、战略管理、市场营销、财务管理、人力资源管理、运筹学、服务管理、产业经济学、古代管理思想、博弈论、知识管理、商业软件
浙江大学	管理学、人力资源管理、宏观经济学、会计学、财物管理、市场营销管理、人力资源管理、经济法、电子商务、企业战略管理、应用运筹学、生产运作管理、质量管理、项目管理、管理沟通、管理综合技能开发企业咨询、管理研究方法
北京大学	管理思想史、经营案例分析、生产运作管理、人力资源管理、组织理论、战略管理、人力资源管理专题、公共关系、商业谈判、企业伦理、运筹学、管理信息系统、劳动法规、民商法、产业经济学
大连理工大学	营销策划、人力资源管理、证券投资、财务会计、组织理论、管理信息系统、企业战略管理、管理学、管理经济学、物流管理、应用运筹学、生产运作管理、质量管理、产业经济学、电子商务

为适应经济快速发展和企业经营管理的需要，中国 MBA 教育近些年得到了快速地发展。MBA 教育诞生于 20 世纪的美国，由哈佛大学商学院在 1908 年首创。10 年后，美国多家商学院及管理学院相继设立了 MBA 学位。追根溯源，MBA 这一学位的设立与美国那一时期所积极倡导的“科学管理”理念密切相关，它被设立的最初动机是用于培养懂得这种“科学管理”理念并能将其贯彻于管理活动中的职业经理人员。随着 20 世纪 50～70 年代英国的伦敦商学院、瑞士的国际工商管理学院、法国的欧洲工商管理学院等多家培养 MBA 的商业管理学院在欧洲先后成立，MBA 教育逐渐向整个世界分散，并迅速发展。

20 世纪 80 年代初期，MBA 教育被引入到中国。80 年代后期，中国着手在财经、政法、管理工程等学科开展应用型人才培养的试点工作，并开始实施 MBA 教育的可行性研究论证。在借鉴吸收西方发达国家推行工商管理教育经验的基础上，结合中国国情和 MBA 教育的实际，国务院学位委员会第九次会议审议并于 1991 年开始在中国设置 MBA 学位，批准了中国人民大学、清华大学、南开大学、天津大学、复旦大学、厦门大学、西安交通大学、哈尔滨工业大学、上海财经大学等九所院校为首批试点院校，1993 年将试点高校扩大为 26 所，

1998 年又有 30 所高校加入这个行列，2002 年达到 64 所。目前，全国已有 96 所设置 MBA 教育的院校。经过不断的探索创新，无论是在师资队伍、教学基本条件，还是在教学水平和质量上，中国 MBA 教育都取得了长足的进步，培养了一大批适应 21 世纪社会发展所需要的高层次管理人才和商业奇才，MBA 教育已经被社会广泛接受和认可。

13.1.4 中国工商管理学科的学术环境

高等院校和少数的研究所是中国开展工商管理学科理论和应用基础研究的主要力量，中国工商管理学科的师资队伍已经开始形成规模。通过几十年的发展，中国工商管理学科高等教育的规模迅速壮大。除全国普通高校设置工商管理专业以外，MBA 教育在中国也得到了快速的发展。1991 年中国首次设立 MBA 学位以来，每年中国招收和培养 MBA 学员的数量逐年增加，累计招生人数已超过 15 万人，累计毕业人数超过 8 万人。1991～2004 年招生人数的平均增长速度超过了 60%。与之相对应的是，近年来中国工商管理学科师资队伍的也逐步壮大，高水平的商学院或管理学院培养了一批学术能力较强，有一定实践经验的师资力量。目前，中国设立商学院、管理学院的高校合计达到 300 多所，2004 年招生的工商管理学科博士生导师数量达到 418 人。

中国工商管理学科正在形成一批高水平的学术研究团队。最近五年，一方面，国家自然科学基金委员会涉及工商管理学科受理的面上项目申请数量平均每年以 21.1%的增长率向上增长，2005 年已经突破了 1 000 项，参与基金申请的学术研究者数量正在迅速增加；但另一方面，2004 年的工商管理学科的博士生导师数量与项目申请数量比率为 0.58，这一比率虽然高于整个管理学科的比例(0.40)，但低于整个国家自然科学基金委员会学科项目申请的比率(0.70)，说明工商管理学科研究者申请自然科学基金项目的积极性略显不足[7]。

中国工商管理学科基础性研究经费主要有两个来源：国家自然科学基金委员会和教育部门的课题项目经费。教育部门主要通过不同层次的人文社会科学基地建设和重点学科建设两个渠道来资助学科发展，但相对来说项目不多，影响面也不大。除此之外的其他基金，如社会科学基金，其有关应用经济学的资助项目主要侧重于从经济学角度探讨“为什么”和“是什么”的经济学问题，而不是探讨“如何做”的管理学研究；国家软科学研究计划主要围绕科学技术发展战略以及国民经济与社会发展的前瞻性问题进行有针对性的应用研究项目的资助，对于微观组织经营活动的基础科学研究关注较少；“863 计划”、“973 计划”的主要资助范围更是远离工商管理学科的研究范畴，其中“863 计划”资助高技术研究项目，“973 计划”资助重点基础研究项目；企业对于管理科学有关的基础性研究资助力度也非常小，企业界与管理学术界尚未形成良好的互动关系，对学术领域脱离实践的研究兴趣不大，故企业资助的项目多为一般应用性、咨询性的研究。在当前形势下，国家自然科学基金委员会对工商管理研究学者特别是高校研究队伍的资助对于中国工商管理学科的发展意义重大。

国家自然科学基金在中国工商管理学科基础研究资助体系中占据着不可取代的地位。自管理科学部于2000年成立工商管理学科组以来，工商管理学科所受理的面上项目累计申请数量已接近4 000项，每年项目资助率保持在15%左右[7]。国家自然科学基金的资助使工商管理学科在人才培养、成果转化、学术积累以及规范研究方法等方面取得了显著的成效，促进了学科研究人才培养模式的形成。根据不同层次的需求，国家自然科学基金委员会在对工商管理学科研究资助的过程中，通过建立各类相关基金项目，有针对性地培养了一批稳定的学术队伍。仅在1999～2004年，国家自然科学基金在工商管理学科研究中总共资助了5个杰出青年基金项目，64个青年科学基金项目，9个地区科学基金项目，促进了学术成果的增长，夯实了学术积累。国家自然科学基金委员会从1999年与2000年开始资助，在已经结题的面上项目中，结题后评估为优的共有22个，这些优秀项目在国际会议中做特邀报告10篇，分组报告65篇，共有52篇论文被四大检索系统收录。在学术成果发表方面，仅以《南开管理评论》为例，2004年基金论文比例达到了30%以上。在国家自然科学基金的资助下，中国工商管理学科产出了一批水平较高的学术成果。

国家自然科学基金委员会从项目的初期申请到项目的后期评估都建立了一整套比较严格的审核体系，为工商管理学科研究的规范化提供了基本的制度保障；国家自然科学基金委员会管理科学部划定了20种管理类的重要学术期刊，为工商管理学科的科研理论成果发表与交流提供了相对比较规范和水平较高的学术平台；从评估为优秀的面上项目成果来看，国际会议报告以及国际期刊论文发表已有相当数量，中国工商管理学科的研究成果逐渐得到国际学术界的一致认可，国家自然科学基金项目的资助正推进着中国工商管理学科的学术研究规范开始向国际靠拢。

13.2 中国工商管理知识体系研究热点的可视化

本节利用CiteSpace信息可视化应用软件，对检索于中国期刊全文数据库和重要会议论文数据库中包含“工商管理(企业管理)”的研究文献数据进行计量和信息可视化分析，绘制关键词共现网络图谱，对中国工商管理学科研究的热点问题进行探测，总结当前中国工商管理学科研究的热点理论及其发展的前沿趋势。

13.2.1 研究文献的分布情况

对工商管理学科研究热点的可视化分析应建立在对于工商管理产出文献的充

分了解之上。近 30 年来，国内学者对于工商管理学科课题的研究不断深化，推动着工商管理领域研究全面快速地发展。而文献作为重要的研究产出成果，其数量也在迅猛增长。在中国期刊全文数据库和重要会议论文数据库中，以主题词为“工商管理(或含企业管理)”进行检索，共检索到相关文献 161 903 篇；以关键词为“工商管理(或含企业管理)”为检索式，检索到相关文献 68 955 篇；以相同的检索式，对篇名进行检索，检索结果为 22 609 篇，其文献分布情况如图 13.1 所示。

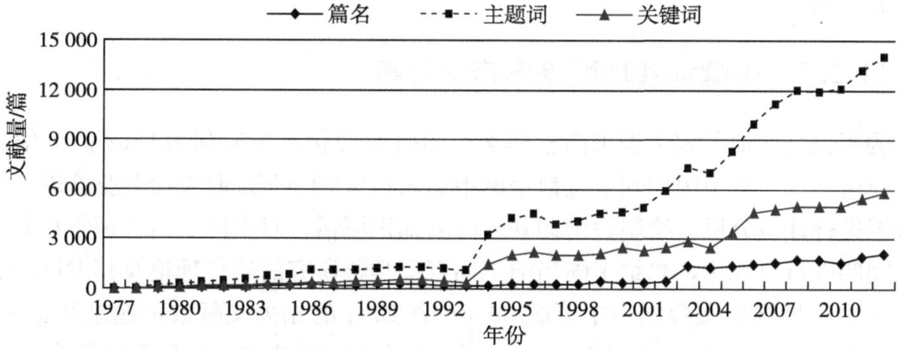

图 13.1 学术期刊(会议)文献量逐年分布

以同样的检索方式，检索学位论文数据库(包括博士学位论文和硕士学位论文)，主题词检索结果为 16 700 篇，关键词检索结果为 2 599 篇，篇名为 477 篇(检索时间 2013 年 5 月)。为了更好、更直观地展示文献的增长情况，相关文献的逐年分布情况如图 13.1 和图 13.2 所示。

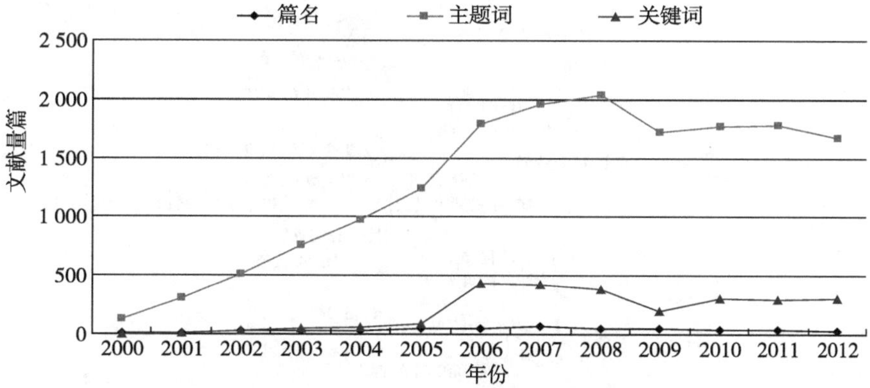

图 13.2 学位论文文献量逐年分布

从学术期刊(会议)文献量逐年分布来看，从 1994 年开始工商管理领域的文献增长速度明显加快，1994 年可以视为工商管理领域文献产出量的分水岭，从这一年起工商管理领域每年的文献产出量都达到了新的高度。进入 21 世纪，文献的增长趋势更为明显，特别是从 2007 年以来，每年文献产出量多达万余篇。

其巨大的文献产出量充分说明了改革开放以来中国工商管理领域研究取得的长足发展。另外，从学位论文的分布情况来看，数据库收录最早的以工商管理为研究主题和关键词的学位论文是 1986 年由山东大学赵景华完成的题为《我国企业经营管理模式的探讨》的硕士学位论文。进入 21 世纪，伴随着中国经济的持续快速发展，以工商管理(包括企业管理)为篇名、主题或关键词的学位论文数量不断增加，并在 2008 年达到一个峰值，这一点与学术期刊(会议)文献量显示的持续增长略有不同。

13.2.2 关键词共现网络图谱的分析

为了更全面地了解中国工商管理学科的研究现状，本节利用 CiteSpace 信息可视化应用软件，对中国期刊全文数据库中篇名包含“工商管理(包括企业管理)”的文献数据进行计量分析，绘制关键词共现网络知识图谱，对中国工商管理学科研究的热点问题进行可视化，总结中国当前工商管理学科研究的热点理论及其发展趋势。

从中国期刊全文数据库中下载 2008～2012 年的相关文献数据题录数据 9 242 篇(2013 年 5 月检索)。通过 CiteSpace 信息可视化软件对 9 242 篇文献数据进行关键词共现分析，运行结果的网络图谱如图 13.3 所示，对网络图谱中的节点进行统计，按照关键词共现频次大小进排序，如表 13.2 所示。

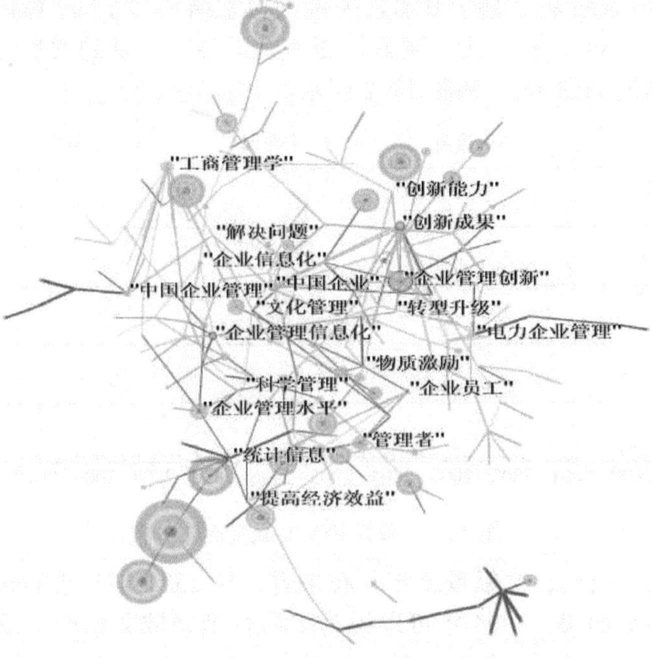

图 13.3 中国工商管理学科关键词共现网络图谱

表 13.2　中国工商管理研究高频共现关键词列表

序号	频次	突现率	关键词	序号	频次	突现率	关键词
1	2 806	—	"企业管理"	36	89	2.14	"中国企业"
2	540	—	"管理"	37	86	—	"知识经济"
3	392	—	"企业文化"	38	85	—	"管理人员"
4	375	—	"企业"	39	83	—	"信息技术"
5	373	—	"工商管理"	40	83	—	"管理理念"
6	347	4.16	"创新"	41	82	—	"核心竞争力"
7	324	—	"管理创新"	42	81	—	"企业家"
8	285	—	"现代企业管理"	43	76	—	"ERP"
9	230	—	"员工"	44	76	—	"管理会计"
10	230	—	"以人为本"	45	76	3.87	"科学发展观"
11	218	—	"企业发展"	46	74	—	"内部控制"
12	213	—	"财务管理"	47	74	—	"家族企业"
13	206	—	"管理模式"	48	74	—	"提升"
14	182	—	"作用"	49	71	—	"企业管理模式"
15	177	—	"工商管理专业"	50	70	14.01	"金融危机"
16	171	—	"对策"	51	69	—	"创新成果"
17	169	—	"企业管理创新"	52	67	—	"中国企业管理"
18	165	—	"中小企业"	53	66	—	"电子商务"
19	154	—	"应用"	54	65	—	"人本管理"
20	152	—	"现代企业"	55	65	—	"措施"
21	147	—	"人力资源管理"	56	64	—	"企业管理现代化"
22	147	—	"企业管理水平"	57	64	—	"管理思想"
23	141	—	"问题"	58	63	—	"内部审计"
24	130	—	"信息化"	59	62	—	"发展"
25	128	—	"管理者"	60	61	—	"执行力"
26	126	—	"人力资源"	61	61	—	"信息化建设"
27	117	—	"激励机制"	62	61	2.98	"管理制度"
28	112	—	"国有企业"	63	60	—	"煤炭企业"
29	109	—	"企业管理者"	64	60	4.58	"企业员工"
30	109	—	"工商管理学"	65	59	—	"知识管理"
31	106	—	"民营企业"	66	59	—	"思想政治工作"
32	104	—	"企业文化建设"	67	58	—	"绩效考核"
33	102	—	"管理工作"	68	57	—	"经济效益"
34	101	—	"激励"	69	57	—	"管理方法"
35	90	—	"实践教学"	70	57	—	"改革"

续表

序号	频次	突现率	关键词	序号	频次	突现率	关键词
71	57	—	“管理信息系统”	76	53	—	“启示”
72	56	3.35	“统计工作”	77	53	—	“教学改革”
73	56	—	“全面预算管理”	78	53	1.91	“管理水平”
74	55	—	“企业信息化”	79	53	—	“企业管理信息化”
75	53	—	“案例教学”	80	52	—	“技术创新”

高频共现关键词与关键词共现网络图谱展示了当时中国工商管理(企业管理)学科研究的热点领域及其前沿方向。在关键词共现网络的基础上进行聚类分析，按照聚类大小和研究的相关度，并结合 TF * IDF 算法抽取的聚类标识词，可相对的将中国工商管理(企业管理)学科总结为包括企业成长理论、管理创新与技术创新管理理论、人力资源管理理论、企业信息化理论、知识管理理论、核心能力理论、中国特色企业管理问题等热点研究领域和企业文化、知识产权、学习型组织、核心竞争力、管理信息系统、技术创新、现代企业制度等 15 个具体的前沿热点研究方向。

13.2.3 热点领域及其前沿研究方向

1. 企业成长理论前沿领域

在关键词共现网络图谱中出现的有关企业成长理论问题主要包括企业的经营管理、企业文化、企业的价值链管理等问题。在 2008～2012 年的数据中企业文化、企业管理、现代企业管理、供应链管理、企业发展、企业管理创新等成为学者们研究的热点。

企业的经营管理关系到企业生存和发展的成败，是企业管理学科研究的基本理论和传统问题。在共现网络图谱中出现了“企业文化”、“文化管理”、“管理思想”、“科学管理”等关键词，展现了中国企业管理学科研究中的企业成长理论的前沿和热点问题。

企业文化是一个企业的经营理念、价值观、信念、宗旨、使命等特有文化现象的总和。企业文化的概念在 20 世纪 80 年代初期被提出，随后传入中国，并得到了快速发展。文化的构建和形成必然有其生存的环境和传统，中国企业文化的形成必须是建立在中国传统优秀文化基础之上的增值发展，必须对传统优秀文化进行借鉴和发展。民本思想、平等竞争思想、求真务实等传统优秀思想必然融入到中国企业文化建设及其理论研究的过程中，对这些问题的研究将成为中国企业文化研究的前沿热点方向。

供应链管理是在波特提出的价值链的概念基础上发展起来的。随着信息技术和互联网络的迅速发展，西方学者皮特和罗伊在 20 世纪 80 年代初期发表的文章中首先提出了供应链管理的概念，企业生产从关注内部管理过程逐渐转向重视企业外部生产周期运行的各个环节。在全球竞争日益激烈的背景下，供应链管理理论越来越受到企业管理者和理论研究者的高度重视，已经成为企业一种重要的战略竞争资源，也是企业核心竞争力的一个重要组成部分。中国企业在国际竞争中必将越来越重视供应链管理的相关问题，第三方物流、第四方物流等相关问题的研究成为企业管理理论研究的前沿和热点问题。

2. 创新管理与技术创新理论前沿领域

技术创新(innovation theory)的概念首次由熊彼特在 1912 年的《经济发展理论》中系统地提出。它是指把一种从来没有过的关于生产要素的"新组合"引入生产体系。这种新的组合包括：①引进新产品；②引用新技术，采用一种新的生产方法；③开辟新的市场(以前不曾进入)；④控制原材料新的来源，不管这种来源是已经存在，还是第一次创造出来的；⑤实现任何一种新的工业组织，如生成一种垄断地位或打破一种垄断地位[8]。

20 世纪 80 年代初期，中国开始了技术创新的研究，1981 年张培刚和厉以宁开始在其编写的《国外经济学讲座》一书中首次介绍了技术创新理论。技术创新理论研究及其实践受到中国各界的高度重视而发展迅速。同时，学者们也结合中国企业管理和发展的实际情况，提出了"自主创新"等原创性的技术创新和管理创新的相关理论。

在未来一段时间的发展过程中，中国企业技术创新理论的发展趋势将以自主创新、柔性创新、合作创新、服务创新、管理创新等问题研究为重点[9]。同时，技术创新在操作层面上将以市场为导向，信息化、数字化等为研究重点，也将成为中国企业技术创新理论研究的前沿热点方向。

3. 人力资源管理理论前沿领域

"人力资源"(human resource)这一概念最早由约翰·康芒斯于 1919 年和 1921 年在其所著的《产业信誉》(*Industrial Goodwill*)和《产业政府》(*Industrial Government*)中提出。现代意义上的"人力资源"概念是美国管理学家彼得·德鲁克提出的。他认为人力资源是指一定时期内组织中的人所拥有的能够被企业所用，且对价值创造起到贡献作用的知识、能力、技能、经验、体力等的总和。同其他所有资源相比较，唯一的区别就在于人力资源指的是人，并且是经理们必须考虑的具有"特殊资产"的资源[10]。

中国人力资源管理思想自古有之，但将人力资源管理作为一门学科进行系统的理论研究是在 20 世纪 70 年代的末改革开放以后。中国对人力资源管理的研究到了 80 年代中期才开始逐渐被重视。1987 年，由中国人力资源开发研究会主办的专业人力资源国家级核心期刊《中国人力资源开发》创刊。随后一系列的人力资源管理文献和专著也相继问世，人力资源管理理论在中国也迅速发展起来。

在关键词共现网络图谱中，主要出现的代表性的关键词有“激励机制”、“以人为本(人本管理)”、“企业管理者(企业家)”等。激励理论主要研究人动机激发的因素、机制与途径等问题，是人力资源管理领域传统的研究方向和基础理论，也是管理学中一项最重要和最基本的管理职能。传统的以亚伯拉罕·马斯洛、弗雷德里克·赫茨伯格、戴维·麦克利兰(David C. McClelland)等为代表的，对企业员工的内容激励法研究逐渐在现代企业管理实践中发生了转变，当前对企业经营管理者的激励问题的研究成为激励理论研究的一个前沿热点，也将是中国未来一段时间内人力资源管理领域中激励问题研究的一个前沿问题。同时不同学科理论的交叉和融合，也会使激励理论从传统的研究方向中朝着不同的理论方向和问题扩张，如薪酬激励问题、长期激励、群体激励、跨文化激励等以及在激励实施过程中的激励约束问题、伦理道德问题等的研究将成为激励理论中新的研究方向和趋势。

“以人为本”、“企业员工”、“人才”等词的高频率出现则在之前数据的基础上进一步说明了学者对于“以人为本”的人力资源管理研究的关注，也使得以人为本成为中国人力资源管理研究中持续的研究热点。人本思想的观点是相对于物本思想而提出来的。“以人为本”的管理，就是在管理过程中以人为出发点和中心，围绕着激发和调动人的主动性、积极性、创造性展开的，以实现人与企业共同发展的一系列管理活动，是企业充分重视知识资源和智力资源管理的一种体现。知识经济时代的背景下，企业的知识和智力资源已经成为企业发展和核心竞争力的一个重要部分，因此对“以人为本”思想外延概念的研究将是“以智为本”，智力资源和智力资本相关问题的研究将成为人力资源管理领域的另一个研究前沿和热点。

4. 企业信息化管理理论前沿领域

中国在改革开放以后，尤其是 20 世纪 80 年代以后，随着信息技术、计算机技术和互联网技术的快速发展，企业信息化的进程发展迅速，已经成为现代化企业发展所必须具备的手段和重要的管理思想。在关键词共现网络图谱中出现了“信息技术”、“互联网”、“管理信息系统”、“电子商务”、“竞争情报”、“网络营销”、“客户关系管理”、“企业资源计划系统”等关键词。其中，信息技术、管理信息系统和电子商务等相关问题的研究已经是中国企业管理学科研究中比较成熟和传统的问题，当前仍是中国企业管理学科乃至国际工商管理学科研究的前沿热点问题。

竞争情报出现于 20 世纪 50 年代，崛起于 80 年代。根据美国竞争情报专业人员协会(Society of Competitive Intelligence Professionals，SCIP)的定义，竞争情报是一种过程，在此过程中人们用合乎职业伦理的方式收集、分析与传播有关经营环境、竞争者和组织本身的准确的、相关的、具体的、及时的、具有前瞻性以及可操作性的情报。竞争情报既是一个产品，又是一个过程。20 世纪 80 年代，竞争情报的概念被引入中国；90 年代初期，上海科技情报研究所发表了两篇相关的论文；1994 年，中国开始成立竞争情报专业委员会；2000 年以后竞争情报开始在中国进入应用时期。当前对于竞争情报的相关研究方法和实现的技术工具研究以及竞争情报技术在企业中的具体应用已经成为研究的热点和前沿问题，企业竞争情报的应用研究也将成为中国竞争情报和企业管理理论研究的一个发展趋势。

客户关系管理的实现与发展是以计算机、通信技术、网络应用的飞速发展以及办公自动化程度、员工计算机应用能力、企业信息化水平、企业管理水平的提高为支撑的。在企业采用 ERP 等相关信息系统的同时，包括了销售、营销等方面的理念。其中，客户关系管理信息系统从广义上讲就是 ERP 系统的一部分。客户关系管理的价值在于突出了销售管理、营销管理、客户服务与支持等方面的重要性，二者应该能够形成无缝的闭环系统。从 1999 年开始，客户关系管理得到了国内诸多媒体的关注，国内外很多软件商(如 Oracle、中圣等)推出了以客户关系管理命名的软件系统。当前国内对客户关系管理相关问题的研究主要开始转向对技术和应用推广的层面，也是中国客户关系管理在一段时间内发展的重点。

ERP 系统是由美国著名的计算机技术咨询和评估集团 Garter Group Inc 公司提出的一整套企业管理系统体系标准，是指建立在信息技术基础上，以提高企业资源效能为系统思想，为企业提供业务集成运行中的资源管理方案。ERP 不仅仅是一个软件，更重要的是一种管理思想，它实现了企业内部资源和与企业相关的外部资源的整合。1981 年，沈阳第一机床厂从德国工程师协会引进了第一套 MRPⅡ软件，但当时 ERP 的概念并没有在国内形成，直到 90 年代以后，ERP 的概念才开始在国内迅速传播。

当前，ERP 已成为大型现代企业管理中不可或缺的有力管理工具，为中国的企业体制改革注入了新的活力，是企业现代化和信息化程度的重要标志。ERP 项目是一个企业管理系统工程，而不是一般意义上的企业管理信息系统工程或者是企业信息化建设工程，这是因为整个管理系统不但基于 ERP、系统工程和信息技术等现代科学技术的思想、原理和方法，而且还从本质上充分地体现了企业应用 ERP 与开展企业管理创新、推进企业管理现代化和提高企业竞争力的必然关系。

5. 知识管理理论前沿领域

企业的知识管理理论是近年来在知识经济和企业竞争力研究等背景下兴起的企业管理学科中的一个热点研究领域。关键词共现网络图谱中出现了以“学习型组织”、“知识产权”等为代表的有关企业知识管理理论的前沿领域。

学习型组织最初的构想源自于美国麻省理工学院的福瑞斯特在 1965 年写的一篇文章《一种新型的公司设计》。彼得・圣吉作为福瑞斯特的学生，发展出学习型组织的概念。在《第五项修炼——学习型组织的艺术与实务》一书中，介绍如何创造“学习型组织”的五项修炼。通过一套修炼办法提供企业整体运作的群体智力，提高企业组织的竞争力，发展出一套系统完整可操作性很强的企业管理方法。学习型组织被引入中国后，迅速在企业管理理论研究中得到广泛传播。当前中国关于学习型组织理论的研究早已不局限于企业管理领域，在社会各领域的组织管理和学习中都得到了快速发展，是中国企业管理和其他非营利组织的重要研究前沿热点问题。结合中国企业组织的发展现状，学习型组织理论在中国的发展应该在充分结合中国实际情况的基础上，充分吸收中华民族的优秀文化传统，创建创新型的学习团体，团体成员胸怀大志、心手相连，相互反省求真、脚踏实地、勇于挑战、充分发挥生命的潜力，大家得以不断突破自己的限制，创造超乎寻常的结果；并勇于大胆创新，培养全新、前瞻而开阔的思考方式，全力实现共同的抱负，不断一起学习如何共同学习，从而在真正的学习中体会工作的真意，追求内心的成长与自我实现，并与周围世界产生一体感。

知识产权是一种无形财产权，是从事智力创造性活动取得成果后依法享有的权利。20 世纪 80 年代，中国开始逐步建立知识产权制度。1983 年 3 月，中国施行了《中华人民共和国商标法》；1985 年 4 月施行了《中华人民共和国专利法》；1990 年 9 月又颁布了《中华人民共和国著作权法》，并于 1991 年 6 月 1 月起开始实施。中国于 1980 年加入了世界知识产权组织；1985 年参加了《保护工业产权巴黎公约》；1990 年 12 月，中国知识产权研究会成立；1992 年 1 月 17 日，中、美两国政府签署了《关于保护知识产权备忘录》。至 1994 年 5 月，中国已经加入了《商标国际注册马德里协定》、《专利合作条约》、《保护文学艺术作品伯尔尼公约》、《世界版权公约》等保护知识产权的主要国际公约。知识产权管理是当前在知识经济和国际市场竞争日趋激烈的背景下，企业管理中的一个重要方面，它直接关系着企业核心竞争力和竞争优势。因此，当前对知识产权管理的理论和应用研究已经成为中国企业管理和知识管理领域研究的重要前沿和热点问题。

6. 核心能力理论前沿领域

企业核心能力的思想源于企业内部成长理论。20 世纪 60 年代战略管理思想的兴起为企业核心能力理论的创生奠定了充分的理论基础。在迈克尔·波特的竞争战略理论风靡一时的 20 世纪 80 年代，理查德·尼尔森和西蒂尼·温特合作出版的《经济变迁中的演化理论》一书，明确肯定了企业与企业经营战略中能力观的重要意义。普拉哈拉德和哈默尔于 1990 年在他们所著的《企业核心竞争力》一文中，界定了核心竞争力的概念。后经乔治·斯多克(George Stalk)、菲利普·伊万斯(Philip Evans)、劳伦斯·舒尔曼(Lawrence E. Shulman)、大卫·蒂斯、比萨诺、舒恩、福斯(N. J. Fosse)、兰柯路易斯(R. N. Langlois)、贺尼(A. Heene)等的发展，成为一个比较完整的理论体系。企业核心能力理论在中国的研究起步较晚，由于研究时间较短、对中国企业发展实际情况结合不足，发展现状不容乐观。企业核心能力理论在中国的进一步发展中，应该具体结合中国企业管理发展的现状，在充分消化吸收企业核心能力的基础上为我所用，具体开展对中国企业，尤其是高科技民营企业核心能力的创建过程及构建模式的研究，以及核心能力理论在具体企业中应用的案例等方向的研究，将理论与实践相结合。学习型组织是构建企业核心竞争力的一个重要手段。在企业形成核心竞争力的过程中不断发掘人才的作用，用人才推动企业发展，尤其注重积极为员工提供学习与培训的机会。

7. 有中国特色的企业管理问题前沿领域

中国改革开放 30 多年来，在社会主义市场经济体制改革的目标下，中国企业尤其是国有企业的改制已经取得了众多的成就。建立具有中国特色的现代企业制度也是中国企业改革的一个重要目标和任务。在这一过程中，涌现了一批具有中国特色的经典企业管理案例，为中国企业管理研究者以及国际上相关的企业管理理论和实践研究者提供了重要的理论素材。国内学者对中国特色的企业管理制度和企业管理思想从不同角度进行了研究和分析。在关键词共现的网络图谱中，出现了以“市场经济”、“现代企业制度”、“国有企业”、“国有企业改革”、“民营企业”、“中国企业”等为代表的有中国特色的企业管理问题研究的前沿热点领域。2008 年是中国企业改革 30 周年，南开大学国际商学院院长李维安认为，“回顾这 30 年的历程，如果说导入市场经济、重视企业管理和树立顾客是上帝的理念是中国经济发展的最大收获，并促生了一大批成功企业的话，那么未来几十年，建立完善的现代企业制度、重视公司治理和树立利益相关者是上帝理念的企业将最终取得成功。与此相关，中国的现代企业制度建设也将进入一个崭新的阶段：深化公司治理改革，即进入‘合规、创新与发展’的公司治理改革新阶段”。同时也指出，“国企改革中董事会的建设、深化垄断行业改革与试点、消减外资并购领航企业的治理风险、公司治理国际化”等问题的研究是当前有中国特色企业管理研究的前沿和热点方向[11]。

2008 年，随着国际金融危机的发生，中国企业的发展遭遇困境，国内学者也纷纷针对金融危机下的中国企业发展进行研究。在 2008～2012 年的关键词分析中“国务院”、“科学发展观”的出现正是说明了学者对于有中国特色的企业管理问题研究的关注。中国作为公有制经济占据主体的国家，能够实施强有力的宏观调控，因而“国务院”在近 5 年的文献数据关键词中出现。如今凭借国家政策的引导与企业自身的调整，中国企业已从当时的国际金融危机中走了出来，然而中国经济发展的情况并不稳定，企业依然面临着众多的发展问题。今后的一段时期诸如“中小企业发展”、“企业海外投资”等中国特色企业管理问题仍将受到学者的关注。

13.2.4 工商管理学科研究前沿和研究热点的比较

通过对工商管理学科领域研究文献的计量分析，使用信息可视化的技术手段，探测了国际和国内工商管理学科研究的前沿和热点问题。并对二者进行比较分析，找出中国与国际工商管理学科研究的前沿和热点问题的异同，为中国工商管理学科理论研究者提供客观的可视化结果，分析中国工商管理学科研究的优势和不足，提升中国工商管理学科理论和应用研究的国际竞争力。在可视化结果的基础上，国际和国内工商管理学科基于文献计量分析的研究前沿和热点，如表13.3所示。

表 13.3 中外管理学科研究前沿和热点的比较

国际工商管理研究的前沿和热点		中国工商管理研究的前沿和热点	
资源基础观和组织创新能力	企业的核心竞争力与动态能力分析；企业资源基础理论和知识型组织、知识与公司发展战略；市场定位与可持续发展、资源与能力对企业可持续发展的影响；桥梁连接(bridging ties)在企业资源和竞争优势中的重要性分析	创新管理与技术创新理论	技术创新、创新理论、管理创新
文化多样性与组织行为	文化多样性、企业战略与公司绩效、关系冲突与任务冲突、不同群组信任的关键节点分析；组织的战略决策制定与组织社会学；群组中的意见分歧与决策制定；民权社会与性别差异；组织行为	有中国特色的企业管理问题	市场经济、现代企业制度、国有企业、国有企业改革、民营企业、家族企业、中国企业、金融危机下的中国企业、财务管理
定性数据分析	信息技术与仿真，能力，认知与惰性；卫生保健领域中定性数据分析方法；亲子关系，医患关系的定性数据分析；专家信息采集模型，客户关系，决策制定过程模型；休闲活动的社会调查，职业生涯过程的模型分析	企业信息化管理理论	信息技术、互联网、管理信息系统、电子商务、竞争情报、网络营销、客户关系管理、ERP管理
组织知识与创新，团队学习行为	团队内部、团队之间的互动，团队学习方法与知识创造，冲突与冲突管理，团队创新绩效；领导支持和团队凝聚力对组织学习行为，创新与绩效的影响、组织文化和组织结构对绩效和知识管理的影响；团队信任，契约与关系发展；创新管理，多级团队中的学习与绩效	知识管理理论	学习型组织、知识产权

续表

国际工商管理研究的前沿和热点		中国工商管理研究的前沿和热点	
企业成长理论，竞争优势和企业核心竞争力	动态能力、知识、能力与产品综合评价、隐性知识与组织学习、交易费用与资源基础观；组织选择、公司合作与绩效、人力资源与资源基础观；公司创造价值与战略联盟、合作关系评估、企业无形资产的战略分析；合作决策与经济绩效	企业成长理论	企业的经营管理、企业文化、企业的价值链管理、传统文化管理思想
战略管理理论	核心竞争力、动态能力、资源基础观、战略联盟、吸收能力、兼容性、实物期权、供应链管理	核心能力理论	核心竞争力
组织理论	组织学习、资源基础观、组织文化	人力资源管理理论	激励机制、以人为本(人本管理)、企业管理者(企业家)
经营管理理论	市场导向、资本结构、商业伦理、定量研究方法	—	商业伦理

1. 中外共同的研究领域

从可视化图谱的分析结果看，中国和国际工商管理学科研究的前沿和热点问题主要在战略管理领域、组织理论领域和企业成长理论领域等主流的研究方向上存在一致的研究前沿和热点问题。战略管理领域中有关核心竞争力问题的研究，组织理论中的组织知识管理、组织(企业)文化和学习型组织理论，企业成长理论中的企业经营战略理论，信息技术，人力资源与管理等方面是中国和国际工商管理学科共同的研究前沿和热点问题。此外，近年来关于商业伦理问题的研究也是中国和国际工商管理学科共同的研究前沿和热点问题。

在上述三个主流的研究领域中，国际工商管理学科的一些研究前沿和热点问题，在中国尚未形成热点的研究领域。例如，战略管理研究领域中的动态能力理论、资源基础观、战略联盟、吸收能力；组织理论中的团队创新绩效、团队学习、团队冲突管理、团队信任、契约与关系发展、组织的战略决策制定与组织社会学；企业成长理论中的公司合作与绩效、公司创造价值与战略联盟、合作关系评估、基于资源基础的企业无形资产的战略分析；合作决策与经济绩效等问题。

2. 国际工商管理学科研究的其他前沿和热点问题

国际工商管理学科研究的其他前沿和热点问题包括：在战略管理理论方面，资源与能力对企业可持续发展的影响；桥梁连接在企业资源和竞争优势中的重要性分析；组织理论方面、文化多样性、企业战略与公司绩效、关系冲突与任务冲突、不同群组信任的关键节点分析；组织的战略决策制定与组织社会学；群组中的意见分歧与决策制定；民权社会与性别差异；定性数据分析、信息技术与仿真，能力、认知与惰性；卫生保健领域中定性数据分析方法；亲子关系、医患关系的定性数据分析；专家信息采集模型、客户关系、决策制定过程模型；休闲活动的社会调查、职业生涯过程的模型分析等。此外，定量研究分析方法也是国际工商管理学科研究的另一个前沿和热点问题。

3. 中国在工商管理学科研究的前沿热点和特色

当前中国工商管理学科研究的前沿热点和特色主要包括：技术创新、创新理论、管理创新；信息技术、互联网、管理信息系统、电子商务、竞争情报、网络营销和客户关系管理；知识产权问题的研究；企业文化、企业的价值链管理、ERP 管理；传统文化、管理思想；有中国特色的企业管理问题、市场经济、现代企业制度；国有企业、国有企业改革；中国企业、民营企业、家族企业；财务管理等问题的研究。

4. 中国与国际工商管理学科研究的前沿和热点问题差异的原因分析

第一，中国工商管理学科的研究起步较晚，现代工商管理理论和实践的发展起源于西方。从 1911 年《科学管理原理》的问世，管理科学在西方发展已经近百年的时间。20 世纪 80 年代，中国学者开始陆续的引入西方的管理思想和方法，工商管理学科的理论和实践在中国发展的时间较短，学科基础、理论和实践基础都有待进一步加强。

第二，中国的国情决定了工商管理学科在中国的发展必须符合中国企业管理发展的实际需要。有中国特色的社会主义的市场经济体制和西方资本主义的市场经济体制有共同点但也存在很大的区别。中国市场经济体制下的企业制度和工商管理实践要求中国工商管理学科的发展必须“因地制宜”，符合中国的国情与工商企业管理和发展的实际。因此，在中国工商管理学科可视化图谱中出现了“有中国特色的企业管理理论”相关的、特殊的聚类，展示了中国工商管理学科研究中具有中国特色的前沿和热点问题。

第三，中国尚处于经济体制改革和社会的转型期，现代企业制度正在逐渐形成和完善。随着改革开放和中国经济体制改革的展开，工商管理学科在中国得到了迅速发展，虽然西方的工商管理理论引入中国才短短的 30 多年时间，但其发展和传播的速度却远远超过了其他相关领域学科。这一方面源于科学知识体系内部分化和不断交融的发展过程，更重要的是中国企业制度改革和发展的实践迫切需要科学的管理方法和技术作为指导，管理实践的需求拉动了工商管理学科在中国的迅速发展。同时，中国拥有大量优秀的传统管理思想，与现代管理思想和管理理论相结合，形成了特色的管理科学理论，工商管理学科不断创生出新的研究前沿和热点问题。

第四，中国工商管理学科的研究问题相对宏观，国际工商管理学科的研究问题趋向以微观企业和团队为研究对象。中国企业管理和宏观经济发展的实际情况，促成了中国工商管理学科的研究更着眼于宏观层面，如对企业制度、管理创新、企业文化、网络营销、电子商务等问题的宏观层面的研究。相比之下，国际工商管理学科的研究更向微观层面发展，如对学习型组织理论向团队学习和绩效问题转移的研究，对团队内部和团队之间的冲突管理的研究，对定性数据分析在具体案例中的应用问题的研究等。

13.3　中国工商管理学科体系的构建及其演进

科学知识体系是在人类实践活动的基础上对学科理论进行高度概括和提炼，并随着人们专门实践的深入而推动相应的理论学科不断向前发展的动态过程。学科的形成源自其在“理论”上有自己独特的研究对象、方法和思想基础，在实践上有自己的代表人物、著作、学术组织和学术刊物等。同时在学科知识体系形成和演进的历史过程中，必然出现百家争鸣、观点纷呈的局面。学科体系具有多样性和动态性的特征。中国工商管理学科的发展虽然起步较晚，但发展的速度却超过了其他学科领域，随着中国改革开放和社会的转型，在工商管理实践发展的迫切需求和工商管理教育推动的双重作用下，中国工商管理学科出现了多元化的研究前沿和热点理论。

13.3.1　构建工商管理学科体系的意义

在科学技术不断进步和企业管理研究持续深化的背景下，工商管理学学科体系的演化将是一个没有止境的动态历史过程，因此对工商管理学学科体系的梳理和建构也将是一项永无休止且极富趣味性的研究工作。同时，探讨工商管理学的学科体系，有着重要的理论和现实意义。

(1)对工商管理学的发展有着重要的导向意义，有利于我们从整体上认识和把握工商管理学的发展态势、趋向和研究领域。西方工商管理理论进入中国虽然只有短短 30 多年，但其发展速度却远远超过了其他学科，在其不断“中国化”的过程中形成了“百家争鸣、百鸟纷飞”的“管理理论丛林”。但一直以来众多的工商管理理论并没有在学科的框架下确切地找到与学科的对应关系，这不利于工商管理理论和学科的发展定位，在一定程度上制约了对工商管理理论的研究深度。从学科的视角整理并理清已经在中国获得自主发育的工商管理理论，不仅有助于确认和摆正工商管理学在管理科学中的地位及与其他学科的关系，而且有助于从宏观上把握工商管理学的学科生成机制和学科体系演进发展态势、趋向，全面展示工商管理学所有研究领域的整体面貌。

(2)对中国高等院校的专业设置和学科建设有着重要的借鉴意义，有利于中国加速培养高层次、专业化的企业管理人才。对工商管理学学科体系的梳理和建构，可以更准确地把握工商管理学与管理科学其他学科的关系，更准确地把握工商管理学的整体概貌及其与已有分支学科、待建分支学科的关系，从而为工商管理或工商管理学相关专业的建设提供学科场域的理论依据，使这些专业能够科学、合理地设计和确定培养目标、课程结构、培养方式和教学环节，从而针对工商管理实际培育各种高层次、专业化的企业管理人才。

(3)对深化工商管理理论研究有重要的推动作用，有利于工商管理理论的本土化。工商管理学学科体系的梳理和建构，可以加速中国工商管理理论的研究步伐，加强中国在工商管理理论研究领域的竞争力。当今世界，大多数国家尤其是发展中国家都在积极致力于国家的全面建设和综合国力的提高，特别重视企业在国民经济发展中的作用，都十分注重对工商管理理论的研究。积极建构工商管理学的学科体系，无疑能够进一步推动中国对于工商管理理论的深入研究，促使人们对工商管理活动实现由感性到理性的认识跃迁，将管理经验上升为规律性认识。推进有中国特色的工商管理理论的研究，推进世界工商管理前沿理论的本土化进程，既为中国的企业发展提供理论指导，也能为其他国家企业的发展提供某些可资参照的经验，从而在相互促进中实现共同提高。

为企业管理实践服务的工商管理学，是一个充满勃勃生机的学科，是一个有着美好发展前景的学科。推动工商管理学的深入发展，不仅是管理科学研究者的责任，也是广大企业管理者、企业家责无旁贷的历史使命。

13.3.2 工商管理学科体系构建

20 世纪 80 年代以来，工商管理学呈现出多极化的发展趋势，形成蔚为壮观的科学知识体系。目前，工商管理学已经不再是一个单一的学科概念，也不是一个理论学派的概念，而是一个学科体系。这个学科体系，包含数十门已经形成、正在形成或将要形成的分支学科(含边缘分支学科)。作为学科体系的工商管理学究竟包含哪些分支学科？各个分支学科在工商管理学学科体系中居于什么样的位置？分支学科之间呈现什么样的关系？这些问题都是极富趣味的研究课题，学术界还没有统一的认识。以工商管理学包含哪些分支学科为例，国家技术监督局 1992 年颁布的《中华人民共和国国家标准 · 学科分类与代码》(GB/T 13745—92)，将“企业管理”(学科代码 630 · 40)列为一级学科“管理学”(学科代码 630)之下的二级学科，同管理思想史、管理理论、管理心理学、管理经济学、科学学与科技管理、行政管理、管理工程、人力资源开发与管理、未来学相并列。在“企业管理”之下则列出生产管理、经营管理、财务管理、成本管理、劳动人事管理、技术管理、营销管理、物资管理、设备管理、质量管理等 10 个三级学科[12](严格地说，以上名称若作为学科名称均应加上“学”字，如三级学科中的“生产管理”、“财务管理”应称之为“生产管理学”、“财务管理学”)。

如前文所述，中国长期以来对工商管理与企业管理的概念一直处于混用的状态，在前期工作的基础上结合前文 CiteSpace 软件对工商管理学的演进及工商管理学前沿的计量分析的基础上，对中国企业管理学的学科体系的发展现状和趋势进行了新的辨析和思考，根据研究视角的差异将企业管理学的现有分支学科以及待建分支学科相对地划分为六个学科群组(图 13.4)。

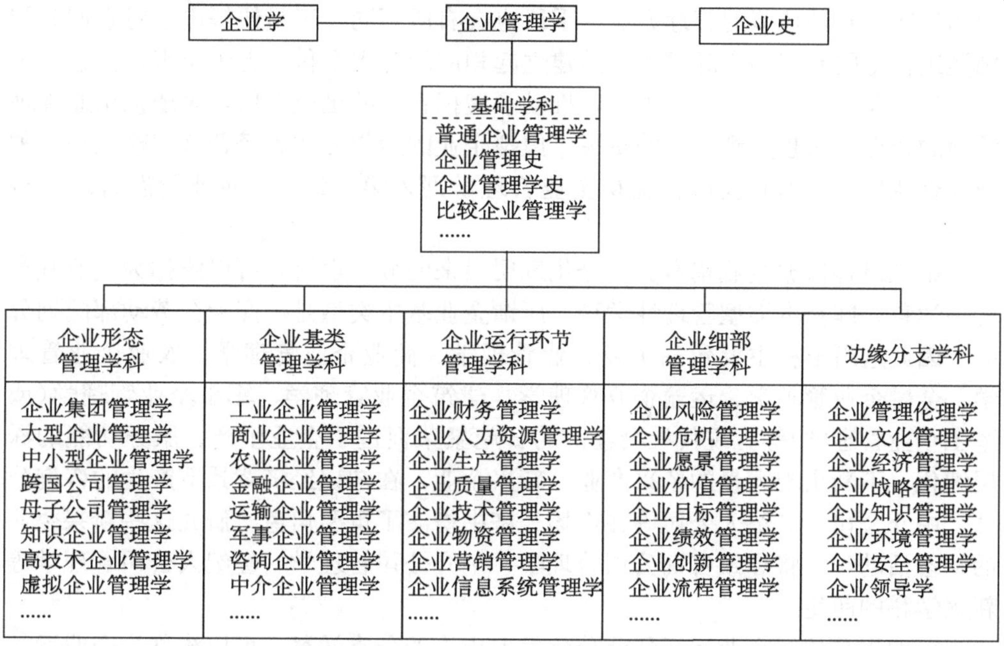

图 13.4　企业管理学的学科体系

第一组是企业管理学的基础学科，包括普通企业管理学或基础企业管理学、企业管理史、企业管理学史、比较企业管理学等。它是企业管理学的总论部分或基础理论部分。人们通常所说的“企业管理学”多指普通企业管理学，目前所见到的“企业管理学”乃至“管理学”教材也多以普通企业管理学作为重要内容。普通企业管理学主要探讨企业管理活动中的各种普遍性、一般性和基础性问题，如企业管理活动的对象、要素和特征，企业管理活动职能的作用，企业管理的基本原理和方法，企业管理过程和企业管理环境，企业管理的组织机构，企业管理目标、规划和控制，企业管理者的类型、素养和遴选等。企业管理史和企业管理学史是运用史学的理论和方法分别研究企业管理活动、企业管理学的兴起和发展的历史进程而形成的分支学科。后者如果包含对企业管理学形成以前的管理思想的研究，则又可以称之为管理学说史或管理思想史。比较企业管理学是运用比较的方法研究不同国家、不同时期企业管理活动的分支学科。普通企业管理学与企业管理史、企业管理学史、比较企业管理学虽然不存在包容关系，却有着明显的内在联系。

第二组是依据企业实体的不同类型而分立发展起来的分支学科，可以统称为企业形态管理学科。这组学科包括企业集团管理学、大型企业管理学、中小型企业管理学、跨国公司管理学、母子公司管理学、知识企业管理学、高技术企业管理学、虚拟企业管理学等。企业由于规模不等、形态各异，其战略目标、经营风险和生产、营销环节的管理方法、手段也会有所不同，于是便提出了对它们分门别类进行专门研究的实际需要，并建立起相应的分支学科。近十年来，信息技术和国际互联网络技术的飞速进步，推动了虚拟企业的迅速发展，对虚拟企业管理活动的研究越来越受到人们的重视。虚拟企业的运作方式和经营管理模式是一种新的企业形态，因而我们将虚拟企业管理学列入第二组——企业形态管理学科之中。

第三组是依据企业基本类型分化发展出来的分支学科，可以统称为企业基类管理学科，即基本类型管理性学科。所谓企业基本类型是按照社会劳动部门划分的，因此这组学科主要包括工业企业管理学、商业企业管理学、农业企业管理学、金融企业管理学、运输企业管理学、建筑企业管理学、军事企业管理学(或军工企业管理学)等。现代社会经济的日趋繁荣促进了企业生产、服务功能的深层细化，不断出现大量的新兴产业、新兴企业，在知识经济背景下产生的咨询公司、中介公司、经纪人公司等在市场经济中扮演了重要角色。研究这些新兴企业的管理活动，必将导致咨询公司管理学、中介公司管理学、经纪人公司管理学等新兴学科的萌生。

第四组是依据企业运行环节分化发展出来的分支学科，可以统称为企业运行环节管理学科，主要包括企业财务管理学、企业人力资源管理学、企业生产管理学、企业质量管理学、企业技术管理学、企业物资管理学、企业设备管理学、企业营销管理学、企业项目管理学、企业供应链管理学、企业客户关系管理学、企业物流管理学、企业信息管理学(企业信息系统管理学)等。这组学科所涉及的企业运行环节或运行职能大多同企业中的各个部门(如财务部门、人力资源部门、质量管理部门、生产指挥部门等)相对应。因此，其研究内容的针对性、适用性、可操作性特征极为明显。这组学科数量最多，它们不仅有进一步细化的可能性，而且还有相互融合形成下一个层次边缘分支学科的可能性。例如，企业信息(系统)管理学很有可能在不久的将来同企业财务管理学、企业人力资源管理学、企业生产管理学、企业技术管理学、企业营销管理学、企业客户关系管理学等相互融合，发展出企业财务信息(系统)管理学、企业人力资源信息(系统)管理学、企业生产信息(系统)管理学、企业技术信息(系统)管理学、企业营销信息(系统)管理学、企业客户关系信息(系统)管理学等。

第五组学科主要包括企业风险管理学、企业危机管理学、企业愿景管理学、企业价值管理学、企业目标管理学、企业绩效管理学、企业创新管理学、企业沟通管理学、企业流程管理学、企业组织再造管理学等，可以统称为企业细部管理学科。风险管理、危机管理、愿景管理、价值管理、目标管理、绩效管理、创新管理、沟通管理、缺陷管理、组织再造理论等，均是最近一二十年出现和盛行的管理手段和管理理论，是企业管理理论适应知识经济大背景的新发展，从学科衍生发展的角度来看，它们又将是企业管理学科新的生长点和生长极。上述学科尚处于孕育过程中，或者说上述学科还有待于人们去积极地进行开拓、创建。这些学科的创生，必将使企业管理研究更进一步得以精细化。

第六组学科是企业管理学与相关学科相互渗透、融合而形成的边缘分支学科，主要包括企业管理伦理学、企业文化管理学、企业经济管理学、企业战略管理学、企业知识管理学、企业环境管理学、企业安全管理学、企业领导学等，可以统称为企业管理边缘学科。这些学科都具有边缘性乃至交叉性的特征。如企业管理伦理学，是介于企业学、企业管理学与企业伦理学、管理伦理学之间的边缘学科，其基本使命是探讨企业经营管理活动中涉及各种伦理道德问题的解决途径；企业安全管理学，则是介于安全科学、安全管理学与企业学、管理科学之间的边缘学科。安全科学、管理科学均属交叉学科门类，企业安全管理学的交叉性自然是不言而喻的。前述五组学科中，其实有些学科也可以视之为边缘学科，如第四组的企业技术管理学就可以看成是由企业学、企业管理学与技术学、技术管理学相互渗透而形成的边缘学科。但相比较而言，这组学科的边缘性特征要比其他组学科更为明显和突出一些。

13.3.3　工商管理学科在中国的演进趋势

中国近代对工商管理学科理论的研究起步较晚，但发展迅速。改革开放的 30 多年是中国工商管理学科快速发展的重要阶段，在引进西方先进管理理论和经验的基础上，结合中国国情，发展了适合中国现阶段的工商管理理论。

1. 普通工商管理学科的演进

普通工商管理学(或称为工商管理学概论)是整个工商管理学科的基点或核心，其地位类似于语言科学中的普通语言学，心理科学中的普通心理学。探讨工商管理活动的一般性问题，如工商管理活动的特征和职能、类型和过程、目的和手段、方法和原则、实施体制和机构等。中国出版了多部《工商管理学》相关教材，许多高等院校开设了面向各类工商管理类专业的管理学课程。通过中国国家图书馆馆藏目录检索，以“工商管理学”为检索项，共检索到 102 条记录。中国最早出现的工商管理学图书是在 1983 年，本土文章第一次出现是在 1987 年。但这些图书大多只涉及经济管理或企业管理，远未涵盖工商管理活动的各个领域，还不是真正意义的普通工商管理学。工商管理学科作为一个包含众多学科的学科门类，必须有一个联系各门分支学科、边缘分支学科的交汇点，普通工商管理学就是这个交汇点。中国的工商管理学工作者应当通力合作，从工商管理、经济管理、行政管理、教育管理、科学技术管理等各个角度向普通工商管理学这个交汇点收敛、聚焦，为创建和发展具有中国特色的普通工商管理学做出应有的贡献。

在中国期刊全文数据库中，以主题作为检索项，以“企业管理学”为检索词，以模糊匹配的方式，对1979～2007年的论文数据进行检索，结果共有4 258篇文章。以相同的检索方式和检索词，用篇名作为检索项进行检索，共检索到相关文章203篇。对这些检索到的结果进行分析和整理，我们可以得到以下企业管理学相关学科。

企业管理学；企业管理哲学，企业管理美学、邮政经营管理美学，企业管理未来学；工业企业管理学、工业公司管理学、集体工业企业管理学、乡镇工业企业管理学、有色金属工业企业管理学，农场管理学、社会主义农业企业经营管理学，商业企业管理学、商业企业经营管理学，商业计划管理学、商业劳动人事管理学，商业零售管理学，保险企业管理学，旅游企业管理学、饭店企业管理学、物资企业管理学、文化企业管理学、图书发行企业管理学；企业民主管理学，企业信息系统管理学，企业计划管理学，企业商务管理学，企业金融管理学，企业行为管理学；会计行为管理学；质量管理科学，粮食企业全面质量管理学；铁路管理学、铁路管理科学；成本管理学。

在检索的过程中我们发现，在中国“工商管理学”与“企业管理学”经常出现混用的现象，很多学者对工商管理学与企业管理学并不加以严格区分。因此，在检索的过程中，我们将全文数据库中出现的工商管理学与企业管理学一并按工商管理学统计。从检索到的近百个国内新兴的企业管理学的内容和研究对象来看，新兴的企业管理学主要集中在对不同类型企业和企业的不同职能部门管理的研究。同时近年来在国内也出现了大量的企业管理边缘学科，如“企业管理哲学”、“企业管理美学”、“企业管理未来学”等学科，这些边缘分支学科的出现丰富和完善了中国工商管理学的学科体系。

2. 适合中国国情的本土化演进

现代工商管理学科起源于西方，但工商管理学科这些年在中国的发展过程就是西方工商管理学在中国社会全面渗透的过程。中西方管理思想的相互融合与渗透，是中国工商管理学科的一种重要演进方式，并且这种演进还将继续深化。只有将西方现代管理学理论与中国传统的管理学思想相融合，才能够建立和发展起具有中国特色的现代工商管理理论。通过中西方管理思想的相互融合与渗透，思考适合中国国情的工商管理理论工具，是未来中国工商管理学科需要深入探讨的课题。事实上，国际学术交流正在逐渐将中西方工商管理的隔阂消融。这种中西式演进的最终结果将会消除中西方工商管理理论的界限，使中西方工商管理学思想有机地融为一体，共同为企业发展和社会进步服务。

改革开放以来，中国的 GDP 保持持续快速增长，工商企业的数量、质量和管理实践发展迅速，“中国式”的工商管理问题及其有特色的经验得到了丰富的积累，同时也引起了国际上的高度关注；另外，在过去 30 多年里对国外先进管理科学理论的学习、引进和消化，也使得中国管理学专家对现代工商管理知识体系拥有了更加深刻的认识。为了更好地促进工商管理学科的发展，应当充分发挥中国企业独特的管理实践问题的资源优势，抓准问题、深入研究，将发展富有中国特色的工商管理理论作为学科发展的战略目标之一，使用科学的方法总结中国工商管理实践的成功案例，使这些具有本土特色问题的研究在国际舞台上富于独创性和竞争力。这样做一方面将有助于解决中国改革开放中出现的难题；另一方面将会把中国工商管理学科的发展推向国际前沿。

3. 工商管理学科体系自身的边缘渗透与分化

对管理实践发展的社会需要是工商管理学发展的根本动力。从理论上讲，工商管理学的现有分支学科、边缘学科都有可能进一步分化，建立下一层次甚至更下一层次的分支学科。工商管理学发展的一个重要特征就是工商管理学分支的发展。由于社会经济活动正在面临巨大的结构变革，管理工作将要解决许多全新的课题，如知识经济时代对知识资本、智力资本的管理；信息共享体系的建设与管理；人力资本管理的创新，新型的组织结构，如学习型组织、战略联盟、虚拟企业等新型组织形式的管理；在更为复杂的社会经济环境中对组织适应性的管理等，都将形成一些新兴的工商管理学分支，进而推动工商管理学科的发展。

工商管理学科的研究者有着不完全相同的学科、专业背景，来自于不同的社会实践领域，从而为工商管理学科学科体系的发散式发展提供了便利条件。工商管理学科的发散式发展，意味着工商管理学科将逐渐扩展研究范围，其分支学科、边缘分支学科还将不断增多。在现有分支学科、边缘分支学科尚未充分覆盖的地方，都有可能成为新学科的生长点。

4. 工商管理学与相关学科的渗透与融合

工商管理学科本身就是一门综合性的学科，其发展除了工商管理实践的创新和社会需求的不断推动之外，另一个重要的推动力就是与其他相关学科的交融发展。其中，经济学、心理学、社会学、数学等学科发展的最新成果都在管理学研究中得到了应用。这些与工商管理学科密切相关的学科发展十分迅速，工商管理学不断地借鉴这些学科发展的成果，表现出与这些学科发展更紧密结合的特征。

工商管理学是管理科学的次级子学科，自创生以来，一直同哲学、社会科学、数学、自然科学这些科学部类中的某些学科保持着密切的联系，先后孕育出企业管理心理学、企业管理社会学、企业管理生态学、企业管理哲学等一系列边缘学科、交叉学科。如果学科之间的这种交汇融合过去主要表现为“内外交融”的话，那么在工商管理学科已经建立了众多分支学科、边缘分支学科的背景条件下，则更应关注工商管理学科体系中学科之间的“内部交融”。为了使工商管理学科得到更好的发展，一方面要继续促成工商管理学科与哲学、社会科学、数学、自然科学以及系统科学、思维科学等科学部类之间的交汇融合，积极创建工商管理伦理学、管理思维学等“缺位”学科；另一方面，还要有意识地强化工商管理学科现有学科之间的交汇融合。从理论上来说，工商管理学科的现有分支学科、边缘分支学科都有可能进一步分化，建立起下一层级甚至更下一层级的分支学科。这种发展的根本动力，来自于对工商管理学科不断增长的社会需要。

总之，从工商管理学科产生和发展的历程，我们不难看出，社会生产力特别是社会经济活动的发展是推动工商管理学科发展的最主要因素。21 世纪是以知识经济为特征的时代，在这样的经济形态中，管理思想、管理手段等都会与以前有很大不同。因此，工商管理学科的发展必然加快，新的管理活动作为工商管理学科研究对象的出现，将极大地推动工商管理学科的发展。影响工商管理学科发展的第二大因素主要是与工商管理学科相近的其他学科的发展，特别是系统科学、信息科学、决策科学和计算机、计算机网络等技术科学的发展，都将对工商管理学科的发展产生积极的作用。影响工商管理学科发展的第三个因素是随着经济全球化广泛、深入地推进而发生的各种管理思想、管理理论、管理实践之间的融合、借鉴，跨文化的管理理论将越来越受到重视。

13.4 中国工商管理学科的发展对策

13.4.1 鼓励学术研究成果在实践中的检验

高等院校与企业这两个实体之间存在着本质上的差别，因而高等院校工商管理学科研究的实用性往往被局限，其研究的学术成果太过“理论性”和“理想化”。研究成果的不可实用性不仅是对科研资源的巨大浪费，更是中国工商管理学科建设的巨大障碍。高等院校如何密切联系企业实际，缩小高等院校与企业之间的差距既是工商管理学科建设的出发点，也是学科发展的归宿。这就要求研究者更加深入地关注和了解中国企业的现状和发展动态，积极发现国内工商管理学科存在的弊病，探索可行的理论应对策略，将科学研究与管理实践进行有机结合。

工商管理学科发展最强大的推动力是管理实践的需求。随着社会生产力的发展，社会组织结构的变化和管理活动的创新，为工商管理学科的发展提供了更多的研究对象和案例，并将会在此基础上形成新的工商管理学理论。另外，人们为了提高管理工作的效率，避免管理中的失误，在管理实践中将更多地引入科学理论的指导。工商管理理论越来越多地被人们所重视，将使管理工作者更加重视管理理论的作用，更加自觉地在管理理论的指导下开展管理工作。由此不难推知，工商管理学科与管理实践的结合将更加紧密。

此外，还应加强人才队伍培养，完善基础设施建设。学术队伍和基础设施建设是中国工商管理学科获得长远发展的强大动力和有力保障。高水平的研究人才是工商管理理论创新的主体，特别是在全球科技人才日趋激烈的争夺中，形成一支优秀和稳定的学术梯队是中国工商管理学科发展的关键。学科发展的塔尖是建立在众多基础的建筑设施之上的，而这些基础的建筑设施就是大量的基础性数据、资料和基础理论研究文献。基础设施建设的投入是学科发展的必要条件，尤其是在当前中国工商管理学科基础设施缺失严重的情况下，这一点更为重要。在知识经济时代，决定企业、国家前途和命运，将越来越取决于人才的数量和质量。因此，研究如何充分地开发人的智力和体力，将成为工商管理学科研究的更为重要的任务，特别是将人作为一种知识载体的研究将更为突出。

继续加强对人才板块各类项目的支持，强化对这些项目的审批、检查、评估、学术交流等各环节的管理力度，为提高青年人才队伍的学术水平提供有力保障；鼓励定期举办工商管理学科中青年学者学术论坛，促进学术交流和知识共享，打造跨学校、跨地区的学术团队，提高工商管理学科的整体学术水平；加强对有一定国际影响力和较高学术积累的学术团队和学者的资助，提高中国工商管理学科的原始创新能力，提升国内工商管理学科的国际影响力。国家自然科学基金委员会管理科学部应建立管理研究成果的共享机制，要特别关注研究型"数据库"、"案例库"等资源的整合与使用，通过设计模板，将已资助项目中完成的各数据库和案例库导入，初步形成具有统一标准的数据平台，并向国内外管理科学的研究者推介。

13.4.2　优化工商管理学科研究的学术环境

中国工商管理学科的基础研究还很薄弱，缺乏准确而详细的基础资料和知识积累，缺少全国性的学术机构，学科发展的支撑环境不足。国家的教育机构应该积极地优化工商管理学术研究的环境，给予正确的引导，使工商管理学科在一个良性的环境下茁壮成长。

第一，应鼓励工商管理学科各子学科形成定期交流的态势，促进学术竞争与融合。鼓励学者与企业或地区开展各方面的合作，通过科研机构与知名企业或地区合作举办管理科学系列论坛，加强学界与企业的沟通。在适当的条件下，考虑与企业或地区共同设立专项基金，进行专项资助，在扩大工商管理学科研究经费来源的同时，促进管理科学研究者同企业管理者的实质性合作。在制定项目遴选标准时，优先考虑工商管理研究者和企业组织的联合申请，鼓励项目承担者向企业推广工商管理学科已取得的创新性基础理论研究成果。

第二，优化资助政策，建立长效机制。国家自然科学基金委员会管理科学部应认真研究优化资助政策，在现有制度约束和规定的前提下，通过采取一定措施，加大资助力度，鼓励学者潜心进行基础研究。通过制定项目结题验收标准，鼓励工商管理学科研究者在国际上展现自己的研究成果，并持续开展项目结题的绩效评估，对于研究基础较好，具有研究潜力的研究项目和队伍进行持续性的支持。

值得欣喜的是，在这方面我们已经取得了一些成绩。例如，1996 年，国家自然科学基金委员会管理科学组升格为管理科学部，国务院总理朱镕基在管理科学部成立大会上做了题为"管理科学，兴国之道"的讲话，充分肯定了管理学科在整个科学体系中的地位以及在国民经济建设中所发挥的巨大作用。1998 年，在国务院学位委员会领导下完成了研究生和本科生专业目录调整方案，把过去分散在各学科门类中的管理类专业集中起来，形成了一个新的独立的学科门类——工商管理学科。

13.4.3 积极推进国际学术交流与合作

积极推进与国际学术界的交流与合作，能很好地将中国工商管理学科与国际其他学术团体形成对照和比较，有利于发现中国工商管理学科存在的不足之处；并且有利于建立和完善中国的学术规范，促使工商管理学科的研究方法与国际接轨。此外，国外成熟的工商管理模型和理论可以被选择性地用来解决中国企业的问题。

首先，要加强学术规范体系建设。应在工商管理研究活动中大力提倡规范性研究方法，注重研究范式与国际接轨，举办系列性研究方法论和国际学术前沿讨论班，邀请国际知名学者交流研究方法。通过鼓励国际合作研究项目等途径，加强国内学者同国际学者的实质性学术合作，从中提高研究的规范性和研究水平。在研究过程中引导研究者采用规范的研究方法，加强对国内工商管理类学术期刊的引导，通过论文成果发表规范性要求，促进国内工商管理学科研究范式的规范化与国际化。

其次，加强学术交流与合作。中国工商管理学科的发展必须强调以国际公认的研究范式为基础。中国的工商管理学科与其他学科研究相比起步较晚，工商管理学各子学科都不同程度地存在着研究方法不规范、缺乏严密的逻辑推理和实际数据充分支撑等问题，造成了中国工商管理学科的学术成果难以参与国际交流，研究水平停滞不前的后果。因此，采用规范的研究范式，打造国际同行都能接受的对话平台，向国际上通行的工商管理学科的研究规范靠拢，将为中国工商管理研究成果的国际化铺平道路。

最后，在工商管理学科的研究方面，中国管理学界要扭转被西方牵着鼻子走的被动局面，要放眼全球，学习和利用人类一切有益的管理思想、管理方法和管理手段，努力创立适应社会主义市场经济的工商管理学学科体系。我们应在全面把握国外管理学发展动态、深入挖掘和整理中国传统管理思想的基础上，围绕以下几个方面加强努力：第一，要不断拓展自己研究的新领域，倡导开创性研究；第二，要高度重视工商管理学的研究，尤其是对工商管理学的基础研究，要对工商管理实践中一些重大的、带有共性的问题做出全面、深刻的回答；第三，要加大对工商管理学科研究的资助力度；第四，要重视对众多小企业管理问题的研究。小企业在社会经济活动中发挥着不可替代的作用，国外很多工商管理学教科书中，有关小企业的管理往往单独设立一章，专门加以研究，这一思路非常可取，值得借鉴。

人类在经历了农业革命、工业革命这两次文明浪潮之后，正经历以新技术尤其是信息技术为特征的第三次科学技术革命浪潮的冲击，管理思想的发展和管理技术的创新极大丰富了管理科学的内容。互联网的产生和普及正悄悄地改变着人们的工作方式和生活方式，并带来管理方式的新变革；脑力劳动者所占比例的提高，使得人的因素正日益成为有效管理的核心内容；国际生产一体化程度的提高，扩大了人类共同劳动的范围，专业化分工和协作的广度和深度空前扩展，协调的复杂性决定了工商管理学科的地位会更高、作用将更大，工商管理学科的未来将大有作为。

为了自身的生存和发展，为了维持社会生活的有序化，人类需要工商管理活动，也需要为工商管理活动提供理论武装的工商管理学。人类社会对管理永无止境的实际需要，是工商管理学演进发展的不竭动力。工商管理学是一个充满勃勃生机的学科。在今后一段时间里，我们不仅要及时跟踪工商管理学的国际发展前沿，而且要准确把握工商管理学在中国的发展趋势，以确立正确的发展对策和方略。

13.5　本章小结

本章介绍了中国工商管理学科引进和发展的历史，从工商管理学科教育的课程和专业设置，相关学科研究的学术环境等方面分析了中国工商管理学科研究和发展的现状。基于对中国 CSSCI 数据库中的工商管理领域文献数据的共引网络图谱的分析，展示了中国工商管理学科研究的前沿和热点问题，并且对研究的结果与国际工商管理学科研究的前沿和热点问题进行了比较分析，对中国与国际工商管理学科研究的前沿和热点问题具有差异的原因进行了深入分析。在本章最后，结合中国工商管理学科发展的实际，构建了中国工商管理学科的学科体系和发展模式，分析了中国工商管理学科研究前沿和热点的发展预测，提出了中国工商管理学科发展的具体对策。

参考文献

[1] 刘则渊．科学学理论体系建构的思考——基于科学计量学的中外科学学进展研究报告[J]．科学学研究，2006，24(1)：1～11.
[2] 邓荣霖，秦斌．管理学在我国的发展：回顾与展望[J]．管理现代化，2000，(1)：39～42.
[3] 周三多，张江江．工商管理学科的研究方法与实验室建设[J]．实验室研究与探索，2007，26(1)：131～135.
[4] 罗纪宁．创建中国特色管理学的基本问题之管见[J]．管理学报，2005，2(1)：11～17.
[5] 马新建，李庆华．工商管理案例教学与学习指南[M]．北京：石油工业出版社，2003.
[6] 赵纯均．工商管理研究备要——现状，趋势和发展思路[M]．北京：清华大学出版社，2004.
[7] 国家自然科学基金委员会管理科学部．管理科学发展战略——暨管理科学"十一五"优先资助领域[M]．北京：科学出版社，2007.
[8] Schumpeter J A，Opie R. The Theory of Economic Development[M]. Berlin：Springer，1934.
[9] 田富俊，李兆友，易显飞．论企业技术创新发展趋势与应对策略[J]．发明与创新，2005，(12)：10～11.
[10] 彭剑峰．人力资源管理概论[M]．上海：复旦大学出版社，2003.
[11] 李维安．现代企业制度建设新阶段：深化公司治理改革[J]．南开管理评论，2008，(11)：1.
[12] 丁雅娴．学科分类研究与应用[M]．北京：中国标准出版社，1994.

第 14 章

工商管理学知识体系的发展趋势

工商管理学是面向管理实践的应用性学科，企业管理实践的复杂性也使工商管理学的研究方法、研究内容和研究对象具有多样性特征。工商管理学自创生以来，其知识体系不断拓展和完善，尤其是 20 世纪 90 年代以来，随着全球经济一体化和知识经济时代的到来，工商管理学科知识体系出现新的发展动向，研究方法更加多元化，研究内容交叉性明显，研究对象趋向本土化。中国自改革开放以来，开始陆续翻译引入西方先进的工商管理理论和实践方法。几十年来，这门学科在中国得到了迅速而广泛地传播，尤其是近年来，工商管理学与中国传统文化相结合，本土化的发展趋势日渐凸显。

14.1 研究方法的多元化

研究方法论是工商管理学科发展中的主要问题，管理研究方法的创新和发展直接或间接推动着工商管理学科知识体系不断向前发展，是引起工商管理学科研究范式变革的主要推动力。从整体上看，工商管理学有着相对完整的学科知识体系，已经形成了较为成熟的研究方法论传统。其注重规范研究，有严密的逻辑推理体系，注重理论与实践的结合；同时，实证研究方法较多，通过案例、实验、调研等多种方法对所研究问题进行充分的论证。由于研究对象和管理实践的复杂性和多元化特征，工商管理学科的研究方法也出现多元化的发展趋势。整体上来看，定量研究方法、案例研究方法、实验法和多学科交叉研究方法是当前工商管理学研究的主要方法。

14.1.1 强化定量化研究方法

工商管理学创生的实践基础源自于科学化的生产管理，对管理实践的科学化和定量化研究构成了工商管理学研究的方法论基础。20 世纪 50～60 年代的行为决策理论的兴起，直接将应用统计学和运筹学的研究方法和技术引入工商管理学科的研究中，强化了工商管理学科研究的定量化研究手段。

统计学和运筹学运用科学方法研究并定量分析客观世界中各种复杂系统的运行规律，从而探求客观事物间的相互关系及系统的优化设计方案，以帮助管理决策者进行科学决策，获得最佳的经济和社会效果。定量分析方法已成为当今社会现代化科学管理中必不可少的强有力工具。21 世纪以来，计算机软件辅助计算和设计大大提高了定量化研究方法的效率，适应了信息社会的发展需要。以计算机为辅助的技术手段将传统的如统计学、运筹学、图形学等定量化研究方法和表征技术应用于工商管理学科的理论和实践研究，不仅创新和丰富了工商管理学的研究方法和知识体系，而且为分析和解决管理实践问题提供了新的有效方法和手段。例如，目前最为普及的 Excel 软件作为求解运算和分析的工具、SPSS 软件作为求解运算的分析工具等已经在管理理论和应用实践中发挥了重要的作用。计算机软件技术已经成为求解定量分析问题的唯一有效手段，随着计算机和互联网技术的不断深入发展，定量化研究方法必将成为管理决策和工商管理学科知识体系研究的基础研究方法。定量研究方法与手段的创新和深化，必将带来管理学科的发展和变革。

14.1.2 案例研究方法将成为主流

工商管理学科是一门应用性极强的实践学科，管理理论和方法直接来源于管理实践。大量的管理理论和管理创新就是在企业管理实践的基础上，通过案例分析、总结等方法提炼出来的。因此，案例研究法是工商管理学科较为传统的主要研究方法之一。案例研究法最早可以追溯到美国哈佛大学的法学院。1870 年，哈佛大学法学院院长兰德尔(Christopher C. Landell)开始探索并尝试使用法律判决中的案例来开展相关法学条文的教学，并取得了卓有成效的教学效果。案例研究法在法律教育领域中的成功激励了商业教育领域，哈佛大学的洛厄尔(Abbott Lwrence Lowell)教授在创建哈佛商学院时建议，向最成功的法学院学习案例法。1908 年，案例法在哈佛商学院开始被引入商业教育领域，目前仍为国际上工商管理学教学和研究的主要方法。

工商管理学的研究面向企业管理的现实问题，关注企业的生产、组织、营销等具体的管理实践。通过观察企业创造性的实践活动，总结和探索企业在发展和创新中出现的新问题、新方法和新客观事实，进而提炼出一般结论，获得企业管理的创新思维和理论。通过普及和推广这些管理创新思维和理论，提升整体的企业管理水平。案例研究方法正是通过典型案例，详细地描述事物(案例)现象是什么、分析其为什么，并从中发现或探求事物的一般规律和特殊性，推导出研究结论或新的研究命题的一种研究方法。因此，案例研究能比较准确地解释企业管理的实践活动、行为方式及其差异性和原因。案例研究方法是国际上工商管理学研究通用的主流研究方法，在传统的工商管理教育和研究中发挥了重要作用。在全球经济复杂化和知识经济多元化趋势的背景下，案例研究法必将继续发挥其研究特色和积极作用，继续扮演工商管理学科主流研究方法的角色。

14.1.3　移植多学科的研究方法

移植，原指从苗床上挖出秧苗移至别处栽种，或将身体的一部分或某一器官移到其他特定部位。在科学研究中，将某个领域内的原理、技术、方法、结构、材料等引用到另一个领域内进行研究的方法称为方法的移植。一门成熟的学科一般具有相对成熟的研究方法。工商管理学作为较为成熟的学科知识体系，已经形成了一套有学科特色的理论体系和研究方法，然而在其进一步深化发展的进程中，必然会伴随着与其他学科交叉领域的研究。在研究方法上，也必然需要大量吸收、消化和运用多学科交叉的研究方法，从其他学科引进和移植各种方法对工商管理学知识体系的完善和创新显得尤为必要。

研究方法移植的优势在于借用已成熟的理论和方法研究新问题，直接将已有的研究方法在新的研究领域应用和拓展，或者相当于使用传统方法解决"新问题"。这种研究方法的移植和创新过程容易引发新的知识增长点和新科学生长点。不少新理论、新发明常伴随方法的更新与突破，而这种新方法的诞生与推广，其意义也许比研究成果本身重要得多。多学科先进方法的引入，不仅为工商管理学研究培育了新的生长点，增强了工商管理学发展的活力，同时也丰富了工商管理学的方法论体系。移植多学科的研究方法，有助于促成新的科学发现，创新工商管理学知识体系的研究成果，进而使工商管理学知识体系得到迅速发展和繁衍。

14.2　研究内容的交叉化

工商管理学科自创生以来就有着深厚的学科渊源和理论基础，从工商管理研究的文献共被引网络知识图谱来看，经济学、管理学、心理学等构成了工商管理学创生和发展的主要学科基础，而科学管理、决策理论、组织理论等则是工商管理学知识体系演进发展的理论基础。多学科和理论交叉研究属性决定了工商管理学研究内容的交叉化特征。另外，企业管理实践和管理教育活动的复杂性和不确定性特征也决定了工商管理学研究内容和研究对象的交叉化和多元化。

14.2.1　管理实践推动学科分化发展

管理实践活动的发展是工商管理学科不断发展的根本动力。从工商管理学科产生和发展的历程，我们不难看出，社会生产力，特别是社会经济活动的发展是推动工商管理学科发展的最主要的因素。21 世纪是以知识经济为特征的时代，在这样的经济形态中，管理思想、管理手段等都会与以前有很大的不同。因此，工商管理学科的发展必然加快，新的管理活动作为工商管理学科研究对象的出现，将极大地推动工商管理学科的发展。当前，社会经济活动正在面临巨大的结构变革，管理工作将要解决许多全新的课题，如知识经济时代对知识资本、智力资本的管理，信息共享体系的建设与管理，人力资本管理的创新，新型的组织结构，如学习型组织、战略联盟、虚拟企业等新型组织形式的管理，在更为复杂的社会经济环境中对组织适应性的管理等，对这些实践问题的研究都将形成一些新兴的工商管理学科分支，使工商管理学的研究变得更加丰富与具体。

工商管理学在其创生和快速发展的 100 余年之间，已经形成了庞大复杂的学科知识体系。21 世纪以来，在全球化知识经济的背景下，以知识创新为核心的企业管理实践不断发展，国际化竞争日趋激烈，这为工商管理学科的研究和发展提出了更为复杂的新问题。工商管理学科的发展正面临着重要的发展挑战，但这同时也是工商管理学知识体系创新和发展的重要机遇期。在企业管理实践需求的拉动下，工商管理学知识体系必然会不断拓展和完善，带动其学科知识体系研究内容的交叉化发展趋势。

14.2.2 学科交融促成新学科的生长点

工商管理学科本身就是一门综合性的学科，其发展除了受到工商管理实践的创新和社会需求的不断推动之外，另一个重要的推动力就是与其他相关学科的交融发展，其中经济学、心理学、社会学、数学等学科发展的最新成果都在管理学研究中得到了运用。这些与工商管理学科密切相关的学科发展十分迅速，工商管理学不断地借鉴这些学科发展的成果，表现出与这些学科发展更紧密结合的特征。学科之间的交叉融合已经成为工商管理学新学科创生的重要生长点。

工商管理学作为管理科学的次级子学科，自创生以来，一直同哲学、社会科学、数学、自然科学这些科学部类中的某些学科保持着密切的联系，先后孕育出企业管理心理学、企业管理社会学、企业管理生态学、企业管理哲学等一系列边缘学科、交叉学科。如果说学科之间的这种交汇融合过去主要表现为“内外交融”的话，那么在工商管理学科已经建立了众多分支学科、边缘分支学科的背景条件下，更应关注工商管理学科体系中学科之间的“内部交融”。为了工商管理学科更好的发展，一方面要继续促成工商管理学科与哲学、社会科学、数学、自然科学以及系统科学、思维科学等科学部类之间的交汇融合，积极创建工商管理伦理学、管理思维学等“缺位”学科；另一方面，还要有意识地强化工商管理科学现有学科之间的交汇融合。从理论上讲，工商管理学的现有分支学科、边缘学科都有可能进一步分化，建立下一层次甚至再下一层次的分支学科。

20 世纪 70 年代以来，系统科学、信息科学、决策科学和计算机、计算机网络等技术科学的发展，为工商管理学研究提供了重要的研究方法和手段，极大地拓展了工商管理学科的研究对象和研究内容。工商管理学科发展的魅力也不断吸引来自于不同领域研究者和实践者的加入，他们有着不同的学科、专业和实践背景，这也促进了工商管理学科知识体系的发散式发展。这种发散式发展趋势，意味着工商管理学科将渐次扩展研究范围，其分支学科、边缘分支学科还将不断增多。在现有分支学科、边缘分支学科尚未充分覆盖的地方，都有可能成为新学科的生长点。

14.2.3 管理教育增进学科深度和广度

一门学科发展和走向成熟的一个重要推动力是学科教育和专业人才的培养。工商管理学科的创建，首先是在管理实践的基础上，走向理论研究和学科教育推广，进而培养专业的工商管理人才和建立研究队伍。在工商管理学不断发展的过程中，管理教育对增进学科知识体系的深度和广度起到了重要的推动作用。

随着 20 世纪初期兴起于美国的工商管理教育的不断推广，工商管理教育在全世界范围迅速得到了广泛传播和发展，培养了大批专业的企业管理人才，为企业管理实践活动提供了重要了智力支撑。另外，大批从事企业管理实践的管理者和工作者也不断回到大学校园，接受管理教育，为更好地开展管理实践活动积累理论知识，形成了管理教育与实践活动的有机结合。对于工商管理理论研究者和教育工作者，为更好地适应研究和人才培养工作，也必须走进企业管理和生产实践，在检验理论研究的同时，不断在管理实践中发现新问题，提供研究的素材。这种局面不仅极大地推动了工商管理理论与管理实践的紧密结合，还大大拓展了工商管理知识体系研究内容和对象的深度和广度。

21 世纪以来，随着经济全球化和跨国企业的不断发展，工商管理教育国际化的需求和呼声日益高涨。不同文化背景下的管理思想、管理理论、管理实践之间的融合、借鉴，使跨文化管理理论越来越成为工商管理教育和理论研究的新的生长点，这也进一步扩展了工商管理知识体系研究的深度和广度。

14.3 研究对象的中国化

中国对工商管理学的研究伴随着改革开放的实践，是在建设社会主义市场经济体制和引进先进的企业管理实践经验的基础上逐步发展起来的。因此，在中国通常使用企业管理学代替工商管理学，在研究对象和研究内容等方面，二者具有等同的意义。在几十年引进、消化、吸收和创新国际工商管理学知识的同时，研究者已经开始有意识地结合中国国情和企业管理实践，对工商管理学知识进行本土化研究。尤其是近年来，再次掀起了管理学研究的本土化热潮。在实践过程中，也涌现出了大量优秀的本土化的或中国特色的管理理论，如东方管理学、和合管理、合作管理、秩序管理以及和谐管理理论等。

14.3.1 由学科引进到本土化

中国传统文化中不乏优秀的管理思想，管理实践活动也是自古有之。但中国对工商管理学科理论的研究起步较晚。20 世纪下半叶，有零散的管理学方面的著作和教材出版。从 20 世纪 80 年代开始，随着改革开放的不断推进，中国从国外引入了大量的管理学经典著述，各大院校纷纷开办管理学专业，特别是工商管理专业，为中国培养了掌握现代企业管理知识的庞大队伍。早在 1980 年 4 月，中美双方正式确认在大连工学院(大连理工大学前身)成立中国工业科技管理大连培训中心，执行中美合作管理培训子项目(美国帮助培训中国的经济和企业干部)，由此揭开了中国系统培训经济及企业干部的序幕。中国工业科技大连培训中心被誉为中国现代管理教育的发祥地。可以说中国工商管理学科的建立是从对西方工商管理理论、学科设置、人才培养模式等各方面的学习和引进开始的。

随着中国经济体制改革的不断深入，特别是 21 世纪以来，中国企业管理实践逐渐走入“中国管理模式”阶段，完全照搬的西方工商管理理论和思想越来越不能适应中国企业发展的实际情况，甚至由于不同文化的差异，很多跨国公司的管理实践也出现“水土不服”的现象，构建中国特色的本土化管理理论来指导中国企业管理实践已经成为当前中国工商管理学科发展亟待解决的重要课题。

在科学研究方面，在积极吸收和学习西方先进的工商管理理论的同时，研究者更应该深入挖掘中国传统文化中的优秀管理思想，在中国文化的背景和语境下研究中国企业管理问题。此外，改革开放 35 年来，中国许多企业都经历过建立、发展、改制、重组等不同的发展阶段，为中国企业管理理论研究者提供了重要的实践素材，特别是中国国有企业在改制、重组、发展等经历中积累的宝贵的管理实践经验，为中国企业管理者和理论研究者提供了大量中国特色的管理实践基础，为构建中国特色本土化的管理理论提供了丰富的实践基础。

在人才培养和课程设置方面，21 世纪以来，市场经济发展日益深化，在企业管理实践需求的拉动下，中国高等院校工商管理专业迎来新一轮的快速发展，从本科层次到博士层次，培养了大批工商管理专业人才。但就在培养专业人才的同时，一方面，企业并没有招聘到完全满意并且急需的企业管理人才，而另一方面，近年来越来越多的工商管理专业的毕业生很难找到合适的工作。出现这种现象的一个重要原因是，中国对工商管理专业人才的培养与企业管理实践严重脱节。高等院校培养的专业人才不能满足企业管理实践的需求，因此改变传统的工商管理专业人才培养模式和课程设置，也是中国未来工商管理学科发展亟待解决的重要问题。为此，一方面应积极开辟渠道，增加学生的企业实习和管理实践活动；另一方面，在教学素材选取中，应积极深入企业管理实践，采编和积累中国特色的本土企业管理案例用于教学。积极引导研究者和学生增强对中国企业管理模式的研究和分析，构建中国特色的本土化工商管理理论体系，更好地为中国的企业管理实践服务。

14.3.2　中国传统文化的作用

工商管理学是在实践基础上建立起来的学科体系，与企业组织行为和社会行为紧密相关。工商管理学的研究应该循着特定文化传统的轨迹，必须以特定文化为背景。研究和解决的现实问题必须符合中国国情和组织文化特质，这就需要工商管理研究者和实践者充分吸收中国传统优秀文化的思想精华，并将其融入到现代企业管理实践当中，形成正统的中国特色的工商管理知识体系。

中国传统文化对中国现代企业管理实践和管理理论的发展发挥着重要的指导功能，但其并不能指导企业管理实践中的全部问题。文化对管理理论与实践的影响和修正必须结合企业的组织背景，甚至相关的经济、政治、社会等诸因素。同时，传统的中华文化也并不全部有利于中国当前的企业管理实践和工商管理学科知识体系的发展。例如，虽然博大精深的儒家思想体系中的人文精神、民本精神、反身修己、自强不息的精神，以及勇于担当的精神、忧患意识等在当今的管理实践中具有重要的积极作用，但我们也应该看到影响中华民族几千年的儒家文化中也包含了对现代企业管理不利的思想内核，如家族观念、权力崇拜、官本位意识等。因此，传统文化对现代管理思想的借鉴和吸收需要锐利的洞察和批判精神，只有在实践的基础上，结合经验的总结，才能提炼精华的管理思想和先进的管理理论。中国未来的工商管理研究应该能够连接中国文化的过去、现在和未来，这需要管理者、学术研究者和相关专家的共同努力。

开展具有中国特色的管理研究非常艰难，中国特色的工商管理学科的构建也是一个长期过程。但改革开放的实践已经在理论和实践上都提出了建构中国特色工商管理科学的迫切性，中国特色管理理论体系已成为国内外众多学者研究的重要课题。一方面我们需要进一步推进和完善工商管理学知识体系的中国化研究，即将西方先进的工商管理思想和理论结合中国具体国情和企业管理实践进行消化吸收，形成适合中国现代企业管理的管理理论体系；另一方面，管理研究者和实践者也需要积极构建和发展本土化的工商管理学知识体系，即从中国管理实践的问题出发，结合中国优秀传统文化，将解决管理实践问题的理念和方法上升为中国特色的管理理论，形成本土化的工商管理学知识体系。

附录　工商管理领域顶级期刊

序号	缩写	期　刊　名	文章数（2000～2005年）	创刊年
1	AER	*The American Economic Review*	1 116	1886
2	AME	*Academy of Management Executive*	588	1987
3	AMJ	*Academy of Management Journal*	433	1948
4	AMR	*Academy of Management Review*	408	1976
5	AOS	*Accounting, Organisations and Society*	205	1976
6	AR	*The Accounting Review*	265	1926
7	ASQ	*Administrative Science Quarterly*	378	1956
8	CMR	*California Management Review*	182	1958
9	ECON	*Econometrica*	399	1934
10	ETP1)	*Entrepreneurship Theory and Practice*		1976
11	HBR2)	*Harvard Business Review*		1923
12	HRM	*Human Resource Management*	260	1962
13	IJHRM3)	*International Journal of Human Resource Management*		1990
14	ISR	*Information Systems Research*	142	1990
15	JAE	*Journal of Accounting and Economics*	218	1979
16	JAP	*Journal of Applied Psychology*	595	1916
17	JAR	*Journal of Accounting Research*	218	1963
18	JASA	*Journal of the American Statistical Association*	87	1906
19	JBE	*Journal of Business Ethics*	1 190	1982
20	JBV	*Journal of Business Venturing*	202	1985
21	JCR	*Journal of Consumer Research*	324	1974
22	JF	*Journal of Finance*	553	1946
23	JFE	*Journal of Financial Economics*	402	1933
24	JIBS	*Journal of International Business Studies*	300	1970
25	JM	*Journal of Marketing*	229	1936
26	JOM3)	*Journal of Operations Management*		1980
27	JMR	*Journal of Marketing Research*	297	1936
28	JPE	*Journal of Political Economy*	299	1893
29	JSBM	*Journal of Small Business Management*	183	1963
30	LRP	*Long Range Planning*	433	1968
31	MIR3)	*Management International Review*		1961
32	MISQ	*MIS Quarterly*	166	1977